저자 조영엽 박사

- 평양시 기림리에서 출생
- 서울 대광고등학교 졸업(10회)
- 총신대학교 신학과 수료
- 육군부관학교 수료, 육군본부 부관감실, 군종감실
- 단국대학교 영문과 졸업(B. A.)
- 총신대학교신학대학원 졸업(M. Div., 58회)
- 총신대학교대학원 졸업(Th. M., 4회)
- 미국 Faith신학교 Philadelphia 졸업(D. Min.)
- 미국 Grace신학대학원 졸업(Ph. D.)
- 강도사고시(합동측, 1967. 6.)
- 서울 삼양동교회 전도사
- 평안교회 강도사(김윤찬 목사 시무시)
- 대한예수교장로회(합동측) 수도노회에서 목사안수 받음(1972. 10. 12)
- 이태원교회 부목사(김종근 목사 시무시)
- 국제기독교연합회(I.C.C.C.) 한국지부 간사
- 미국독립장로해외선교부(I. P. M.: The Independant Board for Presbyterian Foreign Missions, J. Grerham Machen 설립) 선교사
- 총회신학교(합동보수) 대학원장
- 예장신학연구원장
- 칼 맥킨타이어(Carl McIntire) 박사를 비롯한 영계의 지도자들에 대한 통역 30년 이상 담당
- 특별집회 세미나 그리고 극동방송국과 기독교방송국에서 수년간 방송사역 담당
- 국군정신전력학교 외래교수
- 서울 예인장로교회 시무
- 계약신학대학원대학교(조직신학, 주경신학, 현대신학) 객원교수 및 국내외 세미나·특강·특별집회 강사
- 현, (사)성경보수개혁교회단체연합회 대표회장
- 현, 대한예수교장로회 총회신학연구원(성경보수) 교수
- 현, 한국기독교총연합회 신학특별위원

디모데후서

(A Commentary on the Second Timothy)

조영엽 박사 著
Rev. Joseph Youngyup Cho
B.A., M.Div., Th.M., D.Min., Ph.D.

원문 중심(Original Text[Greek] Centered)
정통교리 중심(Orthodox Doctrine Centered)

기독교문서선교회

기독교문서선교회(Christian Literature Crusade: 약칭 CLC)는 1941년 영국 콜체스터에서 켄 아담스에 의해 시작되었으며 국제 본부는 영국의 쉐필드에 있습니다.
국제 CLC는 59개 나라에서 180개의 본부를 두고, 약 650여 명의 선교사들이 이동도서차량 40대를 이용하여 문서 보급에 힘쓰고 있으며 이메일 주문을 통해 130여 국으로 책을 공급하고 있습니다.
한국 CLC는 청교도적 복음주의 신학과 신앙서적을 출판하는 문서선교기관으로서, 한 영혼이라도 구원되길 소망하면서 주님이 오시는 그날까지 최선을 다할 것입니다.

저는 이 디모데후서 주석을
주경신학의 거목(巨木)이신 존경하는 스승
고(故) 박윤선 박사(朴允善 博士)님께 겸손히 드립니다.

(I humbly dedicate this commentary to my late professor Dr. Yune-Sun Park)

박 박사님은 이 불초(不草)에게
총신대학교에서 6년동안(1961~1967년까지)
하나님의 말씀을 교훈하셨으며
M. Div. (목회학 석사) 과정 졸업장을 수여해 주셨습니다.

영문이력서
(Personal Historical Statement)

Name   Rev. Joseph Youngyup Cho, Ph.D.(U.S.A. Citizen)

EDUCATION(Schools attended and graduated)

1. Dai Kwang Middle and High School in Seoul
   (6 years: March, 1953 to February, 14, 1958)
2. Presbyterian General Assembly Theological College/Chong Shin University
   (2 years: March, 1958 to December, 1959)
3. Adjutant General School of R.O.K Army, Administration Department
   (300 hours: January, 1962 to May, 1962)
4. Dan Kook University, English Department
   B.A. Degree (2 years: March 1964 to December. 26. 1966)
5. Presbyterian General Assembly Theological Seminary/Chong Shin University
   M.Div. Degree (3 years: March 1960 to December 4. 1964)
6. Graduate School of the General Assembly Theological Seminary/Chong Shin University Th.M. Degree (2 years: March 1965 to December 14. 1967)
7. Faith Theological Seminary in U.S.A.
   D.Min. Degree (February 1980 to May 19. 1981)
8. Grace Graduate School in U.S.A.
   Ph.D. (March 1974 to June 13. 1982)

1. Passed examination for study abroad of the Ministry of Education in Korea in 1966.
2. Passed licensed Evangelist Examination of the General Assembly of the Presbyterian Church of Korea (Hap Dong, the largest and conservative) in June, 1967.
3. Passed Minister's Examination of GyungGi Presbytery of the Presbyterian Church of Korea in November, 1968.
4. Received ordination from Soo Do Presbytery of the Presbyterian Church of Korea(Hap Dong) on October 12, 1972. (See: The Record of Soo Do Presbytery, Vol. II, 1972).

MILITARY SERVICE(3 years)

1. Nonsan Korea Army Training Center(KATC) 27th Regiment
   (Military service number: 10961569)
2. Completed from Adj. General School of R.O.K Army (at Young-Chun, Gyungbuk) (January, 1962 to May, 1962)
3. Served as a Sergeant in Adjutant General Office of R.O.K Army HQ (Samgakji Yongsan in Seoul) (May, 1962 to June, 1962)
4. Served as a Sergeant in Army Chaplain HQ Office
   (June, 1962 to December, 1964)

VOCATION

1. Evangelist of Sam-Yang Presbyterian Church in Seoul (July, 1960 to December, 1961)
2. Evangelist of Uijeongbu First Presbyterian Church in Uijeongbu (January, 1965 to July, 1967)
3. Chaplain for Prisoners of Uijeongbu National Prison (January, 1965 to July, 1967)
4. Licensed Evangelist of Pyung-Ahn Presbyterian Church (Hap Dong) in Seoul (October, 1968 to August, 1969)
5. Interpreter and Assistant for Dr. Dwight R. Malsbary, ICCC and IBPFM in Korea Office (5 years: July, 1967 to August, 1972)

6. Assistant Pastor of Itaewon Presbyterian Church (Hap Dong) in Seoul (September, 1971 to December, 1972)

7. Lecturer to the following seminaries (5 years: March, 1968 to December, 1972)
    1. Covenant Theological Seminary
    2. Korea Presbyterian Seminary
    3. Bible Presbyterian Seminary
    4. Jesus Methodist Seminary
    5. Maranatha Seminary

8. Pastor of Korean Church in Akron, Ohio (USA) (1975 to 1976)

9. Appointed as a missionary under the Independent Board for Presbyterian Foreign Missions founded by Dr. Machen 1933. 6. 27. December 20, 1984 - July 8, 1988.

10. President, Presbyterian General Assembly Theological Seminary(Hap Dong BoSoo) (September, 1989)

11. Professor, R.O.K Army, Academy of Military Spiritual Power - Mid 1980's

12. Preacher: Far East Broadcasting Radio, Asia Broadcasting Radio and CBS Radio for several years

13. Professor: Covenant Graduate School of Theology (March, 2000 - August. 29. 2011)

14. Professor, Hope Academy in East Soo Won (March, 2008 – 2012)

15. Professor, Presbyterian General Assembly Theological Seminary(Bible Conservative) (March, 2011 - present)

16. Chairman, Association of Bible Conservative Reformed Churches & Organizations (July, 2012 - present)

17. The Christian Council of Korea - A special member of the Theology Committee (July, 2012 – present)

The above statements are correct, complete, and true to the best of my knowledge and belief.

Rev. Joseph Youngyup Cho, Ph. D.

추천사
(Recommendations)

　금번 조영엽 박사님께서 칼빈주의·개혁주의 입장에서 『디모데후서(개정판)주석』을 본문중심·원문중심·교리중심으로 새롭게 정립하였습니다.
　이 귀한 『디모데후서(개정판)주석』이 한국 교회의 이정표가 되기를 기도하면서 기쁜 마음으로 추천합니다.
　　　　　　_곽선희 박사(소망아카데미원장, 소망교회 원로목사)

　이 책은 교회에 관한 광범위한 주제를 일목요연하게 정리하고 있습니다. 필요한 성경적 기준을 제시하고, 영원한 삶을 추구하는데 도움을 줄 수 있는 저서라고 생각됩니다. 진심으로 저자에게 감사드리며, 추천하는 바입니다.
　　　　　　_강신택 박사(전 예일대학교, 트리니티신학대학원 교수)

　죽산 박형룡 박사님의 제자로 평생 스승의 신학과 사상을 이어가기를 힘쓰시는 조영엽 박사님께서 금번 『디모데후서(개정판)주석』을 출간하셨기에 필독서로 추천하는 바입니다.
　　　　　　_김길성 박사(전 총신대학교신학대학원 부총장 및 조직신학 교수)

　칼빈주의·개혁주의 신앙과 신학을 연구·발전시키는 데 일평생 헌신해 오시는 조영엽 박사님의 『디모데후서(개정판)주석』은 내용이 확실하고, 범위가 방대합니다. 출간을 경하드리며, 교수, 목회자, 신학도, 평신도 등 독자들에게 필독서로 추천합니다.
　　　　　　_나용화 박사(전 개신대학원대학교 총장)

저자 조영엽 박사님은 한국 보수신학계의 대부(大父) 박형룡 박사님의 수(首)제자로 신학적 전통을 계승한 정통보수신학자입니다.

『디모데후서(개정판)주석』을 비롯한 조 박사님의 하나 하나의 모든 저서들을 필독서로 추천합니다.

_박영호 박사(CLC 대표, 전 한국성서대학교 교수)

조영엽 박사님의 『디모데후서(개정판)주석』은 신학교수들의 교과서로, 목회자들의 설교자료로, 성도들의 바른 신앙의 길잡이로 필독해야 하는 귀한 저서입니다.

_박형용 박사(웨스트민스터신학대학원대학교 총장)

본 저서는 확신을 갖고 증거할 수 있는 저서로서 교리적인 지식을 갈 망하고 추구하는 분들에게 신앙의 큰 지침서가 될 것을 확신하며 추천합니다.

_박혜근 박사(칼빈대학교신학대학원 조직신학 교수)

성령의 검인 말씀과 진리의 띠를 두르고 강하고 담대하게 예수 그리스도의 복음이 하늘에서와 같이 땅에서 이루어지도록 평생을 헌신하신 조영엽 박사님의 명저『디모데후서(개정판)주석』은 영적 대각성과 영적 전투를 통한 진리와 사랑을 실천하는 지혜와 용기를 주는 영적 양식이 될 것입니다. 조영엽 박사님의 명저가 널리 읽혀지기를 간곡히 소원합니다.

_서석구 변호사(한미우호증진협의회 한국본부 대표, 대한민국수호천주교인모임 상임대표)

조영엽 박사님께서는 평생을 목회자 양성과 개혁신학의 사수, 계승을 위해 헌신하셨고 그간에 15권 이상의 귀한 저서를 집필하셨습니다. 이는 기존의 많은 책들과 달리 조 박사님의 고결한 신앙 인품과 신학적, 학문적 체계가 있는 저술입니다. 바라기는 본 저서가 주님을 사랑하는 성도들과 신학생들, 모든 목회자들에게 크게 유익하게 사용되기를 기원합니다.

_서요한 박사(총신대학교 역사신학 교수)

금번 조영엽 박사님의 귀한 저서 『디모데후서(개정판)주석』을 출판하게 됨을 마음 깊이 축하합니다. 교수·목회자·평신도 모두를 위한 필독서로 추천합니다.

_서정배 박사(대한예수교장로회 〈합동〉 전 총회장)

영원한 청춘을 구가하시는 조영엽 박사님께서 이번에 『디모데후서(개정판)주석』을 내신다니 기대가 큽니다. 성경원어에 탁월한 지식을 가지고 계시며, 보수적 신학체계를 갖추셨기에 조 박사님의 디모데전·후서 주석은 교수들과 설교자들에게 풍성한 설교 자료를 제공하고, 후학들에게 신앙과 신학의 올바른 지침을 주실 것이라 믿습니다. 하나님의 가호와 은총이 늘 함께 하시기 빕니다.

_성기호 박사(전 성결대 총장)

여기 한국 교회의 귀한 어른신 한분이 스승 고(故) 박형룡 박사님과 박윤선 박사님의 뒤를 계승하여 이제 그 다음 세대 신학자이신 조 박사님에 의해서 새로운 판으로 출간된다는 것은 큰 의미를 우리에게 주는 일이 아닐 수 없습니다. 조 박사님의 조직신학 시리즈는 그런 의미에서 우리들이 잘 참조해야 할 책이라고 하지 않을 수 없습니다. 이 새로운 판도 여러분들이 많이 읽고, 유익을 얻고, 우리들 모두가 철저히 성경적인 입장에 서서 생각하고 살아 갔으면 합니다.

_이승구 박사(합동신학대학원대학교 조직신학 교수)

학자는 연구실에서 주로 만나는데 전쟁터에서 맹렬한 군사로 만나니 새롭게 보입니다. WCC의 정체를 들어내시기 위하여 WCC 총본부를 쳐들어가 그 실체를 공격하는 조영엽 박사님을 하나님이 강하고 지혜롭게 세워주시고 계심을 확신하며…이 목회서신도 확신되어집니다. 부디 강건하시어 휴거를 준비하는 귀한 마지막 날에 주님의 사랑을 받는 사자가 되시길 바랍니다.

_이종문 박사(JSTV 예수위성방송 대표)

보수신학과 옛 신앙을 지키기 위해 영적 전투의 최선봉에 서서 일하시는 조영엽 박사님의 이 귀한 저서가 하나님의 강력한 도구로 사용될 것을 확신하여 기쁜 마음으로 감히 추천하는 바입니다.

_이필립 박사(미국 Faith Theological Seminary 구약학 교수)

금번 조영엽 박사님의 『디모데후서(개정판)주석』을 발간하게 됨을 하나님께 감사드립니다. 교수, 교역자, 신학도, 평신도 모두에게 도움이 되는 훌륭한 저서로 추천하는 바입니다.

_임택권 박사(전 아세아연합신학대학교 총장)

조영엽 박사님은 저와 총신대학교대학원 동기동창으로 학창시절부터 열심 있는 학구파셨고, 바른 진리에 대한 그의 입장이 분명하셨습니다. 조영엽 박사님의 모든 저서들이 우리의 신앙에 분명한 이정표가 될 역작들이라고 확신하며 필독서로 기쁘게 추천하는 바입니다.

_조해수 박사(미주총신대학교 총장)

철저한 칼빈주의 신학자이신 조영엽 박사님이 금번에 『디모데후서(개정판)주석』을 펴내셨기에 기쁘게 추천하는 바입니다. 조 박사님은 학창시절 같이 공부한 동문입니다.

_정성구 박사(전 총신대학교 총장)

『디모데후서(개정판)주석』의 출간을 진심으로 축하드립니다. 조영엽 박사님은 스승 고(故) 박형룡 박사님의 신학사상을 계승하는 칼빈주의 보수신학자로서 조직신학 전권(全卷)을 비롯한 다수의 주요 신학저서들과 논문들을 집필하셨고, 『사도 바울의 생애와 선교』, 『자유주의 해방신학』, 『열린예배』, 『목적이 이끄는 삶(교회를 타락시키는 베스트셀러)』, 『가톨릭교회 교리서 비평』, 『W.C.C. 정체(세계교회협의회의 실상을 밝힌다)』 등의 저자로 널리 알려진 분이십니다.

_正論 기독신보사

Dr. Youngyup Cho is an international speaker for the Word of God and a separatist, fundamentalist among his Presbyterian brethren. It is rare, in our time of Neo-christianity, to find such a man persisting in the truths of the entire Bible.

I trust that A Commentary on 2 Timothy, one of his excellent books will bring a large Korean audience to all of it's chapters.

_Dr. O. Talmadge Spence

(President, Foundations Bible College and Seminary.)

I have known Dr. Cho for forty years and found him to be an indefatiguable champion for the faith. His travels on behalf of the truth have taken him to many parts of the globe. This book will certainly enlighten the earnest seeker. It is my hope that his series on systematic theology will become the standard for Korean theological seminaries for years to come.

_Dr. Ken Johnson(President, Bob Jones Memorial Seminary)

저자 서문
(Preface)

먼저 만복(萬福)의 근원(根源)되시는 우리 주 하나님 앞에 감사와 찬송, 존귀와 영광을 돌리나이다.

불초 미약한 종이 복음진리 증거와 전수, 변호와 수호에 분망하던 중 금번 『디모데후서(개정판)주석』을 출간하게 되니 이는 오로지 우리 주 하나님의 망극하신 은혜라고 믿습니다.

다만 저자가 본서를 저술함에 있어서 최선을 다하지 못한 것을 매우 송구스럽게 생각합니다.

그러나 저의 저서들을 평균 5번 정도 볼펜으로 손수 기록하였습니다. 바라기는 이 저서를 통하여 바른 신앙적 지식이 함양, 정립되어 신앙의 정체성이 확립되었으면 하는 마음이 간절합니다.

지금 한국 신학계에는 이 불초의 스승이시요, 보수신학의 거목(巨木)이신 고(故) 박형룡 박사님의 『교의신학전집』을 비롯하여 개혁주의 신학을 대표하는 칼빈(J. Calvin), 루터(M. Luther), 핫지(C. Hodge), A. A 핫지(A. A. Hodge), 워필드(B. B. Warfield), 메이첸(G. Machen), 바빙크(H. Bavinck), 뵈트너(L. Boettner), 머레이(J. Murray), 벌코프(L. Berkhof), 반틸(C. Van Til), 월브드(J.F. Walvoord), 호크마(A. Hoekema), 버즈웰(O. Buswell), 핑크(A. W. Pink), 해리스(R. Laird Harris), 맥 레이(J. Mc Ray), 디센(H. C. Thiessen), 가이슬러(N. L. Geisler), 레이몬드(R. Reymond), 그루뎀(W. Grudem) 등 저명한 신학자들의 저서들이 출간 또는 번역되었습니다.

그러나 독자들이 그 방대한 저서들을 이해하는 데 다소 어려움이 있는 듯합니다. 저자는 이점들을 감안하여 가급적 간결한 문체를 사용하였으며, 중요 신학 술어들은 원어(히브리어, 헬라어)와 영어로 표기했습니다. 그리고 그 내용 자체를 강의 또는 교리 설교로 사용할 수 있도록 시도하였습니다.

- 저자는 칼빈주의, 개혁주의, 보수(근본)주의 신학 입장에서 저의 저서들을 집필하였습니다.
- 저자는 이 주석을 원문(原文)중심, 교리(敎理)중심으로 저술하였습니다. 특히 본문에 나타나는 중요 교리들은 저의 조직신학 전집(全集)의 내용을 인용하여 특주(特註)로 정리하였습니다.

지금은 배교와 불신앙으로 극도로 타락한 말세지말입니다.
- 비성경적 연합 운동(Un-Biblical Ecumenical Movement),
- 비진리와 타협하는 신복음주의(Neo-Evangelicalism),
- 성령은사 운동(신오순절 운동, Neo-Pentecostal Movement),
- 세속적 교회음악(Secular Music in the Church),
- 열린예배(Seeker's Service),
- 종교다원주의(Religious pluralism),
- 사이비 이단사조들, 인본주의 사상, 육신의 부패성 등이 우리의 고귀한 역사적 기독교 신앙을 파괴하고 있습니다.

이러한 영적 흑암의 시대에 앞서간 선지자들과 사도들과 믿음의 열조들을 통하여 우리 주님 그리스도 예수로부터 받은 전통적 정통복음진리를 보전·전파·변호·수호하는 일은 우리에게 주어진 지상명령이요, 특권입니다.

- 우리의 신앙은 옛 신앙(렘 6:16)이요,
- 우리의 중심은 하나님 중심, 말씀 중심이요,
- 우리의 신앙노선은 복음주의, 칼빈주의, 개혁주의, 보수(근본)주의이요,
- 우리의 사명은 정통복음 진리를 전파·변호·수호하는 일입니다.

고린도전서 15:58, "사랑하는 자들아 견고하며 흔들리지 말며 항상 주의

일에 더욱 힘쓰는 자들이 되라 이는 너희 수고가 주 안에서 헛되지 않은 줄을 앎이니라."

  우리 주님 그리스도 예수의 무한하신 은혜와, 하나님 아버지의 극진하신 사랑하심과, 성령님의 감화·교통·인도하심이 주님의 보혈(보배로운 피, precious blood)로써 형제자매가 되신 독자 여러분 위에 항상 같이 하시기를 기도합니다.

  끝으로 저의 신실한 아내와 미덕(美德)의 막내 여동생 영란의 조력(助力)에 고마움을 표합니다.

(Thanks to my faithful wife Young Hee and also my beautiful baby sister Young Ran for their helps.)

A.D. 2014년 12월 25일
천국 본향 가는 나그네 길에서   조 영 엽 박사
(ON MY WAY TO MY HEAVENLY HOME)

목차

영문 이력서	4
추천사	7
저자 서문	12
디모데후서 주석	19
1. 문안 인사(1:1-2)	21
2. 사도 바울(1:1-2)	28
특주 1. 그리스도 예수	30
특주 2. 주님	36
특주 3. 축도	39
특주 4. 사도	44
3. 사도 바울의 감사(1:3-5)	50
4. 권면과 하나님의 은사들(1:6-7)	57
5. 두가지 명령(1:8)	62
6. 하나님의 구원 역사(1:9-10)	70
7. 사도 바울의 신앙고백(1:11-12)	76
특주 5. 성도의 보존	80
8. 두 가지 명령(1:13-14)	102

특주 6. 성령님의 내주	105
9. 사람들이 바울을 떠남(1:15)	116
10. 오네시보로의 집에 긍휼을 베풀어 주옵소서!(1:16-18)	119
11. 복음의 전수(2:1-2)	126
12. 그리스도 예수의 좋은 군사(2:3-4)	131
13. 운동선수(2:5)	136
14. 농부(2:6)	139
15. 내가 말하는 것을 생각하라(2:7)	141
특주 7. 그리스도 예수의 대리적 속죄의 죽으심과 육체적 부활	143
16. 두 가지 명령(2:8)	154
17. 하나님의 말씀은 매이지 아니함(2:9)	157
18. 택함받은 자들을 위하여(2:10)	159
19. 찬송과 신앙고백(2:11-13)	166
특주 8. 세대론자들의 왕국관	174
특주 9. 무천년설자들의 왕국관	179
특주 10. 잘못된 왕국관들	185
20. 하나님의 일꾼이 할 일(임무)(2:14-15)	191
21. 망령되고 헛된 말을 버리라(2:16-18)	195
22. 하나님의 위로와 격려(2:19)	201
23. 귀히 쓰이는 그릇들(2:20-21)	207
24. 피하라, 좇으라!(2:22)	210
25. 징계의 목적(2:25-26)	215
26. 말세의 현상들과 특성들(3:1-5)	219
27. 거짓 스승들의 활동들(3:6-9)	229

28. 9가지 덕목들(3:10-11)	236
29. 주께서 건지셨음(3:11)	240
30. 자명한 이치(3:12-13)	245
31. 너희는 배우고 확실히 아는 일에 거하라!(3:14-15)	248
특주 11. 성경의 영감	256
32. 말씀을 전파하라(4:1-2)	273
특주 12. 최후 심판과 상벌	280
특주 13. 예수 그리스도의 왕국	293
33. 말세 교회의 현상들(4:3-4)	312
34. 4대 명령들(4:5)	316
35. 두(2) 비유적 말씀들(4:6)	319
36. 세 간증들(4:7-8)	323
특주 14. 그리스도인(신자)에 대한 심판	328
특주 15. 상급의 종류	334
37. 너는 속히 오라(4:9)	338
38. 마지막 한 말씀들(4:10-12)	346
39. 알렉산더에 대한 경고(4:14-15)	357
40. 사도 바울의 변호(로마 법정에서)(4:16)	360
41. 주께서 강건케 하시는 이유와 목적(4:17)	365
42. 바울의 신앙과 송영(4:18)	370
43. 최후 문안 인사(4:19)	373
44. 사도 바울의 순교	375

부록 인물 소개 380

1. 박형룡 박사 380
2. 가이슬러 383
3. 구티에레즈 384
4. 그루뎀 385
5. 라인홀드 니버 385
6. 댑니 388
7. 디센 390
8. 얼 랄프 391
9. 루터 391
10. 칼 맥킨타이어 398
11. 존 머레이 407
12. 메이첸 408
13. 바빙크 411
14. 반틸 412
15. 반하우스 413
16. 버즈웰 414
17. 벌코프 416
18. 에밀 브루너 417
19. 쉐드 419
20. 스트롱 420
21. 스펜스 421
22. 어거스틴 422
23. 오리겐 427
24. 제임스 오르 428
25. 요세푸스 430
26. 워필드 431
27. 스테펜 차녹 434
28. 카이퍼 434
29. 존 칼빈 436
30. A. A. 핫지 441
31. 찰스 핫지 442
32. 안토니 후크마 444

참고문헌 445

색인 453

† 일러두기

※ 조영엽 박사의 조직신학 전(全) 권에 등장하는 신학자들에 대한 설명은 부록에 있습니다. 부록에 설명되지 않은 신학자들은 색인을 참조하여 본문에서 찾아볼 수 있습니다.

※ 조영엽 박사의 『디모데후서(개정판)주석』에 등장하는 시(詩)는 시인 정은예 시집 『내 안에 주님의 승리』(Eun-ye Cheung, His Victory in Me, CLC, 2014. 4. 25)에서 발췌하였습니다.

디모데후서 주석
(A Commentary on the Second Timothy)

디모데후서는 사도 바울이 로마 감옥에 재차 투옥되어 순교하기 바로 얼마 전 A.D. 66/67년경 기록하였다(딤후 4:6-8). 그러므로 디모데후서도 에베소서, 빌립보서, 골로새서, 빌레몬서처럼 옥중서신들(Prison Epistles)중의 하나이다.

- 디모데후서는 사도 바울이 에베소를 떠난 지 적어도 8년 정도 후, 그리고 디모데전서를 기록한 지는 약 5-6년경 후였다. 이 시기는 로마의 폭군 네로황제(A.D. 37-68)의 통치기간(A.D. 54-68) 말기 66-67년경 가을이었다. 그리스도인들의 핍박이 매우 극심한 환란의 때이었다. 이 때에 디모데후서가 기록되었다.

- 네로의 폭정은 극악에 달했다. 그 결과 네로의 생애는 비극이었다. 그의 어머니 아그립피나(Agrippina)와 그의 법적 아내 옥타비아(Octavia)는 살해되었다. 많은 고문관들과 관리들도 살해되거나 추방되었다.

- 네로의 폭정은 극악에 달하여 마침내 궁중 근위대(Praetorian guard)가 반란을 일으켰고, 네로는 로마에서 도피할 수 밖에 없게 되었다. 마침내 네로는 막다른 골목에서 30세의 젊은 나이로 A. D. 68년 6월 자살하였다.

- 디모데후서는 전도하면서 8번(갈라디아서, 데살로니가전·후서, 고린도전·후서, 로마서, 디모데전서, 디도서), 감옥에서 5번(에베소서, 빌립보서, 골

로새서, 빌레몬서, 디모데후서) 기록하였다. 디모데후서는 사도 바울의 마지막 옥중 서신이다.

생명이 저들 속에 역사하게 하소서!

나를 핍박할 때, 내가 기뻐하게 하소서.
나를 욕할 때, 내가 즐거워하게 하소서.
나를 조롱할 때, 내가 침묵하게 하소서.
나를 저주할 때, 내가 축복하게 하소서.

나를 우겨 쌀 때, 내가 감사하게 하소서.
나를 가둘 때에, 내가 사랑하게 하소서.
나를 밟을 때에, 내가 용서하게 하소서.
나를 채찍 할 때, 내가 승리하게 하소서.

고통과 사망은 내 속에서 역사하고,
생명은 저들 속에 역사하게 하소서.
그리스도께서 날 위해 그렇게 하셨듯이…

ND# 1.

문안 인사
(Salutation)

1. 발신자
2. 수신자
3. 문안내용

디모데후서 1:1-2, "하나님의 뜻으로 말미암아 그리스도 예수 안에 있는 생명의 약속대로 그리스도 예수의 사도 된 바울은 사랑하는 아들 디모데에게 편지하노니 하나님 아버지와 그리스도 예수 우리 주께로부터 은혜와 긍휼과 평강이 네게 있을지어다."

디모데후서는 사도 바울의 다른 서신들처럼 발신자(저자·기록자[Author Writer]), 수신자(Recipient), 문안 인사(Greeting)로 되어 있다.

바울(파우로스, Παῦλος; Paul; little one; 바울, 작은 자). 사도 바울은 디모데에게 문안을 하는 것으로부터 그의 서신(편지)을 시작하였다. 그런데 디모데후서의 문안과 인사도 그의 일반서신들 초두에서 발견되는 3가지 통상적 요소들이 포함되어 있다.

1. 발신자(송신자, The Writer) : 사도 바울(Παῦλος; Apostle Paul).

사도 바울은 그의 서신 초두 문안에서 사도 바울은 자신의 사도직(Apostleship)의 기원에 대하여 밝혔다. 그 이유는 바울의 이 서신은 개인적인 어떤 서신이 아니라 공적인 서신이기 때문이다. 물론 바울이 자신의 사도직을 디모데로부터 승인을 받아야 할 이유는 없다. 그러나 거짓 선생들이 많이 일어나 바울의 사도직을 부인하고 복음 사역을 반대하였기 때문이다.

바울은 자신을 그리스도 예수의 사도라고 소개하였다.

사도(아포스톨로스, ἀπόστολος; One who is sent)는 "보내심을 받은 자"라는 뜻이다. 바울은 구원의 복음을 이방인들에게 전하기 위하여 그리스도 예수로부터 사도로 파송받은 자이다(행 9:1-20).

2. 수신자(Receiver): 디모데(Τιμοθέω ; Timothy)(사랑하는 아들)

"사랑하는 아들 디모데에게"(티모데오 아가페토 테크노, Τιμοδέω ἀγαπητῷ τέκνῳ; to Timothy, my beloved [dear] son; 나의 사랑하는 아들 디모데에게). 사도 바울은 로마에서 순교할 때까지 일평생 독신으로 살았고, 디모데는 헬라인 아버지와 유대인 어머니가 있었다(행 6:1-3). 그러므로 사도 바울이 디모데를 "사랑하는 아들 디모데에게"라고 한 것은 육적 아들이 아니라 영적 아들(spiritual son)을 가리킨다. 디모데는 믿음으로 바울의 영적 아들이 되었고, 바울은 믿음으로 디모데의 믿음의 아버지가 되었다(딤전 1:2; 딛 1:4; 딤후 1:2).

- 디모데의 외조모와 어머니는 사도 바울이 제1차 전도 여행시(행 13:4-14:28, A.D. 46-48) 바울을 통하여 복음을 받고, 그리스도 예수를 구주로 영접하고, 그리스도교로 개종하였다. 그 때에 디모데도 외조모와 어머니를 따라 그리스도인이 되었다.
- 사도 바울이 제2차 전도 여행시(행 15:36-18:22, A.D. 49-52) 더베와 루스드라에 이르렀을 때 디모데는 바울의 전도 사역, 복음 사역에 적극 가담하게 되었다. 하나님의 말씀이 디모데를 믿음으로 인도하시고 목회자의 길을 걷게 하였다(행 26:16-18, cf. 9:4-6, 15).
- 후에 디모데는 연단을 받고 드디어 교회의 장로들과 사도 바울에 의하여 안수를 받고 에베소교회의 목회자가 되었다. 디모데는 당시 에

베소교회의 목회자일 뿐만 아니라 소아시아 에베소 지역 전역에 교회들을 세우고 보살피며 감독하는 자가 되었다.
- 유대인 사학자 유세비우스(Eusebius)가 기록한 전통(Tradition; 전승)에 의하면 후일 디모데는 폭도들에 의하여 매 맞아 순교당하였다고 한다. 왜냐하면 에베소 사람들은 다이아나 신전(Temple Diana)을 짓고 다이아나 여신을 섬겼는데 당시 그 여신을 섬기는 여제사장들은 1,000명이나 되었고 그들은 모두 여신을 섬긴다는 제사의식으로 여신 참배자들과 행음하였으며, 하나님의 사람 디모데는 그들의 죄악을 책망하였기 때문이다.[1]

3. 문안내용(The Contents): 세(3) 축복들(three blessings)
"은혜와 긍휼과 평강이 네게 있을지어다."

사도 바울은 믿음 안에서 참 아들 된 디모데에게 공적 임무를 부여하기 전에 먼저 우리 구주 하나님과 우리의 소망이신 그리스도 예수께로부터 은혜와 긍휼과 평강이 임하기를 간구하며 선포(축포)하였다. 은혜·긍휼·평강은 3대 축복(three blessings)이다. 은혜·긍휼·평강은 성도들에게 가장 아름답고, 가장 뜻 깊고, 가장 필요로 하는 축복들이다.

사도 바울은 그의 매 서신들 초두마다 수신자들에게 항상 은혜와 평강이 임하기를 소원하며 축복하였다(롬 1:7; 고전 1:3; 고후 1:2; 갈 1:3; 엡 1:2; 빌 1:2; 골 1:2; 살전 1:1; 살후 1:2; 몬 3; 딤후 1:2; 딛 1:4). 그런데 디모데후서에는 은혜와 평강 사이에 **긍휼**이 하나 더 첨가되었다. 은혜·긍휼·평강은 성도들에게 가장 아름답고 가장 뜻 깊고 가장 필요로 하는 말씀들이다.

1) 은혜(카리스, Χάρις ; grace)
"은혜"(Χάρις)는 하나님께서 사람들에게 무상으로(값없이) 하사(bestow) 하시는 선물들(free gifts)이다.

아봇-스미스의 헬라어 사전에 의하면 은혜의 다양한 의미들을 은혜를 베

---

[1] Homer A. Kent Jr., *The Pastoral Epistles* (Chicago: Moody Press, 1982), p. 75.

푸시는 하나님 편에서와 은혜를 받는 사람 편에서 양면으로 고찰하였다.

은혜를 베푸시는 하나님(Giver) 편에서는 은혜는 호의·친절·후의·은혜·총애(graciousness, kindness, goodwill, favour, charm)등의 다양한 의미들로 사용되었고,

은혜를 받는 사람(Receiver) 편에서는 그 은혜가 감사·기쁨·즐거움·아름다움(thanks, gratitude, joy, pleasure)등의 다양한 의미들로 사용되었다.[2]

2) 긍휼(엘레오스, ἔλεος ; Mercy ; 자비)

"긍휼"은 사랑의 발로에 의하여 나타나는 하나님의 호의이다.

긍휼은 일명 동정(compassion), 불쌍히 여김(pity), 친애(lovingkindness)라고도 한다. 따라서 동일한 내용의 상이한 표현들이다. 긍휼·자비·동정·불쌍히 여김·친애 등은 실제상으로는 같은 내용이다. 하나님의 긍휼은 독생자 그리스도 예수로 말미암은 구원 역사로 절정을 이루었다.

하나님은 긍휼의 아버지시요(고후 1:3) 긍휼이 풍성하시다(시 57:10; 86:5; 엡 2:4; 약 5:11; 벧전 1:3). 주 하나님은 자비가 충만하고, 긍휼히 여기는 분이시다(약 5:11). 하나님은 많은 긍휼을 가지고 계신다(벧전 1:3).

① 구약에서(in the O.T.)

"헤세드"(חֶסֶד ; kindness, lovingkindness, mercy)는 친절·친애·자비를 뜻하며, 이 단어가 구약에 약 240번 나타나는데 특히 시편에 많이 나타난다. 이 단어가 70인역에는 엘레오스(ἔλεος ; mercy ; 자비)로 번역되었다. 하나님은 은혜와 긍휼이 풍성하시다. 하나님은 그의 풍성한 은혜와 긍휼로 죄인들을 사랑하시고 구원하신다.

"라함"(רחם; mercy)은 헤세드보다 더 깊은 동정을 나타낸다. 따라서 영어성경에서는 tender mercy(다정한 긍휼)라고 번역하였다.

② 신약에서(in the N.T.)

70인역과 신약에서는

- 엘레오스(ἔλεος ; mercy, pity ; 자비·불쌍히 여김),

---

2 Abbott-Smith, *Manual Greek Lexicon on the N.T.* (Edinburgh: T&T Clark, 1994), p. 479.

- 오이크틸모스(οἰκτιρμος ; mercy, pity, compassion ; 자비·불쌍히 여김·동정심),
- 스플랑크논(σπλάγχνον ; compassion, affection, mercy ; 동정·애정·긍휼) 등이다.

따라서 긍휼(불쌍히 여김)·동정·친애 등은 실제적으로는 같은 내용의 상이한 표현들이다. 긍휼은 은혜와 평강과 같이 사용되기도 하였다(딤전 1:2; 딤후 1:1; 딛 1:4).

하나님의 긍휼은 죄로 말미암아 비참과 절망 속에 빠져 있는 자들에게 베푸시는 하나님의 선이다. 긍휼(자비)은 범죄한 자들을 불쌍히 여기심이다. 하나님은 자신의 긍휼로 범죄한 자들을 민망히 여기며 자비를 베푸신다.

댑니(Dabney)는 "하나님의 이성적 피조물들의 모든 수난은 범죄로 인한 것으로 즉 그들에게 향한 그분의 민망(불쌍히 여기심)은 항상 긍휼이다" (Mercy is pity towards one suffering for guilt, but as all the suffering of God's rational creatures is for guilt, His compassion to them is always mercy)[3]라고 하였다.

하나님은 사람들에게 항상 자비와 긍휼을 베푸시나(히 4:16), 죄로 말미암아 가련하고 곤고한 상태에서 지옥 형벌을 앞두고 고통하는 자들을 더욱 민망히 그리고 불쌍히 여기신다. 죄인들을 향한 하나님의 긍휼은 죄인들의 영원한 구원이다(롬 9:23; 엡 2:4; 벧전 1:3). 하나님은 긍휼히 여길 자를 긍휼히 여기고 불쌍히 여길 자를 불쌍히 여기신다(롬 9:15, 18). 그럼에도 불구하고 하나님의 자녀들에 대한 하나님의 긍휼은 하나님의 공의에 반대하여 공의를 손상시키며 베풀어지지는 않는다.

하나님의 긍휼은 하나님을 경외하는 자들에게(출 20:2; 신 7:9; 시 103:71; 86:5; 눅 1:50), 교회 위에(고후 1:3), 신자들에게(히 4:16), 이스라엘에(시 102:13; 사 54:7), 하나님을 경외하지 않는 자들에게도 임한다(겔 18:23, 32; 33:11; 눅 6:35, 36).

하나님의 긍휼은 그리스도 예수의 공로에 의지하여 베풀어 주시는 자비이

---

3 Dabney, Charles. *Lectures in Systematic Theology* (Gand Rapids: Zondervan. 1972), p. 169.

다. "그러므로 우리가 긍휼하심을 받고 때를 따라 돕는 은혜를 얻기 위하여 은혜의 보좌 앞에 담대히 나아갈 것이니라"(히 4:16).

3) 평강(샬롬, שָׁלוֹם ; 에이레네, εἰρήνη ; peace ; 평강·평안·평화)

"평강"은 전적 안녕(total well-being) 곧 안정되고 편안한 마음의 상태, 자유의 상태를 말한다. 특히 성도들에게 있어서 평안은 하나님의 구속의 은혜의 결과로 오는 심령의 영적 평안, 참된 평안이다.

평강은 전쟁의 반대이다. 전쟁은 불안·공포·위험·슬픔·고통·고난·죽음을 가져온다. 유대인들은 역사적으로 외세의 침략과 전쟁 등으로 평강이 가장 큰 소원이다. 성도들도 참된 심령의 평안과 영적 평강이 항상 임하기를 소원한다.

4) 은혜·긍휼·평강의 출처

"하나님 아버지와 그리스도 예수 우리 주께로부터 은혜와 긍휼과 평강이 있기를 원하노라"(딤전 1:2; 딤후 1:1; 딛 1:4).

"…에로부터"(아포, ἀπό ; from)는 은혜·긍휼·평강이 어디에서부터 임하는가를 가리키는 원인과 출처를 가리키는 전치사이다.

본절에서 하나님 우리 아버지와 그리스도 예수 우리 주님과의 사이에는 등위접속사 카이(καὶ ; and ; 그리고)로 연결되었다.

① 은혜·긍휼·평강은 하나님 우리의 아버지로부터 임한다.

성도들과의 관계에 있어서 하나님은 모든 성도들의 영적 아버지(spiritual Father)이시다. 하나님은(민족적 의미에서가 아니라, 창조적 의미에서가 아니라, 우주적 보편적 의미에서가 아니라) 구속적 의미에서 모든 성도들의 영적 아버지이시다(마 5:45; 벧전 1:3; 요일 5:1; 3:1, 2). 성도는 하나님의 독생자 그리스도 예수를 믿음으로 하나님의 자녀들(양자)이 되었다(요 1:12).

은혜와 긍휼과 평강은 거룩과 사랑과 인내와 의와 함께 하나님의 공유적 속성들(하나님의 성품들)이다. 따라서 은혜·긍휼·평강은 하나님 우리의 아버지로부터 임한다.

② 은혜·긍휼·평강은 그리스도 예수 우리 주님께로부터 임한다.

그리스도 예수 우리 주님은 3위의 제2위(Second person)이신 성자 하나님이시다. 성부 하나님의 속성들은 곧 성자 하나님의 속성들이다. 따라서 은혜·긍휼·평강은 성부 하나님 우리의 아버지께로부터 임하심과 같이 성자 하나님으로부터도 임한다.

③ 있을지어다(특주 3. 축도).

유다서 24-25절, "능히 너희를 보호하사 거침(장애물)이 없게 하시고 너희로 그 영광의 임재 앞에 흠이 없이 큰 기쁨으로 서게 하실 자 곧 우리 구주 홀로 한 분이신 하나님께 우리 주 예수 그리스도로 말미암아 영광과 위엄과 권력(통치)과 권세가 영원 전부터 이제와 영원토록 있을지어다 아멘."

2.

사도 바울

1. 사도 바울은 하나님의 뜻으로 말미암아 그리스도 예수의 사도가 되었다.
2. 사도 바울은 그리스도 예수 안에 있는 생명의 약속대로 그리스도 예수의 사도가 되었다.

디모데후서 1:1-2, "하나님의 뜻으로 말미암아 그리스도 예수 안에 있는 생명의 약속대로 그리스도 예수의 사도된 바울은 사랑하는 아들 디모데에게 편지하노니 하나님 아버지와 그리스도 예수 우리 주께로부터 은혜와 긍휼과 평강이 네게 있을 찌어다."

바울: 그리스도 예수의 사도 (Paul: an apostle of Christ Jesus)

1. 사도 바울은 하나님의 뜻으로 말미암아 그리스도 예수의 사도가 되었다.

"하나님의 뜻으로 말미암아"(디아 델레마토스 데우, διὰ θελήματος θεοῦ; by the will of God). 바울은 자신이 그리스도 예수의 사도가 된 것은 하나님의 뜻이라고 하였다. "하나님의 뜻으로 말미암아"라는 이 구(phrase)는 사도 바울의 다른 서신들의 인사들에서도 발견된다(고전 1:1; 고후 1:1; 엡 1:1; 골 1:1).

바울은 그리스도 예수와 그의 복음의 사도가 된다는 것은 상상도 할 수 없었다. 왜냐하면 회심 전까지는 유대교에 열심하여 그리스도인들을 심히 훼방하고, 핍박하고, 폭행한 자였기 때문이다(행 6:11; 8:13; 22:4-5; 고전 15:9; 갈 1:13; 빌 3:6).

"뜻"(델레마, θέλημα; will; 뜻, 의지)은 항상 사람의 구원을 위한 성부 하나님의 영원한 뜻이다(롬 2:18, 12:2; 고후 8:5; 갈 1:4; 엡 1:5, 9, 11; 골 1:9, 4:12; 살전 4:3, 5:18 등).

2. 사도 바울은 그리스도 예수 안에 있는 생명의 약속대로 그리스도 예수의 사도가 되었다.

"그리스도 예수 안에 있는 생명의 약속대로"(카트 에팡겔리안 조에스, κατ' ἐπαγγελίαν ζωῆς; according to the promise of life).

디모데후서의 인사말에는 "그리스도 예수 안에 있는 생명의 약속대로"라는 말씀이 첨가되어 있다. 그리스도 예수 안에 있는 생명(Life in Christ)은 사도 바울의 인생관, 사상이다(롬 8:2; 고후 4:10; 롬 6:2-14; 갈2:20; 빌 1:21; 골 3:4).

"그리스도 예수 안에 있는 생명"은 사도 요한의 인생관, 사상이기도 하다(요 1:4; 3:15; 11:25; 14:6; 요일 5:11). "생명의 약속대로"는 사도직과 연결되어 그의 사도직은 약속의 성취임을 밝혔다. 그리스도 예수안에 있는 "생명의 약속"(에팡겔리안 조에스, ἐπαγγελίαν ζωῆς; the promise of life)은 영생의 약속이다.

특주 1.

그리스도 예수
(Christ Jesus)

1. 그리스도
2. 예수

디모데전서 1:1, "우리 구주 하나님과 우리의 소망이신 그리스도 예수의 명령을 따라 그리스도 예수의 사도 된 바울은."

1. 그리스도(Χριστός ; Christ)

1) 명칭의 의미(Meaning)

"그리스도"라는 명칭은 히브리어 "메시아"(מָשִׁיחַ)에서 인출되었다.

헬라어로 "크리스토스"(Χριστός), 영어로 "크라이스트"(Christ), 한국어로는 "그리스도"로 번역하였다. 그리스도라는 명칭은 "기름부음 받은 자"(the Anointed One), 곧 메시아(Messiah)라는 뜻으로 예수님의 직위적 명칭이다.

구약에 "기름부음 받은 자"의 마쉬아흐(מָשִׁיחַ ; the anointed)는 39번 나타난다. 구약시대에 기름 붓는 예식은 가장 성스러운 종교의식이었다. 기름부음은 직무를 수행하기 위하여 직위를 수여(임명)한다는 뜻이다. 기름을 붓는 행위는 대관예식(the ritual of enthronement)의 일부였다.

2) 기름부음의 예식(Ceremony)

구약시대의 기름부음의 의식은 왕·선지자·제사장 임명 때 거행되었다. 양각뿔(ram's horn)이나(삼상 16:13) 또는 다른 그릇(기름병 ; vial of oil)에 담은 기름을 머리에 부음으로써 의식이 거행되었다(삼상 10:1). 기름부음은 하나님의 명령이시다(삼상 9:16). 그러므로 기름부음은 합법적이며, 기름부음을 받은 자는 특별한 임무와 권한을 부여받는 것을 의미한다.

① 왕 임직시

왕들(Kings)에게 기름을 부었다. 그러므로 왕을 "여호와의 기름부음 받은 자"(the anointed of the Lord)라 칭하였다(삼상 2:10; 삼하 1:14; 시 2:2; 18:50; 45:7; 합 3:13). 사울·다윗·솔로몬 등이 왕 임직시에 기름부음을 받았으며, 후대에 요아스·여호아하스·예후 등도 기름부음을 받았다(삿 9:7 이하). 다윗에게는 선지자 사무엘이 기름을 부었고(삼상 16:13) 이어서 유대의 남자 어른들이 또 기름을 부었는데(삼하 2:4, 7) 그때의 남자 어른들은 이스라엘 백성을 대표하는 장로들이었다(삼하 5:3). 다윗 왕은 사독과 나단이 거행한 솔로몬을 위한 기름부음의 권위를 인정하였다(왕상 1:34). 하나님은 이렇게 기름부음의 의식을 통해서 왕을 삼으셨으며, 유대인들은 왕의 권위를 인정하였다.

예수님을 그리스도라 칭함은 그리스도는 만왕의 왕, 즉 왕들 중의 왕(King of kings)이라는 뜻이다. 왕들 중의 왕이란 군왕들을 세우기도 하시고 폐하기도 하시는 세상 모든 왕 위의 왕이시라는 뜻이다. 우리가 예수님을 그리스도라 부를 때마다 그리스도는 참으로 우리의 왕으로서 우리를 지배하시고 우리는 그의 백성으로 지배를 받아야 한다는 진리를 재인식해야 할 것이다.

② 선지자 임직시

선지자들(Prophets)에게 기름을 부었다. 그러므로 선지자를 "하나님의 기름부음 받은 자"라고 불렀다(시 105:15). 선지자는 하나님 편에서 하나님의 "말씀을 선포"하며, "미래의 일들을 예언"하며, "하나님의 백성들을 교육·권면·책망"하는 일을 수행하였다. 선지자들이 말씀을 선포할 때에는 "여호와께서 이같이 말씀하시기를…"이라고 했다. 그 이유는 자신들에게 임한 하나님의 말씀을 선포하기 때문이다. 장래에 되어질 일들은 하나님으로부터 계시를 받아 예언하였으며, 교훈·권면·책망은 하나님의 율법으로 했다.

예수님을 그리스도라 칭함은 그리스도는 우리의 참 선지자(true prophet)라는 뜻이다. 예수님은 선지자로 오셔서 하나님의 메시지를 사람들에게 전달하시고(요 8:26; 12:49, 50; 15:15; 17:8), 교훈과 권면과 책망과 위로를 하셨으며(마 5:1 이하), 또한 미래 일을 예언하셨다(마 24:3, 35; 눅 21:8, 36).

③ 제사장 임직시

제사장들(Priests)에게 기름을 부었다. 그러므로 제사장을 "하나님의 기름부음 받은 자"라고 불렀다. "너는 아론과 그 아들들에게 기름을 발라 그들을 거룩하게 하고 그들로 내게 제사장 직분(priest office)을 행하게 하라"(출 30:30).

모든 제사장에게 기름을 부음은 "헌신과 정화"(dedication and purification)를 나타낸다(레 4:3, 5, 16; 삼상 2:35). 구약성경에 그리스도의 기름부음에 대하여 예언하였으며(시 2:2; 45:7), 신약성경에도 그리스도의 기름부음에 대하여 언급되었다(행 4:27; 10:38).

예수님을 그리스도라 칭함은 그리스도는 우리의 대제사장(high priest)이라는 뜻이다. 우리 주님은 자신에 대하여 사람들이 그리스도라는 명칭을 사용할 때 세 번이나 인정하고 받아들였다(마 16:17; 막 14:62; 요 4:26). 히브리서 기자는 그리스도 예수를 우리의 유일한 대제사장이라고 힘주어 역설하였다(히 3:1; 4:4; 5:5, 10; 6:20; 7:28; 8:1).

그리스도께서 기름부음을 받는 자라는 명칭이 주어진 것은 그리스도가 바로 우리를 주관하시는 만왕의 왕이시요, 하나님의 메시지를 전달하며 장래 일을 예언하며 교훈·권면·책망하시는 우리의 참 선지자시요, 우리를 위하여 대언대도하시는 대제사장이시기 때문이다.

2. 예수('Ιησοῦς ; Jesus)

"예수"라는 명칭은 히브리어 "여호수아"(יְהוֹשֻׁעַ ; Joshua)에서 인출되었는데, 이 단어는 구주(Saviour) 또는 하나의 문장을 이루어 "여호와는 구원하신다"(Jehovah saves) 또는 "여호와는 구원이시다"(Jehovah is salvation)라는 뜻이다.

헬라어로는 "예수스"('Ιησοῦς), 영어로는 "지저스"(Jesus), 한국어로는 "예수"로 번역되었다. "예수"라는 명칭은 신약성경 전반에 걸쳐서 단독적으로 사용된 곳이 수없이 많으며(마 1:16, 21, 25; 2:1; 3:13, 15, 16; 4:1, 7, 10, 12, 17, 23; 7:28; 8:3, 4, 5, 10, 13, 14, 18, 20, 22, 29, 34…) 예수님의 다른 명칭들과 함께 사용된 경우도 많다. 예를 들면,

"예수 그리스도"('Ιησοῦ Χριστοῦ ; Jesus Christ, 마 1:1, 18; 16:21; 막 1:1; 요 1:17; 17:3),

"주 예수"(κύριε 'Ιησοῦ ; Lord Jesus, 행 7:59; 8:16; 16:31; 19:5, 17),

"그리스도 예수"(Χριστῷ 'Ιησοῦ ; Christ Jesus, 빌 2:5),

"주 그리스도 예수"(κυρίου 'Ιησοῦ χριστοῦ, ; Lord Jesus Christ, 고후 13:13) 등이다.

1) 명칭의 유래(Origin)

"예수"라는 명칭은 기쁜 소식을 전하는 가브리엘 천사가 예수님이 출생하시기 직전에 요셉과 마리아에게 전달한 이름이다(마 1:21; 눅 1:31). 그러나 이 명칭이 명명되기는 "탄생 후 8일째 되는 날"이었다. 그 이유는 유대인들은 할례(circumcision)를 행하는 날에 아이의 이름이 주어지기 때문이다(눅 2:21).

세례 요한의 아버지 사가랴와 어머니 엘리사벳도 아들을 낳아 "8일이 되는 날" 요한이라고 작명하였다(눅 1:57, 60).

사도 바울도 난지 8일 만에 할례를 받았다(빌 3:5). 예수라는 명칭은 어느 유명인사나 작명가 또는 요셉이 지은 이름이 아니다. 하나님은 작명의 선택을 사람들에게 맡기지 아니하시고 하나님 자신이 독생자의 이름을 지으셨다.

2) 명칭의 의미(Meaning)

이 명칭은 "자기 백성 곧 택한 백성을 죄에서 구원하신다"는 뜻이다(마 1:21). 우리는 "예수님"이라는 이 명칭만으로도 예수님의 가장 중요한 임무는 죄인들을 구원하는 구속사역(works of redemption)이라는 사실을 깨닫는다.

"자기 백성"(His people)은 하나님이 그리스도께 주신 사람들, 하나님의 택한 백성, 영적 이스라엘 곧 모든 참 신자를 가리킨다.

"자기 백성"이라는 말씀 속에는 선택의 개념이 들어 있다. 예수님은 택한 백성의 주(Lord, 主)이시지만, 만인의 구세주(救世主)는 결코 아니다. 예수님은 자기 백성을 죄·사탄·사망의 권세와 지배로부터 구출·구원하시기 위하여, 우리를 흑암에서 빛으로, 죄 가운데에서 의로, 사망 가운데에서 생명으로, 육신의 부패와 지옥형벌 가운데에서 영광의 천국으로 인도하시기 위하여 낮고 천한 육신의 몸을 입고 이 세상에 오셔서 많은 고난 고초 당하시고 십자가상에서 돌아가셨다.

그러므로 그리스도 예수를 자신의 구주(personal Saviour)와 주님(Lord)으로 믿기만 하면 죄사함 받고 구원·영생을 얻는다(요 3:16). 사람이 예수님을 아무리 위대한 선지자·지도자·성인·철학자·스승이라고 할지라도 개인의 구주(personal Saviour)로 믿지 않으면 죄사함 받지 못하며, 구원·영생을 받아 누릴 수 없다.

"예수"라는 명칭은 구약시대의 "여호수아"(헬라어로 Ἰησοῦ, 출 17:9, 10), 예수님의 족보에 기록된 아브라함의 자손들 중 한 사람인 예수(눅 3:29), 사도 바울의 동료인 유스도라 부르는 예수(골 4:11) 등 유대인들에게 있어서 보통의 이름이었다.

그러나 신약성경 기록자들은 그리스도 예수를 동일한 명칭을 가진 다른 사람들과 구별하기 위하여 다윗의 자손 예수(막 10:47, 48) 또는 갈릴리 나사렛에서 나온 예수(마 21:11; 막 1:24; 요 18:5)라고도 했다.

"예수님"이라는 명칭은 그리스도의 인성과 역사성을 나타낸다.
① 예수라는 명칭은 그리스도의 "인성"(humanity)을 나타낸다.
그리스도라는 명칭이 그의 신성(divinity)을 나타내는 명칭이라면, 예수님이라는 명칭은 그의 인성을 나타내는 명칭이다.
② 예수라는 명칭은 그리스도의 "역사성"(Christ's historicity)을 나타낸다.
예수라는 명칭은 역사적 예수를 나타냄에 있어서 매우 중요하다. 만일 그리스도 예수의 인성을 부인한다면 도성인신(道成人身)하시고 죽으셨다가 다시 부활하신 예수님의 지상생애와 사역을 부인하는 것이 되기 때문이다.

예수라는 명칭이 A.D. 2세기(A.D. 100년) 이후로 다른 일반 사람들에게는 사용되지 아니하고 오로지 우리 주님, 성자 그리스도 예수께만 사용되어 오고 있다. 사람들은 신구약의 위대한 사람들의 이름을 본떠서 아브라함·모세·요셉·다윗·엘리야·솔로몬·예레미아·다니엘·베드로·요한·야고보·스데반·빌립·에스더·엘리사벳·마리아·수산나 등으로 작명하였는데 "예수"라는 명칭만은 사용하지 않음으로써 자연적으로 사라졌다. 그것은 분명히 하나님의 놀라운 섭리이다. 예수님이 도성인신하신 이후로 어느 누가 감히 존엄하신 그의 이름을 사용할 수 있으랴! 진실로 우리의 구주와 주님은 그리스도 예수님뿐이다.

† 참조: 특주 1. 그리스도 예수, 조영엽, 『기독론』(개정 5판), CLC, 2012. pp. 27-30.

특주 2.

주님
(Lord)

1. 명칭: 주님
2. 명칭의 의미
3. 명칭의 사용

1. 명칭: 주님(호 큐리오스, Κύριος ; Lord)

"주님"이라는 명칭은 권위와 능력(authority and power)을 소유하고 있음을 나타낸다. 이 명칭은 그리스도 예수께서 부활하시고 승천하신 후 더욱 존귀하게 사용되었다(빌 2:6, 11).

"주님"은 히브리어로 "아도나이"(אֲדֹנָי ; ruler ; 지배자), 헬라어로 "퀴리오스"(κύριος), 영어로 "로드"(Lord), 한국어로 "주님"이다.

"아도나이"는 아돈(אָדוֹן ; to rule over ; 통치하다, 지배하다)에서 인출되었으며 "통치자·주님·상전"(Ruler, Lord, Master)을 뜻한다. "퀴리오스"는 퀴리오테스(κυριότης ; 권세)에서 인출되었으며 그 뜻은 아도나이와 동일하다.

신약에서 "퀴리오스"는 하나님과 그리스도 예수께 모두 사용되었다.

특히 유대인들에게 주님이라는 명칭은 그리스도 예수와 하나님은 동등함을 의미한다. 하나님을 퀴리오스라고 호칭하였다(마 1:20; 11:25; 눅 1:32; 2:9; 행 17:24; 고전 15:28; 딤전 6:15). 그리스도 예수를 퀴리오스라고 호칭하였다(마 7:21; 막 2:28; 눅 6:46; 요 20:28; 롬 14:9; 고전 8:6; 빌 2:11; 골

2:6; 계 17:14).

2. 명칭의 의미

1) 주님은 통치자, 지배자(퀴리오스, κύριος ; Ruler)를 뜻한다.

통치자, 지배자는 머리 또는 왕을 뜻한다(계 17:14). 주님은 절대적 권세와 능력으로 주권을 행사하시는 통치자이시다. 주님은 모든 정사와 권세의 머리이시기 때문(골 2:6, 10; 고전 15:28)에 그의 초자연적 능력으로 모든 피조물의 세계를 주관하고 다스리신다. 그러므로 모든 만물이 그 앞에 무릎을 꿇고 경배하며 통치를 받는다(막 12:36, 37; 눅 2:11; 3:4; 행 2:36). 주님은 만왕의 왕으로서 영적으로 그의 백성을 통치하시며, 재림하시면 직접 통치하실 것이다(눅 1:32, 33; 마 28:18; 엡 1:22; 고전 15:25).

2) 주님은 모든 피조물의 소유주(퀴리오스, κύριος ; Owner)를 뜻한다.

주님은 천지와 그 가운데 있는 모든 만물을 창조하신 창조주(요 1:3; 골 1:16, 17)로서 모든 피조물의 소유주 곧 주인이시다. 그러므로 예수님을 주님이라고 부를 때 우리는 우리의 생명과 재산 그리고 전(全) 우주와 그 가운데 있는 삼라만상이 모두 주님의 것임을 명심해야 한다.

3) 주님은 상전(데스포테스, δεσπότης ; Master)을 뜻한다.

상전은 종에 대한 주인(主人)을 뜻한다. 주님은 자신을 구주로 믿는 모든 자의 상전이시다(막 12:36-37; 엡 6:5; 골 3:22). 우리가 그리스도 예수를 개인의 구주와 주님으로 영접하기 전에는 죄의 종·정욕의 종·사탄의 종들(둘로이, δοῦλοι ; servants, slaves ; 종들, 노예들)이었다. 다시 말하면 우리의 상전, 우리의 주인은 죄, 육신의 정욕, 사탄이었다. 그러므로 육신의 정욕과 사탄이 우리를 사로잡아 우리는 꼼짝달싹하지 못하고 종노릇하였다 (요 8:34; 롬 6:20; 벧후 2:19).

그러나 그리스도 예수께서 우리를 죄, 육신의 정욕, 사탄의 권세에서 구출시켜 주심으로써 우리는 그것들로부터 해방이 되었다(갈 5:1; 계 1:5). 죄의 종(둘로스, δοῦλος)이 주님의 종(디아코노스, διάκονος ; a servant, minister ; 종, 섬기는 자)이 되었다. 180도 신분의 변화를 가져왔다. 이렇게 종이라는 개념이 주님 안에서 재발견될 때 그 의미는 참으로 놀랍고도 놀랍다(요 12:26; 롬 16:1).

3. 명칭의 사용

1) 주님이라는 명칭은 기도시 호칭으로 사용한다.

그리스도인들이 기도할 때 "주님"이라는 명칭을 호격으로 사용한다. 천상에서 네 영물들과 24장로들이 주 하나님께 경배하며 가로되 "우리 주 하나님이여(our Lord and God)! 영광과 존귀와 능력을 받으시는 것이 합당하오니 주께서 만물을 지으신지라 만물이 주의 뜻대로 있었고 또 지으심을 받았나이다"(계 4:11)라고 했다. 주님은 창조자(Creator), 우주의 보존자(Sustainer), 주관자(Governor)이시요, 참 그리스도인들의 구주(Saviour)이시니 영광과 존귀와 능력을 받으시기에 합당하시다.

2) 주님이라는 명칭은 사도들의 축도(Benediction)에서 사용한다.

"축도"는 하나님의 기름부음 받은 종이 하나님의 복들을 그의 사랑하는 자녀들 한 사람 한 사람 위에 임하기를 간절히 간구하는 동시에 권위 있게 선포하는 축포(a pronouncement of blessing)이다.

고린도후서 13:13, "주 그리스도 예수의 은혜와 하나님의 사랑과 성령의 교통하심이 너희 무리와 함께 있을지어다."

사도 바울은 고린도후서를 마케도니아의 빌립보에서 고린도교회 성도들에게 썼으며 그의 서신 마지막에 삼위일체 하나님의 축복을 기원하였다. 즉 그리스도 예수로 말미암아 나타난 은혜(grace), 하나님의 극진한 사랑(love), 성령으로 말미암아 이루어진 교제(fellowship)가 저희 머리 위에 항상 충만하기를 축원하였다. 그러므로 이 구절을 사도적 축도(Apostolic benediction)라고 한다.

기름부음 받은 하나님의 종들(교역자들)도 이 말씀(고후 13:13)으로 성도들 위에 축도한다.

특주 3.

축도
(Benediction)

1. 어원
2. 정의
3. 신·구약의 축도들
4. 축도자
5. 축도의 때
6. "있을지어다?", "기원하나이다?"

디모데전서 1:2, "믿음 안에서 참 아들 된 디모데에게 편지하노니 하나님 아버지와 그리스도 예수 우리 주께로부터 은혜와 긍휼과 평강이 네게 있을지어다."

1. 어원(Etymology)
"축도"(유로기아, εὐλογια; a Blessing, an invocation of God's blessing; 축복, 하나님의 축복의 기원)

2. 정의(Definition)
"축도는 하나님이 지정하신 사람 곧 하나님의 기름부음 받은 종(목사 또는 감독)이 하나님의 복들(blessings)을 그의 사랑하는 자녀들 한 사람 한 사람 위에 임하기를 간절히 간구(invocation)하며, 동시에 권위 있게 선포(proclamation)하는 축포(祝布)(a pronouncement of blessings)이다."

따라서 축도는 두 가지 뜻을 가지는데 얼마는 간구(기도)하는 것과 얼마는 하나님의 축복을 선포하는 것이다. 다시 말하면 축도에서 목사는 하나님을 대신하여 회중 위에 복을 선포하는 것이다(the Minister acts on behalf of God in pronouncing a blessing upon the congregation). 그러기에 축도는 축도자의 격조 높은 어조로 하나님의 축복을 기원하며 선포하며, 축도를 받는 한 사람 한 사람은 하나님의 놀라운 축복을 받는 것이다.

3. 신·구약의 축도들(Benedictions in the O.T. and N.T.)

축도는 신·구약 성경 이곳저곳에 있으나, 그 대표적 축도는 민수기 6:24-26, 고린도후서 13:13, 에베소서 3:20-21, 히브리서 13:20-21, 유다서 24-25 등이다.

구약의 대표적 축도:

- 민수기 6:24-26, "여호와는 네게 복을 주시고 너를 지키시기를 원하며, 여호와는 그 얼굴을 네게로 비추사 은혜 베푸시기를 원하며, 여호와는 그 얼굴을 네게로 향하여 드사 평강 주시기를 원하노라."

민수기 6:24-26을 일반적으로 "아론의 축도"(Aaron's Benediction)라고 한다. 아론의 축도는 사도신경 신앙고백과 더불어 마틴 루터의 예배순서, 존 칼빈의 예배순서, 마틴 부쩌의 예배순서, 쯔빙글리의 예배순서, 죤 낙스의 예배순서, 청교도들의 예배순서 등 모든 예배순서에 들어 있다.

신약의 대표적 축도:

- 고린도후서 13:13, "우리 주 그리스도 예수의 은혜와 하나님의 사랑과 성령의 교통하심이 너희와 함께 있을지어다."

고린도후서 13:13을 일반적으로 "그리스도 예수로 말미암아 나타난 은혜(grace), 하나님의 극진하신 사랑(love), 성령으로 말미암아 이루어진 교제(fellowship)가 너희에게 있을지어다"라고 축도한다. 이것을 "사도적 축도"(Apostolic Benediction)라고 한다.

4. 축도자(Benedictor)

공인된 축도자는 구약시대에는 아론의 제사장들에 의하여 행해졌으며, 신약시대에는 사도들과 사도들의 직분을 이어받은 목사 또는 감독에 의하여 시행되고 있다. 축도는 제사장들만의 특권과 임무이었으며 바로 그러한 기능이 그들의 직무에 정점(climax)을 이루었다. 구약시대 제사장들과 신약시대 목사들은 하나님의 축복을 하나님께 기원하며, 동시에 하나님의 백성들에게 선포하는 축복 전달의 귀한 도구들이다. 그와 같이 축도는 목사들에게만 주어진 특권이며 목사의 직무에 정점을 이룬다.

교회정치 문답조례 제178문, "축도는 누가 할 수 있는가? 축도는 하나님의 백성을 위하여 권위 있게 간구하며 선포하는 것이니, 목사가 할 것이요 강도사나 장로 등 다른 직원들은 하지 않는 것이 합당하다."

526문, "…다른 직원이 폐회기도를 할 수 있으나, 축도는 하지 않는다." 축도는 교회의 장로나 평신도는 할 수 없다(예배모범 1:5; 7:5; 정치문답조례 12:8; 15:14, 15). 평신도는 믿음의 형제자매들을 위하여 하나님의 축복을 기원은 하되 선포는 할 수 없다.

5. 축도의 때(Time of Benediction)

일반적으로 복음주의 교회들은 공 예배(Public Worship) 마지막에 목사가 축도한다. 다시 말하면 축도로 공 예배는 끝난다. 이때에 목사는 서서 양팔을 높이 쳐들고 하나님의 축복이 하나님의 자녀들 위에 임하기를 간절히 간구하며 동시에 권위 있게 선포하며, 하나님의 자녀들은 일어서거나 또는 앉아서 또는 무릎을 꿇고 머리를 숙이고 축도를 받는다. 반면에 현대의 대다수 세속화된 교회들은 예배순서에 축도 자체가 없다.

6. "있을지어다?", "기원하나이다?"

"하나님 우리 아버지와 주 그리스도 예수로부터 은혜와 평강이 너희에게 있을지어다"(카리스 휘민 카이 에이레네 아포 데우 파트로스 헤몬 카이 큐리우 예수 크리스투, Χάρις ὑμῖν καὶ εἰρήνη ἀπὸ θεοῦ πατρὸς ἡμῶν καὶ κυρίου

Ἰησοῦ Χριστοῦ; Grace to you and peace from God our father and the Lord Jesus Christ).

그런데 사도 바울의 문안 인사에는 "은혜와 평강이 너희에게"까지만 기록되어 있고 동사가 없다. 바울 서신들의 문안인사에는 동사를 가지고 있지 않다(고후 1:2; 13:33; 갈 1:3; 빌 1:2; 골 1:2; 살전 1:1; 살후 1:2; 3:18; 딤전 1:2; 딤후 1:2; 4:22; 몬 3; 벧전 1:2; 벧후 1:2; 요이 3).

따라서 은혜와 평강이 너희에게 "있을지어다"라고 선포할 것인가? 아니면 "있기를 기원하나이다"라고 간구할 것인가? 다시 말하면 축복의 선포(축도)인가? 아니면 축복의 기도인가?

- 선포(proclamation)는 하나님이 축도자를 통하여 하나님의 은혜와 평강이 임하기를 선포(축포(祝布))하는 것이다.
- 기원(petition)은 축도자가 하나님의 은혜와 평강이 임하기를 하나님께 간구하는 기도이다.

1) "있을지어다" – 하나님의 축복을 선포하는 축포 – 독립적 주격

은혜와 평강은 인격화한 주격(personified Nominative)으로서 이 주격을 독립적 주격(Independent Nominative) 또는 절대적 주격(Absolute Nominative)이라고 한다.

은혜와 평강을 독립적(절대적) 주격으로 볼 때, 그 주격은 문장의 전후 문맥이나 문법과는 전연 관계없이 독립적으로 사용된다. 이때에 독립적 주격은 선포의 주격(Nominative of Exclamation)으로 선포(宣布)이다. 따라서 은혜·평강은 독립적 또는 절대적 주격으로 영어의 "Be" 없이 "~있을지어다"라고 해석하여야 한다. 따라서 축도는 하나님의 축포(祝布)이다.

사도 바울은 그의 서신들에서 문안 인사의 시작과 끝의 종결을 맺는 글들에는 희구법이나 가정법, 명령법을 사용하지 않고 **독립적 또는 절대적 주격 용법**(Independent or Absolute Nominative)을 사용하였다(고후 13:13; 살전 5:23; 살후 3:16).

- 축도는 희구(Optative)가 아니다. 희구는 소원을 나타내는 기원이다.

기원은 우리의 소원을 하나님께 아뢰는 기도 또는 간구이다.
- 축도는 가정(Subjunctive)도 아니다. 가정은 미래의 가능성을 나타내는 것으로 확실성이 없는 바람이나 추측(wish or supposition)이다. 축도는 가정이 아니다.
- 축도는 명령(Imperative)도 아니다. 명령은 지시나 요구(command or request)로서 축도와는 전연 무관하다.
- 축도는 직설(Indicative)이다. 직설은 확실한 사실, 실재(fact or reality)를 나타낸다. 직설은 희구보다 뜻이 더 강하다.

축도는 우리의 소원을 하나님께 아뢰는 기도·간구·기원이 아니라, 하나님의 축복을 선포하는 축포(祝布)이므로 축도 끝에 "있을지어다"라고 하여야 옳다.

따라서 자고(自顧)로 하나님의 종들은 하나님의 자녀들 머리 머리 위에 양팔 또는 우편 팔을 높이 들어 축도하여 왔다. 다시 말하면 두 손을 모아 하나님께 기도(간구)의 자세를 취하지 않는다.

2) "기원하나이다" – 하나님의 축복을 간구하는 기원

자유주의자들, 신오순절주의자들, 그리고 성경의 원문과 기독교 정통 교리에 무지(無知)한 자들의 주장에 의하면 목사 또는 감독은 사도들이 아니고, 목사가 사도적 권위를 가지고 "있을지어다"라고 선포하는 것은 교만이요, 월권행사이므로 "기원하나이다"라고 해야한다고 주장한다.

특주 4.

사도
(an Apostle)

1. 어원
2. 사도들의 수
3. 사도의 자격과 임무

디모데후서 1:1, "하나님의 뜻으로 말미암아 그리스도 예수 안에 있는 생명의 약속대로 그리스도 예수의 사도 된 바울은."

1. 어원(Etymology)

사도란 헬라어로 "아포스톨로스"(ἀπόστολος)로서 그 뜻은 보내심을 받은 자, 전달자(one who is sent forth, messenger)를 의미한다.[1] 이 단어는 전치사 아포(ἀπο ; from …에서부터)와 동사 "스텔로"(στέλλω ; to send ; 보내다)로 구성된 합성어이다. 신약에 사도란 명칭은 약 80회 나타난다.

보내신 자는 그리스도이시며,

보내심을 받은 자들은 사도들이며,

사도들에게 주어진 메시지는 구원의 복음이었다. 복음서에 8번(6번은 누가복음), 사도행전에 30번, 바울서신에 32번, 그 외 신약에 8번 나타나

---

[1] J. H. Thayer, *Greek-English Lexicon of the New Testament* (Grand Rapids: Baker Academic, 1977), p. 68.

는데 대부분은 사도 바울과 12사도들에 언급되었다.
- 사도들은 초대 교회에 있었던 공적인 직분상의 명칭으로 복음을 전파하고, 교회들을 설립하고, 조직하는 특별한 사명을 수행하기 위하여 주께서 친히 선택, 임명하시고 철저하게 훈련을 시켜 특수한 목적들을 수행하기 위하여 보내심을 받은 자들이었다.

2. 사도들의 수(數)

사도들의 수는 처음에는 열두 명이었다. 엄격한 의미에서 사도들은 그리스도 예수께서 선택하신 열두 사람과 바울이다. 가룟 유다가 죽은 후에는 맛디아로 대신하였으며(행 1:16-26), 요한의 형제 야고보가 순교한 후에는 바울로 대신하였다(행 12:2; 갈 1:1). 물론 사도의 수를 채울 때에는 하나님이 직접 보충하셨다. 즉 사도들이 임명될 때에는 하늘로부터 비상한 소명이 있었다.

- 사도들은 복음 사역의 초기에는 연약하고 이해가 부족하고 실수도 많이 하였으나, 오순절 성령의 능력과 영적 은사들을 받은 후에는 반대와 위협, 핍박이 엄습하는 환경 속에서도 하나님의 능력이 그들과 함께 하시므로 사도의 직무를 충실히 감당할 수 있었다.
- 사도들은 유대인이나 이방인을 막론하고 모든 민족에게 복음을 전파하고, 교회들을 세우고, 가르치며, 인도하고, 다스렸다. 그렇게 함으로써 그들은 통상 목회자들이 수행하는 모든 임무들을 수행하였던 것이다.
- 사도라는 명칭은 보다 더 광범위하게 사용되었다. 빌립보교회는 사도 바울에게 필요한 물건들을 에바브로디도 편에 보냈다. 이런 의미에서 에바브로디도는 사도 바울에게 보내심을 받은 빌립보교회의 사도(빌 4:18)라고 하겠다.
- 사도라는 명칭은 안디옥교회에서 파송 받은 바나바와 바울에게도 적용되었다(행 14:14). 바울은 언제나 자신을 이방인의 사도라고 역설하

였다. 그리고 갈라디아서에서는 자신의 사도직을 강조하였다(갈 2:8). 리델보스(Riddervos)는 그의 갈라디아서 주석에서 "바울은 하나님의 특사(God's special ambassador)이다." 그 이유는 유대주의자들에 의하여 사도직에 도전을 받고, 바울이 전한 복음이 훼방을 받았기 때문이다. 물론 바울은 공적인 의미에서 사도였으며, 바나바는 일반적으로 보내심을 받은 자라는 뜻에서 사도라 할 수 있다. 주님의 형제 야고보, 좀 덜 알려진 그리고 이름이 밝혀지지 않은 다른 사람들도 사도에 포함한다(고전 15:7). 이들에게서는 바울 서신들의 서두 문안에서 가끔 찾아보는 "그리스도 예수의 사도"(고전 1:1)라는 보다 더 분명한 명칭은 찾아볼 수 없다.

3. 사도의 자격과 임무(Qualifications and Duties)

1) 사도들은 그리스도 예수의 생애, 특히 그의 부활의 산 증인들이었다.

사도들은 그리스도의 사역의 증인들이 되도록 특별히 선택된 자들이었다. 그들은 그리스도 예수께서 세례 받은 날로부터 승천하실 때까지 그리스도 예수의 산 증인들이었다. 그들은 그리스도께서 부활하신 후에도 그리스도를 목격하였다(행 10:39, 41; 눅 24:48; 요 15:27).

그러므로 그들은 말하기를 우리가 그리스도의 산 증인들이라고 하였다. 사도 바울은 다른 사도들과는 달리 그리스도의 부활 후에 그리스도를 친히 목도한 증인이었다. 부활하신 주님은 다마스커스(Damascus)로 가는 바울에게 나타나셨다(고전 15:8). 이렇게 사도의 자격은 그리스도께서 직접 임명한 자이며 그들은 그리스도의 죽음과 부활의 선택된 증인들이었다.[2]

모든 사도들은 그리스도께서 부활하신 후 그리스도를 직접 보았거나, 직접 말씀을 들었거나, 직접 만져 보았거나 또는 주님과 같이 먹고 마셨거나 한 일들이 있는 그리스도의 부활의 목격자들이요, 산 증인들이었다.

---

2 Bannerman, William. *The Church of Christ* (Edinburgh: The Banner of Trust, 1974), p. 219.

그렇다고 역사적 예수를 보았거나 부활하신 그리스도를 목격한 사람들이라고 해서 다 사도가 된 것은 아니다. 다른 사람들은 사도들의 증거를 반복하여 전달하는 것이 그들의 사명이다. 즉 죽었다가 다시 사신 그리스도의 대리적 속죄의 죽으심과 육체적 부활을 증거 하는 것이다. 만일 그리스도께서 죽으심과 다시 사심이 없었다면 기독교는 구속의 종교가 될 수 없다.

2) 사도들은 그리스도 예수로부터 사명을 직접 받은 자들이었다.

사도들은 개별적으로 주님께로부터 직접 사명을 받은 자들이었다. 그리스도 자신이 사도들을 직접 부르시고, 그들에게 사명을 직접 부여하셨다. 그리고 그들은 그리스도의 사역을 수행하기 위하여 인간의 간섭이나 제재 없이 그리스도에 의하여 보내심을 받았다(막 3:14; 눅 6:13; 갈 1:1). 주께서 그들에게 말씀하시기를 "내 아버지께서 나를 보내신 것같이 나도 너희를 보내노라"(요 20:21)고 하셨다. 사도들의 사명은 자신들을 부르신 그리스도의 소명을 수행하는 것이었다.

3) 사도들은 특별계시(기록된 하나님의 말씀)를 전달한 도구들이었다.

사도들은 그들 시대의 교회와 오고 오는 모든 시대의 교회들을 위하여 하나님의 말씀을 구두(口頭)로 또는 기록으로 다른 사람들에게 전달하는 계시 전달의 특별한 도구들이었다(엡 3:3-5). 사도들은 성령의 감동으로 계시를 받아 기록하였다(벧후 1:21; 딤후 3:15, 16).

사도 바울은 주의 최후 만찬시에 있지 않았다. 그러나 후에 고린도교회에 교훈한 성만찬의 교훈들을 보면 성령님의 계시가 바울에게도 주어진 것이 분명하다(고전 11:23). 뿐만 아니라 신약성경의 과반수가 사도 바울을 통하여 기록되었다. 그러나 이 특별계시가 그의 거룩한 사도들과 선지자들에게 성령으로 나타나신 것같이 다른 세대에는 계시되지 않았다(엡 3:5). 그 이유는 계시가 문서로 완성되었기 때문이다. 후대의 모든 하나님의 사역자들은 사도들처럼 하나님께로부터 계시를 직접 받는 것이 아니라, 사도들을 통하여 이미 받은 계시를 증거 할 따름이다. 특별계시(기록된 하나님의 말씀)는 최종적이며, 완전하여 우리의 신앙과 행위에 유일무이한 법칙이다.

4) 사도들의 직무는 복음을 전파하는 일이었다.

사도들은 "너희는 온 천하에 다니며 만민에게 복음을 전하라"(막 16:15)고 하신 주님의 명령에 순종하여 온 천하에 다니며 복음을 전파하였다. 그들의 사명의 범위는 세계적이었다. 즉 어느 특정 지역이나 나라가 아니라 전 세계가 그들의 전도의 교구였다. 어디서나 복음을 전하여 사람들로 하여금 주님을 구주로 믿고 예배드리도록 하였으며, 신자들에게 교회와 신앙에 대하여 교훈하며, 교회의 직원들을 임명하고 성례를 거행하였다(행 6:1-6; 딛 1:5). 사도들은 자신들의 거룩한 생활로 본을 보이면서 신자들의 영적 신앙생활을 지도하였다.

5) 사도들에게는 특별한 징조들이 주어졌다.

사도들은 사도직과 메시지를 확증하기 위하여 때로는 이적들을 행하는 능력을 받았다. 사도들에게는 특별한 징조들이 따랐다. 사도 바울은 사도들의 표된 것은 "표적과 기사와 능력을 행한 것이라"(고후 12:12)고 하였다. 누가(Luke)는 말하기를 사도들에 의하여 "많은 이적과 기사들이 행하여졌다"(행 5:12)고 하였다. 사도들은 안수하므로 성령의 역사를 나타냈으며(행 19:6) 또한 수많은 능력들(이적들)을 행했다(행 3:7, 8; 5:12-15; 9:36-41; 14:9, 10).

사도들에게 이적을 나타내게 하신 목적은;
① 진리를 받아들일 감동력을 일으키고
② 하나님이 보내신 전도자임을 증명하며
③ 교훈을 명료하게 하기 위함이었다.

6) 사도들은 교회들을 설립하였다.

사도들은 복음을 전파하고 교회들을 설립하였다. 사도들은 모든 시대의 교회의 기초(church's foundation)를 놓는 특별한 임무를 지니고 있었다. 칼빈(Calvin)은 말하기를 "그들은 최초의 교회 건축가들로서 전 세계에

교회의 기초를 쌓았다"라고 하였다.³ 이런 의미에서 사도들은 교회의 기초석들(foundation stones)이었다. 사도 바울은 "너희는 사도들과 선지자들의 터 위에 세우심을 입은 자라"(엡 2:20)고 하였다. 사도들은 만대교회의 창설직원들이었다.

7) 사도들은 신자들의 영적 신앙생활을 감독하였다.

사도들은 그들이 세운 교회들을 방문하고 신자들의 영적 신앙생활을 감독하였다. 그들은 신자들을 위한 자신들의 책임을 절감하였으며(고후 11:28), 신자들의 신앙적 형편에 따라서 책망과 바르게 함과 교훈과 안위를 주었다. 그리고 잘못된 이단설들을 배격하였다 그들의 사도직은 세상에서 매면 하늘에서도 매이고, 세상에서 풀면 하늘에서도 풀리는 그러한 권능을 받았다(마 16:19). 이 직무는 교회 역사에 있어서 그들에게만 주어진 비상대권이었다.

8) 사도직의 계승자는 없다.

사도직은 그 시대에 그들에게만 제한된 비상직분이요, 영구직분이 아니므로 사도들의 후계자란 존재하지 못한다. 그리고 사도들에게 주어졌던 초자연적 능력이 후대의 사역자들에게는 주어지지 않는다. 사도들이 세상을 떠난 이후에는 그리스도 예수의 말씀을 직접 듣거나, 그의 육체적 부활체를 직접 목격한 사람이 없고, 사도들과 같은 고유한 은사들을 받은 자도 없으며, 사도들의 특별한 직무를 수행한 자도 없으며, 그리스도께서 직접 선택 임명하거나 초대교회가 승인한 바도 없다. 그러므로 사도직은 사도 시대 이후에는 존재하지 않는다. 따라서 오늘날 복음사역자는 사도가 아니라, 사도적 사명을 수행하는 자들이다.

† 참조: 사도의 자격과 임무, 조영엽, 『교회론』(개정 5판), (서울: CLC, 2012), pp. 71-77.

---

3 J. Calvin, *Institutes of Christian Religion* (Mcneill: Westminster. 1960), IV, 3:4.

3.

사도 바울의 감사
(The Thanksgiving)

1. 사도 바울은 하나님을 믿었음
2. 사도 바울은 항상 무시로 기도하였음
3. 사도 바울은 그의 기도에서 디모데를 기억하였음
4. 사도 바울은 그의 기도에서 하나님께 감사하였음
5. 디모데는 눈물의 목회자였음
6. 디모데는 거짓이 없는 믿음의 소유자였음

디모데후서 1:3-5, "내가 밤낮 간구하는 가운데 쉬지 않고 너를 생각하여 청결한 양심으로 조상 적부터 섬겨오는 하나님께 감사하고 네 눈물을 생각하여 너 보기를 원함은 내 기쁨이 가득하게 하려 함이니 이는 네 속에 거짓이 없는 믿음을 생각함이라 이 믿음은 먼저 네 외조모 로이스와 네 어머니 유니게 속에 있더니 네 속에도 있는 줄을 확신하노라."

이 같은 구절은 문장이 길므로 5-6절의 문장으로 나누어 해석하여야 할 것이다. 헬라어는 한국어와는 달리(한 단어를 구성하고 있는 접두어·어근·접미어 등) 언어의 형태가 상이하기 때문이다.

사도 바울은 "내가 하나님께 감사하고"(카린 에코 토 데오, Χάριν ἔχω τῷ θεῷ; I thank to God)로 시작한다. "내가 하나님께 감사하고"는 이곳과 디모데전서 1:12에도 나타난다(눅 17:9; 행 2:47; 고후 1:15; 히 12:28).

1. 사도 바울은 하나님을 믿었음

그런데 바울이 믿어온 하나님은 바로 바울의 조상들이 믿어 온 동일하신 하나님이시다.

1) 바울은 조상 적부터 믿어오는 하나님을 섬겼다.

"조상 적부터"(아포 프로고논, ἀπὸ προγόνων; from forefathers)는 전치사구로서 부모와 조부모 위의 대대(대대)의 어른들을 가리킨다. 조상들 때부터 믿어온 하나님은 특히 믿음의 조상 아브라함의 하나님을 가리킨다(행 23:1; 24:14; 26:6; 롬 2:28-29; 4:9-17; 9:1-9; 갈 3:6-9). 바울의 조상들은 히브리인들중 히브리인들로 그들은 구약의 하나님(야웨 하나님)을 열심히 믿었으며, 구약의 하나님이 약속하신 메시야를 대망하였다.

"섬겨오는"(라트류오, λατρεύω; I worship, serve)는 현재 동사로서 바울은 지금도 조상 때부터 믿어온 하나님을 계속 믿고, 예배드리며, 섬기는 것을 강조한다.

바울은 회심 전, 유대교에 있을 때에는 유일신 하나님만을 믿었고, 하나님이 약속하신 메시야를 대망하였다. 그러나 회심 후에는 하나님을 아버지로, 그리스도 예수를 메시야(구주)로 믿었다. 그러나 유대주의자들은 메시야는 대망하면서도 실제상 오신 메시야는 영접지 않았다. 지금도 유대인들은 오신 메시야를 영접하지 않는다.

사도행전 24:14, "나는…조상의 하나님을 섬기고 율법과 및 선지자들의 글에 기록된 것을 다 믿으며", "율법과 선지자들의 글"은 구약 전체를 가리킨다. 디모데는 창세기 1:1부터 말라기 4:6까지 구약 전체를 하나님의 말씀으로 믿었다.

2) 바울은 청결한 마음으로 하나님을 섬겼다.

"청결한 양심으로"(엔 카다라 수네이데세이, ἐν καθαρᾷ συνειδήσει; with a clean conscience)는 전치사구로서 도덕적 양심, 청결한 양심, 깨끗한 양심, 순수한 양심을 가리킨다. "엔"(ἐν; in; 안)을 NASB, NIV에서는 with(함께, 같이)로 변역하였다.

- 사도행전 23:1, "바울이 공회를 주목하여 가로되 여러분 형제들아 오늘날까지 나는 범사에 양심을 따라 하나님을 섬겼노라."

이 말씀은 사도 바울이 제3차 선교 여정 중(A.D. 53-57 또는 54-58, 행 15:23-21:16) 유대인들에 의하여 예루살렘 성전에서 잡힌 후 공회 앞에서 한 말씀이다(딤전 3:9).

2. 사도 바울은 항상 무시로 기도하였음

사도 바울은 밤낮으로 쉬지 않고 기도하였다.

"항상"(아디아레이프톤, ἀδιάλειπτον; unceasingly, constantly; 쉬지 않고, 계속해서), "밤낮"(누크토스 카이 헤메라스, νυκτὸς καὶ ἡμέρας; night and day; 밤과 낮)은 주야로 시간의 중단함 없는 계속적, 습관적 기도 생활을 가리킨다.

"기도하였다"(데에세신, δεήσεσίν; petition, a wanting, a need; 간구, 간청)는 간구·간청의 기도를 드렸다(딤전 2:1)는 뜻이다. 바울은 항상 주야로 기도하는 기도의 사람, 능력의 사람이었다.

우리 주님은 우리에게 많은 기도의 본을 보여주셨다.
- 새벽기도: 마가복음 1:35, "오히려 새벽 미명에 예수께서 일어나 나가 한적한 곳으로 가사 거기서 기도하시더니."
- 철야기도: 누가복음 6:12, "이때에 예수께서 기도하러 산으로 가사 밤이 맞도록(밤새도록) 하나님께 기도하고…"
- 간절한 기도: 마태복음 26:36-41, 겟세마네 동산에서 얼굴을 땅에 대시고 엎드려 기도.
- 쉬지 않고 기도: 디모데후서 1:1

3. 사도 바울은 그의 기도에서 디모데를 기억하였음

"…밤낮으로 간구하는 가운데…너를 생각하여…"(수 무네이안 엔 타이스 데에세신, σοῦ μνείαν ἐν ταῖς δεήσεσίν; remember you in my prayers)

사도 바울은 하나님께 기도드릴 때마다 디모데를 생각하였다. 생각하였다는 잊어버렸다와는 반대이다. 다시 말하면 사도 바울은 지난 날들의 추억들을 회상하며 관심을 가지고 항상 기도하였다는 뜻이다.

- 고린도후서 9:14, "또 그들이 너희를 위하여 간구하며 하나님이 너희에게 주신 지극한 은혜로 말미암아 너희를 사모하느니라."
- 에베소서 1:16, "내가 기도할 때에 기억하며 너희로 말미암아 감사하기를 그치지 아니하고."
- 데살로니가 전서 1:2, "우리가 너희 무리를 인하여 항상 하나님께 감사하며 기도할 때에 너희를 기억함은."
- 빌립보서 1:3-5, "내가 너희를 생각할 대마다 나의 하나님께 감사하며 간구할 때마다 너희 무리를 위하여 기쁨으로 항상 간구함은 너희가 첫날부터 이제까지 복음을 위한 일에 참여하고 있기 때문이라."
- 디모데후서 1:3, "내가 밤낮 간구하는 가운데 쉬지 않고 너를 생각하여 청결한 양심으로 조상적부터 섬겨 오는 하나님께 감사하고."

사도 바울의 디모데를 위한 간구의 기도는 어떤 기도였을까? 목회자로서 필요한 전도·교육·다스림·담대함·영분별 등의 은사들이었을 것이다.

4. 사도 바울은 그의 기도에서 하나님께 감사하였음(thank God… in his prayers)

"내가 하나님께 감사하고"(카린 에코 토 데오, Χάριν ἔχω τῷ θεῷ; I thank God ; 내가 하나님께 감사하였다).

사도 바울은 일반적으로 그의 서신 초두에서 하나님께 감사하였다(롬 1:8; 고전 1:4; 빌 1:3-5; 살전 1:2; 살후 1:3; 딤후 1:3).

- 데살로니가전서 1:2; 3:6, "우리가 너희 무리를 인하여 항상 하나님께 감사하고 기도할 때에 너희를 기억함은…지금은 디모데가 너희에게로부터 와서 너희 믿음과 사랑의 기쁜 소식을 우리에게 전하고 또 너희가 항상 우리를 잘 생각하여 우리가 너희를 간절히 보고자 함과 같이 너희도 우리를 간절히 보고자 한다 하니."
- 빌립보서 1:3-5, "내가 너희를 생각할 때마다 나의 하나님께 감사하며

간구할 대마다 너희 무리를 위하여 기쁨으로 항상 간구함은 너희가 첫날부터 이제까지 복음을 위한 일에 참여하고 있기 때문이라."

5. 디모데는 눈물의 목회자였음

디모데후서 1:4, "네 눈물을 생각하여 너 보기를 원함은 내 기쁨이 가득하게 하려 함이니."

사도 바울은 디모데와 최후 작별할 때 디모데가 흘린 눈물을 생각하며 디모데를 보기를 간절히 원하였다.

"눈물을 생각하여"(멤네메노스…다크루온, μεμνημένος … δακρύων; remembering…tears)는 과거의 일을 되새겨 생각하는것(recalling to mind)을 뜻한다. 바울이 무엇을 되새겨 생각하는가? 디모데가 흘리는 눈물(다크루온, δακρύων; tears)을 되새겨 생각하는 것이다. 배우가 아닌 이상 눈물은 진실의 씨앗이다.

사도 바울이 제3차 선교 여행 중(A.D. 53-57 또는 54-58; 행 18:23-21:16)밀레도에서 마케도니아로 떠날 때, 에베소 교회 장로들을 불러 이단들에 대하여 경고하고(행 20:29-31) 송별 할 때 디모데와 온 무리들이 눈물을 흘렸다. 옛날 사람들은 이 시대 사람들보다 감정이 더 풍부하였다.

"너 보기를 원함"(에피포돈 세 이데인, ἐπιποθῶν σε ἰδεῖν; lovging to see you)은 디모데 보기를 간절히 갈망한다는 뜻이다. 그러므로 딤후 4:9에는 "너는 어서 속히 내게로 오라", 딤후 4:21에는 "'겨울 전에' 너는 속히 오라"고 하였다(롬 1:11).

"내 기쁨이 가득하게 하게 함이라"(히나 카라스 플레로도, ἵνα χαρᾶς πληρωθῶ; I may be filled)는 플레로오(πληρωθῶ; to fill, make fill; 채우다. 넘치다)의 수동형으로 바울에게 기쁨을 가득하게 하시고 넘치게 하시는 이는 하나님이심을 가리킨다.

디모데는 또한 사도 바울이 체포되어 로마로 떠날 때에도 (로마 감옥에 투옥) 많은 눈물을 흘렸을 것이다.

사도행전 20:36-38, "이 말을 한 후 무릎을 꿇고 저희 모든 사람과 함께 기도하니 다 크게 울며 바울의 목을 안고 입을 맞추고 다시 그의 얼굴을 보지 못하리라 한 말을 인하여 더욱 근심하고 배에까지 그를 전송하니라."

"다 크게 울며"(히카노스 데 크라우드모스, ἱκανὸς δὲ κλαυθμὸς; much weep)는 "크게 슬퍼하며 울었다"(통곡하였다)는 뜻이다.

"바울의 목을 안고 입 맞추고"는 당시의 풍속이었다(롬 16:16). 목을 안는 것은 격정에 찬 모습을 나태난다(창 33:4; 45:14; 눅 15:20).

6. 디모데는 거짓이 없는 믿음의 소유자였음

디모데후서 1:5, "이는 네 속에 거짓이 없는 믿음을 생각함이라."

"거짓이 없는 믿음"(아누포크리투 피스테오스, ἀνυποκρίτου πίστεως; un-hypocritical faith, sincere faith)은 위선·외식이 없는 믿음, 진실된 믿음을 가리킨다. 사도 바울은 디모데의 거짓이 없는 믿음을 생각하며 하나님께 감사하였다.

"이 믿음은 먼저 네 외조모 로이스와 네 어머니 유니게 속에 있더니 네 속에도 있는 줄을 확신하노라."

"거짓이 없는 믿음" 위선·외식이 없는 믿음·진실된 믿음은 디모데의 외조모 로이스(Lois), 어머니 유니게(Unice)에게 있었던 믿음이다.

디모데의 외조모와 어머니에게 있었던 믿음이란 말씀 중에 "있었던"(에노케센, ἐνῴκησεν; indwelled) 믿음은 곧 믿음이 그들 안에 항상 거(居)하였다는 뜻이다. 디모데의 진실된 믿음은 디모데의 외조모와 어머니로부터 이어 받은 영적유산(spiritual heritage)들 중의 일 부분이다. 바울은 디모데 안에 있는 그 진실된 믿음을 인하여 하나님께 감사하였다. 그들은 유대교에서 기독교로 회심하기 전이나 회심한 후에나 항상 믿음이 있었다. 그들은 신앙의 사람들이었다. 디모데는 그 믿음을 이어받았다.

"생각함이라"(휘포무네신 라본, ὑπόμνησιν λαβὼν; I have been reminded; 나는 생각해 왔다)는 디모데의 성품, 신앙, 목회사역 등 여러 면들을 회상하며 생각해 왔다.

  이 세상에는 외식하는 목회자들과 신자들이 그렇게 많은데 디모데는 거짓이 없는 믿음, 위선이 없는 진실된 신앙의 소유자였으니 얼마나 귀한 하나님의 종이었는가!

아침 해가 돋을 때

아침해가 돋을 때 만물 신선하여라
나도 세상 지낼 때 햇빛되게 하소서 !
주여 나를 도우사 세월 허송않고서
어둔 세상 지낼 때 햇빛되게 하소서 !

새로 오는 광음을 보람있게 보내고
주의 일을 행할 때 햇빛되게 하소서 !
주여 나를 도우사 세월 허송 않고서
어둔 세상 지낼 때 햇빛되게 하소서 !

4.

권면과 하나님의 은사들
(Exhortation and God's Gifts)

1. 사도 바울은 장로회에서 디모데에게 안수하여 목회자로 세웠음
2. 하나님은 사도 바울을 은혜 전달의 도구로 사용하였음
3. 디모데는 안수 받을 때 하나님의 은사를 많이 받았음

디모데후서 1:6-7, "그러므로 내가 나의 안수함으로네 속에 있는 하나님의 은사를 다시 불일 듯하게 하기 위하여 너로 생각나게 하노니 하나님이 우리에게 주신 것은 두려워하는 마임이 아니요 오직 능력과 사랑과 근신하는 마음이라."

1. 사도 바울은 장로회에서 디모데에게 안수하여 목회자로 세웠음

디모데는 거짓이 없는 믿음의 소유자, 청결한 마음으로 하나님을 섬기는 자. 어려서는 어머니와 외할머니로부터 성경을 바로 배우고, 장성하여는 사도 바울로부터 성경을 바로 배우고, 훈련과 연단을 쌓은 자. 모든 사람들로부터 칭찬을 받는 자, 사명감에 불타는 자임으로 사도 바울은 장로회(노회)에서 디모데에게 안수하여 목회자로 세웠다. 디모데는 기독교 역사상 가장 모범적인 목회자들중 한 사람이었다.

"내가 나의 안수함으로"(디아 테스 에피데세오스 톤 케이론 무, διὰ τῆς ἐπιθέσεως τῶν χειρῶν μου; through the laying on of my hands)는 디모데전서 4:14에 비추어 해석하여야 한다. 디모데전서 4:14, "…장로회에서 안수받

은 때에… 다시 말하면 사도 바울이 디모데에게 안수하여 하나님의 종으로 세웠다는 말씀이다."

"장로회"(프레스뷰테리온, πρεσβυτέριον; presbytery; 장로회 또는 노회)는 신앙고백이 일치하는 교단 내 일정한 지역의 목사들과 장로들로 구성된 단체를 말한다. 장로교에서 이 단어의 현대적 용어는 노회(The Presbytery)이다.

"안수"(Ordination)는 안수위원들이 안수받는 사람의 머리 위에 안수(손을 얹음)하므로 어떤 한 직분에 임명하는 엄숙한 예식이다(민 27:17, 23). 안수는 매우 중요하므로 아무에게나 안수를 허락해도 안 되며, 아무에게나 안수를 받아도 안 된다. 그러므로 디모데전서 5:22, "안수를 조심 없이 말며"라고 주의를 촉구하였다.

2. 하나님은 사도 바울을 은혜 전달의 도구로 사용하였음

하나님은 하나님의 일을 하실 때 예정·작정·창조·보존·섭리 등은 직접 역사하시나 통상적으로는 하나님이 합당한 사람들을 들어 쓰신다: 에녹·노아·아브라함·요셉·모세·아론·이드로·여호수아·사사들·다윗·솔로몬·이사야·예레미야·에스겔·다니엘·호세아·요엘·아모스·미가 등 선지자들, 베드로·요한·야고보·바울 등 사도들, 초대 교부들, 루터·칼빈·쥬윙글리·부쩌·낙스 등 종교개혁자들, 청교도들, 죠나단 에드워드·죠지 윗필드·찰스 하지·메이첸·맥킨타이어·한국의 박형룡, 주기철, 박윤선 등 하나님의 사람들을 들어 사용하신다. 우리들도 하나님이 쓰시기에 합당한 자들이 되어야 할 것이다.

3. 디모데는 안수 받을 때 하나님의 은사를 많이 받았음

"하나님의 은사"(카리스마 투 데우, χάρισμα τοῦ θεοῦ; gift of God)는 하나님이 하사하시는 선물들이다. 그런데 이 은사는 무엇인지 본절에서는 언급되어 있지 않으나 목회사역을 잘 감당할 영적 은사들이었음에는 틀림없다. 은사(χάρισμα)라는 단어의 원 의미도 영적 은사를 가리킨다. 이 은사는 우리가 필요한 것을 하나님께 받는 일반적 은사가 아니라, 디모데가 목회 사역을 감당할 수 있는 영적 은사들을 가리킨다.

목회자들에게 필요한 영적 은사들은 예언의 은사(설교), 가르치는 은사(교육), 다스리는 은사 등이다. 목회자는 설교자·가르치는자·감독자(preacher, teacher, overseer)이다(고전 12:-14; 딤전 3:2, 4; 딤후 2:24; 딛 1:6, 9).

디모데는 안수받을 때 예언으로 말미암아 받은 것(딤전 4:14) 곧 전하는 말씀을 통하여 은혜를 많이 받았다. 그리고 사명감·충성심·열정·희생·고난 등을 마음속에 다짐하면서 마음에 불이 붙었다(딤전 4:14 참조).

"나의 안수함으로"(디아 테스 에피데세오스 톤 케이론 무, διὰ τῆς ἐπιθέσεως τῶν χειρῶν μου; though laying on my hands; 나의 손을 [머리 위에] 얹음[안수]으로 목회자로 삼으셨다. 사도 바울은 디모데에게 안수하였다[딤전 4:14]).

제1차 세계선교 여정 중에는 안디옥교회에서 바나바를 안수하여 선교사로 파송하였다(행 13:1-3).

여러 해가 지나서 사도 바울은 로마 감옥에서 순교를 앞두고 최후로 사랑하는 믿음의 아들 디모데에게 안수 받을 때 그 뜨거웠던 불이 꺼지지 않고 더욱 활활타오르기를 원하는 마음으로 "네 속에 있는 하나님의 은사를 다시금 불일듯하게 하기 위하여 너로 생각나게 하노니"라고 하였다.

"불일듯하게 하기 위하여"(아나조푸레인, ἀναζωπυρεῖν; to rekindle fan the flame)는 "불길이 타오르게 하기 위하여"라는 뜻이다. 이 단어는 아나(ἀνά ; up or again; 위로 또는 다시)와 조에(ζωή; life; 생명)와 풀(πῦρ; fire; 불)로 구성된 합성어이다. 그러므로 "불일 듯하게 하기 위하여"는 두가지로 해석 할수 있다.

첫째 해석: 접두어 전치사 아나(ἀνά)를 다시(again)로 해석할 경우.

디모데가 안수 받을 때에 예언의 말씀으로 말미암아 하나님의 은혜를 많이 받았으며 마음이 뜨거워졌으며 불이 붙었다. 그러나 세월이 흐름에 따라 그 타오르던 불길이 점점 떨어져가고 있었음을 짐작케 한다. 그러므로 사도 바울은 디모데에게 하나님의 은사가 다시금 불일 듯 일어나게 하라고(rekindle) 권면 하였다.

둘째 해석: 접두어 전치사 아나(ἀνά)를 위로(up)로 해석할 경우.

디모데가 안수 받을 때에 하나님의 은혜가 불일 듯 일어났는데 그 불이 점점 더 활활 타오르라(to kindle up)는 말씀이다. 불은 특성상 붙기만 하면 점점 더 타오르며 또한 급속도로 번지며 소멸하는 성질을 가지고 있다.

"불일듯하게 하기 위하여"라는 말씀은 디모데의 열정이 식어졌다는 것이 아니다. 디모데에게 위의 두 해석이 모두 적합하다.

하나님이 우리에게 주시는 은사들

1:7, "하나님이 우리에게 주신 것은 두려워하는 마음이 아니요 오직 능력과 사랑과 근신하는 마음이라."

"아니요(우, οὐ; not; 아니요)…오직(알라, ἀλλά; but; 그러나)"은 서로 대조적이다. 하나님은 우리에게 두려워하는 마음을 주시지 않고, 능력과 사랑과 근신하는 마음을 주셨다. 본절은 부정적인 면과 긍정적인 면 모두를 지적한다. "아니요…오직" 문장 형식은 로마서 8:15과 고린도전서 2:12에도 나타난다.

1) 하나님은 우리에게 두려워하는 마음을 주시지 않으신다.

"두려워하는 마음"(프뉴마 데일리아스, πνεῦμα δειλίας; a spirit of cowardice)은 겁 많은, 두려워하는 마음(생각, 정신을 가리킨다. 하나님은 그의 사랑하는 자녀들에게 특히 하나님의 종들에게 두려움·겁·비겁함을 주시지 않았다.

"주시지 않았다"(우 에도켄, οὐ ἔδωκεν; not gave)는 주시지 않았다. 하사하지 않았다(not bestow or not grant)는 뜻이다.

두려워함·무서워함·겁 등은 세 단어가 있다.

① 데일리아(δειλία; cowardice, timidly; 무서워함, 겁)

이 단어는 긍정적 의미로는 결코 사용되지 않고 부정적 의미로만 사용되었다.

② 포보스(φόβος; fright, scared; 공포, 무서움). 이 단어는 신약에 약 47번 나타나는데 좋은 의미로는 나쁜 의미로는 모두 사용되었다.

③ 유라베이아(εὐλάβεια; godly fear; 두려움, 경외)는 하나님을 두려워하는 것을 나타낸다(히 5:7; 12:28).

2) "하나님이 우리에게 주신 것은 능력과 사랑과 근신하는 마음이라."

"오직"(알라, ἀλλά; but; 그러나)은 앞의 아니요(우, οὐ; not)와 대조적이다. 하나님은 우리에게 두려워하는 마음을 주시지 않으시고 오직 능력과 사랑과 근신하는 마음을 주셨다.

① 하나님은 우리에게 능력을 주셨다(행 1:8; 롬 15:13; 고전 2:4; 엡 3:16; 딤후 1:8; 3:5).

"능력"(두나미스, δύναμις; power)은 "…할 수 있는 힘"이다. 이 능력은 하나님께로부터 오는 인격적 힘, 초자연적 능력이다. 하나님은 우리에게 능력을 주셔서 나·세상·사탄의 권세를 이기고, 승리의 생활을 하게 하신다.

② 하나님은 우리에게 사랑을 주셨다(갈 5:22; 롬 5:5; 골 1:8).

"사랑"(아가페, ἀγάπη; Love)은 무조건적 사랑, 무한한 사랑, 적극적 사랑, 변치않는 사랑, 공의를 보존하는 사랑, 희생적 사랑, 구속적 사랑, 죄를 증오하는 사랑 등이다. 하나님은 우리에게 아가페 사랑을 주셨다.

③ 하나님은 우리에게 근신하는 마음을 주셨다(갈 5:23; 딤전 3:2).

"근신"(쏘프론, σώφρων; self-control)은 자아지배 곧 자신을 다스리는 것이다.

하나님은 우리에게 성령의 능력을 입혀 주셔서 승리 생활하게 하시며, 우리에게 사랑을 주셔서 사랑의 열매 맺게 하시며, 우리에게 근신하는 마음을 주셔서 우리 자신들을 다스리게 하신다.

5.

두가지 명령
(Two Imperatives)

1. 부끄러워 하지 말라.
2. 복음과 함께 고난을 받으라.
3. 고난의 다양한 종류들
결론

디모데후서 1:8, "그러므로 너는 내가 우리 주의 증거와 또는 주를 위하여 같힌 자 된 나를 부끄러워 말고 오직 하나님의 능력을 좇아 복음과 함께 고난을 받으라."

사도 바울은 디모데에게 복음과 복음을 위하여 감옥(prison)에 갇힌 바울 자신을 부끄러워하지 말고 도리어 복음 사역을 위하여 고난에 동참할 것을 권하였다.

"부끄러워하지 말고…, 그러나 함께 고난을 받으라"(메 운 에파이스쿤데스 …알라 성카코파데손, μὴ οὖν ἐπαισχυνθῆς … ἀλλὰ συγκακοπάθησον; Do not be ashamed…, but join with).

1. 부끄러워 하지 말라(메 운 에파이스쿤데스, μὴ οὖν ἐπαισχυνθῇς; Do not be ashamed)

1) 주의 증거를 부끄러워하지 말라.

"주의 증거"(토 말투리온 투 큐리우, Τὸ μαρτύριον Τοῦ κυρίου, the testimony of our Lord)는 주님의 말씀, 주님의 도덕적·영적 교훈들을 가리킨다(고전 1:6, 2:1; 살후 2:10). 주의 증거는 주님에 관한 증거를, 주님에 관한 증거는 주님에 관한 복음을 말한다.

주님에 관한 증거는 복음의 핵심으로 사도신경에 잘 요약되어 있다.

"전능하사 천지를 만드신 하나님 아버지를 내가 믿나이다. 그 외아들 우리주 그리스도 예수를 믿사오니 이는 성령의 잉태로 동정녀 마리아에게 나시고 본디오 빌라도에게 고난을 받으사 십자가에 못 박혀 죽으시고 장사한 지 사흘만에 죽은 자 가운데서 다시 살아나시며 하늘에 오르사 전능하신 하나님 우편에 앉아 계시다가 저리로서 산 자와 죽은 자를 심판하러 오시리라."

"성령을 믿나이다."

"거룩한 공회와 성도가 서로 교통하는 것과"

"죄를 사하여 주시는 것과"

"몸이 다시 사는 것과 영원히 사는 것을 믿나이다 아멘."

이와 같은 복음을 증거하는 데 부끄러워하지 말라.

주님 말씀하시기를, "누구든지…나와 내 말을 부끄러워하면 인자도 아버지의 영광으로 거룩한 천사들과 함께 올때에 그 사람을 부끄러워하리라"(막 8:38).

① 사도 바울은 복음을 부끄러워하지 않았다.

- 로마서 1:16-17, "내가 복음을 부끄러워하지 아니하노니 이 복음은 모든 믿는 자에게 구원을 주시는 하나님의 능력이라… 복음에는 하나님의 의가 나타나서 믿음으로 믿음에 이르게 하나니 기록된 바 오직 의인은 믿음으로 말미암아 살리라."

사도 바울은 유대인들에게는 방해물(장애물, stumbling block)이요, 이방인들에게는 어리석음(foolishness)으로 여겨지는 복음(고전 1:23)을 부끄러워하지 않고 자랑하며 증거한 신앙의 영웅이다.

복음은 능력이 있다. 주의 보혈은 죄를 사하여 주시는 능력이 있는 것처럼, 복음은 복음을 믿는자를 죄와 사망에서 구원하시는 능력, 죄인을 의롭다 하시는 능력이 있다. 믿는 자에게 구원을 주시는 복음, 죄인을 의롭다 하시는 복음을 부끄러워하지 말라.

② 내(사도 바울 자신)를 부끄러워하지 말라고 권하셨다.

그 이유는 사도 바울은 주의 증거와 복음을 위하여 고난받고 감옥에 갇힌 자 되었기 때문이다. 사도 바울은 지금 로마의 감옥에 갇힌 자이다. 그러나 자신이 감옥에 갇힌 것은 일반 죄수들처럼 살인·강간·도적질 같은 큰 도덕적 죄를 범하였거나 아니면 내란 음모 같은 반역죄로 감옥에 갇힌 것이 아니다.

사도 바울이 수고를 많이 하고, 수 없이 매 맞고, 주리고, 헐벗고, 여러 번 죽을 뻔하고, 감옥에도 여러 번 갇힌 것은 오직 그리스도 예수와 그의 복음을 전하였기 때문이다. 그러므로 바울은 자신을 죄수라 하지 않고 "주의 갇힌 자"(데스미온 아우투, δέσμιον αὐτοῦ; His prisoner; 그의 갇힌 자)라고 하였다. 그러므로 "그리스도 예수의 갇힌 자(엡 3:1; 몬 1:9) 또는 "주 안에서 갇힌 자"(엡 4:1)라고 하였다. 죄인들을 구원 영생으로 인도하는 기쁜 소식인 복음을 증거하는 것이 악한 반종교적 불신자들에게는 그렇게 증오할 수가 없다.

ⓐ 사도 바울은 자신이 감옥에 갇힌 것에 대하여 조금도 부끄러워하지 않았다.

- 디모데후서 1:12, "이를 위하여 내가 또 이 고난을 받되 부끄러워하지 아니함은 내가 믿는 자를 내가 알고 또한 내가 의탁한 것을 그 날까지 그가 능히 지키실 줄을 확신함이라."

사도 바울은 복음 전함으로 받는 고난을 조금도 부끄러워하거나, 두려워하지 아니하고 오히려 자랑하며 담대히 전하였다. 그 이유는 그는 자신이 믿고 의지하는 하나님이 누구신지, 무엇을 하시는지 잘 아실뿐만 아니라 자신이 맡긴 영혼은 끝까지 지켜 주심을 믿고 확신하기 대문에 자신이 감옥에 갇힌 것에 대하여 조금도 부끄러워하지 않았다.

ⓑ 오네시모도 감옥에 갇힌 사도 바울을 부끄러워하지 않았다.

디모데후서 1:16-17, "원컨대 주께서 오네시모로의 집에 긍휼을 베푸시옵소서! 그가 나를 자주 유쾌케 하고 내가 사슬에 매인 것을 부끄러워 아니하여 로마에 있을 때에 나를 부지런히 찾아 만났느니라"

"오네시보로"(Onesiphorus)는 복음적 전승에 의하면 70제자들 중 한 사람이었으며 Corone의 감독이었다고 한다. 그는 사도 바울이 감옥에 갇혀 있는데 대하여 부끄러워도 하지 아니하고, 로마 정부 사람들을 두려워하지도 않았다. 그리고 사도 바울을 부지런히 감옥으로 면회하였다.

ⓒ 사도 바울은 디모데에게 "주의 증거" 곧 복음과 감옥에 갇힌 사도 바울을 부끄러워하지 말라고 명하였다.

일제시대 때에 신사 참배를 강요할 때 그리고 공산 치하에서 귀한 하나님의 종들과 성도들이 감옥에 갇혔다. 순교도 하고 불구자도 되고, 그 때에 평양에서 주의 종들을 사모하는 성도들이 복음을 부끄러워 아니하고, 저들을 두려워하지도 않고 주야로 기도하고, 복음을 위하여 고난을 받으면 부끄러워하지 않고 오히려 영광스럽게 생각하고, 복음을 자랑하고, 증거 할 것이다.

③ 사도 바울은 복음만을 자랑하였다.

- 갈라디아서 6:14, "그러나내게는 우리 주 그리스도 예수의 십자가 외에 결코 자랑할 것이 없으니 그리스도로 말미암아 세상이 나를 대하여 십자가에 못박히고 내가 또한 세상을대하여 그러하니라."

사도 바울은 그리스도 예수를 구주로 영접하기 전 유대교에 있을 때에는 자랑할 것이 많았다. 난 지 8일 만에 할례를 받고, 이스라엘의 족속이요, 베냐민 지파요, 히브리인 중의 히브리인이요, 율법으로는 바리새인이요, 율법의 의로는 흠이 없는 자요(빌 3:5-6), 가말리엘(7명의 라반[Raban] 중에 한사람, 율법사들의 대표)의 문하생이었다. 그러나 그가 그리스도 예수를 구주로 영접하고 복음의 진리를 깨달은 후부터는 그 모든 것을 다 배설물로 여기고 그리스도 예수의 십자가만을 자랑하고 증거하였다.

2. 복음과 함께 고난을 받으라(알라 쉰카코파데손 토 유앙겔리오; 그러나…함께 고난을 받으라, ἀλλὰ συγκακοπάθησον τῷ εὐαγγελίῳ; but join with).

사도 바울은 복음과 함께 고난을 받았다. 그리고 디모데에게도 복음과 함께 고난을 받으라고 명령하였다.

1) 복음과 "함께 고난을 받으라"(쉰카코파데손, συγκακοπάθησον; join with me in suffering)는 한 단어로써 "나와 함께 고난에 동참하라"는 뜻이다. 사도 바울은 디모데로 하여금 복음을 위하여 자신이 받는 고난에 동참하라고 권하고 있다.

사도 바울은 그의 서신들에서 "함께, 같이"(쉰, σύν; with or together)라는 전치사를 동사의 접두어로 많이 사용하고 있다.

- 디모데후서 2:3, "…나와 함께 고난을 받으라."
- 디모데후서 2:9, 4:9, "…와 함께 고난을 받으라."

사도 바울은 그리스도 예수때문에, 복음 때문에 고난을 많이 받고 순교하였다.

사도 요한도 하나님의 말씀과 그리스도 예수의 증거를 인하여 많은 고난을 받고 순교하였다.

- 요한계시록 1:9, "나 요한은 너희 형제요 예수의 환난과 나라와 참음에 동참하는 자라 하나님의 말씀과 예수의 증거를 인하여 밧모라 하는 섬에 있더니."

2) 하나님의 능력을 좇아 고난을 받으라.

"하나님의 능력으로"(카타 두나민 데우, κατὰ δύναμιν θεοῦ; by the power of God)는 하나님이 주신 능력으로(고후 6:7; 벧전 1:5) 다시 말하면 "하나님께로부터 받은 능력으로"라는 뜻이다. 하나님의 능력을 받음으로 복음을 위하여 받는 고난을 이기고 승리하라는 말씀이다.

3. 고난의 다양한 종류들(Various Kinds of Sufferings)

고난은 다 같은 고난이 아니다. 고난들 중에는 복음을 위하여 받는 고난 이 외에도 그리스도를 위하여 받는 고난, 믿음을 지키기 위하여 받는 고난, 의를 위하여 받는 고난, 애매히 받는 고난, 그리고 범죄를 인하여 받는 고난도 있다.

1) 그리스도를 위하여 받는 고난

- 마태복음 5:11-12, "나를 인하여 너희를 욕하고 핍박하고 거짓으로 너희를 거스려 모든 악한 말을 할 때에는 너희에게 복이 있나니 기뻐하고 즐거워하라 하늘에서 너희의 상이 큼이라 너희 전에 있던 선지자들을 이같이 핍박하였느니라."
- 요한복음 15:18-20, "세상이 너희를 미워하면 너희보다 먼저 나를 미워한 줄을 알라 너희가 세상에 속하였으면 세상이 자기의 것을 사랑할 터이나 너희는 세상에 속한 자가 아니요 도리어 세상에서 나의 택함을 입은 자인 고로 세상이 너희를 미워하느니라 내가 너희더러 종이 주인보다 더 크지 못하다 한 말을 기억하라 사람들이 나를 핍박하였은 즉 너희도 핍박할 터이요 내 말을 지켰은 즉 너희 말도 지킬 터이라."

2) 믿음을 지키기 위하여 받는 고난

- 고린도후서 11:23-27, "너희가 그리스도의 일꾼이냐 정신없는 말을 하거니와 나도 더욱 그러하도다 내가 수고를 넘치도록 하고 옥에 갇히기도 더 많이하고 매도 수없이 맞고 여러 번 죽을 뻔 하였으니 유대인들에게 사십에 하나 감한 매를 다섯 번 맞았으며 세 번 태장으로 맞고 한번 돌로 맞고 세번 파선하는데 일주야를 깊음에서 지냈으며 여러 번 여행의 위험과 강의 위험과 강도의 위험과 동족의 위험과

이방인의 위험과 시내(City, 市)의 위험과 광야의 위험과 바다의 위험과 거짓 형제 중의 위험을 당하고 수고하며 애쓰고 여러 번 자지 못하고 주리며 목마르고 여러 번 굶고 춥고 헐벗었노라."

3) 의를 위하여 받는 고난

- 마태복음 5:10, "의를 위하여 핍박을 받은 자는 복이 있나니 천국이 저희것임이라."
- 베드로전서 3:14, "그러나 의를 위하여 고난을 받으면 복 있는 자니 저희의 두려워함을 두려워 말며 소동치 말고."

4) 애매히 받는 고난

- 베드로전서 2:19, "애매히 고난을 받아도 하나님을 생각함으로 슬픔을 참으면 이는 아름다우나."

5) 범죄하여 받는 고난

- 시편 119:67, "고난 당하기 전에는 내가 그릇 행하였더니 이제는 주의 말씀을 지키나이다."
- 시편 119:71, "고난 당한 것이 내게 유익이라 이로 말미암아 내가 주의 율례들을 배우게 되었나이다.
- 요한복음 5:1-15에는 38년 된 병자가 벳새다 연못가에서 고침을 받았다. 예수님께서 그 병자를 고치시고 일어나 걸어가라고 명하셨다. 병 고침을 받은 사람이 자기를 고쳐주신 이가 누구인지 감사하여 만나보려고 하였으나 예수님은 이미 그 자리를 떠나 가셨다. 얼마 후에 예수님께서 성전(예루살렘)에서 그 사람을 만났다. 예수님께서 말씀하시기를 "보라 네가 나앗으니 더 심한 것이 생기지 아니하도록 다시는 죄를 범치 말라"고 하였다.

이 말씀을 보니 38년된 병자는 죄를 지은 결과로 병고로 당한 것 같다.

웃시아 왕은 교만하여 악을 행하고 심지어는 여호와의 전에 들어가 제사장 직분까지도 하려다가 하나님께서 쳐서 문둥병자가 되었다. 죽는 날까지 별궁에 홀로 거하다가 죽었다(대하 26:16, 21; 왕하 15:5).

신·구약 성경과 교회 역사에 보면 죄 범함으로 받는 고난도 천태만상이다. 그러나 고난을 받으므로 죄를 깨닫게 하시고, 회개케 하시고, 새사람 되게 하시니 죄 짓고 당하는 고난도 우리에게는 큰 유익이다. 그러므로 다윗은 고난당하는 것이 내게 유익이라(시 119:71)고 고백하였다.

결론

- 마태복음 5:11-12, "나를 인하여 너희를 욕하고 핍박하고 거짓으로 너희를 거스려 모든 악한 말을 할 때에는 너희에게 복이 있나니 기뻐하고 즐거워하라 하늘에서 너희의 상이 큼이라 너희 전에 있던 선지자들도 이같이 핍박하였으니라."
- 베드로전서 2:21, "이를 위하여 너희가 부르심을 받았으니 그리스도도 너희를 위하여 고난을 받으사 너희에게 본을 끼쳐 그 자취를 따라오게 하려 하셨느니라."

감사

무화과가 풍성하지 못할 때에도 감사하게 하시고,
포도나무에 열매가 없을 때에도 감사하게 하시고,
감람나무에 소출이 없을 때에도 감사하게 하소서.

햇빛과 달빛이 가리워질 때에도 감사하게 하시고,
기근과 재난이 닥쳐올 때에도 감사하게 하시고,
환난과 시험이 닥쳐올 때에도 감사하게 하소서.

두 눈과 귀가 어두워질 때에도 감사하게 하시고,
두 손과 발이 무력해질 때에도 감사하게 하시고,
심장의 고동이 멈춰질 때에도 감사하게 하소서.

오로지 나는 하나님으로 인하여 감사하게 하시고,
주님의 구원의 은총으로 인하여 감사하게 하시고,
성령님의 인도하심으로 인하여 감사하게 하소서.

6.

하나님의 구원 역사
(God's Works of Salvation)

1. 우리(죄인)를 구원하시는 이는 하나님 뿐이심
2. 하나님이 구원은 하나님 자신의 주권적 의지에 근거함
3. 하나님의 구원은 영원한 때부터 결정되었음
4. 하나님의 구원은 그리스도 예수 안에서 뿐임
5. 하나님의 구원은 개별적임
6. 하나님의 구원은 사람 편에서는 그리스도 예수를 구주로 믿음으로 성취됨
7. 하나님의 구원은 우리의 행위나 공로에 의함이 아님
8. 하나님은 오로지 은혜로만 죄인을 구원하심

디모데후서 1:9-10, "하나님이 우리를 구원하사 거룩하신 부르심을 부르심은 우리의 행위대로 하심이 아니요 오직 자기의 뜻과 영원한 때 전부터 그리스도 예수 안에서 우리에게 주신 은혜대로 하심이라 이제는 우리 구주 그리스도 예수의 나타나심으로 말미암아 나타났으니 그는 사망을 폐하시고 복음으로서 생명과 썩지 아니할 것으로 드러내신지라."

본문은 하나님이 우리를 죄와 사망 가운데서 구원하시는 하나님의 구원 사역을 계시하였다.

1. 우리(죄인)를 구원하시는 이는 하나님 뿐이심

"하나님이 우리를 구원하사"(데우 투 소산토스 헤마스, θεοῦ τοῦ σώσαντος ἡμᾶς; God who has saved us; 우리를 구원해 주신 하나님)는 우리를 구원하시는

이는 하나님이시다(It is God who has saved us)는 것을 강조한다.

구원의 일반적 의미는 구출이다. 구원이라는 단어가 죄인에게 적용될 때에는 죄에서 구원, 사망에서 구원을 가리킨다. 우리를 죄와 사망에서 구원하시는 이는 여호와 하나님 뿐이시다(딤전 1:1; 2:4; 딛1:3; 2:10; 3:4-5).

하나님은 아담과 하와의 범죄 타락한 직후부터 앞으로도 계속해서 끝 날까지 죄인들을 구원하여 주실 것이다. 죄인들을 구원하시는 이는 하나님뿐이시다.

2. 하나님의 구원은 하나님 자신의 주권적 의지에 근거함

"오직 자기 뜻과"(카타 이디안 푸로데신, κατὰ ἰδίαν πρόθεσιν; according to (his) own purpose); 그의 자신의 목적(뜻)을 따라서).

하나님의 주권적 의지는 하나님의 선하시고 기뻐하시는 뜻이다(엡 1:11). 주권적이란 외부의 그 무엇에 의하여 제재나 강요나 제한을 받지 않는다는 의미에서 주권적이다. 따라서 하나님의 주권적 의지는 곧 하나님의 자유 의지(free will of God)이다. 하나님은 자신의 주권적 의지를 따라서 사람들을 구원하신다. 죄인들을 향한 하나님의 구원은 하나님 자신의 선하시고 기뻐하시는 뜻이다.

- 에베소서 1:5, "그의 기쁘신 뜻을 따라…예정하셨으니."
- 에베소서 1:9, "…그의 기쁘심을 따라 …예정하신 것이니."
- 에베소서 1:11, "모든 일을 그의 뜻의 결정대로 역사하시는 자의 예정을 따라 우리가 예정을 입어 그 안에서 기업이 되었으니."
- 디모데전서 2:4. "하나님은 모든 사람이 구원을 받으며 진리를 아는 데 이르기를 원하시느니라."

진실로 하나님은 하나님의 주권적 의지에 근거하여 우리를 구원하신다. 그리고 그것은 하나님이 기뻐하시는 뜻이다. 하나님은 우리를 죄와 사망에서 구원하시기를 기뻐하신다.

3. 하나님의 구원은 영원한 때부터 결정되었음

"영원한 때 전부터"(프로 크로논 아이오니온, πρὸ χρόνων αἰωνίων; before the beginning of time; 시간의 시작 전부터)는 시간적으로 오래 전 영원을 뜻한다. 하나님은 이 세상을 창조하시기 전 영원 세계에서 사람들 중 얼마를 구원하시기를 미리 정하셨다. 하나님의 구원은 역사성 세계에서 이루어지나 구원을 위한 삼위 하나님의 도모·계획·결정은 창세 전 영원 세계에서 정하셨다(롬 8:28; 9:11; 엡 1:4, 11).

하나님의 구원 역사는 우연적·돌발적·즉흥적이 아니다. 이는 마치 건축 설계사(A architect)가 어떤 대형 건물을 건출하기 위해서는 세밀하게 설계한 후 그 설계도(blue print)에 의하여 건축하듯이, 전지하시고 완전하시고 지혜로우신 하나님은 창세전, 영원세계에서 죄인들을 구원하시기로 예정하셨다(엡 1:4). 우리는 칼빈의 예정론을 믿는다.

4. 하나님의 구원은 그리스도 예수 안에서 뿐임

"그리스도 예수 안에서"(엔 크리스토 예수, ἐν Χριστῷ Ἰησοῦ; in Christ Jesus)는 우리의 구원은 그리스도 예수를 구주로 믿음으로 구원을 얻는다는 뜻이다. 하나님은 그리스도 예수를 구주로 믿는 자를 구원하신다. 그런데 그 믿음 자체도 하나님께서 하사하시는 선물이다(엡 2:8)

- 사도행전 4:12, "다른 이로서는 구원을 얻을 수 없나니 천하 인간 중에 구원을 받을 만한 다른 이름을 우리에게 주신 일이 없음이니라."

이 말씀은 그리스도 예수만을 통하여 구원을 얻는다는 진리이다. 그리스도 예수만이 길이요, 진리요, 생명이시다. 다른 이들은 아무도 우리를 구원할 수 없다.

5. 하나님의 구원은 개별적임

"헤마스"(ἡμᾶς; us)는 우리를 구성하고 있는 구성원 한 사람 한 사람(everyone)을 강조한다. 하나님은 자신의 자아 의지에 의하여, 자신의 기뻐하시는 뜻을 따라서, 영원 세계에서 택정하시고, 그리스도 예수 안에서 구원하시되 한 사람 한 사람을 개별적으로 구원하신다.

심지어는 부흥 집회 같은 곳에서 많은 사람들이 동시에 구원의 반열에 초청을 받을지라도 하나님은 한 사람 한 사람에게 개별적으로 역사하신다. 하나님의 구원은 그의 예정과 선택에 근거하므로 결코 만인구원설(Universalism)이 아니다.

6. 하나님의 구원은 사람 편에서는 그리스도 예수를 구주로 믿음으로 성취됨

하나님은 죄인을 구원하시되 죄인으로 하여금 그리스도 예수를 구주로 믿음으로 구원을 얻게 하신다. 그런데 구원의 방편인 믿음도 하나님께서 주신 선물이다.

- 요한복음 3:16, "하나님이 세상을 이처럼 사랑하사 독생자를 주셨으니 이는 그를 믿는 자마다 멸망치 않고 영생을 얻게 하려 하심이니라."
- 에베소서 2:8, "너희가 그의 은혜를 인하여 믿음으로 말미암아 구원을 얻었나니 이것이 너희에게서 난 것이 아니요 하나님의 선물이라."

7. 하나님의 구원은 우리의 행위나 공로에 의함이 아님

"우리의 행위대로 하심이 아니요"(우 카타 타 엘가 훼몬, οὐ κατὰ τὰ ἔργα ἡμῶν; not according our works)는 우리의 행위가 우리의 구원의 공로 또는 대가가 아니라는 말씀이다. 율법의 행위 곧 율법을 지키는 행위로는 의롭다 함을 받을 육체가 없고 따라서 구원을 얻을 자 없다(롬 2:13, 3:20, 28; 갈 2:16; 3:11).

- 에베소서 2:9, "행위에서 난 것이 아니니 이는 누구든지 자랑치 못하게 함이라."
- 디도서 3:5, "우리를 구원하시되 우리의 행한 바 의로운 행위로 말미암지 아니하고 오직 그의 긍휼하심을 좇아 중생의 씻음과 성령의 새

롭게 하심으로 하셨나니."

우리의 행한 바 의로운 행위는 옳은 것이다. 성도는 의로운 행동을 하여야 한다. 다만 우리의 의로운 행위가 구원의 공로나 조건이 될 수 없다는 사실과 우리의 구원은 오로지 하나님의 은혜와 긍휼로 말미암는다는 것을 강조하여 밝히는 것이다.

하나님이 우리를 구원하시되 우리의 행위대로 구원하시지 아니하시고 그리스도 예수를 구주로 믿음으로 구원 얻게 하시는 것을 마음 깊이 감사한다.

8. 하나님은 오로지 은혜로만 죄인을 구원하심

"우리에게 주신 은혜대로"(알라 카타 카린 텐 도데이산 헤민, ἀλλὰ κατὰ … χάριν, τὴν δοθεῖσαν ἡμῖν; according to the grace which was granted us; 그러나 우리에게 베푸신 은혜대로) 우리를 구원하신다.

알라(ἀλλὰ; but; 그러나)는 우리의 행위와 하나님의 은혜를 대조한다. 구원은 전적으로 하나님 편에 있다.

1) 하나님의 은혜는 그리스도 예수를 이 세상에 내 보내심으로 나타났다.

1:10, "우리의 구주 그리스도 예수의 나타나심으로"는 그리스도 예수의 초림을 뜻한다. 그리스도의 나타나심(에피파네이아, ἐπιφάνεια; appearance)은 그리스도의 초림과 재림에 다 사용되었다. 그러나 통상적으로 그리스도의 재림에 주로 사용되었다(살후 2:8; 딤전 6:14; 딤후 4:1, 8; 딛 2:13).

2) 하나님의 은혜는 그리스도 예수께서 십자가상에서 자신이 죽으심으로 말미암아 사망을 폐하심으로 나타났다.

"사망을 폐하시고"(카탈게산토스 멘 톤 다나톤, καταργήσαντος μὲν τὸν θάνατον; abrogating, destroying; 멸하시고, 폐하시고)는 분사형이다. 이 말씀은 그리스도 예수께서 우리의 구주로서 구속사역의 효능을 가리킨다.

여기서 사망은 죄와 관계된 영적 죽음과 육체적 죽음을 모두 포함한다.

- 히브리서 2:14, "자녀들은 혈육에 함께 속하였으매 그도 또한 같은 모양으로 혈과 육을 함께 지니심은 죽음을 통하여 죽음의 세력을 잡은 자 곧 마귀를 없이 하시며."
- 로마서 6:6, "우리가 알거니와 우리의 옛 사람이 예수와 함께 십자가에 못 박힌 것은 죄의 몸이 멸하여 다시는 우리가 죄에서 종노릇하지 아니하지 하려함이라."
- 로마서 8:2, "그리스도 예수 안에 있는 생명의 성령의 법이 죄와 사망의 법에서 너를 해방하였음이라."
- 고린도전서 15:56, "사망아! 너의 승리가 어디 있으냐? 사망아! 너의 쏘는 것이 어디 있는냐? 사망의 쏘는 것은 죄요, 죄의 권능은 율법이라."

3) 하나님의 은혜는 그리스도 예수의 부활로 확증되었다.

"…생명과 썩지 아니할 것으로 드러내신지라."

"멘"(μὲν; on one hand; 한편으로는), "데"(δε; on the other; 다른 한편으로는)는 양편을 연결함과 동시에 대조적인 면을 지적한다.

죽음은 생명과 불멸(요 5:24)의 대조적이며 반대이다. 여기에 생명은 불멸이요 영생이다. 여기에 생명은 그리스도 안에 있는 신자들에게 약속한 생명이다.

그리스도 예수는 죽으심으로 생명(영생)을 가져왔다. 그리스도는 십자가상에서 피 흘려 죽으심으로 주를 믿는 자에게 생명을 주신다. 이 진리는 복음이 우리에게 계시해 준다.

그리스도 예수는 썩지 아니할 것을 가져왔다.

"썩지 아니할 것"(아프달시안, ἀφθαρσίαν; incorruptibility, immortality; 썩지 아니함, 부패하지 아니함, 불멸)은 부활체를 가리키며(고전 15:42, 50, 53, 54), 영광스러운 상태를 가리킨다(롬 2:7; 딤후 1:10).

"들어내신지라"(포티산토스, φωτίσαντος; brought life to light)는 생명을 가져왔다는 뜻이다(고전 4:5; 엡 1:18; 3:9).

7.

사도 바울의 신앙고백
(Apostle Paul's Confession)

1. 사도 바울은 선포자 · 사도 · 교사로 세우심을 받았음
2. 사도 바울은 복음을 인하여 고난을 받았음
3. 사도 바울은 자신이 믿고 의지하는 자를 분명히 알았음
4. 사도 바울은 자신이 의탁한 것을 그 날까지 능히 지켜주실 줄 확신하였음

디모데후서 1:11-12, "내가 이 복음을 위하여 선포자와 사도와 교사로 세우심을 입었노라 이를 인하여 내가 또 이 고난을 받되 부끄러워 아니함은 내가 믿는 자를 내가 알고 또한 내가 의탁한 것을 그 날까지 그가 능히 지키실 줄을 확신함이라."

1. 사도 바울은 선포자·사도·교사로 세우심을 받았음

사도 바울은 복음의 세 가지명칭(3 titles) 곧,

1) 전파자(반포자, 케룩스, κήρυξ; a herald, prroclaimer, preacher; 사신, 선포자, 설교자).

하나님의 메시지(복음)를 신적 권위를 가지고 공적으로 능력있게 전파하는 자이다.

2) 사도(아포스톨로스, ἀπόστολος; apostle)

※ 특주 4 참조

3) 교사(디다스칼로스, διδασχαλος; a teacher, instructor; 선생, 교사).

교사는 바른 지식이 있어야 하며, 바른 지식을 잘 가르칠 수 있는 재능·능력·기술이 있어야 하며, 가르치고자하는 사명도 있어야 한다.

"세우심을 입었노라"(에테덴, ἐτέθην; was appointed; 임명되었다). 에테덴(ἐτέθην)은 티데미(τίθημι; to place, appoint; 임명하다, 세우다)의 1인칭·단수·과거·수동형이다. 바울은 하나님에 의하여 또는 그리스도에 의하여 세우심을 받았다. 이 말씀은 디모데전서 2:7과도 유사하다.

사도 바울은 복음을 위하여는 부끄러워하지 않을 뿐만 아니라 고난도 감수하였다(딤후 1:8 참조).

2. 사도 바울은 복음을 인하여 고난을 받았음

"이를 인하여 내가 또 이 고난을 받되"(카이 타우타 파스코, καὶ ταῦτα πάσχω; for [because] this reason I also suffer these things; 이 이유 때문에 나는 또한 이 고난들을 받는다). 사도 바울은 그리스도 예수의 복음을 위하여 많은 고난과 핍박을 받았다.

고린도후서 11:23-24에 의하면 "…내가 수고를 넘치도록 하고 옥에 갇히기도 더 많이 하고 매도 수없이 맞고 여러 번 죽을 뻔하였으니"라고 간증하였다. 사도 바울이 받은 고난들 중에는 감옥에 갇힌 고난(8절)은 물론 모든 고난을 다 포함한다. 그러나 바울은 부끄러워하지 않았다.

3. 사도 바울은 자신이 믿고 의지하는 자를 분명히 알았음

"나의 의뢰한 자를 내가 알고"(오이다 갈 호 페피스튜카, οἶδα γὰρ ᾧ πεπίστευκα; because I know whom I have believed). 원문에는 갈(γὰρ)이라는 접속사가 나와서 원인과 이유를 밝힌다. 여기서 갈(γὰρ; because)은 바울이 복음을 부끄러워하지 않고 고난을 받은 이유를 밝힌다. 즉 이 말씀은 내가 지금까지 믿어오고 또 의지하여 온 자가 어떠한 분인지, 무슨 일들을 하시기 위하여 오셨는지 확실히 알기 때문에 복음을 부끄러워하지 아니하고 또 복음을 위하여 고난도 기꺼이 받았다.

사도 바울이 지금까지 믿어오고 또 의지하여 온 분은 하나님이시요 동시에 그리스도 예수이시다.

"알고"(오이다, οἶδα; I know; 내가 분명히 알다): 사도 바울은 자신이 믿고 의지하는 하나님은 어떠한 하나님이신가를 신앙적으로 분명히 인식하였다.

이것은 신앙적 지식이다. 신앙적 지식은 신앙의 삼대 요소들(① 지적 요소, ② 감정적 요소, ③ 의지적 요소) 중 하나이며, 신앙의 삼대 요소 중에 첫번째이다.

우리도 사도 바울같이 우리가 믿는 하나님은 어떠하신 분이시며, 우리를 위하여 무엇을 해오시는 분이신가를 분명히 알아야 할 것이다.

4. 사도 바울은 자신이 의탁한 것을 그 날까지 능히 지켜주실 줄 확신하였음

"내가 의탁한 것을 그 날까지 저가 능히 지키실 줄을 확신함이라."

"내가 의탁한 것"(텐 파라데켄 무, ἣν παραθήκην μου; my deposit; 나의 예금·맡김)은 내가 주님께 맡긴 것이다.

와잇트(White)는 말하기를 "내가 의탁한것은 안전하게 보관하기 위하여 은행 금고(safety box)에 넣어두는 것"(EGT 4:157-158)이라고 하였다.

"내가 의탁한 것" 내가 맡긴 것이 무엇인가? 내가 하나님께 그리고 주님께 맡긴 것은 나의 영혼, 나의 생명(my soul and my life)이다. 사도 바울은 자신의 영혼, 자신의 생명을 하나님께 맡기었다.

언제까지 지켜주실 것인가? 하나님이 세상 끝 날까지 자신의 영혼과 생명을 지켜 주실 것을 확신하였다.

"그 날까지"(에이스 에케이넨 텐 헤메란, εἰς ἐκείνην τὴν ἡμέραν; until that day)는 개인적으로는 이 세상을 떠날 때까지, 일반적으로는 그리스도 예수께서 재림하셔서 최후 심판하실 때까지 그리고 상급을 주실 때까지(빌 1:10; 딤후 1:18, 4:8; 고전 3:13)를 가리킨다.

"지켜주신다"(풀락사이, φυλάξαι; to guard, protect, preserve, keep; 보호하여 지키다, 보호하다, 보존하다, 지키다)는 풀라소(φυλάσσω)의 제1과거·부정사·능동형이다.

따라서 하나님은 그의 능력으로 관심을 가지고 자아 의지로 구원받은 자의 영혼을 지켜 보호하여 주심을 강조한다(1:14, 딤전 6:20, 살후 3:3).

"**확신하였다**"(페페이스마이, πέπεισμαι; I have been persuaded)는 하나님이 나를 지켜주시리라는 그 분명한 신앙적 지식이 나로 하여금 확신하게 되었다. 우리도 우리의 영혼, 생명을 하나님께 맡기고 저가 능히 지켜주심을 확신하고 살아야 할 것이다.

나의 죄를 정케 하사

나의 죄를 정케 하사 주의 일꾼 삼으신
구속주의 넓은 사랑 항상 찬송합니다
나를 일꾼 삼으신 주 크신 능력 주시고
언제든지 주뜻대로 사용하여 주소서

주여 내게 성령으로 충만하게 채우사
생명 수가 강물처럼 흐르게 하옵소서
나를 일꾼 삼으신 주 크신 능력 주시고
언제든지 주 뜻대로 사용하여 주소서 아멘.

특주 5.

성도의 보존
(The Security of the Saints) 1

1. 성도의 보존
2. 어원적 고찰
3. 정의
4. 성도의 보존에 관한 중요 성경구절들
5. 기도와 하나님의 보호
6. 성도의 보존(견인)에 대한 역사적 견해들

디모데후서 1:12, "이로 말미암아 내가 또 이 고난을 받되 부끄러워하지 아니함은 내가 믿는 자를 내가 알고 또한 내가 의탁한 것을 그 날까지 그가 능히 지키실 줄을 확신함이라."

1. 성도의 보존(The Security of the Saints)

성도의 보존은 신학적으로 성도의 견인(perseverance of the Saints)이라는 전통적 용어를 사용하여 왔다. 성도의 견인은 하나님께서 성도들을 끝까지 지켜주신다는 뜻이므로 오히려 하나님의 보호(Security of God)라는 제목이 더 성경적이며, 칼빈주의적이다.

성도의 보존에 관한 교리는 여러 시대 여러 학파들과 교파들로부터 다양한 견해의 불일치와 반대를 받아 왔다. 교회 역사를 보면 신자들의 구원은 영원히 보장된다고 주장하는 칼빈주의(Calvinism)와 그것을 반대하는 알미니안주의(Arminianism)가 신학적으로 계속 대립해왔다.

성도의 보존은 전적 부패, 무조건적 선택, 제한적 속죄, 불가항력적 은혜와 더불어 칼빈주의의 5대 교리 중 하나로 개혁주의 신학에서는 상당한 각광을 받으며 발전해 왔다.

사람이 일단 한 번 구원을 받은 후 그 구원을 다시 상실할 수 있는가? 신자들 중에는 이 중요한 질문에 상당한 의문을 품고 고심하는 사람들이 적지 않다. 구원의 확신을 자신들의 흠 많은 행위에 비추어 볼 때 그와 같은 생각을 하게 된다. 그 이유는 신자들의 지상생활(地上生活)에는 우여곡절의 변화와 얼룩진 흔적들이 많이 있기 때문이다. 구원의 확신 여부를 자신의 체험과 경험적 행위에 의존하는 사람들에게는 구원의 확신을 지속적으로 영구히 의식할 수 없다.

성도의 보존 교리는 그리스도인들이 예수님을 구주로 믿기 시작한 때로부터 이 세상을 떠날 때까지 하나님께 불순종(disobedience)하는 일이나 타락(backslide)하는 일이 전연 없다는 의미가 아니다. 그리스도인들이 때로는 하나님의 계명을 불순종하고 죄에 빠질 수도 있다. 그러나 성도의 일시적 타락이나 범죄가 성도의 구원을 상실한다는 의미가 아니다. 비록 신자들이 의식적으로 또는 무의식적으로, 의도적으로 또는 육신이 연약하므로 죄의 상태에 빠질지라도 구원을 상실하지 않음은 구원이 인간의 행위와 공로에 의존하지 않고 전능하신 하나님의 지켜 주심에 있기 때문이다.

시편 37:24, "저는 넘어지나 아주 엎드러지지 아니함은 여화와께서 손으로 붙드심이로다."

2. 어원적 고찰(Etymology)

성도의 궁극적 구원과 관계되는 성도의 보존 교리를 진술함에서 몇 가지 상이한 용어들을 사용하므로 고찰을 요한다.

1) 견인(堅引; Perseverance): 견인은 프로스카테에시스(προσκατέησις; perseverance, persistency, steadfastness ; 견인, 견고, 지구성)로서 이 단어는 프

로스카테레오(προσκατερέω; to persist or hold fast; 굳게 붙잡다)와 카테레오(κατερέω; to be strong, endure stand fast; 강하게 되다, 굳게참는다)에서 인출되었다. 이 단어는 에베소서 6:18에 단 한 번 기록되어 있다. 원문에는 견인으로 되어 있으나 한국말 성경에는 기도로 잘못 번역되었다.

견인은 참음, 지구성, 견고함을 의미한다. 견인이 신학적 용어로 사용되는 이유는 신자들이 어떠한 환경 속에서도 지구성을 가지고 인내하기 때문이다. 모세는 믿음으로 애굽을 떠나 왕의 노함을 무서워 아니하고, 곧 보이지 아니하는 하나님(invisible God)을 보는 것같이 믿음으로 참조 견디었다(히 11:27).

2) 성도의 보존(聖徒의 保存; Preservation): 성도의 보존은 하나님이 성도들을 보존하시기 때문에 성도의 보존(Preservation of Saints)이라는 명칭을 사용한다. 구원받은 성도는 하나님의 은혜의 상태에서 전적으로 또는 최종적으로는 타락될 수 없고, 끝까지 보존된다.

3) 안전보장(安全保障; Security): 성도의 안전보장은 히카노스(ἱκανός)로서 전능하신 하나님의 보호하심을 의미한다. 성도를 자신들은 구원에 관한 확신이 있는지 없는지를 불문하고 하나님의 안전보장을 받는다. 그러므로 한 번 구원받은 자는 영원히 멸망당하지 않는다.

4) 구원의 확신(救援確信; Assurance): 구원의 확신은 우리를 구원시키시는 성령의 역사와 관계된다. 성령께서 구원하신 자들 마음속에 구원의 확신을 심어주신다. 구원은 사람의 감정·경험·지식·노력·공로 등에 의존하지 않는다. 구원이 사람의 그 무엇에 기인한다면 구원의 확신을 소유할 자, 구원받을 자는 이 세상에 한 사람도 없다.

3. 정의(Definition)

성도의 견인(보존)에 관한 교리는 돌트신조와 웨스트민스터 신앙고백서에 가장 잘 나타나 있다.

1) 돌트신조 (The Canons of Dort, 1618-1619년)
제5교리 성도의 보존(견인)에 관하여
- 제6조, "긍휼이 풍성하신 하나님은 그의 불변한 선택의 목적에 따라서 비록 택자들이 타락할 때에도 그들에게서 성령을 완전히 거두시지 않으신다. 하나님은 성도들이 양자의 은혜와 칭의의 신분을 상실하고 죽음에 이르는 죄(성령을 반역하는 죄)를 범하고 스스로 자신을 전적으로 포기하고 영원한 패망에 뛰어드는 정도까지 타락하도록 내버려 두지는 않으신다."
- 제7조, "그러므로 견인(성도의 보존)은 그들 자신의 공로나 능력(힘)에 의해서가 아니라 그들(참 신자들)이 신앙에서 전적으로 타락하여 멸망에 이르지않도록 하시는 하나님의 변함없는 긍휼에 의하여 완성된다. 신자 편에서는 이런 멸망은 쉽게 발생할 수 있을 뿐 아니라 틀림없이 발생한다. 그러나 하나님 편에서는 그의 계획이 변동될 수 없고, 그의 약속이 실패할 수 없으며, 그의 목적에 따라 되어진 소명은 취소될 수 없으며, 그리스도의 중보기도와 보존과 더불어 그리스도의 공로는 무효와 될 수 없고, 성령의 인치심 또한 무효로 되거나 소멸될 수 없다."
- 제12, 13조, "그렇지만 성도의 보존은 참 신자로 하여금 교만하게 하거나 육신적으로 자기 확신에 빠지게 하기 보다는 오히려 순진한 존경, 순수한 경건, 모든 충돌에 대한 인내, 열렬한 기도, 십자가를 지는 생활, 진리에 대한 고백 그리고 하나님을 기쁘시게 하는 참 겸손의 뿌리이다. 이런 은혜의 회상은 성경의 증거들과 성도들의 모범된 생활들로부터 분명해진 것처럼 진지하고 계속적인 감사의 생활과 선행에 대한 자극을 공급한다. 성도의 보존에 대한 새로운 신뢰는 타락 후 그들의 생활 속에 있는 부도덕이나 거룩에 대한 무관심을 산출하지 않고 오히려 성도가 전진할 수 있도록 준비된 주님의 방편들을 주의 깊게 관할하는 것은 보다 많은 관심을 유발시킨다."

2) 칼빈주의 5대 교리에 대한 성경적·신학적 교훈(The Biblical and Theological Teaching)

① 전적 부패(Total Depravity) 또는 전적 무능(Total Inability)

인류의 시조 아담·하와의 범죄 타락한 후 각각의 모든 인간은 전적으로 부패되었다. 전적 부패는 사람 안에 깊이 자리 잡고 있는 보편적이며 전체적인 죄의 성질(sinful nature)을 말한다. 범죄 하여 타락한 인간의 본성(human nature)은 죄의 성질이다.

인간의 전적 부패는 영혼의 모든 부분과 육체의 모든 부분에 전반적(全般的)으로 스며들고 퍼져서 전인(全人)의 부패를 가져왔다. 그 결과 영혼과 육체의 모든 부분은 철저하게 병들고, 불구자가 되고, 부패되고, 비틀리고, 뒤틀리고, 삐뜨러지고, 비정상적이고 악해졌다.

인간의 전적 부패는 통상적인 출생 방법에 의하여 그의 모든 후손들에게도 전달된다(웨스트민스터 신앙고백서 6장 3절) 이것이 죄의 유전이다.

전적 무능(Total Inability): 인간은 전적부패 되었기 때문에 전적으로 무능해졌다. 여기서 전적 무능이란 영적 무능(spiritual inability)을 말한다. 영적 무능이란 영적으로는 아무것도 할 수 없다는 뜻이다.

왜냐하면 범죄한 인간은 허물과 죄로 영(혼, 영혼)이 죽었기 때문이다(엡2:1, 롬3:10, 23, 6:23). 사람의 영 또는 영혼(soul)은 사람 전인(全人)의 자아(self-ego) 주체이다.

② 무조건적 선택(Unconditional Election)

범죄한 모든 인간 중에 헤아릴 수 없이 많은 무리들을 창세전에, 그리스도 안에서(in Christ) 구원·영생 받아 누리도록 하신 선택은 오로지 하나님의 사랑·긍휼·자비에 근거한 하나님의 절대적 주권(absolute sovereignty)에 근거한다.

무조건적이란 동서고금·남녀노소·빈부귀천·선행·공로 등을 선택의 기준으로 삼지 않았다는 점에서 무조건적이다(신10:14-15, 시65:4, 민22:14, 24:22,24,31,롬8:28-30,33, 9:11-13,16, 살후2:13, 딤후1:9).

나 같은 죄인이 하나님의 사랑의 대상, 구원의 대상이 되었다는 것 무한 감사합니다.

③ 제한적 속죄(Limited Atonement)

속죄는 죄와 속박에서 구원과 해방을 뜻한다. 예수 그리스도의 죽으심은 택한 자들을 위한 대리적 속죄의 죽으심이다(롬 5:8-9; 고전 15:3; 고후 5:15, 21; 갈 3:13; 딛 2:14; 벧전 2:24). 예수 그리스도의 보혈은 능력이 있다(고전 1:18, 24). 그러나 보혈의 능력의 범위는 택함을 받는 자들(the elects)에게만 적용된다(벧전 1:18-19; 계 5:9-10). 이런 의미에서 제한적 속죄이다. 성경은 만인 보편 구원설을 제외한다.

④ 성령의 유효적 소명(Effectual Calling of the Holy Spirit) 또는 불가항적 은혜(Irresistible Grace)

유효적 소명은 창세전에 그리스도 안에서 믿음으로 말미암아 구원 받기로 예정된 자들을 부르시는 하나님의 구원을 위한 초대(an invitation for salvation)이다. 이 소명은 구원의 첫 단계이다. 소명·중생·칭의·양자·신앙·회개·성화·견인·영화

이 소명은 효력이 있어서 이 소명을 받는 자는 확실히 구원에 이르게 된다. 그 이유는 이 소명은 성령 하나님의 능력 있는 호출이기 때문이다(행 13:48; 고전 1:24; 딤후 1:9).

⑤ 성도의 견인 또는 보전(Perseverance of the Saints or Security)

성도의 견인 또는 보전이란 유효적 소명으로 부르심을 받는 참 신자(true christian)는 일시적으로 범죄하고 타락할 수 있어도 구원은 절대로 상실되지 않는다는 진리이다(요 6:39-40; 10:28-29; 17:11-12; 고전 1:8; 엡 4:30; 빌 1:6; 딤후 4:18; 요일 5:18).

베드로전서1:5, "구원을 얻기 위하여 믿음으로 말미암아 하나님의 능력으로 보호하심을 입었나니" 참 그리스도인들은 ⓐ 하나님의 능력으로, ⓑ 믿음으로 말미암아, ⓒ 구원에 이르도록 보호하심을 입는다.

돌트신조(The Canons of Dort, 1618-19 제 6조, 7조, 12조, 13조 웨스트민스터 신앙고백서 제17장 1절, 2절, 3절, 대요리문답 제 79문 참조)

3) 알미니우스(Arminius, 1559-1609년)

네덜란드 신학자, 반(反) 칼빈주의자이다.

알미니안파에서는 칼빈주의의 절대주권과 예정을 부인하고 인간의 자유의지에 의한 선택을 강조하였다. 알미니우스와 그의 추종자들은 반(半)펠라기우스주의와 유사하게 하나님의 예정을 부인하고 인간의 자유의지를 강조하였다. 알미니우스는 사람이 타락되기 전 하나님이 선택자와 유기자를 결정하였다는 전택설(Suprapsarianism)을 반대하였다.

그 이유는 전택설은 하나님이 죄의 조성자가 되기 때문이라는 주장이다. 알미니우스는 칼빈의 이중 예정(선택과 유기)을 반대하고, 조건적 선택(a conditional election)을 주장하였다. 즉 구원을 선택하고 거부하는 것은 사람의 자유의지에 달려 있다는 것이다.

알미니안의 견해는 화란에서 상당한 논쟁이 벌어졌다. 그러므로 알미니우스는 화란 정부로 하여금 문제들을 다루도록 대회 개최를 요청하였다. 그러나 알미니우스는 대회가 개최되기 9년 전인 1609년에 세상을 떠났다.

알미니우스가 세상을 떠난 1년후 그의 제자들은 알미니우스의 주장을 더욱 강화하여 1610년에는 항론서(Remonstrance)라는 그들의 성명서(manifesto)를 발표하였다. 그들에 의하면 하나님은 모든 사람을 구원하기로 작정하셨다. 그리스도는 모든 사람을 위하여 죽으셨다. 은혜는 불가항력적이 아니다. 신앙은 상실될 수 있다고 했다.

알미니안주의가 하나님의 주권과 예정을 부인하고 인간의 자유의지에 의한 선택을 강조한 것은 인간의 전적 타락과 부패 그리고 전적 무능에 대한 성경적 죄관을 바로 깨닫지 못한 증거이다.

소위 알미니안주의의 5대 교리를 반대하여 1618년 돌트대회(Synod of Dort)에서는 칼빈주의 5대 교리(전적 부패, 무조건적 선택, 제한적 속죄, 유효적 소명에 있어서 불가항적 은혜, 성도의 최후 보존)를 가결하였다.

4) 돌트대회(Synod of Dort, 1618년)

돌트대회는 알미니안주의의 도전에 대응하기 위하여 네덜란드의 돌트(Dort)에서 개최된 국제적인 교회 회의였다. 84명의 총대들이 참석하였다. 35명의 교역자들, 네덜란드 교회의 장로들, 5명의 신학자들, 18명의 정치적 대표자들 그리고 영국, 스코틀랜드, 스위스, 독일 등에서 온 27명의 외국 대표들로 구성되었다.

총 84명의 총대들이 참석하였다. 그중에 58명이 네덜란드인이었는데 그들은 칼빈주의 교리를 신봉하였으며, 그 대회의 회장과 제1서기는 철저한 칼빈주의자들이었다.

이 대회에는 알미니안주의 지도자요 Leiden 대학 교수인 시몬 에피스코피우스(Simon Episcopius)와 12명의 알미니안주의자들이 대회에서 변호하도록 소집되었다(이 대회는 1618. 11. 13-1619. 5. 9까지 6개월 동안에 154회 회의를 가졌다).

이 대회에서는 심각한 문제가 되었던 항론파의 5대 교리는 부결되고, 예정 특히 예정의 일부인 유기(버려두심) 문제, 인간의 전적 타락, 인간의 자유의지, 원죄, 보편적 은혜, 이신칭의, 속죄, 심지어는 그리스도의 신성(神性) 등에 관한 교리들을 정립하였다. 그리고 칼빈주의 5대 교리와 벨직(Belgic) 신앙고백서와 하이델베르그(Heidelberg) 신앙고백서를 채택하였다. 이 대회에서는 이중 예정론과 예지가 조건이 아닌 무조건적 선택과 불가항적 은혜 등 엄격한 칼빈주의 체계가 세워졌다.

알미니안파의 견해들은 존 웨슬리(1703-1791년), 찰스 웨슬리(1707-1788년) 형제 그리고 그들의 친구 홀렛쳐(John William Fletcher, 1729-1785년) 등이 주장했으며, 이것이 천주교, 감리교, 오순절교, 성결운동, 그리고 신 오순절주의자들(현대 방언과 신유의 은사를 주장)에게로 확산되어 왔다.

돌트대회의 결정이 있은 후 200명의 알미니안주의 목회자들은 그들의 교회에서 축출되었으며, 알미니안주의의 수장(首將)인 반네벨트(Jon Van Olden Barneveldt)는 참수형을 당하였고, 알미니안의 수제자 그레티우스(Hugo Gretius)는 종신형을 받고 수감생활을 하다가 2년 후 1621년(그의 아내의 계략으로) 파리로 도피하였으며, 많은 알미니안주의자들이 국외로 도피하였다.

1625년 항론파에 대한 박해가 수그러지기 시작하면서 항론파 사람들은 다시 네덜란드로 귀국하기 시작하였고, 1630년에 공포된 법령으로 교회들과 학교들을 세우게 되었다. 암스테르담에는 제이콥 알미니우스(Jacobus Arminiau)의 수제자 신학교수 에피스코피우스(Simon Episcopius)가 이끄는 신학교가 설립되었으며, 그는 1621년 신앙성명서를 썼는데 그 신앙성명서는 루터파 사람들과 다른 사람들에게 상당한 영향을 주었다. 알미니안주의는 네덜란드, 제네바, 독일 등의 교회들에게 영향을 주었다.

성도의 보존(견인)의 교리는 양자의 교리에서와 같이 우리에게 가장 안위와 기쁨을 안겨 준다.

호크마(Hoekema)는 "하나님은 그의 능력으로 자기 백성들이 자기에게서 떠나 타락하지 않도록 지켜 주시며, 그리스도는 자기 손에서 누가 자기의 양들을 빼앗아 가는 것을 결코 용납하지 않으며, 성령께서는 구속의 날까지 그들을 인치셨다. 하늘에 계신 우리 아버지는 그의 손으로 우리를 붙들어 주심으로 우리를 안전하게 지키신다. 우리는 최종적으로 우리가 하나님을 붙드는 데 의존하지 않고 하나님이 우리를 붙들어 주심에 의존한다"라고 하였다.[1]

5) 웨스트민스터 신앙고백서(Westminster Confession of Faith, 1648년)
- 17장 1절, "하나님이 그의 사랑하시는 자 안에서 받아들이시고 유효하게 그의 성령에 의해 부르신 자들은 전적으로 그리고 최종적으로 은혜의 상태에서 떨어질 수 없다. 그들은 분명히 그 가운데서 끝까지 견인하고 영원히 구원을 받게 될 것이다."
- 17장 2절, "성도의 견인은 저희의 자유 의지에 달려 있는 것이 아니고 변할 수 없는 선택의 예정에 의존되어 있는데 이것은 성부 하나님의 값없이 주시고 불변하시는 사랑에서 나온 것이요, 예수 그리스도의 공로와 중보의 노력에 의존되어 있으며, 성령의 내주하심과, 성도들 속에 있는 하나님의 씨(Seed)와 은혜의 계약에 의존되는 것이니 이

---

[1] Hoekma, Anthony A. *Saved By Grace* (Grand Rapids: Eerdmans, 1989), p. 255.

모든 것에서 확실성과 무오성이 생긴다."
- 17장 3절, "그러나 저희는 사탄과 세상의 유혹으로 또는 저희 속에 남아 있는 육신의 부패성의 득세로, 또한 저희를 보존하는 방편을 무시하므로 중한 죄에 빠져 죄 속에서 얼마 지나며 하나님의 진노를 쌓고 성령을 근심케 하며 어느 정도 은혜와 안위를 빼앗기고 마음이 강퍅하게 되고 저희 양심으로 상함을 받게 하고 다른 사람을 상하고 중상하며 이 생의 심판을 저희에게로 끌어 올 수 있다."
- 대요리문답 79문, "참된 신자라도 저희의 온전치 못함과 저희가 범하는 많은 죄와 유혹으로 은혜의 상태에서 타락할 수 있는가?

참된 신자는 하나님의 불변하신 사랑과 저희의 인내를 주시도록 하신 예정과 언약 또한 그리스도와 떨어질 수 없는 연합 그리고 저희를 위하여 쉬지 않고 하시는 그리스도의 간구와 저희 속에 거하시는 성령과 하나님의 씨 때문에 전적으로나 궁극적으로 은혜의 상태에서 타락할 수 없고 하나님의 권능으로 말미암아 믿음으로 구원에 이르도록 보존된다."

※ 웨스트민스터 신앙고백서는 영국 런던에 있는 웨스트민스터 사원(Westminster Abbey)에서 131명의 목사들과 30명의 평신도들이 웨스트민스터 총회에서 1646년 11월에 완성되었고, 1647년에 채택되고, 스코틀랜드 교회 총회에서는 1649년에 인준되었다. 이 신앙고백서는 그때로부터 지금까지 계속 보수 장로교회들과 개혁교회들의 신앙고백서로 사용되고 있다. 최상의 신앙고백서이다.

4. 성도의 보존에 관한 중요 성경구절들(Important verses on security of Believers)

아래의 성경구절들은 성도의 궁극적 보존(견인)에 관하여 교훈하고 있다.
- 요한복음 6:39-40, "…내게 주신 자 중에 내가 하나도 잃어버리지 아니하고 마지막 날에 다시 살리리라 내 아버지의 뜻은 아들을 보고

믿는 자마다 영생을 얻는 이것이니 마지막 날에 내가 이를 다시 살리리라."

예수님이 천국에서 이 세상에 내려오신 이유는 자기를 보내신 아버지(성부 하나님)의 뜻을 행하기 위함이다. 그런데 아버지의 뜻은 "내게 주신 자중에 내가 하나도 잃어버리지 아니하고 마지막 날에 다시 살리는 것(부활시키는 것)이라"이다.

이 말씀은 성도의 보존에 관하여 분명히 교훈하신다. 그리스도 안에서 택함 받은 자는 그리스도께서 친히 이 세상 끝날까지 보호하시리라고 보장하셨다. 신자들의 구원은 하나님의 절대적 주권에 있으며, 하나님의 주권은 인간의 의지에 의한 변화나 변동의 제한이나 제재를 초월한다.

"내게 주신 자"는 주 예수 그리스도를 개인의 구주(personal Saviour)로 믿고 그리스도의 사람이 된 자들을 말한다. "내게 주신 자"는 내게 주신 모든 자(all that He has given me)로서 복수(plural)를 가리킨다(요 6:37; 17:12). 모든(all)이라는 단어는 판(πᾶν)으로서 한 사람 한 사람을 포함한 신자들 전체를 가리킨다. 창세 이후로 주 예수께서 재림하실 때까지 그에게 주신 자 전체를 가리킨다.

성부 하나님은 주신 자(Giver)시요, 성자 하나님은 받은 자(Receiver)시요, 신자들은 고귀한 은혜의 선물들(gracious gifts)이다.

"잃어버리지 않는다"(메 아포레소, μὴ ἀπολέσω; I shall not loose)는 한순간도 빠짐없이 계속 보호하신다는 말씀이다. "하나도 잃지 아니하리라"는 말씀은 영생에 이르도록 보호하신다는 의미이다. 비록 신자들이 육신은 한번 죽고 부패될 지라도 완전 파괴·파멸은 되지 않는다. 그 이유는 구속주 예수 그리스도께서 마지막 날에 다시 살리실 것이기 때문이다. 우리 주님은 분명히 믿는 자들을 마지막 날에 다시 살리시리라고 약속하셨다.

"마지막 날"(6:39, 44, 54)은 이 세상의 종말을 고하는 최후의 날이다. 동시에 마지막 날은 예수 그리스도께서 친히 재림하시는 날이다. 마지막 날은 이 시대와 오는 시대의 분수령이다. 바로 그 날에 예수님의 몸이 무덤에서 부활하셨음과 같이, 바로 우리의 이 육체(몸)들도 부패와 먼지

(decay and dust) 가운데서 일어나게 될 것이다.

그러므로 우리의 일시적 죽음은 우리를 지상에서 천국으로 이전하는 하나님의 역사의 일부이다. 그뿐 아니라 우리에게 영생을 얻게 하신다. 주님은 영원한 생명의 소유자이시다(요 6:47, 50, 51, 54, 58). 이 말씀은 신자는 멸망받지 않고 구원을 확실히 보장해 주신다는 하나님의 약속이시다.

"아버지의 뜻은 아들을 믿는 자마다 영생을 얻는 것이다." 영생은 시간적으로는 영원히. 성질상으로는 복락을 뜻한다. 그러므로 영생은 영생복락이다. 영생복락 자체는, 한때는 소유하고 다른 한 때는 잃을 수 있는 것이 아니다. 만일 그것이 가능하다면 그것은 영생이 아니다.

- 요한복음 10:28-29, "내가 저희에게 영생을 주노니 영원히 멸망치 아니할 터이요 또 저희를 내 손에서 빼앗을 자가 없느니라. 저희를 주신 내 아버지는 만유보다 크시매 아무도 아버지 손에서 빼앗을 수 없느니라."

이 말씀은 기독 신자들에 대한 예수님의 직접적인 약속이시다. 이 말씀은 성도의 보존에 관한 3대 진리를 계시한다.

1) 내가 저희에게 영생을 주노라(28절)(I give unto them eternal life).

그리스도께서 그의 양 무리에게 영생을 하사(bestow)하심으로 구원의 확신을 보장하신다. 새 생명은 하나님으로부터 나오며, 하나님 안에서 보호되며, 또 하나님께로 인도된다.

세상의 목자들은 양들에게 생명을 줄 수 없다. 예수님만이 그의 양 들 곧 신자들에게 영생을 주신다. 영생은 오로지 은혜의 선물이다(요 3:16, 36; 5:24; 10:10; 롬 6:23). 영생을 준다는 동사 디도미(δίδωμι; to give; 주다)는 선하신 목자의 모든 위대하심과 매력과 풍부하심을 잘 나타낸다.

2) 저희는 영원히 멸망치 아니할 것이다(28절)(They shall never perish).

기독 신자들은 결코 다시는 정죄의 상태에 들어가지 않는다. 하나님의 임재로부터 영원히 버림받는 상태에 들어가지 않음을 뜻한다. "멸망하다" (아폴루미, απόλλυμι; to perish)는 말은 하나님의 영원한 축복으로부터 분리

된다, 존재가 끝난다(to to separate, cease to exist) 또는 허무에 고통을 받는다(suffer annihilation)를 의미한다. 그리고 지옥에서 형벌을 받는다는 의미이다.

그런데 영원히 멸망을 받지 "않는다"(우-메, ου-μὴ; never)는 이중부정으로 강한 긍정을 나타낸다. 그러므로 영원히 멸망하지 않는다는 말씀은 우리의 존재가 영원히 없어지지 않으며, 하나님의 축복으로부터 떠나지 않게 하시며, 영원히 허무에 고통을 받지 않으며, 영원히 파멸되지 않는다는 뜻이다. 멸망당할 일은 일절 발생하지 않게 하시고 영원히 안전함을 보증하신다.

3) 저희를 내 손에서 빼앗을 자가 없느니라(28절)(Neither shall any man pluck them out of my hand).

예수 그리스도의 손과 하나님의 손은 능력(power)을 가리킨다. "빼앗는다"는 말의 헬라어는 할파조(ἁρπάζω; to rob, to seize, to snatch; 도둑질하다, 잡아채다, 잡아 뺏다)이다. 빼앗는다는 말은 독수리가 잡아채거나 이리가 양을 늑탈하거나 강도가 강탈하는 것과 같은 말이다.

"저희를 내 손에서 빼앗을 자가 없느니라"는 말씀은 예수님이 우리를 자신의 능력의 장중에 견고하게 붙잡으셔서 어떤 신앙의 원수라도 강도가 강탈하듯 그의 능하신 손 안에 있는 우리를 빼앗을 수 없다는 것이다. 그 이유는 예수님이 우리를 안전히 보호하시기 때문이다.

그의 은혜의 능력은 매 신자 신자들을 영원히 보호하시기에 충분하시다. 예수님이 이 말씀을 하실 때는 예수님과 제자들은 유대인 폭력배들의 주위에 둘러싸여 있었다. 그러나 예수님의 능력은 저들 보다 크시므로 아무리 연약한 양들이라도 예수님의 능력의 손안에 있으면 안전하다.

예수님은 "저희를 주신 내 아버지는 만유보다 크시매 아무도 아버지의 손에서 빼앗을 자가 없느니라"고 말씀하심으로 아무도 나(예수님)에게 주신 양들을 빼앗을 수가 없다고 하셨다.

하나님은 전능하셔서 그의 능력으로 양들을 보호하시기 때문에 아무도 그의 손에서 빼앗을 수 없다. 만일 저희를 아버지의 손에서 빼앗는다면 하나님은 만유 위에 계신 능력의 하나님이 아니시며 우리의 구원은 상실될 수밖에 없을 것이다. 그러나 저희를 하나님의 손에서 빼앗는다는 것은 불가능하다. 예수 그리스도의 손과 하나님 아버지의 손이 우리를 붙잡아 주시니 배(double)로 안전하다.

- 고린도전서 1:8, "주께서 저희를 우리 주 예수 그리스도의 날에 책망할 것이 없는 자로 끝까지 견고케 하시리라."

"**견고케 하시리라**"(베바이오세이, βεβαιώσει; He will confirm, keep strong ; 그가 확증할 것이다, 굳게 지킬 것이다)는 베바이오(βεβαιόω; confirm, secure, guarantee, keep strong; 확증하다, [안전을] 보장하다. 굳게 지키다)의 3인칭·단수·미래·직설·능동이다.[2] 그러므로 전능하신 하나님이 성도들을 끝까지 지켜 보호해 주실 것을 확증 보장하셨다.

- 에베소서 4:30, ":하나님의 성령을 근심하게 하지 말라 그 안에서 너희가 구속의 날까지 인치심을 받았느니라."

"**구속의 날**"(헤메란 아포루트로세오스, ἡμέραν ἀπολυτρώσεως; (the) day of redemption)은 우리의 몸의 구속의 날을 가리킨다(롬 8:23). 몸의 구속의 날은 예수 그리스도의 재림의 날이다. 예수 그리스도의 재림의 날을 우리의 몸의 구속의 날이라고 한 이유는 우리의 몸의 구속은 예수 그리스도의 재림의 날에 이루어질 것이기 때문이다.

"**인치심을 받았느니라**"(에스프라기스데테, σφραγίσθητε; you were sealed; 너희가 인치심을 받았다)는 소유와 보호를 지적한다.[3] 성령의 인치심을 받은 자는 하나님의 보호하심을 받는다.

- 빌립보서 1:6, "착한 일을 시작하신 이가 그리스도 예수의 날까지 이루실 줄을 우리가 확신하노라."

이 말씀도 성도의 보존에 관한 말씀이다. 우리 안에 선한 일을 시작하

---

2 Abbott-Smith, *Manual Greek Lexicon of the N. T.* 3rd (Edinburgh: T&T Clark 1994), p. 79.

3 William and Gingrich, F. Wilbur Arndt. *A Greek-English Lexicon of the New Testament and Other Early Christian Literature* (Chicago: University of Chicago 1971), p. 804.

신 이가 예수 그리스도의 날까지, 즉 그 선한 일을 완수할 때까지 선한 일을 하실 것이다.

"우리 속(안)에 착한 일을 시작하신 이"(He who began the good work)는 누구이신가? 우리 속에 착한 일을 시작하신 이는 성령 하나님이다.

착한 일은 무엇인가?

착한 일은 믿는 일, 그리스도의 형상을 닮아 가는 일이다. 이것은 하나님의 일이므로 선하다. 이 일을 완수하기까지 성령님께서 역사하신다. 인간 자신의 어떤 기구나 의지에 의하여 시작되는 것이 아니다.

"그리스도 예수의 날"은 무슨 날인가?

예수 그리스도의 날은 예수 그리스도께서 재림하시는 날을 가리킨다. 그날은 승리의 날이요, 영광의 날이므로 그의 날(His day) 또는 주님의 날(The day of the Lord)이라고 부른다.

"이루신다"(에피텔레세이, ἐπιτελέσει; will complete, will perform)는 "마칠 것이다, 완수할 것이다"라는 뜻이다. 이 일은 어제나 오늘이나 앞으로 예수 그리스도의 재림 때까지 계속하실 것이다. 하나님은 알파와 오메가이시기 때문에 하나님은 어떤 일이든지 시작하시면 끝을 맺으신다(계 1:8; 21:6; 22:13).

전능하신 하나님이 우리를 위하여 착한 일을 시작하신 후에 그 일을 포기할 이유가 어디 있겠는가?

하나님은 자신이 하시는 일은 무엇이든지 도중에 변경하거나 취소하거나 포기하지 않으신다. 하나님은 천지창조 사역도 도중에 중단하여 미완성으로 남겨 놓은 일이 없으셨다. 하물며 우리의 구원에 관한 선한 일을 끝까지 완성하실 것은 확실하지 않는가?

사도 바울은 착한 일을 시작하신 이가 그 착한 일을 끝까지 완성 할 것이라는 내적 확신(inner conviction)을 가지고 있었다.

이 확신은 오래전부터 계속되고 있다. 이것은 강한 표현이다. 이 말은 강하게 설복 또는 확신되었다는 말씀이다. 사도 바울은 그 자신을 통하여 주신 하나님의 말씀을 전적으로 믿고 확신하였다. 우리도 사도 바울처럼 하나님이 하시는 구원 역사에 확신을 가져야 한다.

- 디모데후서 4:18, "주께서 나를 모든 악한 길에서 건져 주시고 또 그의 천국에 들어가도록 구원하시리니 그에게 영광이 세세토록 있을지어다."

사도 바울은 주(Lord)께서 자신을 모든 악한 일, 곧 육체적 위험들에서 건져 주시고(루세타이, ῥύσεταί; will deliver) 또 천국에서 영광스럽게 나타날 때까지 죄와 사망에서 구원해 주실 것(쏘세이, σώσει; will save)을 확실히 믿고, "그에게 영광이 세세토록 있을지어다"라고 영광의 찬가(doxology)를 올렸다.

- 요한일서 5:18, "하나님께로서 나신 자가 저를 지키시매 악한 자가 저를 만지지도 못하느니라."

"하나님께로서 나신 자"(One who was born of God)는 예수 그리스도를, 악한 자(wicked one)는 사탄 마귀를 가리킨다(요일 2:13, 14).

예수 그리스도께서 친히 우리를 지키시기 때문에 사칸 마귀가 우리를 만지지도 못한다. 우리를 지키는 자는 우리 자신들이 아니라 예수 그리스도이시다.

"만진다"(하프토, ἅπτω; touch)는 해한다(harm), 상처 낸다(injure)는 뜻이다. 그러므로 "만지지도 못하느니라"(우크 하프테타이, οὐχ ἅπτεται; does not touch)는 그리스도께서 우리를 지켜 주시기 때문에 악한 사탄이나 악한 자가 기독 신자들을 만지지도 못하며, 해하지도 못하며, 상처 내지도 못한다는 뜻이다. 본문에서 우리(we)는 특히 기독 신자들의 영혼을 뜻한다. 악한 자가 우리의 육체는 해칠 수 있으나 우리의 영혼은 해할 수 없다.

이 말씀도 성도의 궁극적 보존을 보장한다.

- 베드로전서 1:5, "믿음으로 말미암아 하나님이 능력으로 구원에 이르도록 보호하심을 입는다."

① 기독 신자들은 하나님의 능력으로 보호하심을 입는다(Belivers are kept by the power of God).

전능하신 하나님은 그의 능력으로 그의 자녀들을 보호하신다. 능력은 듀나미스(δύναμις)로서 전능(omnipotence)이다. 하나님의 능력 안에서가 아니라 하나님의 능력이 보호하신다는 뜻이다(시 34:7).

"**보호한다**"(푸루레오, φρουρέω; kept with a garrison)는 말은 "요새 안에서 보호받다"라는 뜻이다. 이 단어는 현재분사로서 계속적인 보호를 의미한다(고후 11:32-33; 빌4:7). 수비대가 요새지(a garrison or fortress)를 생명을 걸고 사수하므로 그 요새 안에 있는 사람들은 생명을 보호받음과 같이, 하나님은 그의 자녀들을 그렇게 보호하신다. 어떠한 신앙의 원수들이 우리를 침공할지라도 하나님은 공격 퇴진시키므로 우리를 보호하신다.

우리는 매우 연약하고 시험과 핍박이 우리를 사방에서 에워싸고 배교와 불신앙의 무참한 공격을 받아도 우리가 보존되는 유일한 이유는 하나님이 그의 전능하신 능력으로 우리를 보호하시기 때문이다.

하나님은 다니엘을 사자굴에서, 그의 세 친구를 풀무불 가운데서 보호하시고 구출하셨으며, 베드로를 헤롯의 감옥에서 해방시켰으며, 바울을 위험·환난·핍박으로부터 보존하였다.

② 기독 신자들은 믿음으로 말미암아 보호하심을 입는다(Believers are kept through faith).

신자들은 믿음을 통하여 보호하심을 입는다. 신자들의 궁극적 보존은 보존의 방편과 무관하지 않는다. 하나님이 신자들을 보호하시는 것은 믿음으로 말미암은 보호이다. 즉, 하나님이 자신을 보호해 주신다고 확고하게 믿는 자들을 하나님은 보호해 주신다. 하나님은 우리를 보호하시되 우리의 마음속에 은혜의 선물로 주신 믿음(엡 2:8)을 방편으로 사용하신다. 성도의 보존은 성도 자신 안에 있는 자신의 능력으로가 아니라 하나님의 능력으로 하나님이 보존해 주신다.

③ 기독 신자들은 구원에 이르도록 보호하심을 받는다(Believers are kept unto salvation).

보호하심의 궁극적 목적은 구원이다. 신자들이 구원에 이르도록 능력으로 보호하심을 받는다는 말씀은 신자들을 구원의 최종 단계인 영화

(glorification)에 이르기까지 보호하신다는 뜻이다. 알파와 오메가(Alpha and Omega)되시는 하나님은 끝까지 우리의 구원을 완성하신다. 우리를 천국에 이르도록 하시는 것은 오로지 하나님의 능력의 역사로 인해서이다. 하나님은 우리를 잠시 잠깐만 보호하시는 것이 아니라 구원에 이르기까지 끝까지 계속 보호하신다. 이것이 구원의 완성이다. 만일 구원을 인간의 의지, 힘, 공로(will, strength, merit) 등에 맡긴다면 구원의 최종단계에까지 도달할 자는 없다.

사도 베드로는 성도의 보존의 교리를 굳게 믿었다. 그렇지 않다면 어떻게 "하나님의 능력으로 구원에 이르도록 보호하심을 받는다"라고 고백할 수 있었겠는가? 하나님은 참으로 중생한 자들을 끝까지 보호하시고 천국으로 인도하신다.

- 베드로전서 5:10, "모든 은혜의 하나님 곧 그리스도 안에서 너희를 부르사 자기의 영원한 영광에 들어가게 하신 이가 잠깐 고난을 받은 너희를 친히 온전케 하시며 굳게 하시며 강하게 하시며 터를 견고케 하시리라."

본문에 "너희를 부르사"(호 칼레사스 휘마스, ὁ καλέσας ὑμᾶς; who called you)는 우리에게 4가지 중요한 진리를 교훈하신다.

첫째, 그리스도 안에서 우리를 부르심(divine calling in Christ)이다.

둘째, 이 부르심은 은혜의 하나님으로부터 부르심이다.

셋째, 하나님의 영원한 영광을 위하여 부르심이다.

넷째, 이 부르심은 신자들이 잠시 고난 받은 후에 성취된다. 하나님은 고난과 시련의 연단을 통하여 우리를 온전케 하셨다.

ⓐ 온전케 하시며(카탈티세이, καταρτίσει; will make perfect)는 완전케 하실 것이며, 이 단어는 카탈티조(καταρτίζωτο; repair; 수리하다)의 3인칭·단수·현재·능동태로 하나님이 친히 우리의 고장난 부분들 특히 영적으로, 신앙적으로, 인격적으로 고장난 부분들을 불같은 시험과 시련들을 통하여 계속 온전케 해 주신다. 그러므로 불같은 시험 당할 때 하나님 아버지! 감사합니다.

"불같은 시험많으나 겁내지 맙시다. 구주의 권능크시니 이기고 남겠네."

ⓑ 굳게 하시며(스테리케이, στηρίξει; make steadfast)는 견고케 하실 것이며, 이 단어는 스테리조(στηρίζωτο; make strong; 강하게 하다)의 현재·능동태이다. 하나님이 친히 우리의 연약한 부분들을 강하게 하신다. 불시험은 우리의 연약함을 오히려 강하게 하신다.

ⓒ 강하게 하시며(스데노세이, σθενώσει; make you strengthen)는 강하게 튼튼하게 하실 것이며, 이 단어는 스데노오(σθενόω; to strengthen; 튼튼하게 하다)의 3인칭·단수·현재·능동태이다. 우리를 시련하려고 오는 불시험은 우리의 쇠약해진 영혼과 육체에 힘을 주어 강건케 하신다.

"매마른 땅을 종일 걸어가도 나 피곤치 아니하며."

ⓓ 터를 튼튼하게 하시리라(데메리오세이, θεμελιώσει; make firm)는 터를 굳게 견고하게 하실 것이다. 이 단어는 데멜리오(θεμελιόω; to lay a foundation; 기초를 튼튼하게 하신다)의 3인칭·단수·현재·능동태이다.

견고하고 흔들지지 않는다(고전 15:58). 본 절에 나오는 4동사들은 모두 미래 직설 동사들(future indicative verbs)이다. 직설법이 사용된 이 동사들은 모두 하나님의 약속들이다.

우리가 고난을 받을 때에는 고난이 끝없이 계속되리라고 생각하기 쉽다. 그러나 고난도 장차 받을 영원한 영광에 비하면 그리고 지나고 보면 잠시 잠깐이요 일시적이다.

그뿐 아니라 하나님은 우리가 받는 그 고난을 통하여 우리를 온전케 하며, 굳게 하며, 강하게 하며, 견고케 하신다.

그러므로 시편 기자는 시편 119: 67, 71에서 "고난당하기 전에는 내가 그릇 행하였더니 이제는 주의 말씀을 지키나이다 고난당한 것이 내게 유익이라 이로 인하여 내가 주의 율례를 지키나이다"라고 고백하였다.

5. 기도와 하나님의 보호(보존, Prayer and Security of God)

하나님은 성도들을 지켜 보호하시되 때로는 성도들의 간절한 기도를 통하여 보호해 주신다.

기도는 하나님의 능력을 받는 원천(root)이다. 기도는 능력이 있다. 하나님은 의인의 기도를 응답하신다. 사도 야고보는 엘리야의 기도가 얼마나 능력이 있었는가를 지적하였다. 신자들은 계속 기도를 필요로 하며, 기도는 능력을 동반한다.

박형룡 박사님은 "기도의 능력은 많은 말에 있는 것이 아니라 완전한 의뢰에 있다"라고 하였다.[4] 사람의 생각으로는 전연 불가능하게 여겨지는 시험과 핍박도 전능하신 하나님을 믿고 의지(trust)하는 기도의 응답으로 성도는 능력을 받아 참조 승리하는 자리에 이르게 된다.

참조 계속하는 기도는 더 큰 능력과 인내를 가져오게 한다. 동시에 참된 기도는 하나님의 신실성을 확인하고 매진한다. 우리의 기도가 하나님의 뜻에 합당할 때 하나님은 우리의 기도를 응답하신다.

6. 성도의 보존(견인)에 대한 역사적 견해들(Historical views on security of Believers)

1) 항의파(抗議派; The Remonstrants)의 주장

종교개혁 이후 16세기 후반부터 네덜란드에서는, 신학에서 이성(Reason)을 강조하는 인본주의적 경향이 많이 나타나기 시작하였다. 이와 같은 경향은 17세기에 접어들면서 점차적으로 퍼져 나가게 되었고 따라서 전통적 칼빈주의 교리에 큰 도전이 되었다.

이 진보사상은 제이콥 알미니우스(Jacob Arminius, 1560-1609년)에게로 돌아간다. 그는 하나님의 은혜의 보편성과 인간의 자유 의지설에 공감을 가지고, 예정론에 의문을 품고 원죄를 약화시키려 하였다.

제이콥 알미니우스가 세상을 떠난 후 휴고 그로티우스(Hugo Grotius)와 자유주의자들이 알미니우스의 자유주의 사상을 지지하고 일어났다.

그리하여 그들은 1610년에 정통주의에 도전하는 항의문을 화란 국회에 제출하게 되었으며, 따라서 정통주의에 항의하는 자들이란 뜻에서 그

---

[4] 박형룡, 『박형룡박사 저작전집 05, 교의신학 구원론』(서울: 한국기독교교육연구원, 1978), p. 397.

들을 항의자들(The Remonstrants)이라고 불렀다.

자유주의자들의 항의문은 칼빈주의의 5대 교리(전적 부패, 무조건적 선택, 제한적 속죄, 불가항력적 은혜, 성도의 보존)를 거부하고, 그 대신에 반대로 인간 자유의지에 기초한 자기들의 5개 항목을 제시한 것이다(Sententia Remonstrantium 5.3).

그와 같은 주장들은 죄의 심각성과 죄로 인한 전적 타락과 전적 부패 그리고 전적 무능에 대한 무지와 인본주의에 기인한 것이다.

항의파는 주장하기를 "참 신자들의 인내는 선택의 과실이나 그리스도의 죽음에 의하여 얻어진 하나님의 선물이 아니라 새 언약의 조건이니… 이 조건은…반드시 그의 자유의지(free will)로 말미암아 성취해야 될 것이다"(Canons v. Rejection of Errors I)라고 하였다. 그들의 사상은 초기 펠라기우스주의(Pelagianism)와 동일하다.

칼빈주의 신학은 하나님의 은혜에 대한 신자들의 저항을 부인하지 않는다. 그러나 그 저항이 완전히 그리고 최종적 저항이라는 것은 반대한다. 오히려 칼빈주의 신학에서는 하나님의 불가항력적 은혜를 역설한다.

결국 성도의 보존(견인)의 교리는 하나님의 불가항력적 은혜와 맥락을 같이한다.

2) 로마 천주교(Roman Catholic)의 주장

로마 천주교 교리에 의하면 하나님의 구원적 은혜가 상실될 수 있다(Saving grace can be lost)고 한다. 천주교에서는 하나님과 인간의 노력, 양면을 다 붙잡고 있으므로 사람이 전적으로 배교의 가능성을 소유하고 있다고 한다. 그리하여 구원적 은혜를 상실할 수 있다고 한다. 그들의 주장은 개인구원에 있어서 하나님과 사람이 함께 일하는 신인협동론을 주장해 왔다.

성도의 보존(견인)에 관한 항의파와 로마 천주교의 주장들을 상세히 연구하면 이들의 논쟁들은 성도의 보존(견인)의 교리에 정면 반대되는 것임을 곧 발견하게 된다.

3) 루터파(Lutherans)의 주장

루터파에서는 구원의 확신은 부인하지 않았으나 성도의 보존(견인)의 교리는 거절하였다. 그러나 항의파(항론파)와 로마 천주교에서는 이 두 개념 곧 성도의 보존(견인)과 구원의 확신을 모두 거절하였다.

루터파는 성도의 보존(견인)의 개념을 발전시킨 개혁주의 입장을 비난하였다. 그 이유는 하나님의 선택의 불변한 작정과 성도의 보존(견인)적 은혜와는 이론적으로 모순되기 때문이라 한다.

4) 개혁파의 교리(Calvin and the Reformed)

칼빈주의 개혁파에서는 참신자들도 자신들의 불완전과 자신들 안에 내재하는 죄의 부패성 그리고 자신들에게 닥쳐오는 사탄의 많은 유혹들 때문에 죄에 빠질 수 있다.

그리하여 하나님을 슬프게 하고, 성령님을 근심케 하고, 자신들의 은혜와 위안을 빼앗기고, 마음이 완악해지며, 타인들을 실족케 한다. 그러나 은혜의 상태에서 전적으로 또는 최종적으로는 타락할 수 없고 하나님의 능력을 믿음을 통하여 지킴을 받는다고 주장한다.

뵈트너(Loraine Boettner)는 말하기를, "…만일 하나님이 사람들을 절대적으로 그리고 무조건적으로 영생을 얻도록 택하였다면, 그리고 만일 성령께서 그들에게 구속의 혜택들(은총들)을 효과적으로 적용한다면 불가피한 결론은 이 사람들은 구원을 받을 것이다"라고 하였다.[5]

시편 121:5-7, "여호와는 너를 지키시는 이시라 여호와께서 네 오른쪽에서 네 그늘이 되시나니 낮의 해가 너를 상하게 하지 아니하며 밤의 달도 너를 해치지 아니하리로다 여호와께서 너를 지켜 모든 환난을 면하게 하시며 또 네 영혼을 지키시로다."

---

5 Loraine Boettner, *The Reformed Doctrine of Predestination* (Grand Rapids: Eerdmans, 1958), p. 182.

8.

두 가지 명령
(Two Imperatives)

1. 첫 번째 명령: 바른 말씀을 지키라.
2. 두 번째 명령: 바른 복음을 지키라.

디모데후서 1:13-14, "너는 그리스도 예수 안에 있는 믿음과 사랑으로서 내게 들은 바 바른 말을 본받아 지키고, 우리 안에 거하시는 성령으로 말미암아 네게 부탁한 아름다운 것을 지키라."

"그리스도 예수 안에 있는 믿음과 사랑"(딤전 1:14절 참조)

1. 첫 번째 명령: 바른 말씀을 지키라(Hold fast the sound words).

"네가 들어온 바"(혼 …에쿠사스, ὧν … ἤκουσας; which you have heard)는 지금까지 네가 들어온 바, 받아온 바른 말씀을 가리킨다.

"바른 말"(후기아이논톤 로곤, ὑγιαινόντων λόγων; healthy words; 건전한 말씀들). 곧 하나님의 말씀을 가리킨다. "바른 말씀"이라는 이 구(句)는 이곳과 디모데전서 6:3에만 있다.

바른 말씀은 사도 바울이 디모데에게 전해준 말씀 곧 사도적 교훈(apostolic teaching)의 내용이다. 바꾸어 말하면, 디모데는 사도 바울로부터 바른 말씀, 건전한 말씀, 하나님의 말씀을 바로 받아 왔다.

바른 말씀을 어떻게 지킬 것인가?

"믿음과 사랑으로 지키라."

"믿음과 사랑으로"(엔 피스테이 카이 아가페, ἐν πίστει καὶ ἀγάπῃ; in or with faith and love)는 전치사구(prepositional phrase)로서 바른 말씀을 지키는 방법과 자세를 가리킨다. 다시 말하면 바른 말씀은 믿음으로 지키고, 사랑으로 지키라는 명령이다.

"지키라"(에케, ἔχε; have, keep, hold)는 가지라(소유하라), 지키라, 굳게 붙잡으라는 뜻이다. 하나님의 말씀은 믿음으로 지키라. 하나님의 말씀은 사랑으로 지키라. 바른 말씀 곧 하나님의 말씀은 믿음으로 지켜야 하며 사랑으로 지켜야 한다.

2. 두 번째 명령: 바른 복음을 지키라(Guard the Godpel).

"네게 부탁한 아름다운 것을 지키라."

"네게 부탁한 것"(딤전 6:20 참조)

"아름다운 것"(텐 카렌 파라데켄, τὴν καλὴν παραθήκην; the good deposit; 좋은 (선한) 저축)은 복음이다.

"본받아"(휘포투포시스, ὑποτύπωσις; a pattern, example, form; 패턴, 본보기)(딤전 1:16, 6:20 참조)

"지키라"(플락손, φύλαξον; guard, protect, preserve)은 감시하라, 지켜 보호하라, 보호하라, 보존하라는 명령이다. 전 절(13)에서는 바른 말씀을 "지키라"(에케, ἔχε; keep or preserve)고 하였고, 지금은 아름다운 것 곧 복음을 "지키라"(플락손, φύλαξον; guard)고 하였다. 복음을 지키라는 말씀은 복음이 상실되거나 상처가 나지 않도록 거짓 스승들과 거짓 교훈들에 대항하여 (딤전 6:20; 딤후 2:14ff) "지켜 보호하라", "보존하라"는 명령이다.

네게 부탁한 아름다운 것을 어떻게 지킬 것인가?

"우리 안에 거하시는 성령으로 말미암아 지키라."

"우리 안에"(엔 헤민, ἐν ἡμῖν; in us)는 우리를 구성하고 있는 한 사람 한 사람을 강조한다.

"거하시는"(엔노이쿤토스, ἐνοικοῦντος; indwelling)은 "내주하시는"이란 뜻이다(롬 8:11).

"성령으로 말미암아 지키라"(플락손 디아 프뉴마토스 하기우, φύλαξον διὰ πνεύματος ἁγίου; guard by or through the Holy Spirit)는 "우리의 중생한 영혼 좌소에 내주하시는 성령의 능력으로 말미암아", 성령의 도움으로 지키라는 뜻으로 바른 교훈을 지키는 방법과 자세를 가리킨다. 성도는 성령의 능력으로 바른 교훈을 지킬 수 있다. 성령은 바른 교훈을 지켜 주시는 위대한 수호자이시다. 자신의 힘과 노력으로는 바른 교훈을 지킬 수 없다.

사도 바울은 디모데에게 전하여 준 바른 말씀을 소유하라고 명하시고 또 그 받은 바 말씀을 모든 이단들에 의하여 상실되지 않도록, 손상을 입지 않도록, 삭제되시 않도록, 가감하지 못하노록, 비틀리거나 뒤틀리지 않도록 모든 이단들과 이단 사조들에 대항하여 견고히 지키라고 명령하였다.

성도 한 사람 한 사람은 우리가 지금까지 믿고 의지하는 하나님은 어떠하신 하나님이신지 신앙적 지식으로 분명히 인식할 뿐만 아니라, 믿음의 열조들로부터 받은 바른 복음, 바른 교훈, 진리의 말씀을 굳게 붙잡고 사랑으로 힘써 지켜야 할 것이다.

특주 6.

성령님의 내주
(The Indwelling of the Holy Spirit)

1. 성령님의 내주에 관한 성경적 증명
2. 성령님의 전
3. 정의: 성령님의 내주란 무엇인가?
4. 성령님께서는 어떤 사람 안에 내주하시는가?
5. 성령님의 내주는 언제 이루어지는가?
6. 성령님께서는 죄를 범하고 있는 그리스도인들에게도 내주하는가?
7. 성령님은 하나님께 순종하는 자들에게만 내주하시는가?
8. 우리가 성령님의 내주를 어떻게 알 수 있는가?
9. 내주의 영구성
10. 불신자들에게도 성령님이 내주하시는가?

디모데후서 1:14, "우리 안에 거하시는 성령으로 말미암아 네게 부탁한 아름다운 것을 지키라."

성령님은 그리스도 안에서 구원받기로 만세 전에 예정된 자들을 자신의 초자연적 능력의 역사로 중생 시키시고, 중생 시키시는 그 순간부터 중생함을 받은 자들의 영혼의 좌소에 내주(indwelling)하신다.

성령의 내주는 그리스도께서 부활하신 후 승천하시기 직전 제자들에게 약속하신 약속의 성취이다(행 1:4, 8). 성령께서는 오순절 날 강림하셔서 중생한 신자들 안에 내주하신다. 뿐만 아니라 성령의 내주는 신앙·회개·성화·견인 등 성령의 다른 사역들의 기초가 된다.

1. 성령님의 내주에 관한 성경적 증명

성경 여러 구절들이 성령의 내주를 언급하였다(겔 36:26, 27 요 14:16, 17 롬 8:9,11 고전 6:19 갈 4:6 요일 3:24 4:13).

예수께서는 예루살렘의 어느 한 다락방(마가의 다락방?)에서 제자들에게 자신이 아버지께로 가면 보혜사 성령을 보내시고, 보혜사 성령은 강림하셔서 그리스도인들과 함께 영원히 있으리라고 약속하셨다.

- 요한복음 14:16, "또 다른 보혜사를 너희에게 주사 영원토록 너희와 함께 있게 하시리라."
- 요한복음 14:17, "…저는 너희와 함께 계심이요 또 너희 속에 계시겠음이니라."
- 로마서 8:9, "…너희 속에 하나님의 영이 거하시면…영에 있나니."
- 요한일서 3:24, "그의 계명들을 지키는 자는 주 안에 거하고 주는 저 안에 거하시나니 우리에게 주신 성령으로 말미암아 그가 우리 안에 거하시는 줄을 우리가 아느니라."
- 요한일서 4:13, "그의 성령을 우리에게 주시므로 우리가 그 안에 거하고 그가 우리 안에 거하시는 줄을 아느니라."

성령님의 내주 : 에스겔 선지자의 예언

- 에스겔 36:26-27, "또 새 영을 너희 속에 두고 새 마음을 너희에게 주되 너희 육신에서 굳은 마음을 제하고 부드러운 마음을 줄 것이며 또 내신을 너희 속에 두어 너희로 내 율례를 행하게 하리니 너희가 내 규례를 지켜 행할지라."

하나님은 에스겔 선지자를 통하여 이스라엘 백성이 바벨론 포로 생활에서 젖과 꿀이 흐르는 가나안 복지로 돌아올 뿐만 아니라(이스라엘의 회복), 포로생활 중 범한 모든 죄와 우상 숭배를 회개하고, 영적으로도 회복하게 될 것(영적 회복)을 예언하고 그 예언이 성취될 것을 약속하셨다.

특히 영적 회복을 위하여

1) 하나님은 "내가 새 영을 너희 속(안)에 둘 것이요"(I will put a new spirit in(inside) you).

새 영(new spirit)은 중생한 영, 거듭난 새 생명, 내면적 자아이다. 하나님은 허물과 죄로 죽었던 우리의 영(엡 2:1)을 자신의 초자연적 능력의 역사로 다시 살리셨다. 따라서 중생한 영은 새 영이다.

우리의 죽었던 영을 다시 살리시고, 우리의 생각과 마음을 변화시켜 새 생활을 하게 하시는 것은 하나님의 크신 축복이 아닌가 !

2) "또 내 신을 너희 속에 둘 것이요"(I will put My Spirit in(inside) you).

너희 속에, 너희 속에 - 2번 반복하는 강조형이다. 나의 신(Spirit)은 성령님이시다. 성부 하나님은 그의 영(성령)을 새로워진 영안에 내주하시며 그의 뜻을 행하실 수 있도록 중생한 영 깊은 곳에 내주하게 하신다.

"너희 속에"는 우리의 깊은 심령 속을 가리킨다. 성령 하나님은 우리의 깊은 심령 속-(중생한 영의 좌소)에 내주하시며 역사하시기 위하여 휘장 안의 휘장 안에 지성소를 건축하셨다. 그리고 그 지성소 안에 내주하시며 보혜사로서 능력으로 충만하게 역사하신다.

성령 하나님은 우리 속에 지성소를 건축하신 건축가(Builder)이시며 동시에 내주하시는 거주자(Resident)이시다. 성령님의 내주(Indwelling)!

이 얼마나 크신 또 하나의 축복(2중 축복)이 아닌가!

3) "내 율례를 행하게 하시나니."

율례(호크, חֹק; law, decree, institution, regulation)는 하나님의 율법·법령·교훈·규정이다. 하나님은 하나님의 율법을 지켜 행하게 하신다. 과거에는 죄의 종으로 죄만 짓던 죄인이 하나님의 크신 은혜로 새 사람 되어 하나님의 계명을 지키는 자가 되어 하나님의 영광을 드러내며, 장차 후한 상금을 수여 받게 되니 이 얼마나 크신 또 하나의 축복이 아닌가!

2. 성령님의 전(The Temple of the Holy Spirit)

사도 바울은 제3차전도 여행 시 아마도 고린도에서 로마에 있는 그리스도인들에게 보낸 편지에서 너희 속에 성령이 거하시니 이제는 육신(죄의 성질)으로 살지 말고, 성령의 능력을 힘입어 살 것을 가르쳤다.

- 고린도전서 3:16, "너희가 하나님의 성전인 것과 하나님의 성령이 너희 안에 거하시는 줄 알지 못하느냐?"
- 고린도전서 3:17b, "하나님의 성전은 거룩하니 너희도 그러하니라."
- 고린도전서 6:19, "너희 몸은 너희가 하나님께로부터 받은바 너희 가운데 계신 성령의 전인 줄을 알지 못하느냐."

사도 바울은 에베소에서 고린도에 있는 그리스도인들에게 연약한 부분들을 바로 잡고 성화를 이루어 나갈 것을 가르쳤다.

당시 고린도는 자유인이 약 250,000, 노예가 약 400,000이나 되는 그리스(Greece)에서는 대도시이었다. 고린도에는 적어도 12개의 이방 사원들이 있었는데, 특히 아프로디테(Aphrodite) 숭배는 종교의 이름으로 1,000명의 창녀들이 음행을 하였다. 그와 같은 곳에서 새로 탄생된 고린도교회이니만큼 많은 문제들이 있었다.

분쟁(고전 1:10-4:21), 음행(고전 5장; 6:12-20), 이방 법정에 소송(고전 6:1-8), 성찬 남용(고전 11:17-34), 부활 부인(고전 15장) 등 신앙 교리와 행위 문제가 있었다.

그러므로 사도 바울은 고린도교회 신도들에게, "너희 몸은 하나님의 성전인 것과 하나님의 성령이 너희 안에 거하시는 줄 알지 못하느냐?"라고 하셨다.

- 고린도후서 6:16, "…우리는 살아 계신 하나님의 성전이라…"라고 주의를 촉구하면서 성령의 내주를 상기시켰다. 하나님의 성전, 성령의 전은 그리스도인들을 가리킨다. 그리스도인들을 하나님의 성전 또는 성령의 전이라고 한 이유는 성령 하나님께서 그리스도인들을 자신의 지성소(나오스, ναος; sanctuary, holy of holies)로 삼으시고 그 안에

거하시기 때문이다.
- 고린도후서 7:1, "그런즉 사랑하는 자들아 이 약속을 가진 우리가 하나님을 두려워하는 가운데서 거룩함을 온전히 이루어 육과 영의 온갖 더러운 것에서 자신을 깨끗케 하자."

3. 정의: 성령님의 내주란 무엇인가?

성령의 내주는 성령 하나님의 인격적 임재와 교제(personal presence and fellowship)을 가리키며[1], 성령께서 존재론적으로 임한다는 뜻이 아니고, 감화·감동·인도하신다는 뜻이다.[2]

성령님은 가끔 그리스도인들의 마음 안에 내주하시는 것으로 표현되었다(비교. 고전 3:16, 17 6:19 고후 6:16 엡 2:21, 22 갈 4:6). 그 의미는 성령님께서 개인적 또는 육체적으로 내주하신다는 뜻이 아니요, 성령님께서 그리스도인의 마음 안에 감화·감동·지도·인도하신다는 뜻이다.

그 결과 겸손·온유·사랑·기쁨·평안·인내·선 등 성령의 열매를 맺게 된다(갈 5:22-23).

4. 성령님께서는 어떤 사람 안에 내주하시는가?

성령께서는 신자들 안에만 내주하시는가? 아니면 신자 불신자 모두에게 내주하시는가? 성령님은 중생함을 받은(거듭난 새 생명) 그리스도인들에게만 내주하신다.

- 요한복음 14:17, "…저는 너희와 함께 거하심이요, 또 너희 속에 계시겠음이니라." "저"는 성령을, "너희"는 중생함을 받은 그리스도인들을 말한다. 성령께서는 오순절에 강림하셔서 그리스도인들을 성령의 전으로 삼으시고 그들(every Christian)안에 내주하신다. 그러므로 성령의 내주는 우주적 보편적(universal)이다.

---

1 Martin R. Vincent, *Word Studies in the New Testament*, Vol. Ⅱ(Grand Rapids: Eerdmans, 1975), pp. 224-245.

2 Albert. Barnes, *Barnes' Notes on the New Testament* (Grand Rapids: Kregel. 1962), p. 604.

그러나 오순절 이전에는 성령이 반복적으로 임하셨다 떠나셨다 하시는 것으로 진술되었다. 예를 들면

1) 성령이 사울에게서 떠났다(삼상 16:14 "여호와의 신이 사울에게서 떠나고…").

2) 다윗은 성령이 자신에게서 떠나지 말도록 기도하였다. 시편 51:11, "나를 주 앞에서 쫓아내지 마시며 성신을 내게서 거두지 마소서." 성령이 떠난다는 것은 성령의 역사가 중지된다는 뜻이다.

3) 복음서에서는 성령이 임하기도 하시고 다시 떠나기도 하시는 것으로 보인다.

누가복음 11:13, "…너희 천부께서 구하는 자에게 성령을 주시지 않겠느냐?" 상기 모든 경우들은 오순절 이전에 있었던 일들로 성령이 반복적으로 임하셨나 떠나셨나 하신 것으로 인정된다. 그러나 오순절 이후에는 성령이 신자들 마음속에 항상 내주하신다. 성령의 내주는 신약시대의 하나님의 큰 은혜이다.

5. 성령님의 내주는 언제 이루어지는가?

- 사도행전 19:2, "가로되 너희가 믿을 때에 성령을 받았느냐 가로되 아니라 우리는 성령이 있음도 듣지 못하였노라."

성령의 내주는 구원받음과 동시에 이루어지는가? 구원받은 후에 이루어지는가?

성령의 내주는 신자가 구원받는 순간부터 이루어진다. 사도 바울이 제3차전도 여행 시 에베소에 도착하였을 때 그는 세례요한의 12제자들을 만났다. 그때에 바울은 그들에게 "너희가 믿을 때에 성령을 받았느냐?"라고 물었다.

요한의 제자들은 "우리는 성령이 있음을 듣지도 못하였나이다."(행 19:2)라고 대답하였다. 그와 같은 대답은 그들이 성령에 관하여 완전 무지함을 고백한 것이다.

"너희가 믿을 때에 성령을 받았느냐?"(에이 프뉴마 하기온 엘라베테 피스

튜산테스, εἰ πνεῦμα ἅγιον ἐλάβετε πιστεύσαντες)라는 질문이 흠정역(KJV)에는 "너희가 믿은 이래로(since) 성령을 받았느냐?(Have ye received the Holy Ghost since ye believed?)로 번역되었다. 반면에 미국표준성경과 신국제성경(ASB, NIV)에는 "너희가 믿을 때에(when) 성령을 받았느냐?(Did you receive the Holy Spirit when ye believed?)로 번역되었다.

그러면 신자들이 예수 그리스도를 개인의 구주로 믿은 이래로(since) 또는 후에(after) 성령을 받는가? 아니면 예수 그리스도를 개인의 구주로 믿고 영접하는 순간 동시에 성령을 받는가? 상기 2동사 엘라베테(ἐλάβετε; received; 받았다)와 피스튜산테스(πιστεύσαντες; believed; 믿었다)는 모두 부정과거시상(aorist tense)으로 과거의 즉각적 행동을 지적한다.

즉 믿을 때와 받을 때가 동시에 발생하였다. 그러므로 사도 바울의 질문은 고린도 교회 신자들이 예수 그리스도를 구주로 믿은 이래로 또는 후에(since or after) 무엇이 발생되었는가가 질문이 아니라, 그들이 믿을 때(when)에 무엇이 발생하였는가가 질문이었다. 이 질문에 대한 분명한 답변은 믿을 때 동시적으로 성령을 받았다고 응답하여야 할 것이다. 그리스도를 믿는 순간과 성령을 받은 순간은 시간적으로 동시적이기 때문이다.

바울은 너희가 믿을 때에 성령을 받았느냐?라고 질문한 것을 보니 성령을 선물(a gift)로 언급한 것이 분명하다. 성경은 여러 곳에서 성령을 한 선물로 언급하였다(요 7:37-39; 행 11:17; 롬 5:5; 고전 2:12; 고후 5:5).

선물은 값없이 베푸시는 하나님의 은혜이다. 그러므로 선물은 인간의 공로나 상급과는 관계가 없다. 그러나 성령을 선물이라고 할 때 성령을 하나님의 비인격적 존재로 생각할 것이 아니라 성령을 우리에게 보내 주셨다는 의미에서 그리고 무상으로 받는다는 의미에서 성령은 선물이다.

6. 성령님께서는 죄를 범하고 있는 그리스도인들에게도 내주하는가?

성령께서는 죄 범하고 있는 그리스도인들(Sinning Christians)에게도 내주하신다. 성령께서는 그리스도인들이 죄를 범하고 회개치 않을 경우에도 계속 내주하신다는 사실을 고린도교회 신자들에 대한 사도 바울의 책망에서도 발견한다.

사도 바울은 죄를 범한 고린도교회 신자들에게 "너희가 하나님의 성전인 것과 하나님의 성령이 너희 안에 거하시는 것을 알지 못하느냐?"(고전 3:16) "너희 몸은 너희가 하나님께로부터 받은바 너희 가운데 계신 성령의 전인 줄을 알지 못하느냐?"(고전 6:19)라고 책망하였다. 이와 같은 질문을 수사학적 질문(Rhetorical Question)이라고 한다.

수사학적 질문이란 질문 자체가 질문의 내용 곧 성령님의 내주를 강조한다. 고린도교회 신자들 중 상당수는 세속적(carnal)이었다. 그럼에도 불구하고 성령께서는 그들 신자들 안에 거하신다고 하였다.

성령께서는 중생한 사람들의 신앙과 행위 여하를 불문하고 그들 안에 항상 내주하신다. 성령은 사람이 죄를 범하면 떠나고, 회개하고 바로 서면 다시 오시는 분이 아니다. 그러므로 신자들이 먼저 할 일은 신자들 안에 내주 하시는 성령을 근심케 하지 말아야 한다(엡 4:30). 성령을 근심케 하지 말라는 말씀(메 루페이테, μὴ λυπεῖτε; Do not grieve)은 근심케 하지 말라, 슬프게 하지 말라, 고통을 주지 말라는 뜻이다.

7. 성령님은 하나님께 순종하는 자들에게만 내주하시는가?

순종이 성령 받는 조건인가? 사도행전 5:32 "우리는 이 일에 증인이요, 하나님이 자기를 순종하는 사람들에게 주신 성령도 그러하니라."

이 말씀은 순종(obedience)이 성령 받는 한 조건(a condition)인 것같이 보여 진다. 그러면 본문에서 요구된 순종은 무엇인가를 고찰하는 것이 중요하다. 본문에 기록된 순종은 사도 베드로가 그리스도 안에서의 믿음의 순종을 언급한 것이 분명하다. 이 순종은 신앙의 순종을 말한다.

본 구절은 순종하는 자에게 성령을 특별한 선물로 주신다는 언급이 아니라, 불신앙의 산헤드린(Sanhedrin)공의회의 상당수의 제사장들이 예수님을 메시야로 믿어 그리스도인 된 것을 말한다.

사도행전 6:7 "…허다한 제사장의 무리도 이 도에 복종하니라." 하나님께 순종 여부가 성령 받는 한 조건이 될 수 없다. 순종은 성령 충만을 받기 위한 한 조건이다.

8. 우리가 성령님의 내주를 어떻게 알 수 있는가?

1) 성령님께서 증거하신다.

요한일서 3:24, "…우리에게 주신 성령으로 말미암아 그가 우리 안에 거하시는 줄을 우리가 아느니라." 우리 마음속에 내주하시는 성령께서 우리에게 확증시켜 주신다. 성령의 증거보다 더 확실한 증거는 없다.

2) 하나님의 말씀이 성령의 내주를 선포한다.

고린도전서 6:19, "너희 몸은 너희가 하나님께로부터 받은바 너희 가운데 계신 성령의 전(나오스, νάος; temple)인 줄을 알지 못하느냐?"라고 하나님의말씀이 가르친다.

3) 성령님의 내주는 비경험적이므로 우리의 감각에 의존할 수 없다.

성령의 내주의 진리는 성령의 내주를 인식하는 데 의존하지 않는다. 상당수의 사람들은 만일 기독신자가 죄를 범하면 성령이 내주하시지 않는 것처럼 생각한다. 그러나 죄는 우리가 성령의 내주를 인식함에 방해가 되며 성령이 내주하시지 않는 것처럼 생각하게 하고, 또 성령의 사역을 방해한다. 그러나 죄는 성령의 내주와는 관계가 없다.

그러므로 우리의 경험은 결코 성령의 내주 여부를 확인하는 시금석이 될 수 없다.

9. 내주의 영구성(The Permanence of the Indwelling)

성령의 내주는 영구적인가? 아니면 일시적인가? 그렇지 않으면 내주하셨다 떠나셨다 하시는가? 상당수의 그리스도인들은 신자가 어떤 특정한 죄를 범하면 성령님께서 떠나시고 다시 회개하면 임재하시는 것으로 생각한다. 하나님의 도덕성과 인간의 양심을 결부시켜 생각할 때 그렇게 생각하기 쉽다.

그러나 주님은 말씀하시기를

- 요한복음 14:16, "내가 아버지께 구하겠으니 그가 또 다른 보혜사를 너희에게 주사 영원토록 너희와 함께 있게 하시리라"고 하셨다.

"보혜사"는 성령이시다(요 14:16, 26; 15:26; 요일 2:1). 보혜사란 안위자, 위로자, 조력자, 상담자, 변호사, 대언자라는 뜻이다.

"영원토록 너희와 함께 있게 하시리라"는 예수의 육체적 임재를 성령의 영적 임재로 대치(replace)하신다는 의미이다.

주님은 지상에서 제자들과 당분간 같이 계실 것이지만 성령은 영원히 함께 있으리라고 약속하였다. "거하신다"(오이케오, οἰκέω; dwells; 거주하다)는 일시적이 아니라 장기적 영구적 거주를 의미한다. 성령께서는 우리 안에 계신 하나님이시다.

우리 안에 내주하시는 성령은 우리를 감독하실 뿐 아니라 우리의 생애와 역사를 지배하신다. 성령은 우리와 함께 있을 뿐만 아니라 우리의 친구가 되신다.

만일 사람의 죄가 중생한 자의 마음에서 성령님을 떠나게 한다면 그 죄가 또한 신자들로 하여금 불신자도 되게 할 것이 아닌가? 그 이유는 우리 안에 성령이 내주하시지 않는다는 것은 곧 불신자의 상태를 의미하는 것이기 때문이다.

확실히 죄는 우리 안에 내주하시는 성령님과 성령님의 사역에 악 영향을 주는 것은 사실이다. 죄는 성령을 근심케 하며(엡 430), 성령 충만을 가셔오시 못하게 하며(엡 5:18), 성령의 열매를 맺지 못하게 한나(갈 5:22-23). 그러나 성령의 내주는 영구적이다.

10. 불신자들에게도 성령님이 내주하시는가?

불신자들에게는 성령께서 내주하시지 않으신다.

로마서 8:9, "누구든지 그리스도의 영이 없으면 그리스도의 사람이 아니라."

그리스도의 영은 성령이시오(빌 1:19), 성령이 내주하지 않는 사람은 그리스도인이 아니요 불신자이다. 유다서 19절, "육에 속한 자는 성령이 없는 자니라"고 하였다. 육에 속한 자는 자연인(natural man), 중생하지 않는 자(unregenerated person), 불신자들(unbelievers)을 가리킨다.

불신자들에게는 성령께서 내주하시지 않으며 따라서 불신자들은 성령의 사역들을 이해하지 못한다. 성령의 내주는 모든 신자들에게만 베푸시는 하나님의 은혜이다.

† 참조: 성령님의 내주, 조영엽, 『성령론』, (서울: CLC, 2013), pp. 98-108.

9.

사람들이 바울을 떠남
(People turned away from Paul)

디모데후서 1:15, "아시아에 있는 모든 사람이 나를 버린 이 일을 네가 아나니 그 중에 부겔로와 허모게네가 있느니라."

"아시아에 있는 모든 사람이 나를 버렸다."
"**아시아**"(헬라어; Asia): 신약시대 아시아는 결코 아시아 대륙을 말하는 것이 아니라, 로마제국의 아시아도(Asia province)를 말한다. 당시 아시아는 소아시아(Asia Minor)로 지금의 터키 서쪽 지중해 연안지역을 가리킨다. "아시아"는 "동편"이라는 뜻으로 그리스(헬라)를 중심으로 불려진 이름이다.

당시 소아시아 지방의 주요 도시는 에베소였으며 그곳에서 디모데는 목회하였다(딤전 1:3). 당시 소아시아 지방에 있는 도(province)는 아시아, 비두니아, 본도, 갈라디아, 갑바도기아, 길리기아 등이었다. 이 지역은 원래는 버가모 왕국이었으나 주전 130년 아탈루스 3세(Attalus Ⅲ) 때 로마에 점령되었다.

"**아시아에 있는 모든 사람**"(판테스 호이 엔 테 아시아, πάντες οἱ ἐν τῇ 'Ασίᾳ; all the ones in Asia)은 누구들인가? 아시아에 있는 모든 사람이란 아시아에 있는 모든 그리스도인들을 다 가리키는가? 물론 아니다. 아시아에 있는 모든 그리스도인들 중에는 디모데와 같은 목회자, 오네시보로와 같은 성도들도 있었기 때문이다.

"**모든**"(판테스, πάντες; all)은 모든 사람을 가리키며, 모든 사람은 사람 전체를 가리키기도 하며 또는 많은(many) 사람을 가리키기도 한다. 그런데 본문에 모든 사람은 제한적 의미에서 모든 사람 곧 많은 사람을 가리킨다. 왜냐하면 아시아에 있는 모든 사람이 다 바울을 버린 것은 아니기 때문이다.

"나를 버렸다" "나를 떠나버렸다"(아페스트라페산 메, ἀπεστράφησάν με ; turned away from me)는 아포스트레포(ἀποστρέφω; turn back, turn away; 되돌아가다, 돌아서다)의 3인칭·복수·과거·수동형이다.

로마에 있는 그리스도인들과 아시아에서 온 그리스도인들은 바울이 로마 감옥에 재차 갇히고 핍박이 심해지자 자신들에게 불이익과 핍박이 닥칠 것을 염려하여 서서히 조금식 슬그머니 바울을 떠나게 되었고 그 중에 상당수는 에베소로 다시 되돌아 간 것 같다.

그러기에 사도 바울은 디모데에게 "아시아에 있는 모든 사람이 나를 떠난 것, 나에게서 돌아선 것을 네가 잘 알고 있다"고 하였다. 디모데는 이 사실을 잘 알고 있었다.

"네가 아나니"(오이다스 투토, οἶδασ τοῦτο; you know this; 네가 이것을 아나니)는 이 모든 상황을 잘 알고 있다는 말씀이다. 본 절에서 오이다스(οἶδασ; know; 알다)는 자세히, 분명히, 확실히 안다는 단어로서 통상적으로 안다(기노스코, γινώσκο; to know)와 구별된다.

"그 중에 부겔로와 허모게네가 있느니라." 부겔로와 허모게네는 사도 바울을 떠난 사람들 중에 대표적 인물들이었던 것 같다. 그러므로 바울이 디모데에게 그들의 이름을 거론할 때 디모데와 에베소 교회의 핵심 멤버들은 그들이 누구들인지 잘 알고 있었을 것이다. 바울이 특히 그 두 사람을 언급한 것은 그들이 사도 바울을 떠난 대표적 인물들일 뿐만 아니라 사도 바울을 가장 실망시킨 사람들이 아니었겠는가?

사람은 누군가 가장 신뢰하고 사랑하던 사람들이 자신을 떠나버릴 때 마음이 가장 아픈 것은 사실이다.

세상 사람들은 평안하고 부귀와 영화를 누릴 때에는 몰려들어 식구들이 많지만, 가난하게 되고 어렵게 되고 핍박이 닥칠 때에는 불이익과 피해를 의식하여 대부분 떠나버린다.

매우 타산적이며 이기적이다. 물론 돌아서는 사람들은 이구동성으로 "마음은 원이로되 육신이 약하도다"(마 26:41)라는 주님의 말씀을 격언처럼 외우면서, 스스로 위로하면서 말이다.

- 요한복음 6:66-68, "이 결과로 그의 제자 중에서 많은 사람들이 물러가고 다시 그와 함께 다니지 아니하더라. 예수께서 열 두 제자에게 이르시되 너희도 가려느냐? 시몬 베드로가 대답하되 주여 영생의 말씀이 주께 있사오니 우리가 뉘게로 가오리이까?"

예수님의 12제자들 중 경리를 담당했던 가룟 유다는 스승을 배반하였고, 수제자 베드로는 예수님을 세 번이나 부인하였고, 다른 제자들은 예수님의 목전에서 다 떠나버렸다. 자기 목숨이 생명이요 진리이신 우리 구주 그리스도 예수보다 귀했던 것이다. 겟세마네에서 밤을 새가며 눈물 뿌려 기도하신 것이 예수님 자신의 문제 때문이었겠나?

10.

오네시보로의 집에 긍휼을 베풀어 주옵소서!
(May the Lord show mercy to the household of Onesiphorus)

1. 오네시보로는 사도 바울이 감옥에 수감되어 있는 것을 부끄러워하지 않았음
2. 오네시보로는 사도 바울을 부지런히 찾았음
3. 오네시보로는 사도 바울을 자주 면회하였음
4. 오네시보로는 사도 바울을 자주 유쾌하게 하였음
5. 오네시보로는 사도 바울을 잘 섬겼음
6. 사도 바울의 축복 기도

디모데후서 1:16-18, "원컨대 주께서 오네시보로의 집에 긍휼을 베푸시옵소서 그가 나를 자주 유쾌케 하고 나의 사슬에 매인 것을 부끄러워하지 아니하고, 로마에 있을 때에 나를 부지런히 찾아와 만났느니라, (원컨대 주께서 그로 하여금 그 날에 주의 긍휼을 입게 하여 주옵소서) 또 그가 에베소에서 많이 나를 섬긴 것을 네가 잘 아느니라."

사도 바울이 지금은 로마 감옥에 재차 투옥되어 디모데에게 디모데후서를 쓰면서 그 서신에서 오네시보로와 그의 온 집안에 하나님의 자비를 베풀어 주옵소서라고 축복의 기원을 하였다.

오네시보로(Onesiphorus); 오네시보로는 이곳과 디모데후서 4:19에만 나타난다. 그러므로 오네시보로에 관하여는 이곳 본문에서 알려진 것 외에는 아는 바가 없다.

그러나 이 짧은 3구절에서 보여준 오네시보로의 그 아름다운 신앙의 본(example)은 우리가 크게 본받아야 할 것이다.

"오네시보로"라는 이름은 노예들에게 흔한 이름으로 그는 해방된 노예로 보여진다(몬 10,11). 오네시보로는 에베소 시민이었다(딤후 1:18; 4:19). 당시 에베소는 로마 령 소아시아 지방의 수도였다. 오네시보로는 에베소에서 사도 바울의 전도를 받아 주님을 구주와 주님으로 영접하게 되었다(딤후 4:19).

1. 오네시보로는 사도 바울이 감옥에 수감되어 있는 것을 부끄러워하지 않았음(was not ashamed)

1:16, "…나의 사슬에 매인 것을 부끄러워 아니하며."

"사슬"(할루시스, ἅλυσις; a chain; 쇠사슬)은 몸이나 또는 손목이나 발목같은 몸의 어느 지체를 동여매는 쇠사슬, 바우줄 등을 가리킨다.

사슬은 옛날 죄인들이나 노예들이 도주하지 못하도록 쇠사슬로 발목을 묶었다.

사슬은 감오게 투옥된 것을 가리킨다(엡 6:20). 그런데 사도 바울이 사슬에 매인 것은 사도 바울의 발목에 실제상 쇠사슬을 매었다기 보다는 오히려 감옥에 투옥된 것으로 생각하는 것이 더 합리적이다.

그 이유는 사도 바울은 큰 죄를 지은 흉악범도 아니요, 로마 제국에 항거하여 싸운 반역자도 아니다.

다만 기독교를 반대하는 그 방대한 로마 제국 내에 있는 유대인들과 많은 이방인들에게 그리스도의 복음을 전하였기 때문이며 도주의 우려도 없는 사람이기 때문이었다.

오네시보로가 사도 바울을 자주 면회한 것 등을 고려해 볼 때 사슬에 매인 것은 감옥에 투옥된 것으로 여겨진다.

"부끄러워하지 않았다"(우크 에파이스쿤데, οὐκ ἐπαισχύνθη; was not ashamed)는 수동형으로 바울이 감옥에 투옥되어 있는 것을 부끄러움으로 여기지 않았다.

오네시보로는 사도 바울을 참으로 존경하는 하나님의 종으로 모셨다. 사도 바울이 에베소에 있을 때만 아니라 멀리 떠나 로마에 있을 때에도,

자유로울 때 뿐만 아니라 사슬에 매인 때에도, 많은 사람이 사도 바울을 떠났을 때에도 오네시보로는 변함없이 사도 바울을 참 하나님의 종으로 모셨다.

2. 오네시보로는 사도 바울을 부지런히 찾았음(searched hard)

1:17, "로마에 있을 때에 나를 부지런히 찾아 만났느니라."

사도 바울이 "로마에 있을 때에"라는 말씀은 "로마의 감옥에 있을 때에"라는 뜻이다. 사도 바울은 그리스도 예수와 그의 복음을 전하였기 때문에 바로 그 이유로 로마의 감옥에 투옥되었다. 왜냐하면 로마 제국은 기독교를 심히 박해하였기 때문이다.

사도 바울은 로마 감옥에 투옥되었다가 석방된 후(A.D. 62-63), 네로 황제 때(A.D. 66-67) 재차 투옥되었다. 그 기간에 사도 바울은 디모데에게 디모데후서를 기록하여 보냈다.

오네시보로는 사도 바울의 소재를 알기 위하여 열심히 부지런히 찾아 헤매었다.

"나를 부지런히 찾았다."(수푸다이오스 에케테센, σπουδαίως ἐξήτησέν; he searched diligently)는 과거 시상으로 사도 바울을 찾기 위하여 열심히 부지런히 찾아 헤매었다.

그 큰 도시 로마로 가서 사도 바울 선생님이 어디에 계신지 찾기가 얼마나 어려웠겠는가?

① 멀리 소아시아에서 로마로 간 오네시보로는 로마시(City, 市)의 지리(map)를 잘 알지 못하였을 것이다.

② 로마시의 일부는 로마 황제 네로(Nero)가 기독교를 심히 핍박하여 건물들에 불을 질렀기 때문에 지형(地形)을 알아볼 수가 없게 되었다.

③ 로마에 있는 그리스도인들 상당수가 박해를 피하여 산지사방으로 흩어졌으니 사도 바울의 소재를 수소문 하기란 더욱 어려웠을 것이다.

④ 비록 사도 바울의 소재를 알고 있는 자라도 환란이 극심한 때에 전혀 알지도 못하는 사람에게 알려주려 하지 않았을 것이다.

⑤ 로마의 관리들도 사도 바울이 어느 감옥에 투옥되어 있는지 잘 알지도 못하였을 것이요 또 알려주려 하지 못하였을 것이다.

그럼에도 불구하고 오네시보로는 사도 바울을 열심히 찾았다.

3. 오네시보로는 사도 바울을 자주 면회하였음(often visited)

"…나를 자주 만났느니라."

"자주 만났느니라"(카이 유렌, καὶ εὗρεν; and found; 찾았다)는 부지런히 찾은 결과이다.

"자주"(폴라키스, πολλάκις; often or many time)는 부사로 가끔 가끔 여러 번을 가리킨다. 시간이 있을 때마다 틈나는 대로 사도 바울을 면회하였다. 에베소와 로마를 오가면서 장사하는 상인으로서 바쁜 일정 가운데서도 만사를 제지하고 한 두 번도 아니고 가끔 가끔 빈번히 감옥에 면회를 갔다는 사실은 그가 사도 바울을 얼마나 하나님의 종으로 존경하였는가! 그리고 그의 신앙이 얼마나 돈독하였는가를 능히 짐작할 수 있다.

4. 오네시보로는 사도 바울을 자주 유쾌하게 하였음(often refreshed)

"유쾌하게 하였다"(아네푸젠, ἀνέψυξεν; he refreshed)는 상쾌하게 하였다는 뜻이다. 이 단어는 푸코(ψύχω; to breathe, blow; 숨을 내쉬다, 불다)에서 나온 파생어로서 이 단어의 상징적 의미는 "시원하다, 시원하게 하다"(to cold, to make cool)라는 뜻이다.

이 단어에서 나온 단어가 라틴어로 refrigeravil(냉장고)로서 현대적 의미는 에어콘(air conditioner)이다. 이는 마치 무덥고 텁텁한 장마철 여름 날씨에 숨이 막힐 정도로 끈끈하고 답답할 때 에어컨을 틀면 시원하고 정신이 들고 기분이 상쾌해지는 것과 같이, 사도 바울은 오네시보로가 자주 면회 올 때마다 유쾌하게 되었다.

오네시보로는 에베소에 살면서 사업차 로마에 자주 가곤 하였다고 한다. 그렇다면 오네시보로가 사도 바울을 감옥으로 면회 갈 때마다 빈손으로 갔겠는가? 음식이며, 음료수며, 필수품들을 제공하지 않았겠는가?
오네시보로의 잦은 면회는 사도 바울의 마음에 큰 위로와 안위, 힘이 되었고, 정신적으로도 매우 유쾌(상쾌)하게 되었다.

5. 오네시보로는 사도 바울을 잘 섬겼음(served well)

오네시보로는 사도 바울이 에베소에 있을 때에도 바울을 참으로 잘 섬겼다.

1:18, "…또 그가 에베소에서 얼마큼 나를 섬긴 것을 네가 잘 아느니라."

"얼마큼"(호사, ὅσα; what serves)은 여러 면으로(in many ways) 주의 종을 잘 섬겼음을 말해준다.

"많이 나를 섬겼다"(디에코네센 벨티온, διηκόνησεν βέλτιον; he served very well; 그가 나를 매우 잘 섬겼다).

사도 바울은 에베소에서 교회를 개척하면서 목회하였다. 그 때에 오네시보로는 사도 바울을 통하여 그리스도 예수를 구주로 영접하고 복음을 전해준 사도 바울을 얼마나 성심 껏 잘 섬겼는지는 당시 에베소 교회 교역자 디모데도 잘 아는 사실이다.

6. 사도 바울의 축복 기도(Blessings)

1) 사도 바울은 주께서 오네시보로의 집에 "긍휼을 베풀어 주옵소서"라고 축원하였다.- 현세에서

"오네시보로의 집에"(토 오네시포루 오이코, τῷ Ὀνησιφόρου οἴκῳ; to the household of Onesiphorus; 오네시보로의 온 가족).

사도 바울은 주님께 오네시보로에게 "긍휼을 베풀어 주시옵소서"(도에 엘레오스, δῴη … ἔλεος; may give mercy)라고 간구하면서 축복해주실 그 이유를 밝혔다. 그 이유는 호티(ὅτι; because; 왜냐하면)라는 접속사가 그 이유를 밝힌다.

- 오네시보로는 신앙생활을 잘 하였기 때문이다.
- 오네시보로는 사도 바울을 부끄러워하지 않았기 때문이다.

- 오네시보로는 사도 바울을 자주 매우 유쾌하게 하였기 때문이다.
- 오네시보로는 사도 바울을 잘 섬겼기 때문이다.

본문에 "집"(오이코스, οἶκος; a house or a family, household)은 사람들이 거주하는 건물로서의 집이 아니라, 온 가족 식구들을 가리킨다.

사도 바울은 오네시보로의 선행으로 인하여 오네시보로의 온 가정 식구들에게 축복하였다. 오네시보로 한 사람의 신앙과 하나님의 종에 대한 선행은 오네시보로의 온 가정 식구들이 하나님의 축복을 받는 귀한 동기 요인이 된 것이다.

신앙생활을 잘 하는 성도들은 금생에서도 복을 받는다.

2) 사도 바울은 "그 날에" 주님께서 오네시보로에게 큰 상급을 내려 주시기를 축원하였다.- 장차 미래에

1:18, "주께서 그로 하여금 그 날에 주의 긍휼을 입게 하옵소서."

사도 바울은 오네시보로에게 종말론적 축복들(eschatological blessing)이 임하기를 소원하였다.

"주"(큐리오스, κύριος; Lord; 主)는 하나님을 뜻하며, 1:2, 8에서와 같이 그리스도 예수를 가리키는 것이 아니다.

"그 날에"(엔 에케이네 테 헤메라, ἐν ἐκείνῃ τῇ ἡμέρᾳ; in that day)는 그리스도 예수의 "심판의 날"(the day of judgement)을 가리키는 것이 아니다.

"그 날에" 불신자들은 그들의 불신앙으로 인하여 행위의 심판을 받아 영과 육이 영원 지옥 형벌을 받게 되는 날이요(요 3:18; 계 20:12).

"그 날에" 성도들은 그리스도 안에 있는 자들이므로 정죄함이 없을 뿐만 아니라(롬 8:1; 요 3:18, 5:24), 지상(地上)에서 신앙 생활 한 행위대로 상급을 받을 것이다.

"긍휼을 입게 하옵소서"(도에 엘레오스, δῴη … ἔλεος; may give mercy). 16절에서는, "오네시보로의 온 가정에 긍휼을 베풀어 주옵소서"라고 축원하였는데 본 절에서는 오네시보로에게도 동일한 축복을 기원하였다.

"긍휼"(엘레오스, ἔλεος; mercy)은 자비와 불쌍히 여기심으로 지옥 형벌 받아 마땅할 죄인이 하나님의 긍휼을 입어 구원 영생 복락을 받아 누리

게 된 것을 말한다.

어떤 이들은 "주께서 그로 하여금 그 날에 주의 긍휼을 입게 하옵소서"라는 말씀을 근거로 이미 세상 떠난 오네시보로를 위하여 다시 말하면 죽은 자를 위한 기원이라고 한다. 그러나 죽은 자를 위한 기도는 성경적이 아니다. 성경은 사람이 한 번 살다 죽는 것은 정한 이치요 그 후에는 심판이 있으리라(히 9:27)고 선언하므로 사람의 사후(死後)의 운명은 사전(死前) 생존 시에 결정됨을 계시한다.

오네시보로는 그 날에, 주의 날에 큰 상급을 받을 것이다. 현세에서 주님을 위하여, 그의 복음을 위하여 받는 고난과 역경이란 장차 받을 영광과는 족히 비교할 수 없다.

하나님 아버지여! 저도 사도 바울같은 진실된 하나님의 종이 되게 하여 주옵소서! 모든 성도님들은 오네시보로 같은 성도들이 되게 하여 주옵소서! 그리하여 그 온 가정이 금세에 복을 받고 내세에 큰 상급을 받게 하여 주옵소서!

- 마태복음 10:40~42, "너희를 영접하는 자는 나를 영접하는 것이요 나를 영접하는 자는 나 보내신 이를 영접하는 것이니라 선지자의 이름으로 선지자를 영접하면 선지자의 상급을 받을 것이요 의인의 이름으로 의인을 영접하면 의인의 상급을 받을 것이요 또 누구든지 제자의 이름으로 이 소자 중 하나에게 냉수 한 그릇이라도 주는 자는 내가 진실로 너희에게 이르노니 그 사람이 결단코 상을 잃지 아니하리라."

주께서 그 날에 오네시보로의 집에 긍휼을 베풀어 주소서!

11.

복음의 전수
(The Initiation of the Gospel)

1. 강하라.

2. 부탁하라.

디모데후서 2:1-2, "내 아들아 그러므로 너는 그리스도 예수 안에 있는 은혜 가운데서 강하고 또 네가 많은 증인 앞에서 내게 들은 바를 충성된 사람들에게 부탁하라 그들이 또 다른 사람들을 가르칠 수 있으리라."

"내 아들아"(테크논 무, τέκνον μου; my child; 나의 어린아이)는,
① 사랑하는 애정을 나타내는 호칭이다.
② 자라나는 성장하는 아이를 가리킨다.
③ 영적 아들(a spiritual son)을 가리킨다(딤전 1:2, 18; 고전 4:17; 딤후 1:2, 2:1; 몬 10).

디모데는 사도 바울의 영적 아들, 믿음의 아들, 참 아들, 믿음이 성장하는 아들이다.

1. 강하라(엔두나무, ἐνδυναμοῦ; be strong).

2:1, "너는 그리스도 예수 안에 있는 은혜 속에서 강하라."

"너"(수; Σὺ; you)는 2인칭 대명사로 문장 앞에 나와 디모데를 지칭하는 강조어이다.

"강하라"(엔두나무, ἐνδυναμοῦ; be empowered, be strengthen, keep on being strong)은 현재·수동·명령(present passive imperative)이다.

따라서 "계속 튼튼하게 되라, 강하게 되라, 강건하게 되라"는, 영적으로 강건하라는 말씀이다. 현재 시상은 디모데가 계속적으로 강건하여야 할 필요성을 지적한다.

사도 바울은 디모데를 영적으로 어린아이로 간주하고 디모데에게 성숙하게, 강하게, 튼튼하게 되라고 명하였다. 실제상 디모데는,

1) 신체적으로 연약하였다.

디모데전서 5:23, "이제부터는 물만 마시지 말고 네 비위(stomach; 위)와 자주 나는 병을 인하여 포도주를 조금씩 쓰라." 사도 바울은 디모데의 위장병을 염려하면서 포도주를 약용으로 조금씩 사용하라고 분부하였다.

2) 성격적으로 겁(timidity)이 있는 사람이었다.

그러므로 사도 바울은 디모데에게 여러 차례 두려워하지 말라, 담대하라, 강하라고 명하였다.

3) 영적으로도 어리고 연약하였다.

그러므로 강하라, 튼튼하게 하라고 분부하였다.

사람에게 있어서 건강은 매우 중요하다. 건강하지 못하면 아무 것도 할 수 없다. 우리는 육체적으로도 건강하고, 정신적으로 건강하고, 영적으로도 강건하고 튼튼하여야 한다. 성도가 육체적으로, 정신적으로 건강하지 못하면 영적으로도 하나님의 일을 할 수 없다. 왜냐하면 우리의 영은 우리의 육체 안에 있고, 우리의 육체는 하나님의 일을 수행하는 방편·도구·기구이기 때문이다.

반면에 육체적으로는 건강해도 영적으로 병들면 하나님의 일을 망치게 한다. 왜냐하면 영의 지배를 받지 않는 육체는 성령의 일, 하나님의 일을 거스르기 때문이다(갈 5:17).

그러면, 우리가 어떻게 하면 우리의 영이 자라며 튼튼해질 수 있을까?

어린 아이들이 육체적으로 튼튼하게 성장하려면? 영양있는 음식들을

섭취하고, 적당한 휴식과 운동을 취하여야 하는 것처럼, 영적으로도 튼튼하게 성장하려면? 튼튼하게 성장할 수 있는 방법을 찾고 그 방법대로 행하여야 할 것이다.

본문은 우리가 영적으로 성장하며 튼튼하게 되는 방법을 "그리스도 예수 안에 있는 은혜 속에서"라고 하였다.

"은혜 안에서"(엔 테 카리티, ἐν τῇ χάριτι)는 은혜로 말미암아(by means of grace) 강하게 된다. 다시 말하면 하나님의 은혜가 우리를 강건케 하는 방편이요, 수단이요, 동시에 도구가 된다는 말씀이다.

은혜 안에서(in the grace): 하나님의 은혜를 깊이 깨닫고 그 은혜에 감격하는 생활에 거할 때 강건해진다.

우리가 강건케 되는 방편들 중 하나는,
① 기도이다. 기도는 하나님의 능력을 가져오기 때문이다.
② 하나님의 말씀을 묵상하고, 그 말씀 안에 거하는 일이다.
③ 믿음을 사용하는 일이다. 다시 말하면 믿음으로 행하는 것이다.

주님이시여! 그리스도 예수 안에서 은혜 가운데 강건케 해 주옵소서! 우리의 육신을, 정신을, 영적 상태를 강건케 해 주옵소서!

2. 부탁하라(파라두, παράθου; commit ; 부탁하라, 맡기라 – 복음전수·계승).

본문은 4대(代) 복음의 전수를 언급하였다. 즉 사도 바울→디모데→충성된 사람들→ 또 다른 사람들에게 가르치리라.

디모데후서 2:2, "내게 들은 바를 충성된 사람들에게 부탁하라 그들이 또 다른 사람들을 가르칠 수 있으리라."

1) 사도 바울 – 제1대

"내게 들은 바를"(The things you have heard from me)
디모데가 사도 바울로부터 들어온 말씀들은 바른 말씀들 곧 복음이다.

2) 디모데 – 제2대

"네가 들은"(에쿠사스, ἤκουσας; you have heard)은 지금까지 사도 바울이 구두로 전해 온 말씀들을 가리킨다(롬 10:14, 18; 고후 12:6; 엡 1:13, 4:21; 특히, 빌 4:9; 골 1:6, 23; 딤전 4:16; 딤후 4:17).

디모데가 사도 바울로부터 들은 것은 무엇인가? 다시 말하면 사도 바울이 디모데에게 하신 말씀이 무엇인가?

디모데가 사도 바울로부터 들은 말씀, 받은 말씀은 디모데후서 1:13, "…내게 듣는 바 바른 말…"(후기아이논톤 로곤, ὑγιαινόντων λόγων; healthy words ; 건강한 말씀들)은 "건강한 말씀, 바른 말씀, 건전한 말씀(sound words)"을 가리킨다.

디모데는 사도 바울로부터 건강한 말씀, 건전한 말씀, 신실한 말씀을 받았다.

그 말씀들의 내용이 무엇인가?

그리스도 예수의 도성인신·처녀 탄생·대리적 속죄의 죽음·육체의 부활·승천·재위·재림·심판 등 복음의 핵심, 구원의 도리에 관한 말씀들이다.

하나님의 말씀을 바로 전하고, 바로 받아야 한다. 그리하면 전하는 자나 받는 자 속에서 하나님의 말씀이 살아서 역사하신다.

참으로 하나님의 말씀을 바로 전하고 바로 받으면 그 말씀이 속에서부터 살아서 역사하여 나타나게 된다.

3) 제3대 – "충성된 사람들에게."

사도 바울은 자신이 교훈한 바른 교훈을 충성된 사람들에게 부탁하여 전하라고 명령하였다.

디모데는 사도 바울로부터 받은 귀한 복음, 바른 진리의 말씀을 값없이 받았다. 그 복음을 충성된 사람들에게 부탁하라라고 명하였다.

"충성된 사람들에게"(피스토이스 안드로포이스, πιστοῖς ἀνθρώποις; to faithful men, reliable men)는 "충성된 사람들에게, 신뢰하는 사람들에게"라는 뜻이다.

① 신앙이 있는 사람들이다.

충성된(피스토스, πιστός; faithful, trusty)은 믿음(피스티스, πίστις; faith, belief)과 같은 어근(root meaning)에서 나왔다.

② 충성된 사람들(faithful men)이다.

맡은 일에 충성하는 사람. 고린도전서 4:2, "맡은 자에게 구할 것은 충성이니라."

③ 신뢰할 만한 사람들(reliable men)이다.

믿을 수 있는 사람, 신뢰할 수 있는 사람이다.

"부탁하라"(파라두, παράθου; commit; 부탁하라, 맡기라, 위임하라)는 파라티데미(παρατίθημι; to commit)의 2인칭 단수·명령·직설법이다.

그러므로 이 말씀의 원 의미는 "충성된 사람들, 신뢰할 수 있는 사람들에게 부탁하라, 맡기라, 위임하라"는 뜻이다. "부탁하다"는 이 단어는 다른 곳에서도 (눅 12:48; 23:46; 행 14:23; 20:32; 벧전 4:19 등) 다양하게 나타난다.

4) 제4대 - "그들이 또 다른 사람들을 가르칠 수 있으리라."

"다른 사람들"(헤테루스, ἑτέρους; others)은 일정한 수가 아닌 많은 수를 가리킨다.

"또 가르칠 수 있으리라"(카이 헤테루스 디다카이, καὶ ἑτέρους διδάξαι; teach others)는 다른 사람들을 가르치리라는 뜻이다.

일종의 제자 양육인데, 신앙이 있고 충성되고 신뢰할 만한 사람들에게 선상한 말씀, 바른 말씀, 선선한 말씀을 가르쳐 또 나른 사람을 양육할 수 있도록 위임하고 부탁해야 한다는 말씀이다. 오직 바른 말씀, 생명의 말씀만이 사람을 바로 가르치고 바로 인도할 수 있다.

우리 주님 예수 그리스도와 사도들 특히 사도 바울이 전한 구원의 복음이 복음의 전수를 통하여 우리에게까지 전수되었으니, 복음을 전수해 주신 앞서간 수 많은 믿음의 선배님들에게도 말할 수 없는 감사를 그리고 우리도 이 세상 떠날 때까지 이 복음을 후대에도 전수해야 할 것이다.

12.

그리스도 예수의 좋은 군사
(A Good Soldier for Christ Jesus)

1. 좋은 군사는 고난을 참고 견딤
2. 좋은 군사는 자기 생활에 얽매이지 않음
3. 좋은 군사는 자기의 사령관을 기쁘시게 하기를 모색함
4. 좋은 군사는 적병들과 싸워 승리함

디모데후서 2:3-4, "너는 그리스도 예수의 좋은 군사로 나와 함께 고난을 받을지니 군사로 복무하는 자는 자기 생활에 얽매이는 자가 하나도 없나니 이는 군사로 모집한 자를 기쁘게 하려 함이라."

성경은 복음의 사역자들과 그리스도인을 그리스도의 군병들로, 십자가의 군사들로, 그리스도인의 신앙생활을 영적 전쟁으로 묘사하였다(고후 10:3-5; 엡 6:10-17; 골 2:15).

1. 좋은 군사는 고난을 참고 견딤(A good soldier endures hardship)

군인들은 훈련을 받는다. 특히 특수 정예 부대(우리나라에는 공수부대나 해병대같은) 요원들은 참으로 고된 훈련을 받는다. 철저한 정신 무장을 위한 정훈 교육, 엄격한 규율 등으로 고된 훈련을 받는다. 특히 어떤 특별한 임무를 띤 특수 교육·특수 훈련을 받을 때에는 더욱 그러하다.

이와 같이 그리스도 예수의 정병들, 십자가의 정병들은 고난을 받아야

한다고 본문은 가르친다. 사도 바울은 디모데에게 "나와 함께 고난을 받으라"고 명하셨다.

"나와 함께 고난을 받을지니"(순크카코파데손, Συγκακοπάθησον; join with us in suffering)는 "우리와 함께(같이) 고난에 참여하라"는 말씀이다. 이 단어는 파데마(πάθημα; a suffering; 고난), 카코스(κακός; bad, evil; 나쁜 악한) 순(σύν; together; 같이, 함께) 등으로 구성된 복합어이다. 따라서 이 단어의 원 의미는 악한 자들에 의하여 고난과 핍박을 함께 받는 것을 나타낸다.

① 복음의 사역자들과 진실된 그리스도인들은 때로는 복음의 원수들과 악한 불신앙의 무리들로부터 고난과 핍박을 받게 된다. 불가피한 피할 수 없는 고난이다. 그리스도인들은 고난을 각오하여야 한다.

② 고난을 받되 디모데 혼자 고난 받는 것이 아니라 사도 바울과 함께(σύν; together) 고난을 받는다는 사실을 강조한다. 허다한 증인들과 함께 받는 고난이다.

③ 무슨 이유들로 고난을 받는가? 그리스도를 위하여, 복음을 위하여, 믿음을 지키기 위하여 고난 받는다.

우리도 그리스도의 좋은 군사로서 그리스도를 위하여, 복음을 위하여, 우리의 신앙을 지키기 위하여, 의를 위하여 고난을 받을 때 감당하게 해주시고, 그 고난을 통하여 복음이 전파되게 하시고, 우리의 믿음이 연단을 받고 인격이 만들어져 가는 역사가 일어나게 될 것이다.

2. 좋은 군사는 자기 생활에 얽매이지 않음(A good soldier does not entangle himself with the affairs of life)

"군사로 다니는 자는 자기 생활에 얽매이는 자가 하나도 없으며."

"좋은 군사"(칼로스 스트라티오테스, καλὸς στρατιώτης; good soldier)는 군복무에 충성·충실하는 군인을 가리킨다.

"자기 생활"(비우 프라그마테이아이스, βίου πραγματείαις; affairs of life)은 자기의 사생활, 사사로운 일들을 가리킨다.

"얽매이다"(엠플레케타이, ἐμπλέκεται; is entangled)는 얽매이다, 꼼짝달싹 못하게 하다는 뜻이다.

군사가 정신적으로나 심리적으로 자기 사생활에 얽매이면 군사로서 맡은 임무를 제대로 수행할 수 없다. 좋은 군사는 자기의 사생활에 얽매이지 않는다. 군인은 사생활(私生活)에 얽매이지 않아야 군에 충실히 복무할 수 있다. 군복무는 적군으로부터 국토와 국민의 생명을 보호하는 국토방위의 신성한 의무이다.

이와 같이 그리스도의 군사, 십자가의 정병들은 세상 일에 얽매이지 않아야 한다(벧후 2:20). 자기의 맡은 일에 충실하면서도 마음은 세상에 빼앗기지 않는 것이 자기의 생활에 얽매이지 않는 것이다.

이 말씀은 결단코 자기의 사회생활, 가정을 소홀히 해도 괜찮다는 의미는 절대 아니다.

① 좋은 군사는 자기 생활에 얽매이는 자가 아니요 모든 염려를 주님께 맡기고 맡은 일에 충성하는 자이다.

② 좋은 군사는 먼저 그의 나라와 그의 의를 구하는 자이다(마 6:33).

③ 좋은 군사는 모든 무거운 것들과 얽매이기 쉬운 죄를 벗어버리는 자이다(히 12:1).

④ 좋은 군사는 손에 쟁기를 잡고 뒤를 돌아다보는 자가 아니다(눅 9:62).

⑤ 좋은 군사는 앞에 있는 푯대만을 향하여 달음질 하는 자이다(빌 3:14).

3. 좋은 군사는 자기의 사령관을 기쁘시게 하기를 모색함(A good soldier seeks to please his commender)

"이는 군사로 모집한 자를 기쁘게 하려 함이라."

"군사로 모집한 자"(스트라토로게산티, στρατολογήσαντι; the one who enlisted him; 군인으로 모집한 자)는 우리의 총사령관인 그리스도 예수이시다.

우리의 영적 군복무기간은 2-4년 간의 단기 복무가 아니라 일평생 장기 복무이다.

"기쁘게 하려 함이라"(알레세, ἀρέσῃ; he may please). 성도는 성도를 모집한 자를 기쁘시게 해드려야 한다. 이는 마치 좋은 아내는 어떻게 하면 남편을 기쁘시게 할꼬?

좋은 남편은 어떻게 하면 아내를 기쁘시게 할꼬? 하는 것처럼 좋은 군사는 어떻게 하면 하나님을 기쁘시게 할꼬?(고전 7:32-34)하는 것과 같다.

좋은 군인은 자기 사령관을 기쁘시게 하기 위하여 생명을 내 걸고 절대 복종하고 절대 충성한다.

우리를 군사로 모집한 자는 그리스도 예수이시다. 그는 우리의 사령관(Commander in Chief)이시다. 이와 같이 그리스도인들은 그리스도의 정병, 십자가의 정병들로서 우리의 대장되시는 그리스도 예수, 우리를 소집하시고 그리스도의 정병으로 삼아주신 그리스도 예수께 생명을 내걸고 절대 복종하고 절대 충성하여 그리스도 예수를 기쁘시게 해 드려야 한다.

4. 좋은 군사는 적병들과 싸워 승리함(A good soldier must fight against the enemies and win the victory)

우리도 그리스도의 정병들로서, 십자가의 정병들로서 신앙의 원수들에 대항하여 선한 싸움을 힘써 싸워 승리하여야 한다.

① 우리의 싸움은 우리의 육신에 내재해 있는 죄의 성질, 옛 사람, 육신의 부패성과의 싸움이다(엡 6:12).

② 우리의 싸움은 공중에 권세잡은 사단과 그의 추종자들, 정사와 권세 잡은 자들과의 싸움이다(엡 6:12).

③ 우리의 싸움은 신앙의 원수들과의 싸움이다. 우리의 싸움은 붉은 용의 세력, 무신론 사상과의 싸움이다.

④ 우리의 싸움은 교회 안에 독 버섯처럼, 암처럼 퍼져나가는 온갖 이단들과 열린 예배를 주도하는 목사들과 소위 찬양 사역자들과의 싸움이다.

⑤ 우리의 싸움은 민주화라는 미명하에 자유 민주주의, 시장 경제를

반대하는 사람들, 그들의 사상 이념들과의 싸움이다.

- 고린도전서 15:57, "우리 주 그리스도 예수로 말미암아 우리에게 이 김을 주시는 하나님께 감사하노라."

내 주는 강한 성이요

내 주는 강한 성이요 방패와 병기되시니
큰 환난에서 우리를 구하여 내시리로다
옛 원수 마귀는 이 때도 힘을 써 모략과 권세로
무기를 삼으니 천하에 누가 당하랴

이 땅에 마귀 들끓어 우리를 삼키려 하나
겁내지 말고 섰거라 진리로 이기리로다
친척과 재물과 명예와 생명을 다 빼앗긴대도
진리는 살아서 그 나라 영원하리라 아멘.

13.

운동선수
(The Athlete)

1. 경주자는 법대로 경주하여야 한다.
2. 경주자는 절제하여야 한다.
3. 경주자는 인내로 경주하여야 한다.
4. 경주자는 목표를 향하여 경주하여야 한다.
5. 경주자는 상급을 바라고 경주하여야 한다.
6. 면류관은 내세적이며 영구적이다.

디모데후서 2:5, "경기하는 자가 법대로 경주하지 않으면 면류관을 얻지 못할 것이요."

사도 바울은 본문에서 복음의 사역자들과 그리스도인들을 운동선수로 비유하였다.

원문에는 "데 카이"(δὲ καὶ; likewise, also; 이와 같이, 또한)가 있어서 앞의 복음 사역자를 좋은 군사로 비유한 것같이(2:3-4), 또한 좋은 복음 사역자를 경주자로, 2:6에서는 농부로 비유하였다. 로마 사회에서는 운동 경기 열이 높아 지금도 당시 로마제국에 속했던 그 방대한 지역들에는 경기장의 유적들이 많이 남아 있다.

"경주하다"(아들레, ἀθλῇ; compete as an athlete; 운동선수로서 시합하다). 이 단어는 신약에서 이 절에서만 2번 발견된다.

1. 경주자는 법대로 경주하여야 한다.

"법대로 경주"(노미모스 아들레세톤, νομίμως ἀθλησητον; wrestles lawfully; 법대로 씨름)는 경기 규칙대로(according to the rules of the game) 경주하여야 한다는 뜻이다. 경주자가 경기 규칙을 지키지 않으면 실격·퇴장 당한다.

2. 경주자는 절제하여야 한다.

고린도전서 9:25, "이기기를 다투는 자마다 모든 일에 절제하나니…."
"절제하나니"(엥크라튜에타이, ἐγκρατεύεται; exercises self-control) - 운동선수들은 시합에 나가기 전 훈련 기간에도 철저히 자신들을 절제한다.

옛날 올림픽 경기에 출전하는 선수들은 10개월 동안 엄격한 훈련을 받았다.

3. 경주자는 인내로 경주하여야 한다.

히브리서 12:1, "…인내로서 우리 앞에 당한 경주를 경주하며." 인내(휘포모네스, ὑπομονῆς)는 오래 참음·견인(long endurance, perseverance)이다. 장거리 경주(마라톤)는 더욱 인내가 필요하다.

4. 경주자는 목표를 향하여 경주하여야 한다.

고린도전서 9:26, "그러므로 내가 달음질하기를 향방 없는 것 같이 아니하고, 싸우기를 허공을 치는 것 같이 아니하여."

빌립보서 3:14, "푯대를 향하여…좇아가노라."

푯대(스코포스, σκοπός; a mark, goal; 표적, 목적)

상급(브라베이온, βραβεῖον; prize, reward; 상, 보상)

좇아가노라(디오코, διώκω; press on; 진격하다)는 온 힘을 다하여 다름질하다는 뜻이다.

5. 경주자는 상급을 바라고 경주하여야 한다.

옛날 올림픽 경기에서 1등한 선수는 월계수 월계관(스테파노스,

στέφανος; crown; 면류관)을 받아섰다. 이 월계관은 몇 날이 안되어 시드는 종려나무 가지 잎들을 엮어 만든 면류관이다. 이 면류관은 궁중에서의 왕관(디아데마, διάδημα; a royal crown)과는 상이하다. 신앙의 경주자들은 상급을 바라고 푯대를 향하여, 온 힘을 다하여 경주하여야 할 것이다.

6. 면류관은 내세적이며 영구적(eschatological and eternal)이다.

신앙의 경주자들이 받는 상급은 내세적·영구적이다.

히브리서 2:7, "…저희를…영광과 존귀로 관을 씌우시며."

경주자는 절제하며, 경기 규칙대로, 인내로, 목표를 향하여, 상급을 바라고 경주하듯이, 주의 사역자들과 성도들도 하나님의 말씀대로 절제하며, 인내로, 푯대를 향하여, 상급을 바라고, 믿음의 경주를 경주하여야 할 것이다.

- 히브리서 12:1-2, "이러므로 우리에게 구름같이 둘러싼 허다한 증인들이 있으니 모든 무거운 것과 얽매이기 쉬운 죄를 벗어 버리고 인내로서 우리 앞에 당한 경주를 경주하며 믿음의 주요 또 온전케 되시는 이인 예수를 바라보자."

14.

농부
(A Farmer)

디모데후서 2:6, "수고하는 농부가 곡식을 먼저 받는 것이 마땅하니라."

사도 바울은 복음 사역자들과 그리스도인들을 (앞의 4절에서는 좋은 군사로, 5절에서는 운동선수로) 본 절에서는 좋은 농부로 비유하였다.

좋은 농부는 땀 흘리며 열심히 그리고 근면히 일한다.

"수고하는"(코피온타, κοπιῶντα; laboring, hard-working; 수고하는, 열심히 일하는)은 코피아오(κοπιάω; to toil, work hard; 수고하다, 땀 흘려 일하다, 힘써 열심히 일하다)의 현재·분사이다.

여기서 분사는 농부가 할 일을 강조한다.

"농부"(게올고스, γεωργός; a hard working farmer; 열심히 일하는 농부). 즉 농부는 열심히 일하여야 한다는 것을 강조한다. 좋은 농부는 이른 새벽부터 늦은 밤까지 힘써 열심히 땀 흘리며 일한다. 밭을 갈고, 씨를 뿌리고, 물을 주고, 잡초나 가라지를 제거하고, 그대로 인내로 가꾸어 잘 익은 곡식을 추수하여 곡간에 넣는다.

"곡식을 먼저 받는 것이 마땅하니라." 이 말씀의 중요한 교훈은 헌신적 수고에는 보상이 따른다는 진리이다.

"곡식"(칼폰, καρπῶν; fruits; 열매들)은 추수한 열매들(crops)이다.

"먼저"(프로톤, πρῶτο; firstly; 먼저) 받는 것이 마땅한 이유는 농부가 열심히 일하고 수확을 가장 먼저 거두기 때문만이 아니라 그것이 또한 순리

(원리)이기 때문이다.

열심히 일하는 농부가 추수의 열매를 먼저 받는 것이 마땅한 것 같이, 곡식을 밟아 떠는 소에게 망을 씌우지 않는 것 같이, 복음사역에 전심전력하는 충성되고 진실된 하나님의 종들은 그 보상을 먼저 받는 것이 마땅하다.

- 고린도전서 9:9, "모세 율법에 곡식을 밟아 떠는 소에게 망을 씌우지 말라 기록하였으니 하나님께서 어찌 소들을 위하여 염려하심이냐?"

열심히 일하는 농부는 먼저 씨를 뿌리고 부지런히 가꾸어 인내로 추수의 열매를 거두는 것 같이, 좋은 복음의 사역자들은 복음 사역에 혼신을 다하여 전심전력한다(행 20:35; 고전 4:12; 딤전 5:17). 그리하면 영적 보상을 받을 것이다. 하나님은 영적 수고에 진력하는 하나님의 종들에게 물질적 필요도 공급해 주신다. 사도 바울은 이방인들을 구원하기 위한 영적 농사에 매우 열심히 수고하였으며, 그 결과 많은 이방인들의 열매들을 맺었다(롬 1:13).

야고보서 5:7-8, "그러므로 형제들아 주께서 강림하시기까지 길이 참으라 보라 농부가 땅에서 나는 귀한 열매를 바라고 길이 참아 이른 비와 늦은 비를 기다리나니 너희도 길이 참고 마음을 굳건하게 하라 주의 강림이 가까우니라."

15.

내가 말하는 것을 생각(숙고)하라
(Consider What I Say)

1. "내가 말하는 것을 생각(숙고)하라".
2. "주께서 범사에 총명을 주시리라".

디모데후서 2:7, "내가 말하는 것을 생각하라 주께서 범사에 네게 총명을 주시리라."

1. "내가 말하는 것을 생각(숙고)하라"(노에이 호 레고, νόει ὃ λέγω; Consider what I say).

내가 말하는 것을 깊이 숙고하라는 명령이다. 바울이 사도로서 하나님께로부터 받아 전하는 말씀을 경청하고 깊이 숙고하며 음미하라는 말씀이다. 여기에 생각하라(노에이, νόει; consider, think ; 숙고하라, 재고하라)는 단어는 우리의 정신(누스, νοῦς; mind)을 사용하여 숙고하라는 말씀이다. 그럼에도 불구하고 우리의 사고(thinking)만으로는 충분치 못하다. 주께서 인도하시고 조명하시고 깨닫게 하셔야만 받는 말씀을 바로 깨닫고 이해할 수 있기 때문이다.

- 신명기 32:7, "옛날을 기억하라 역대의 연대를 생각하라 네 아버지에게 물으라 그가 네게 설명할 것이요 네 어른들에게 물으라 그들이 네게 말하리로다."

2. "주께서 범사에 총명을 주시리라"(도세이 갈 호 큐리오스 수네신, δώσει γάρ σοι ὁ κύριος σύνεσιν; the Lord will give you understanding).
주 하나님께서 너에게 이해와 통찰력을 주시리라는 말씀이다.

"주"(호 큐리오스, ὁ κύριος; the Lord)는 하나님이신가? 그리스도이신가? 여기서 주는 하나님을 가리킨다(딤후 1:18). 에베소서 3:2-4에도 하나님을 가리킨다.

"범사에"(엔 파신, ἐν πᾶσιν; in every respect, not in all things)는 매사를 가리키며 모든 것을 가리키지는 않는다(딤전 3:11; 딤후 4:5; 딛 2:9).

"총명"(수네신, σύνεσιν; insight, understanding)은 통찰력, 이해력을 가리키며,

"주시리라"(도세이, δώσει; he will give)는 디도미(δίδωμι; to give; 수다)의 3인칭·단수·미래·직설법으로 하나님께서 반드시 총명을 주실 것이란 예언적 약속이다. 성도가 받은 바 말씀을 깊이 숙고하며 음미하면 할수록 하나님은 총명과 통찰력과 이해력을 반드시 주실 것이라고 약속하셨다.

하나님은 다니엘에게 지혜와 총명을 온 나라 백성들보다 10배나 더 주셨다(단 1:17, 20).

- 야고보서 1:5, "너희 중에 누구든지 지혜가 부족하거든 모든 사람에게 후히 주시고 꾸짖지 아니하시는 하나님께 구하라 그리하면 주시리라."

특주 7.

그리스도 예수의 대리적 속죄의 죽으심과 육체적 부활
(The Substitutionary Death and Bodily Resurrection of Christ Jesus)

1. 그리스도 예수의 대리적 속죄의 죽음
2. 그리스도 예수의 육체적 부활
3. 그리스도 예수의 육체적 부활의 확실한 증거들
4. 그리스도 예수의 부활의 의미
5. 그리스도 예수의 부활과 신자들의 부활 · 영생 문제

디모데후서 2:8, "내가 전한 복음대로 다윗의 씨로 죽은 자 가운데서 다시 살아나신 그리스도 예수를 생각하라."

1. 그리스도 예수의 대리적 속죄의 죽음

• 마태복음 20:28, 마가복음 10:45, "인자가 온 것은… 자기 목숨을 많은 사람의 대속물로 주려 함이니라."

우리 말 성경에 "…많은 사람의 대속물로 주려함이니라"는 말씀은 "많은 사람들을 대신하여 한 대속물로 주시기 위함이니라"고 번역하는 것이 더 좋다. 그 이유는 헬라어 원문에는 대신하여 라는 전치사 안티(ἀντὶ)를 사용하였기 때문이다. 대속물은 루트론(λύτρον)으로 값을 지불할 능력이 없는 사람을 대신하여 값을 지불하는 것을 가리킨다. 그리스도 예수는 많은 사람들의 자리에서 많은 사람들의 죽음을 대신하여 죽으셨다.

- 로마서 5:8, "우리가 아직 죄인되었을 때에 그리스도께서 우리를 위하여 죽으심으로 하나님께서 우리에 대한 사랑을 확증하셨다."

본 절의 "위하여"란 단어도 휘펠(ὑπέρ)인데 그 뜻은 "우리 자리에"(in our place) 즉 우리가 죽을 자리에 대신하여 죽으셨다는 뜻이다. 그리스도는 무능력한 자(the powerless), 경건치 않는자(the ungodly), 죄인들(sinners), 심지어는 자신의 원수들(his enemies)까지도 위하여 목숨을 버리셨다(롬 5:6, 8, 10).

- 로마서 8:32, "자기 아들을 아끼지 아니하시고 우리 모든 사람을 위하여 내어주셨도다."

본 절의 "위하여"라는 단어도 휘펠(ὑπέρ)이라는 전치사를 사용하였다. 자기 아들은 독생자 그리스도 예수이시다(요 3:16). 하나님은 우리들을 죄에서 구속하시기 위하여 독생자를 아끼지 아니하시고 악한 자들의 손에 내어 주셨다. 그리하여 저들은 예수님을 십자가에 못박았다. 예수님께서 십자가상에서 희생의 제물이 되신 것은 우리를 위한 하나님의 뜻이요 사랑의 극치이시다.

- 고린도전서 15:3, "성경대로 그리스도께서 우리의 죄를 위하여 죽으시고 장사지낸 바 되었다가 성경대로 사흘만에 다시 살아나셨다."

그리스도께서 우리의 죄를 위하여 죽으셨다(Christ died for our sins)는 말씀 중에 "위하여"라는 단어도 전치사 휘펠(ὑπέρ)을 사용하였다.

고린도전서 15:3은 그리스도 예수의 대리적 속죄의 죽으심과 육체적 부활을 가리키는 복음의 핵심 구절이다. 그리스도 예수는 구약성경에 예언한 사실(시 16:10; 사 53:8-10)을 그대로 성취하셨다.

- 고린도후서 5:15, "그가(그리스도) 모든 사람들을 대신하여 죽으셨다… 저희를 대신하여 죽었다가 다시 사셨다."

본 절의 "대신하여"라는 단어도 휘펠(ὑπέρ)로서 그리스도 안에 있는 모든 사람들을 대신하여 죽으시고 다시 부활하신 것을 가리킨다. 사도 바울은 그리스도의 죽으심과 부활하심에 믿음으로 동참하사 동사동생(同

死同生)의 신앙을 고백하였다(롬 6:3-4; 갈 2:20).

- 고린도후서 5:21,"하나님께서 죄를 알지도 못하신 자로 우리를 대신하여 죄를 삼으신 것은 우리로 하여금 저희 안에서 하나님의 의가 되게 하려 함이라."

그리스도 예수는 죄가 없으시다(히 4:15; 요일 3:5). 그러나 하나님께서는 우리를 위하여 그리스도 예수를 죄로 삼으셨다(사 53:4-6, 10).

죄로 삼으셨다는 말씀은 죄인으로 삼았다는 뜻이다. 그러므로 우리의 죄는 그리스도께 전가되어

그리스도는 죄인이 되고, 그리스도의 의는 우리에게 믿음으로 전가되어 우리들은 의인이 되었다(롬 3:22; 엡 2:8-9; 빌 3:9).

- 갈라디아서 3:13, "그리스도께서 우리를 위하여 저주를 받음으로 율법의 저주에서 우리를 속량하셨도다."

그리스도께서 우리를 위하여(휘펠; ὑπέρ; for) 그리고 우리를 대신하여(on behalf of) 저주를 받은 이유는 우리를 율법의 저주(curse)에서 구속하시기 위함이다. 율법은 하나님의 계명이요, 하나님의 계명은 좋은 것이로되 우리가 그 율법을 준수하지 못한 죄 때문에 율법이 우리에게 저주를 가져왔다. 그러나 우리가 받을 저주를 그리스도께서 대신 받으시고 우리를 율법의 저주에서 속량하여 주셨다.

- 디모데전서 2:6, "그가 모든 사람을 위하여 자기를 속전으로 주셨으니 기약이 이르면 증거할 것이라."

본 절의 "모든 사람"은 택한 사람들 모두를 가리킨다. 그리스도께서는 택한 모든 사람들을 대신하여(휘펠; ὑπέρ) 자신을 속전으로 주셨다.

- 베드로전서 3:18, "그리스도께서 한 번 죄를 위하여 죽으사 의인으로서 불의한 자를 대신하셨으니 이는 우리를 하나님 앞으로 인도하려 하심이라."

그리스도께서 불의한 자(the unjust)가 죽을 대신에(휘펠; ὑπέρ) 불의한 자를 대신하여 한 번 죽으셨다. 구약시대는 해마다 속죄일에 하나님 앞

에 속죄제를 드렸으나, 그리스도께서는 의인으로서 불의한 자들을 대신하여 한번(once) 죽으심으로 불의한 자들을 구속하셨다.

- 마태복음 26:28, "이것은 죄사함을 얻게 하려고 많은 사람을 위하여 흘리는 바 나의 피 곧 언약의 피니라."

예수님께서 유월절 만찬(passover feast)시에 새 언약(new covenant)을 세우셨다. 새 언약에서의 떡과 포도즙은 많은 사람들의 죄를 사하시기 위하여 흘리는 그리스도 예수의 살과 피를 상징한다. 유월절 성만찬 시에 거행된 주님의 성찬식(Lord's Supper)은 그리스도께서 다시 재림하실 때까지 계속 엄수될 것이다(고전 11:23-26).

- 히브리서 9:28, "이와 같이 그리스도도 많은 사람의 죄를 담당하시려고 단번에 드린바 되었느니라."

사람들은 다 죄인들로 한 번 죽는 것은 정한 이치요 그 후에는 심판을 받게 되어 있다. 그러나 그리스도께서는 많은 사람들의 죄를 담당하시기 위하여 자신을 단번에 제물로 드린바 되었다. 한 번(once) 또는 모든 사람을 위한 한 번(once for all)은 구약시대 레위 제사와는 달리 그리스도의 구속사역의 단일회성(singleness)과 최종성(finality)을 가리킨다(히 7:27, 9:12, 26, 28, 10:10).

2. 그리스도 예수의 육체적 부활

디모데후서 2:8, "…죽은 자 가운데서 다시 살아나신 그리스도 예수를 생각하라."

- 요한복음 11:25-27, "예수께서 가라사대 나는 부활이요 생명이니 나를 믿는 자는 죽어도 살겠고 무릇 살아서 나를 믿는 자는 영원히 죽지 아니하리니 이것을 네가 믿느냐 가로되 주여 그러하외다 주는 그리스도시요 세상에 오시는 하나님의 아들이신 줄 내가 믿나이다."
- 고린도전서 15:20, "그리스도께서 죽은 자 가운데에서 다시 살아 잠자는 자들의 첫 열매가 되셨도다."

- 사도신경, "…죽은 자 가운데에서 다시 살아나시며…."

그리스도 예수 부활의 동작자는 누구이신가? 성경은 그리스도 예수의 육체적 부활(bodily resurrection)은 삼위일체 하나님 전체의 초자연적 능력에 의한 역사라고 가르친다. 그러므로 그리스도 예수 부활의 동작자는 삼위일체 하나님께 모두 돌린다.

1) 성부 하나님(God the Father)

성경은 그리스도 예수의 부활을 성부 하나님의 사역이라고 가르친다. 성부 하나님은 그의 권능(초자연적 능력)으로 그리스도 예수를 죽음에서 다시 살리셨다.

시편 기자는 하나님이 그리스도 예수를 죽음에서 다시 살리실 것을 예언하였다. 하나님은 "너는 내 아들이라"(시 2:7)고 말씀하셨다. 하나님과 그리스도와의 관계는 부자(父子)관계이다. 이 부자관계는 사람들의 생식방법에 의한(육체적 탄생에 의한) 부자관계가 아니라, 삼위일체적 의미에서 영원출생에 의한 아들이시다.

"너는 내 아들이라"고 말씀하신 성부 하나님은 또한 시편 16:10에서 "주의 거룩한 자로 썩지 않게 하실 것이다"라고 약속하셨다. "주의 거룩한 자"는 독생자, 곧 그리스도 예수를 가리키며, "썩지 않게 하시리라"는 말씀은 죽어 장사 지낸 바 된 후에도 그 육체가 썩지 아니하고 다시 부활하실 것을 예언한 말씀이다.

예수님이 부활하신 후 사도 베드로는 오순절 그의 위대한 설교에서 시편 16:10의 말씀을 인용하여 설교하였다(행 13:35-37). 그리스도 예수의 죽으심과 부활은 사도들의 중심 메시지였다.

- 로마서 10:9, "하나님이 그를 죽은 자 가운데에서 살리셨도다."

그리스도를 죽은 자 가운데에서 살리신 이(주어: subject)는 하나님이요, 살리심을 받은 이(목적어: object)는 그리스도이시다. "죽은 자 가운데서"라는 표현은 "죽음에서부터"(에크 네크론, ἐκ νεκρῶν)라는 뜻이고, 이는 죽은 자를 의미한다(참조: 행 3:15; 6:30; 13:30, 37; 롬 4:24; 6:4; 8:11; 고전 6:14;

15:15; 고후 4:14; 갈 1:1; 엡 1:20; 골 2:12; 살전 1:10).

- 사도행전 2:24, 13:30, "하나님이 사망의 고통을 풀어 살리셨다."

고통(pain)이란 "오디나스"(ὠδίνας)로서 "해산의 고통"(birth pains)을 의미한다(갈 4:19, 27; 계 12:2). 그러한 죽음의 고통을 하나님이 풀어 주셨다(시 18:5; 116:3). "풀다"(루오, λύω: loose)는 "자유케 하다, 해방시키다"(to free, to liberate)라는 뜻이다. "풀다"는 "매다, 속박하다"의 반대이다. 하나님이 사망의 고통에서 그리스도 예수를 풀어 주셨으므로 더 이상 사망의 고통이 예수님을 속박하지 못한다.

2) 성자 그리스도(Christ-God the Son)

성경은 그리스도 예수의 부활은 성부 하나님의 사역이며 동시에 그리스도 예수 자신의 사역이라고 가르친다. 그리스도 예수의 육체적 부활은 그리스도 자신의 신적(神的), 초자연적 능력의 역사로 그의 인성(人性)이 죽음에서 영광스럽게 부활하신 것이다.

- 요한복음 2:19-21, "…너희가 이 성전을 헐라 그러면 내가 3일 안에 일으키리라."

유대인들은 예수님이 "이 성전"(temple)이라고 말씀하셨을 때 예루살렘 성전으로 잘못 생각하고 반문하기를 "이 성전은 46년 동안 걸려서 건축하였는데 어떻게 3일 안에 다시 재건할 수 있는가? 그것은 불가능하다"고 했다. 그러나 이 성전은 건물로서의 예루살렘 성전(히에론, ίερον)이 아니라, 예수님 자신을 가리켜(나오스, ναός: holy of Holies; 지성소) 말씀하신 것이다. 예수님은 자신을 성전이라고 할 때 성전 안의 지성소를 가리켜 말씀하셨다.

실로 유대인들은 예수님을 죽임으로써 성전을 헐었다. 그러나 예수님은 부활하시므로 다시 성전을 세우셨다. 예수님은 금요일 죽으심을 당하시고 주일 아침에, 즉 3일 만에 다시 부활하셨다. 제자들은 예수님이 죽은 자 가운데에서 다시 살아나신 후에야 성경과 예수님이 하신 말씀을 믿었다(요 2:22).

불신앙의 무리는 예수님이 "너희가 이 성전을 헐라 그러면 내가 3일 안에 일으키리라"고 하신 그 말씀이 그리스도 예수께서 부활하신 후에 비로소 새삼스럽게 기억에 떠올랐을 것이다.

- 요한복음 10:17-18, "…내가 다시 목숨을 얻기 위하여 목숨을 버리노라… 나는 버릴 권세도 있고 다시 얻을 권세도 있으니."

ⓐ 권세는 "엑수시아"(ἐξουσία)로서 이 단어는 엑세스티(ἔξεστι), "자유하다"(it is free)라는 뜻이다. 그리스도 예수의 권세는 권위(authority)로서 사망의 지배로부터 제재를 받지 않는 자유로운 권세이다.

ⓑ 그리스도 예수는 다시 생명을 얻기 위하여 자신의 생명을 스스로 자원하여 버리셨다. 그렇지 아니하면 아무도 그리스도 예수를 죽일 권세를 갖고 있지 못하기 때문이다.

그리스도 예수는 많은 사람을 구속하기 위하여 자신을 희생의 제물로 바치셨다. 그리고 죽음 가운데에서 부활하심으로써 생명을 다시 취하셨다.

ⓒ 이 권세는 성부 하나님으로부터 받았다. 하늘과 땅의 모든 권세(all power)를 하나님이 그리스도 예수에게 주셨다(마 28:18).

그리스도 예수께서는 창조자로서 모든 것을 지배하고 또 처치하는 권세를 소유하고 계신다. 그는 자신의 백성을 구속하시고 보호하시고 모든 원수와 사탄의 세력들까지도 그 발 아래 복종하게 하는 권세를 가지고 계신다. 또 하늘과 땅의 모든 권세를 가지신 그리스도께서 자신의 신적 권능으로 죽음에서 부활하셨다.

- 요한복음 11:25, "나는 부활이요 생명이다."

이 말씀은 마르다의 오라비 나사로가 죽은 후에 예수님이 마르다에게 하신 말씀이다. 예수님은 자신이 부활이요 생명으로 자신이 부활과 생명을 소유하고 계신다(요 14:6; 행 3:15; 히 7:16).

그러므로 예수님은 마르다에게 "나를 믿는 자는 죽어도 살 것이다"(요 11:25)라고 부활영생의 확신을 심어 주셨다.

사람은 죄값으로 죽으나 그리스도 예수를 구주로 믿는 자는 그리스도 예수께서 다시 재림하실 때 부활하여 영생복락을 누릴 것이다.

그러므로 그리스도인들의 부활이나 생명은 그리스도와의 관계를 떠나서는 존재할 수 없다. 생명은 사망의 반대요, 부활은 사망의 정복이다.

- 고린도전서 15:20, "그리스도께서 죽은 자 가운데에서 다시 살아 잠자는 자들의 첫 열매가 되셨도다."

본절에서 "살아"(에게겔타이, ἐγήγερται: to raise himself: 자신이 일어나다)는 주님 자신이 신적, 초자연적 능력으로 다시 부활하셨다는 말씀이다.

비록 영어 성경 NASB와 NIV에는 수동형으로 "has been raised"로, KJV에는 "is risen"으로 번역이 되었지만 에게겔타이는 에게이로(ἐγείρω: to raise: 일어나다)의 완료시상(perfect tense)으로 과거에 부활하신 역사적 사실과 부활하신 결과로 지금도 계속 살아 계심을 강조한다.

3) 성령 하나님(God the Holy Spirit)

성경은 그리스도 예수 부활의 동작자는 성부 하나님, 부활의 당사자이신 성자 그리스도 예수, 그리고 성령 하나님이라고 가르친다.

- 로마서 8:11, "예수를 죽은 자 가운데에서 살리신 이의 영이 너희 안에 거하시면 그리스도를 죽은 자 가운데에서 살리신 이가 너희 안에 거하시는 그의 영으로 말미암아 너의 죽을 몸도 살리시리라."

예수님을 죽음에서 살리신 이는 하나님이다. 그리고 하나님의 영(Spirit)은 성령님(Holy Spirit)이다(창 1:2; 마 3:16). 태초에 하나님이 사람을 창조하시고 코에 호흡을 불어넣어 산 사람이 되게 하신 것같이, 예수님의 죽은 몸에 생기를 불어넣어 살리셨다.

성령님은 생명의 영(Spirit of life) 곧 생명을 부여하시는 영(life giving Spirit)이시기 때문이다(롬 8:2). 그리스도 예수의 도성인신(道成人身)의 역사도 성령님의 사역이었다(마 1:18, 20; 눅 1:35).

또한 본문 말씀은 그리스도의 부활과 신자들의 부활과의 관계를 설명한다.

특주 7. 그리스도 예수의 대리적 속죄의 죽으심과 육체적 부활   151

　그리스도 예수를 죽음에서 살리신 바로 이 동일하신 성령 하나님이 그리스도 예수께서 재림하실 때 우리의 죽을 몸들을 영광스러운 몸으로 부활시키실 것이다. 그때는 죽을 것이 죽지 않을 불멸(immortality)을 입겠고, 사망이 생명에 삼킨 바가 될 것이다(고전 15:53). 그때는 우리의 영혼과 몸이 완전히 구속함을 받을 것이요(지금은 영혼만 구속받았음) 그리스도의 몸의 형체와 같이 변하게 될 것이다(빌 3:21). 그리스도를 죽음에서 살리신 성령님이 앞으로 우리도 죽음 가운데에서 살리실 것이다.

3. 그리스도 예수의 육체적 부활의 확실한 증거들(Clear Evidences)

그리스도 예수께서 부활하신 후 12회 나타나 보이셨다.

그리스도 예수께서 나타나 보이신 순서를 따라서 그의 육체적 부활의 사실을 증명하고자 한다.

① 막달라 마리아에게 나타나셨음(요 20:10-18)

부활하신 예수님은 안식 후 첫날, 곧 부활하신 날 새벽에 막달라 마리아에게 가장 먼저 나타나셨다(요 20:1, 14-15).

② 막달라 마리아와 다른 여인들에게 나타나셨음(마 28:1-10; 막 16:9-10; 눅 24:1-53; 요 20:11-18)

③ 베드로에게 나타나셨음(고전 15:5; 눅 24:34; 요 20:3-9)

④ 엠마오로 가는 두 제자에게 나타나셨음(막 16:12; 눅 24:13-35)

⑤ 열 사도들(Apostles)에게 나타나셨음(눅 24:36-49; 요 20:19-23)

⑥ 열한 사도들에게 나타나셨음(막 16:14; 요 20:24-31)

⑦ 일곱 사도들(Apostles)에게 나타나셨음(요 21:1-24)

⑧ 모든 사도(All Apostles)에게 나타나셨음(마 28:16-20; 막 16:14-18)

⑨ 500여 명의 신도들 앞에 나타나셨음(고전 15:6)

⑩ 야고보(James)에게 나타나셨음(고전 15:7)

⑪ 승천하시기 직전 모든 사도(All Apostles)에게 나타나셨음(행)

⑫ 승천하신 후 바울에게 나타나셨음(고전 15:8; 행 9:1-9)

주일을 안식일로 지킴(Observance of the first day of the week)

그리스도 예수께서 부활 승천하신 후 초대교회 성도들은 주일을 공예배일(public worship day)로 지키기 시작하였다(행 20:7; 고전 16:2). 안식일이 토요일에서 주일로 변경된 것이다.

구약시대 안식일은 하나님이 창조사역을 마치시고 창조의 위대하심을 기념하는 날이요, 신약시대의 안식일은 그리스도 예수의 구속사역을 기념하는 기념비적인 날이다.

주일은 주님의 날, 거룩한 날, 하나님께 예배드리는 날, 축복받는 날, 영혼과 육신이 안식하는 날, 복된 날이다. 그러므로 주일을 거룩히 지켜야 한다.

4. 그리스도 예수의 부활의 의미(The Meaning of the Resurrection)

그리스도 예수의 육체적 부활교리는 복음의 핵심

그리스도 예수의 대리적 속죄의 죽으심과 육체적 부활은 복음의 심장(heart of the gospel)이요, 핵심(core of the gospel)이다(고전 15:3).

만일 그리스도의 육체적 부활이 없다면?
① 우리의 신앙은 헛것이 될 것이요
② 우리는 여전히 죄 가운데 머물게 될 것이요
③ 세상을 떠난 사랑하는 사람들을 만나지 못하게 될 것이요
④ 사도들은 거짓 증인들이 될 것이요
⑤ 우리는 모든 사람보다 더 불쌍하고 소망이 없는 사람들이 될 것이다(고전 15:14-19).

그리스도의 부활은 필연적으로 신자들의 부활을 보증한다.

그러므로 그리스도 예수의 부활을 배제한 신자들의 부활이란 존재할 수 없다.

5. 그리스도 예수의 부활과 신자들의 부활·영생 문제

그리스도 예수의 부활은 신자들의 부활·영생의 신념을 견고케 한다(고전 15:12-13, 54-57). 만일 그리스도의 부활이 없었다면 우리의 미래는 비참한 죽음에 놓이게 될 것이었다.

고린도전서 15:42-44, "죽은 자의 부활도 그와 같으니 썩을 것으로 심고 썩지 아니할 것으로 다시 살아나며 욕된 것으로 심고 영광스러운 것으로 다시 살아나며 약한 것으로 심고 강한 것으로 다시 살아나며 육의 몸으로 심고 신령한 몸으로 다시 살아나나니 육의 몸이 있은즉 또 영의 몸도 있느니라."

그리스도의 부활로 말미암아 비로소 "사망아 너의 승리가 어디 있느냐? 사망아 너의 쏘는 것이 어디 있느냐?"(고전 15:55)라고 신자들은 담대히 외칠 수 있게 되었다. 우리는 그리스도의 부활로 말미암아 사망을 멸하고 생명과 불멸의 영생을 가져왔다(딤후 1:10). 그리스도의 부활은 신자들의 영육(soul and body)을 포함한 부활체로서의 영생을 확증한다.

† 참조: 그리스도 예수의 대리적 속죄의 죽음과 육체적 부활, 조영엽,『기독론』(개정 5판), (서울: CLC, 2012), pp. 381-438.

16.

두 가지 명령
(Two Imperatives)

1. 첫째 명령
2. 둘째 명령

디모데후서 2:8, "내가 전한 복음대로 다윗의 씨로 죽은 자 가운데서 다시 살아나신 그리스도 예수를 기억하라."

사도 바울은 본 절에서 디모데에게 두 가지를 기억하라고 명령하였다.
첫째 명령은 "다윗의 씨를 기억하라"이다.
둘째 명령은 "죽은 자 가운데서 다시 살아나신 그리스도 예수를 기억하라"이다.

"기억하라"(므네모뉴에, Μνημόνευε; keep in mind, remember, think about; 기억하라, 생각하라, 명심하라)는 무네무뉴오 (μνημονεύω; remember; 기억하다)의 현재 명령형이다. 따라서 "기억하라"는 계속(항상) 기억하라는 말씀이다. 현재 시상은 현재 진행의 의미를 강조한다. 원문에는 "기억하라"라는 말씀이 문장 처음에 나와서 "기억하라"는 말씀을 강조한다.

1. 첫째 명령(First Commandment)

"다윗의 씨를 기억하라."

"다윗의 씨"(스펠마토스 다비드, σπέρματος Δαίδ; [the] seed of David; 다윗의

씨)는 다윗의 후손이라는 뜻으로 이는 구약에 약속된 메시야(삼하 7:12; 시89:35; 렘 23:5) 곧 그리스도 예수를 가리킨다(마 1:1; 22:41-45; 막 12:35-37; 눅 20:41-44; 요 7:42; 행 2:25-36; 13:23; 딤후 2:8; 계 22:16).

"다윗의 자손"은 바로 메시야의 대명사이다. 이스라엘은 다윗의 자손 메시야를 대망하였다.

신약에서 "다윗의 씨"(David's descendant)는 이곳과 요한복음 7:42, 로마서 1:3에만 나타난다. 그리스도 예수를 다윗의 후손(자손)이라고 할 때 이는 혈통적으로가 아니라, 법적으로 다윗의 후손임을 가리킨다.

그러므로 마태복음 1:16에는 요셉을 예수의 아버지라 하지 않고 마리아의 남편이라고 명시하였고, 요셉에 의하여서가 아니라 마리아에게서 태어났다고 하였다. 누가복음 1:35에는 예수님을 지극히 높으신 이(하나님)의 아들이라고 하였다.

"다윗의 씨"는 그리스도 예수의 인성(人性)을, "죽은 자 가운데서 다시 살으신 이"는 그리스도 예수의 신성(神性)을 나타낸다.

2. 둘째 명령(Second Commandment)

"그리스도 예수를 기억하라"(므네모뉴에 예순 크리스톤, Μνημόνευε Ἰησοῦν Χριστόν; Remember Jesus Christ).

"기억하라"(므네모뉴에, μνημόνευε; Remember; 기억하라)는 무네모뉴오(μνημορεύω; to call to mind; 생각나게 하다)의 2인칭 단수 현재·명령형이다. 따라서 "기억하라"는 예수 그리스도의 대리적 속죄의 죽으심과 육체적 부활의 역사적 사건들을 되새겨 생각하며 기억하라는 말씀이다.

그리스도 예수는 누구이신가?

"죽은자들 가운데서 다시 살으신 이"이시다.

"다시 살으신"(에게겔메논, ἐγηγερμένον; having been raised; 다시 살림 받으신)은 완료 수동분사(perfect passive participle)로서 완료 동사(perfect verb)처럼 (같이) 과거에 다시 살아나셨을 뿐 아니라 지금도 살아 계심을 강조한다.

"죽은 자 가운데서 다시 살아나신 예수 그리스도"는 수동형으로 예수

님은 성부 하나님에 의하여(시 16:10; 롬 10:9; 행 2:24;, 13:30),

그리스도 예수 자신의 신적(神的) 능력에 의하여(요 2:19-21; 10:17, 18; 11:25; 고전 15:20),

성령 하나님에 의하여(롬 8:11) 죽음에서 다시 살아나셨고(고전 15:4, 12, 13, 14, 16, 17, 20), 지금은 부활하신 주님으로서 천상에서 중보자로서 역사하고 계신다.

"내가 전한 복음대로"(카타 토 유앙겔리온 무, κατὰ τὸ εὐαγγέλιόν μου; according to my Gospel)는 바울이 설교한 복음이다(갈 1:11; 고전 15:1).

사도 바울은 복음의 본질적 핵심인 예수 그리스도의 대리적 속죄의 죽으심과 육체적 부활을 전하였다.

17.

하나님의 말씀은 매이지 아니함
(God's Word is not Chained)

1. 사도 바울은 복음을 인하여 매인 바 됨
2. 그러나 하나님의 말씀은 매이지 않음

디모데후서 2:9, "복음을 인하여 내가 죄인같이 매이는 데까지 고난을 받았으나 하나님의 말씀은 매이지 아니하니라."

1. 사도 바울은 복음을 인하여 매인 바 됨

사도 바울은 그리스도 예수와 그의 복음을 인하여 쇠사슬에 매이는 데까지 고난을 받았다(1:16; 2:3-4; 빌 1:14 참조).

바울은 의인으로서 죄인같이 고난을 받았다.

"죄인같이"(호스 카쿠르고스, ὡς κακοῦργος; as an evildoer; 악행자처럼)는 악행자로서 악한 일을 행하는 죄인들 중 살인자·강도·반역자같은 죄인들의 괴수를 뜻한다. 이 단어의 동사는 카코파데오(κακοπαθέω; suffer evil; 악에 고난을 받는다)이다.

누가복음 23:33, 39에는 예수님 좌우편에서 못 박힌 흉악범들을 카쿨고스라고 하였다. 죄 없는 사도 바울은 악행자처럼(호스, ὡς; as, just as, …처럼, 꼭 같이) 악행자가 받는 형벌·고난과 똑같은 고난을 받았다. 바울이 받은 고난은 고린도후서 11:23-33에 요약되어 있다.

"…매이는 데까지" 고난을 받았다. "매이는 데까지"(메크리 데스몬, μέχρι

δεσμῶν; unto bonds)는 고난의 정도(degree)를 지적한다. 바울은 사슬에 매이는데까지 고난을 받았다. "사슬에 매인바"는 문자적이라기보다는 오히려 감옥에 갇힘을 나타낸다(빌 1:7, 13, 14, 17; 골 4:18; 몬 10, 13).

2. 그러나 하나님의 말씀은 매이지 않음

"그러나 하나님의 말씀은 매이지 아니하니라"(알라… 우 데데타이, ἀλλὰ… οὐ δέδεται; but… not bound; 그러나… 매이지 않는다.) 이 문장은 사도 바울의 매임과 복음의 매이지 않음을 대조한다.

"그러나"(알라, ἀλλά; but)는 앞과는 매우 대조적이다.

"하나님의 말씀"(호 로고스 투 데우, ὁ λόγος τοῦ θεοῦ; the word of God)은 바울이 전한 복음이다(롬 9:6; 고후 2:17, 4:2; 빌 1:14).

"매이지 않는다"(우 데데타이, οὐ δέδεται; has not been bound)는 하나님의 말씀은 계속해서 매여오지 않았으며 지금도 매이지 않는다는 뜻이다. οὐ δέδεται(매이지 않는다)는 데스몬(δεσμῶν; is not chained; 쇠사슬에 매이다)과 대조적이다. 신앙의 원수들은 복음 사역자들을 죽이기까지도 할 수 있으나 복음은 정지시킬 수 없다. 바울은 결박되었어도 복음은 결박하지 못한다. 하나님의 진리는 영원무궁하며 그의 나라 또한 영원무궁하리라.

복음은 포로 된 자에게 자유를, 눈먼 자에게 보게 함을, 눌린 자를 자유케한다(눅 4:18). 기독교를 박해한 로마제국은 드디어 복음에 점령당했다. 따라서 우리는 다윗의 씨, 죽은 자 가운데서 다시 살아나신 그리스도 예수를 기억할 뿐만 아니라, 복음의 능력 또한 기억하여야 할 것이다.

- 빌립보서 1:14, "형제 중 다수가 나의 매임을 인하여 주 안에서 신뢰하므로 하나님의 말씀을 더욱 담대히 말하게 되었느니라."

18.

택함받은 자들을 위하여
(For the Sake of the Elect)

1. 택함을 받은 자들을 그리스도 예수 안에서 구원을 얻게 하기 위함이다.
2. 선택의 목적

디모데후서 2:10, "그러므로 내가 택함을 받은 자들을 위하여 모든 것을 참음은 그들도 그리스도 예수 안에 있는 구원을 영원한 영광과 함께 얻게 하려 함이라."

사도 바울은 하나님의 택한 백성들이 그리스도 예수 안에서 구원을 받고 영원한 영광에 참여케 하려고 모든 고난을 참조 복음을 전하였다.

"그러므로"(디아 투토, διὰ τοῦτο; for this reason, therefore; 이 이유로, 이 이유 때문에, 그러므로)는 일반적으로 문장이 새로 시작될 때 사용되었으며, 본 절에서는 사도 바울이 모든 것을 참는 이유를 밝힌다.

"모든 것을 참는다"(판타 휘포메노, πάντα ὑπομένω; I endure all things)는 문자 그대로 어떤 조건, 어떤 경우, 어떤 여건 가운데서도 모든 시험과 핍박을 담대하게 참조 견딘다는 뜻이다. 사도 바울의 인내는 피동적·수동적이 아니라, 능동적·적극적이다.

"히나절"(ἵνα clause; because; 왜냐하면, 그 이유는)는 사도 바울이 모든 것을 참는 이유와 목적을 제시한다. 그런데, 그 이유와 목적은 곧 그리스도 안에 있는 구원을 받게 하기 위한 일일 뿐만 아니라, 영원한 영광에 함께 참여케 하기 위함이다.

"구원을 영원한 영광과 함께"(쏘테리아스…메타 독세스 아이오니무, σωτηρίας …μετὰ δόξης αἰωνίου; Salvation…with eternal glory)

- 고린도전서 13:7, "모든 것을 참으며, 모든 것을 믿으며, 모든 것을 바라며, 모든 것을 견디느니라."

1. 택함을 받은 자들을 그리스도 예수 안에서 구원을 얻게 하기 위함이다.

"그리스도 예수 안에서 구원"(쏘테리아스 … 엔 크리스토 예수, σωτηρίας …ἐν Χριστῷ Ἰησοῦ; Salvation …in Christ Jesus)는 그리스도 밖에는 구원이 없음을 강조한다.

1) 선택은 창세 전에(Before the Creation of the World) 결정되었다.

- 에베소서 1:4, "곧 창세 전에 그리스도 안에서 우리를 택하사…".

"창세 전"(프로 카타볼레스 코스무, πρὸ καταβολῆς κόσμου; before [the] foundation of [the] world). "세계(세상)의 기초 전에"는 시간적으로 영원을 뜻한다.

하나님은 이 세상이 창조되기 전 영원 세계에서 사람들 중에 얼마를 구원하기로 미리 정하셨다(딤후 1:9). 하나님의 선택의 실제적 시행은 역사적 세계(시간과 공간의 세계)에서 시행되나, 선택을 위한 삼위 하나님의 도모·계획·결정은 창세 전 영원 세계에서 되었다. 그러므로 택자들을 위한 선택은 영원적 선택이다. 개인을 중생·회심·구원하시는 하나님의 구원 역사는 우연적·돌발적·즉흥적이 아니다. 사람이 어떤 큰 건물을 건축하기 위해서는 건축설계사(architect)가 엔지니어(engineer)와 함께 세밀하게 설계한 후 그 설계도(blue print)에 의하여 건축하거든, 하물며 완전하신 우리의 하나님이랴!

성경은 선택이 창세전에 결정되었음을 밝히 계시하였다(사 22:11; 롬 1:4; 8:29; 엡 1:4; 3:11; 딤후 1:9). "창세 전에"란 문자 그대로 하나님이 이 세상을 창조하시기 전 영원한 때를 가리킨다. "예정하였다"(프로오리센, προώρισεν; foreordained 미리 정하였다, 예정하였다)는 사전에 미리 결정하였음을 가리킨다.

2) 선택은 그리스도 안에서(In Christ)이다.
* 에베소서 1:4, "곧 창세 전에 그리스도 안에서 우리를 택하사…."

선택은 그리스도 안에서의 선택이다. 그리스도 안에서의 선택이란 선택의 범위와 관련된다. 성경은 선택을 "그리스도 안에서의 선택"(election in Christ)이라고 했다.

그러면 그리스도 안에서의 선택이란 무엇인가? 선택은 구원 자체가 아니고 구원에 이르는 첫 단계이다. 선택의 목적은 택자들의 구원영생인데 그리스도 외에는 구원이 없다(요 3:16; 14:6; 행 4:12).

하나님은 선택함 받은 자들만을 구원하기로 예정하셨고, 그리스도께서는 그 예정에 의하여 선택함 받은 자들만을 위하여 죽으셨다. 보혈의 능력은 무한하나, 그것의 적용은 제한적이다. 이 교리를 칼빈주의에서는 일반적으로 제한적 속죄(limited atonement)라고 한다. 구원은 그리스도 안에만 있다. 칼빈에게서 "그리스도 안에서의 선택"은 하나님의 작정의 주권을 축소·약화·변경시키는 것이 아니라, 오히려 무상(無償)의 은혜와 자비를 강화시킨다. 그리스도 안에서 선택받았다는 말씀은 우리 속에 선택받을 만한 아무런 가치도 없다는 것을 의미하기 때문이다.

예수 그리스도만이 유일무이한 택자들의 구주이심을 밝히는 대표적 2 구절은 사도행전 4:12과 요한복음 14:60이다.

* 사도행전 4:12, "다른 이로서는 구원을 얻을 수 없나니 천하 인간에 구원을 얻을 만한 다른 이름을 우리에게 주신 일이 없음이니라."

"구원"(헤 쏘테리아, ἡ σωτηρία; the salvation or deliverance; 구원, 구출)은 관사(ἡ, the)와 더불어 보다 높은 의미에서 메시아적 구원(Messianic salvation)을 뜻한다.

"다른 이는 없다"(알로 우데니, ἄλλῳ οὐδενί; no other; 다른 이는 없다)는 말쏨은 다른 이는 한 사람도, 아무도 없다는 뜻이다.

"주신"(데도메논, δεδομένον; having been given; 주어져 온)은 디도미(δίδωμι; to give; 주다)의 완료 수동태로서 이 단어의 의미는 지금까지 계속해서 주어져 온 일이 없다는 말씀이다. 물론 앞으로도 마찬가지이다.

- 요한복음 14:6, "내가 곧 길이요 진리요 생명이니 나로 말미암지 않고는 아버지께로 올 자가 없느니라."

본 절은 예수님의 "나는 …이다"(에고, ἐγώ, 에이미, εἰμι…)라고 하신 말씀들 중 하나이다. 이 얼마나 단순하면서도 확실한 진리인가?

예수님은 사람들에게 천국으로 가는, 하나님께로 가는 길을 보여 주시겠다고 말씀하지 않고, 자신이 곧 천국으로 가는, 하나님께로 가는 유일한 길(헤 호도스, ἡ ὁδος; the way, 그 길)이라고 말씀하셨다. 예수님은 천국으로 가는, 하나님께로 가는 구원의 길이다. 많은 길들 중의 하나가 아니라 유일한 길이다(행 4:12). 예수님은 진리요 생명이시므로 하나님께로 가는 유일한 길(the only Way)이다.

그러므로 예수님은 "나로 말미암지 않고는 아무도 아버지께로 갈 자가 없느니라"고 말씀하셨다.

길이 없으면 갈 수 없고, 진리가 없으면 알 수 없고, 생명이 없으면 살 수 없다. 우리는 예수님이 길이시니 그 길을 추구해야 하며, 진리이시니 믿어야 하며, 생명이시니 소망을 가져야 한다.

3) 선택은 개별적(Individual)이다.

하나님은 자신의 자아 의지에 의하여 그 선하시고 기쁘신 뜻대로 창세 전에 그리스도 안에서 사람들을 개별적으로 선택하시고 개별적으로 구원하신다.

심지어는 부흥집회 같은 곳에서 많은 사람들이 동시에 구원의 반열에 초청을 받을지라도 하나님은 한 사람 한 사람에게 개별적으로 역사하신다. 선택이라는 단어 자체에 개별적 의미가 내포되어 있다. 하나님의 선택은 선택된 각 개인들을 위한 목적, 곧 구원을 위한 선택이요, 각 개인마다 영혼이 있는 개별적, 인격적 존재들이니 하나님의 선택도 개별적이다. 이 선택된 자들은 구원을 받고 그리스도를 머리로 한 공동체(교회) 안에 연합된 자들이다. 이것은 또한 칼빈의 교회론의 기초를 형성한다.

4) 선택 받은 자들은 "큰 무리"(A Great Multitude)이다.

하나님은 은혜·자비·긍휼이 무한하시니 다수의 영혼들이 구원받도록 선택하셨을 것이 아닌가? 선택의 목적과 결과는 구원인데, 성경은 구원 받은 자들의 최종적 수를 "아무라도 능히 셀 수 없는 큰 무리", "허다한 무리"라고 묘사하였다.

요한계시록 7:9에 "아무도 셀 수 없는 큰 무리"는 온 세상의 모든 나라· 족속·백성·방언(언어, every nation and tribes and people and tongues) 가운데 에서 나온 큰 무리라고 했고, 요한계시록 19:1에서는 "허다한 무리"라고 했다.

이는 참 선교사들의 선교 사역의 열매로서 아무도 그 수를 셀 수 없는 허다한 큰 무리이다.

칼빈주의자들이 선택의 교리를 역설할 때에는 모든 사람이 구원을 받 는 것이 아니라는 제한을 정할 뿐이요, 택자들의 수와 비교하는 것이 아 니다.

2. 선택의 목적(The Purpose of Election)

하나님이 영원 세계에서 계획하고 작정하신 일들은 모두 그 목적이 있 다. 하나님의 선택의 목적은 무엇인가?

1) 하나님의 영광을 위함이다(For the Glory of God).

사람의 제일 되는 목적도, 봉사와 선행도 하나님의 영광을 위함인 것 같이 하나님의 선택의 최고 목적도 하나님의 영광을 나타내기 위함이다.

사도 바울은 모든 것이 "그(그리스도)로 말미암아 그를 위하여 창조되 었고"(골 1:16)라고 했다.

- 하나님이 우리를 그리스도 안에서 택하신 것은 하나님의 뜻을 따라 하나님의 영광스런 은혜를 찬미하게 하심이다(엡 1:6).

- 우리는 하나님의 영광을 찬양하며 살도록 성령의 인치심을 받았다 (엡 1:12-14).
- 천상에서 24장로들은 하나님의 보좌 앞에 그들의 면류관을 벗어 드리며 "우리 주 하나님이여, 영광과 존귀와 능력을 받으시는 것이 합당하오니 주께서 만물을 지으신지라 만물이 주의 뜻대로 있었고 또 지으심을 받았나이다"(계 4:11)라고 했다.
- "그런즉 너희는 먹든지 마시든지 무엇을 하든지 다 하나님의 영광을 위하여 하라"(고전 10:31).
- "오직 하나님께만 영광을!"(Soli Deo Gloria!)은 칼빈의 유명한 모토(motto)였다.
- 웨스트민스터 신앙고백서 3장 5-6절에서는 선택의 목적을 가리켜 "…이 모든 것은 하나님의 영광스런 은혜를 찬양하기 위함이다", "하나님은 그 택하신 자를 영광에 이르도록 정하신 때에 그 마음의 영원하시고 가장 자유로우신 뜻을 따라 거기에 이르는 모든 방편을 미리 예비하셨다…"라고 했다.
- 바빙크(Bavinck)는 "하나님이 하시는 바 그 무엇이든지 하나님은 자기 자신의 영광을 위하여 하신다. 따라서 선택의 원인과 목적도 하나님 안에 자리 잡고 있다"라고 했다.

2) 예수 그리스도로 말미암은 구원을 위함이다(Salvation by Jesus Christ alone).

"택자"(the elect). 그리스도 예수 안에 있는 구원(Salvation in Christ Jesus).

여기서 구원은 영적이며 또한 육체적이며, 현세적이며 또한 내세적이다. 우리의 구원이 영적이며 또한 현세적이란 현세에서 우리의 구원은 영(靈)의 구원을 뜻하며, 우리의 구원이 육체적이며 또한 내세적이란 주님이 재림하시므로 우리의 육체도 온전한 구원 곧 몸의 구속을 이루는 것을 뜻한다(롬 8:23).

택한 자들(마 24:31; 눅 18:7), 하나님의 택한 자들(롬 8:33; 골 3:12; 딛 1:1), 그리스도 안에서 택함을 받은 자들(눅 16:13)은 하나님께서 태초에 예정하신 자들이다.

3) 영원한 영광을 누리게 하기 위함이다(For Eternal Glory).

"**또한 그들**"(카이 아우토이, καί αὐτοί; they also; 그들이 또한)은 택함받은 자들이 구원을 받을 뿐 아니라 또한 영원한 영광을 누리게 하기 위함이다.

"**영원한 영광**"(독세스 아이오니우, δοξης αἰωρίου; eternal glory)은 구원의 과정에 있어서 최종 상태(final state)이다. 다시 말하면 하나님의 유효적 소명으로부터 시작되어 중생·칭의·양자·신앙·회개·성화·성도의 견인을 거쳐 영원한 영화(glorification)에 이르게 된다. 영원한 영광은 영광이 영세 무궁토록 있을 것을 강조한다.

- 고린도후서 4:17, "우리가 잠시 받는 환란의 경한 것이 지극히 크고 영원한 영광의 중요한 것을 우리에게 이루게 함이라."

19.

찬송과 신앙고백
(A Hymn and A Confession)

1. "만일 우리가 그와 함께 죽었으면 우리가 또한 그와 함께 살 것이요."
2. "만일 우리가 참으면 우리가 또한 그와 함께 왕 노릇 할 것이요."
3. "만일 우리가 그를 부인하면 그도 우리를 부인하리라."
4. "비록 우리는 미쁨이 없을지라도 주는 일양 미쁘시니 자기를 부인할 수 없느니라."

디모데후서 2:11-13, "신실하도다 이 말이여! 만일 우리가 주(主)와 함께 죽었으면 또한 함께 살 것이요, 참으면 또한 함께 왕 노릇 할 것이요, 우리가 주를 부인하면 주도 우리를 부인하실 것이라 우리는 미쁨이 없을지라도 주는 일향 미쁘시니 자기를 부인하실 수 없으시리라."

"신실하도다 이 말이여!"(딤전 1:15, 참조)
본문은 시문(poem: 詩文)으로 총 4절(4 lines)로 구성되어 있다. 처음 2절은 긍정적인 내용이요, 나중 2절은 부정적인 내용이다.

본문은 초대교회 시대 찬송 또는 신앙고백으로 사용되어 왔다. 사도 바울은 본문을 찬송으로 불러 신앙을 고백하였을 것이다.

본문에는 매 절마다(11, 12, 13) "만일"(에이, εἰ; if)이라는 조건(condition)을 타나내는 접속사가 직설법(indicative mood)과 함께 사용되어 확실한 사실을 강조한다.

본문에는 "함께"(순, σύν; together with)라는 접두어를 붙인 동사가 셋이 있어서 우리와 그리스도와의 신비적인 연합을 강조한다.

첫째 동사는 수나페다노멘(συναπεθάνομεν; We died with Him; 우리는 그와 함께 죽었다),

둘째 동사는 수제소멘(συζήσομεν; We shall live with Him; 우리가 또한 그와 함께 살 것이요),

셋째 동사는 숨바실류소멘(συμβασιλεύσομεν; We shall reign with Him; 우리가 또한 그와 함께 왕노릇 하리라)이다.

1. "만일 우리가 그와 함께 죽었으면 우리가 또한 그와 함께 살 것이요."

1) "만일 우리가 그와 함께 죽었으면"(에이 수나페다노멘, εἰ συναπεθάνομεν; if we died with [Him]).

"그"(에케이노스, ἐκεῖνος; that one or He)는 그리스도를 가리킨다.

"우리가 그와 함께 죽었다"(수나페다노멘, συναπεθάνομεν; We died with Him)는 수나포드네스코(συναποθνήσκω; to die with; …함께(같이) 죽다)의 복수(pl.)과거시상(aorist)이다. 과거시상은 과거에 발생한 한 행동(사건)(an act in the past)을 지적한다. 그리스도 예수는 예루살렘 갈보리산 십자가 상에서 십자가에 못 박혀 죽으신 지 이미 오래되었다. 이는 역사적·객관적 사실이다.

우리가 그와 함께 죽었다는 말씀은 무슨 뜻인가?

"우리가 그와 함께 죽었다"는 말씀은 그리스도와의 동사(同死)로 인한 그리스도와의 신비적 연합(a mystical union)을 뜻한다.

우리가 그리스도와 함께 죽었다는 말씀은 적어도 3가지(몇 가지)뜻이 있다.

① 우리가 그리스도 예수를 우리의 개인의 인격적 구주로 영접할 때 우리는 신분상으로는 죄에 대하여는 죽었다는 뜻이다. 왜냐하면 그리스도 예수를 구주로 영접할 때 모든 죄를 다 사함 받기 때문이다.

② 실제상은 죄에 대하여는 날마다 죽는 것을 뜻한다(롬 6:2, 6).

죄에 대하여는 날마다 죽는다는 것은 우리의 옛 사람·죄의 성질을 날마다 죽인다는 뜻이다. 그리스도와 함께 죽은 자는 죄에 대하여는 날마다 죽어야 한다.

- 로마서 6:6, "우리가 알거니와 우리의 옛 사람이 예수와 함께 십자가에 못박힌 것은 죄의 몸이 파괴되어 다시는 우리가 죄에게 종노릇하지 아니하려 함이라."

③ 우리가 장차 이 세상을 떠날 때에는 죄에 대하여는 완전히 죽을 것을 가리킨다.

다시 말하면 우리가 이 세상을 떠날 때 우리의 죄의 성질·옛사람은 우리의 육체와 더불어 완전히 죽을 것이다.

- 로마서 6:8, "만일 네가 그리스도와 함께 죽었으면 또한 그와 함께 살줄을 믿었노니."
- 갈라디아서 2:20, "내가 그리스도와 함께 십자가에 못 박혔나니 그런즉 이제는 내가 사는 것이 아니요 내 안에 그리스도께서 사시는 것이라."
- 골로새서 2:20, "너희가…그리스도와 함께 죽었으면 …."

본문의 말씀 "만일 우리가 그리스도와 함께 죽었으면"은 위의 말씀들과 유사하며 위의 말씀들을 생각하게 한다.

2) "우리가 또한 그와 함께 살 것이요"(카이 수제소멘, καὶ συζήσομεν; We shall live with Him)는 수자오(συζάω; to live with; …함께 살다)의 복수(pl.) 미래시상(future)이다. 그리스도 예수는 십자가에 못 박혀 죽으셨다가, 사망과 음부의 권세를 깨치시고 3일만에 죽은 자들 가운데에서 다시 살아나셨다. 이는 역사적·객관적 사실이다.

"우리가 또한 그와 함께 살 것이요"라는 말씀은 무슨 뜻인가?

"우리가 또한 그와 함께 살 것이요"라는 말씀은 그리스도와의 동생(同

生)으로 인한 그리스도와의 신비적 연합을 뜻한다.

① 우리가 그리스도 예수를 자신의 인격적 구주로 영접할 때 우리는 신분상으로는 의롭다 함(칭의)을 받았다는 뜻이다.

② 실제상은 의에 대하여는 날마다 사는 것(의로워지는 것-성화)을 뜻한다. 죄에 대하여 죽는 것만큼 의에 대하여는 살아나는 것이다. 주님과 함께 살아난 자는 죄에 대하여는 날마다 죽고 의에 대하여는 날마다 살아나야 한다. 성도는 의·진리·거룩 등 하나님의 공유적 속성들을 날마다 이루어 나가야 한다(엡 4:24).

③ 장차 그리스도께서 영광 중에 재림하실 때에는 온전히 신령한 몸, 온전한 몸, 거룩한 몸으로 다시 부활할 것을 가리킨다. 우리가 이 세상을 떠날 때 죄성(sinful nature)은 완전히 없어지고, 주님 재림하실 때 죄 없는 신령한 몸이 될 것이다.

"신실하도다 이 말이여!"
"만일 우리가 그리스도와 함께 죽었으면 또한 그리스도와 함께 살 것이요"라는 말씀은 그리스도와 함께 죽기만 하면 반드시 그리스도와 함께 다시 살 것을 강조한다. 반면에 만일 우리가 그리스도와 함께 죽지 않으면 우리는 결코 그리스도와 함께 살 수 없다는 사실이다. 그러므로 우리가 그리스도와 함께 살기 위하여는 반드시 그리스도와 함께 먼저 죽어야 한다는 이 말씀은 신실하시니 우리는 이 말씀을 더욱 굳게 믿고 내세의 소망을 굳게 가져야 할 것이다.

죽은 것은 과거요 살아날 것은 미래이다. 죽는 것은 사망이요, 사는 것은 영생이니 매우 대조적이다.

문제는 우리가 지금은 날마다 죄에 대하여는 죽고 의에 대하여는 날마다 살아가고 있는가? 우리의 생활이 성화의 생활을 하고 있는가?

하나님은 만일 우리가 그리스도와 함께 죽었으면 우리가 또한 그리스도와 함께 살 것이라는 이 엄청난 약속을 우리에게 해 주셨다.

"신실하도다 이 말이여!" 이 말씀은 참으로 믿을 만하고 신뢰할 만한 가치가 있는 말씀(reliable and trustworthy saying)이다.

그러므로 우리는 이 말씀을 믿고 날마다 죄에 대하여는 죽고 의에 대하여는 날마다 살아나는 역사가 있어야 하겠다.

- 빌립보서 3:23, "…우리의 낮은 몸을 자기 영광의 몸의 형체와 같이 변케 하시리라."

2. "만일 우리가 참으면 우리가 또한 그와 함께 왕 노릇 할 것이요."

1) "만일 우리가 참으면"(에이 휘포메노멘, εἰ ὑπομένομεν; if we endure)은 현재시상(present tense)으로 현재의 계속적 상태를 강조한다.

본문에서는 무엇을 참을 것인지에 대하여는 언급이 없다.

그러나 디모데서에서 참으라는 말씀은 그리스도 예수와 그의 복음과 의와 성도의 믿음을 위하여 받는 고난과 핍박을 참으라는 뜻으로 이해하여야 한다.

만일 우리가 그리스도와 그의 복음과 의와 우리의 믿음을 지키기 위하여 받는 고난을 참기만 하면 복이 있다. 어떤 복이 있는가?

- 마태복음 5:10-11, "의를 위하여 핍박을 받는 자는 복이 있나니 천국이 저희 것임이라 나를 인하여 너희를 욕하고 핍박하고 거짓으로 너희를 거스려 모든 악한 말을 할 때에는 너희에게 복이 있나니 기뻐하고 즐거워하라 하늘에서 너희의 상이 큼이라 너희 전에 있던 선지자들을 이같이 핍박하였느니라."

2) "우리가 또한 그와 함께 왕노릇 하리라"(카이 숨바실류소멘, καὶ συμβασιλεύσομεν; We shall reign with Him)는 미래시상(future)으로 "우리가 그리스도와 함께 다스릴 것이다. 통치할 것이다"라는 뜻이다.

- 요한계시록 5:10, "저희로 우리 하나님 앞에서 나라와 제사장들로 삼으셨으니 저희가 땅에서 왕노릇 하리로다."
- 요한계시록 20:4, 6, "…살아서 그리스도로 더불어 1000년 동안 왕노

릇 하리니…그들이…1000년 동안 그리스도로 더불어 왕노릇 하리로다."

우리가 언제 그리스도와 더불어 왕노릇 할 것인가?

그리스도 예수께서 영광중에 재림하셔서 생태학적으로 오염된 처음 하늘과 처음 땅을 새 하늘과 새 땅으로 전적으로 질적으로 새롭게 갱신하시고, 우리의 낮고 천한 몸을 신령한 몸으로 부활 또는 변화시키시고, 이 세상이 그리스도의 나라가 될 때 우리는 그리스도로 더불어 왕노릇하게 될 것이다.

만일 우리가 그리스도를 위하여, 그의 복음을 위하여, 우리의 믿음을 위하여, 고난을 받고 참으면, 참조 견디는 결과 그리스도와 더불어 왕노릇 할 것이다.

사도 바울은 로마서 8:18에서, "생각컨대 현재의 고난은 장차 우리에게 나타날 영광과 족히 비교할 수 없도다"라고 하였다.

"신실하도다 이 말이여!" 만일 우리가 그리스도와 그의 복음을 위하여 그리고 우리의 믿음을 지키기 위하여 받는 고난도 잘 참조 견디기만 하면 이 세상이 그리스도의 나라가 될 때 우리도 주와 함께 왕노릇 하리라는 말씀은 참으로 믿고 신뢰하고 전할 가치가 있는 말씀이다.

3. "만일 우리가 그를 부인하면 그도 우리를 부인하리라."

1) "만일 우리가 그를 부인한다면"(에이 알네소메다, εἰ ἀρνησόμεθα; if we shall deny)은 알네오마이(ἀρνέομαι; to deny, say no; 부인하다, 아니요 하다)의 1인칭·복수·미래시상(future)이다. 여기서 "부인한다"는 말은 배교와 불신앙으로 배도하는 것을 가리킨다. 만일 우리가 그리스도를 부인한다면 결과는 분명하다. 그리스도께서 우리를 부인할 것이다.

예수님의 제자요 회계를 맡은 가룟 유다는 주님을 배반하여 스스로 목숨을 끊었다(마 26:14-25). 반면에 베드로는 닭 울기 전 주님을 3번이나 모른다고 부인하였으나 철저히 회개하고 최후에는 순교까지 하였다(마 26:69-75; 요 18:25-27).

2) "그도 또한 우리를 부인하리라"(카케이노스 알네세타이, κἀκεῖνος ἀρνήσεται; he also will deny, will not acknowledge)는 미래시상(future)이다. 만일 우리가 그리스도를 부인하면 그리스도도 우리를 인정하지 않을 것이다는 뜻이다. 만일 우리가 주님을 부인하지 않으면(배도하지 않으면) 주님은 결코 우리를 부인하시지 않는다는 것을 강조한다. 이 무서운 경고의 말씀, "이 말씀은 미쁘도다!"

"신실하도다 이 말이여!"

- 마태복음 10:32-33, "누구든지 사람 앞에서 나를 시인하면 나도 하늘에 계신 내 아버지 앞에서 그를 시인할 것이요 누구든지 사람 앞에서 나를 부인하면 나도 하늘에 계신 내 아버지 앞에서 그를 부인하리라."

말세에는 배도하는 일, 미혹케하는 영과 귀신의 영을 좇는 일, 주님을 부인하는 일이 있으리라고 예언하신 이 말씀은 참이요 신실하시니 믿고 전할 가치가 있는 말씀이다.

4. "비록 우리는 미쁨이 없을지라도 주는 일양 미쁘시니 자기를 부인할 수 없느니라."

"비록 우리는 미쁨이 없을지라도"(에이 아피스투멘, εἰ ἀπιστοῦμεν; if(although) faithless; 비록 우리는 신실하지 못할지라도)

"주는 일양 미쁘시다"(에케이노스 피스토스 메네이, ἐκεῖνος πιστὸς μένει; He remains faithful; 그는 신실하시다)

13절의 "에이"(εἰ; if or although; 만일, … 할지라도)는 "만일"이 아니라 "비록"으로 해석하여야 한다.

"미쁨", "신실한"(피스토스, πιστὸς; faithful)은 신실한, 성실한, 믿을만한이란 뜻이다.

"자기를 부인할 수 없느니라"(알네사스다이 갈 헤아우톤 우 두나타이; ἀρνήσασθαι γὰρ ἑαυτὸν οὐ δύναται; for He can not deny Himself; 그는 자신을 부인할 수 없으시다). 주님은 신실하시기 때문에 자신을 부인하지 않으시며, 거짓이 없으시며, 변개치 아니하시며, 약속을 지키신다(민 23:19; 삼상 15:29; 말 3:6; 딛 1:2; 히 6:18). 그러므로 우리는 참으로 주님을 믿을 만하다.

  사람은 신실하지 못하고 믿을 만하지도 못하다. 사람은 처지와 형편 그리고 신앙의 정도에 따라서 더욱 신실하지 못하다. 나를 낳은 어머니는 나를 버릴 수 있고, 친구는 나를 배반할 수 있어도 그리고 나는 비록 신실하지 못할지라도 주님은 항상 신실하셔서 일양 미쁘시다.

  "신실하도다 이 말이여!" 우리는 비록 신실하지 못할지라도 우리 주님만은 신실하시니 우리는 신실하신 우리 주님과 그의 말씀을 더욱 굳게 믿고 의지하여야 할 것이다.

특주 8.

세대론자들의 왕국관
(The Millenialism of the Dispensationalists)

1. 세대론자들은 천년왕국 시대에는 민족적 이스라엘이 다시 재건되리라고 한다.
2. 세대론자들은 천년왕국 시대에는 성전제사가 회복된다고 주장한다.

디모데후서 2:12, "주와 함께 …왕노릇 할 것이요…."

1. 세대론자들은 천년왕국 시대에는 민족적 이스라엘이 다시 재건되리라고 한다.

- 호이트(Hoyt)는 "…이 왕국은 역사적인 다윗 왕국이 부활된 것이며 그 계속인 것이다(암 9:11; 행 15:16-18). 충성되고 중생한 이스라엘의 남은 자들이 이 왕국의 핵심 인물들이 될 것이며 따라서 다윗과 맺은 하나님의 계약이 성취될 것이다"(미 4:7-8; 렘 33:15-22; 시 89:3-4; 34-37).[1]

비평(A Critique)
① 신약은 이스라엘 민족만을 독립적으로 대상하고 있지 않다.
 신약은 이스라엘이 미래에 하나의 국가로 회복된다고 예언하지 않았다. 예수님은 결코 구약의 신정국(神政國)을 재건할 것을 염두에 두지 않았으며 구약 왕국이 단지 모형에 지나지 않았던 영적인 실재의 소개를

---

1 Herman A. Hoyt, *"Dispensational Premillennialism"*, edited by Robert G. Clouse, *The Meaning of the Millennialism* (Downers Grove, IL: IVP, 1977), pp. 101-102, 104.

염두에 두셨다(마 8:11-12; 13:31-33; 21:43; 눅 17:21; 요 18:36-37).

② 신약 시대에는 구약의 신정(神政)은 회복되지 않고 교회가 설립되었다.

천년왕국은 이스라엘 민족의 왕국으로 볼 것이 아니라 우주적 왕국으로 보아야 할 것이다.

- 갈라디아서 6:15-16, "할례나 무할례가 아무 것도 아니로되 오직 새로 지으심을 받는 것만이 중요하니라 무릇 이 규례를 행하는 자에게와 하나님의 이스라엘에게 평강과 긍휼이 있을지어다."

"무릇 이 규례"(카노니, κανόνι; by this rule)를 따르는 모든 자들은 유대인이나 헬라인이나 예수 그리스도 안에서 새로운 피조물이 된 모든 자들이다. 이들이 참 이스라엘이다.

- 베드로전서 2:9, "그러나 너희는 택하신 족속이요 왕 같은 제사장들이요 거룩한 나라요 그의 소유가 된 백성이니 이는 너희를 어두운데서 불러내어 그의 기이한 빛에 들어가게 하신 이의 아름다운 덕을 선포하게 하려 하심이라."

구약에서 이스라엘을 묘사하는데 사용된 표현들을 신약 교회에 적용시키고 있다. 이 말씀은 이사야서 43:20에서 이스라엘 백성에게 적용된 말씀이다.

2. 세대론자들은 천년왕국 시대에는 성전제사가 회복된다고 주장한다.

성전제사가 중단된 이후에 출생한 사람들이나 천년왕국 시대에 태어난 사람들은 그리스도의 고난과 죽으심을 상기시키기 위하여 성전제사가 다시 회복된다는 것이다.

- 펜티코스트(Pentecost)는 "천년왕국 시대의 예배는 천년왕국의 성전에서 그리스도의 죽으심을 기념하는 생축의 제사가 행해질 것이다"[2]라고 하였고,

---

2 J. Dwight Pentecost, *The Kingdom Come* (Grand Rapids: Kregel, 1995), p. 317.

- 디이센(Thissen)은 "더 나아가서 우리는 성전 및 성전제사가 회복되리라는 것을 주목한다(겔 37:26-28; 40-46; 슥 14:16-17).
 그러나 제사는 모형(Type)임과 같이 또한 기념적이 될 수 있다는 것을 기억할 때 우리는 이 예언을 또한 문자적으로 해석하지 못할 이유가 없다고 본다"³라고 하였다.

비평(A Critique)

① 천년왕국 시대에 예수 그리스도의 죽으심을 기념하기 위하여 성전제사가 다시 회복된다면 안식일마다, 달마다, 절기마다, 해마다 제사드리기 위하여 온 세계 만방에서 다 예루살렘 성전으로 가야할 것이니 그것은 천년 왕국의 영성에도 모순된다.

② 구약 시대 성전제사들은 예수 그리스도의 구속의 예표들이요 모형들이요 그림자들이었다. 따라서 그리스도께서 오셔서 십자가 상에서 자신을 온전한 희생의 제물로 드리심으로 더 이상 생축의 제사가 필요없게 되었다.

- 히브리서 7:27, "저가 저 대제사장들이 먼저 자기를 위하고 다음에 백성의 죄를 위하여 날마다 제사드리는 것과 같이 할 필요가 없으니 이는 저가 단번에 자기를 드려 이루었음이니라."

구약 시대 레위 제사장들은 온 해 동안 매일 제사를 드렸다(출 29:36-42). 먼저는 자기 자신의 죄를 위하여 다음에는 백성들의 죄를 위하여 계속 짐승의 제사를 드렸다. 그러나 예수 그리스도는 죄가 없음으로 자신을 위하여는 속죄의 제사를 드릴 필요가 없고, 다만 죄인들의 죄를 대속하기 위하여 자신을 희생의 제물로 단번에 드리셨다.

"단번에"(에파팍스, ἐφάπαξ; once for all)는 제사의 완전성과 최종성을 나타낸다. 레위 제사장들은 짐승들만을 희생의 제물들로 계속 드려 왔다. 그러나 우리의 대제사장이신 예수 그리스도는 자신을 완전한 희생의 제물로 한 번 드리셨다. 그러므로 히브리서 9:12에서 그리스도께서는 염

---

3 Henry C. Thiessen, *Lectures in Systematic Theology* (Grand Rapids: Eerdmans. 1988), p. 398.

소와 송아지의 피로 아니하고 오직 자기 피로 영원한 속죄를 이루사 단번에 성소에 들어갔느니라라고 하였다.

- 히브리서 9:26, "…자기를 단번에 제사로 드려 죄를 없이 하셨도다."

그리스도께서 도성인신하셔서 자신을 단번에 희생의 제물로 드리신 이유와 목적은 죄인들의 죄를 사하여 주시기 위함이다.

죄를 "없이 하셨도다"(에이스 아데테신, εἰς ἀθέτησιν; to put away sin, cancel, annul)는 문자적으로는 죄를 치워버렸다, 취소하였다, 무효화하였다, 폐지하였다라는 뜻이다.

- 히브리서 9:28, "이와 같이 그리스도도 많은 사람의 죄를 담당하시려고 단번에 드린바 되셨고…."

"많은 사람"은 그리스도 안에서 구원 받기로 예정된 모든 사람을 가리킨다(요 6:37, 39; 17:2; 롬 5:18; 8:32; 고전 15:22; 딤전 2:6; 히 2:9).

- 히브리서 10:10, 12, "…이 뜻을 좇아 예수 그리스도의 몸을 단번에 드리심으로 말미암아 우리가 거룩함을 얻었노라 오직그리스도는 죄를 위하여 한 영원한 제사를 드리시고…는 한 번을 강조한다."
- 히브리서 10:14, "저가 한 제물로 거룩하게 된 자들을 영원히 온전케 하셨느니라."

"온전케 하셨느니라"(하기아조메누스, ἁγιαζομένους; being sanctified)는 계속 거룩해져가는 과정(progress)을 나타낸다.

③ 예수 그리스도의 죽으심을 기념하기 위하여는 생축의 제사를 회복하는 것이 아니라 성찬식을 거행하는 것이다.

성찬은 예수 그리스도께서 성육신하시고 십자가 상에서 죽으심으로 성취하신 구속사역을 기념하는 것이다(마 26:28; 눅 22:19; 고전 11:24-26).

- 고린도전서 11:24-26, "떡을 가지고 축사하시고 떼어 가라사대 이것은 너희를 위하는 내 몸이니 이것을 행하여 나를 기념하라 식후에 또한 이와 같이 잔을 가지시고 가라사대 이 잔은 내 피로 세운 새 언약이니 이것을 행하여 마실 때마다 나를 기념하라 너희가 이 떡을 먹

으며 이 잔을 마실 때마다 주의 죽으심을 오실 때까지 전하는 것이니라."

성찬식에서 떡과 포도즙은 예수 그리스도의 살과 피를 상징하는 외적 표(Sign)이며, 믿음으로 수납하는 인(Seal)이다. 바꾸어 말하면 외적, 감각적 표를 가지고 그것이 의미하는 신령한 영적 진리를 믿음으로 인치는 것(확인)이다.

즉 우리는 성찬식에서 떡을 떼며 포도즙을 마실 때마다 우리를 죄에서 구속하시기 위하여 희생의 제물로 돌아가신 예수 그리스도의 대리적 속죄의 죽으심에 대한 의미를 계속 반복적으로 기념하는 것이다.

현재 미국에서 세대론은 보수적 침례교단들과 달라스신학교(Dallas Theological Seminary, 3909 Swiss Ave., Dallas, Tx. 75204, Tel.(214)824-3094,

Fax.(214)841-3625), 탈봇신학교(Talbot School of Theology, 13800 Biola Ave., La Mirada, Ca.90639-0001, Tel.(562)903-4816, Fax. (562)903-4759), 멀트노마신학교(Multnomah Biblical Seminary, 8435 N.E. Glisan St. Portland, Or.97220, Tel.(503)255-0332, Fax. (503)254-1268) 등이 주장한다.

† 참조: 세대론자들의 왕국관, 조영엽, 『종말·내세론』, 개정증보판 (서울: CLC, 2013), pp. 244-248.

특주 9.

무천년설자들의 왕국관
(The Millenialism of the Almillenialists)

1. 무천년설자들은 왕국의 기간은 예수 그리스도의 초림부터 재림때까지 두 강림 사이 교회 시대를 가리킨다고 한다.
2. 무천년설자들은 예수 그리스도의 문자적 천년왕국 자체를 부인한다.
3. 무천년설자들은 성도들이 "그리스도와 함께 1,000년 동안 왕노릇 하리라…"(계 20:4, 6).

디모데후서 2:12, "참으면 또한 함께 왕 노릇 할 것이요 우리가 주를 부인하면 주도 우리를 부인하실 것이라."

1. 무천년설자들은 왕국의 기간은 예수 그리스도의 초림부터 재림 때까지 두 강림 사이 교회 시대를 가리킨다고 한다.

따라서 그들의 주장에 의하면 지금 우리는 영적 왕국 시대에 살고 있는 것이다.

2. 무천년설자들은 예수 그리스도의 문자적 천년왕국 자체를 부인한다.

따라서 그들은 요한계시록 20:1-6도 영적·상징적 해석(Spiritual and Symbolical Interpretation) 입장을 취한다.

- 벌코프(Berkhof)는 "무천년기적 견해는 그 명칭이 지적하듯이 순전히 부정적이다. 그것은 천년기의 기대에 대한 충분한 성경적 근거가

없다.

성경은 하나님의 왕국의 현재 시대는 그의 완성적이고 영원한 형태의 하나님 나라가 즉시로 뒤따를 것이라고 굳게 확신한다"[1]라고 하였다.

- 콕스(Cox)는 "무천년주의는 요한계시록 20:1-10을 우리 주님의 두 강림 사이(초림으로부터 재림까지)의 장기간으로 해석한다. 즉 예수님의 초림으로 시작하여 재림으로 끝나는 기간을 말한다. 그들은 천년왕국을 교회시대와 동일시 한다. 다시 말하면 무천년설자들은 이 구절(계 20:1-10)을 그의 백성들의 마음 속에서 이미 시작된 그리스도의 영적 통치를 가리킨다"[2]라고 하였다.
- 호크마(Hoekema)는 "무천년설자들은 문자적 천년 지상(地上) 통치를 믿지 않는다(p.55). 계시록 20장의 1,000년은 미래가 아니라 지금 현재의 과정이다.…그러나 만일 우리가 요한계시록 20:1-6을 그리스도의 초림으로 시작하여 교회의 전(全) 역사에 일어난 것으로 보면(p.156), 요한계시록 20:4-6의 천년 통치는 그리스도의 재림 후가 아니라 재림 전에 일어날 것이다…(p.160). 1,000년은 완전한 기간의 표현으로 매우 긴 장기간이다"(p.161, The Meaning of Millennialism)라고 하였다.[3]

비평(A Critique)

① 1,000년기를 하나의 막연한 장기간(예수 그리스도의 초림에서 재림시까지의 전기간)으로 해석하는 것은 지나친 영해(靈解)이다.

요한계시록 20:1-6에 1,000년이라는 말씀이 6번이나 나타난다.

요한계시록 20:2, 3, 7에는 사탄의 결박에 대하여

ⓐ 1,000년 동안 결박하여

ⓑ 1,000년이 차도록

---

[1] Louis Berkhof, *Systematic Theology* (Grand Rapids: Eerdmans. 1939), p. 708.

[2] William E. Cox, *Amillennialism Today* (Philadelphia: P&R. 1966), pp. 8, 64.

[3] Hoekema, Anthony A. *The Bible and the Future* (Grand Rapids: Eerdmans, 1994), pp. 160-161.

ⓒ 1,000년이 차매

요한계시록 20:4-6에는 성도들의 통치기간에 대하여
ⓓ 1,000년 동안 왕노릇 하리니
ⓔ 1,000년이 차기까지
ⓕ 1,000년 동안 그리스도로 더불어 왕노릇하리로다

이상과 같이 동일한 숫자가 동일한 문맥 속에 6번이나 기록되었음에도 불구하고 상징적 의미로 재해석하는 것은 전례(실례)가 없다.

성경의 일부를 문맥에 따라서 영해할 수 있으나 그 전부를 영해할 수는 없지 않는가?

성경 해석의 기본 원리는 문자적 · 문법적 · 역사적 해석(Literal, Grammatical, Historical Interpretation)이며, 이 기본적 해석 원리에 근거하여 본문에 내포되어 있는 신령한 뜻을 영적 · 상징적으로 행해하는 것이 옳다. 성경에 분명한 언어 마저 상징적으로 해석하는 것은 바른 해석이 아니다.

1,000년기를 하나의 막연한 상징적 기간으로 돌리는 것은 성경 본문이나 성경 해석의 원리를 등한시하고 교리적 학설이나 상징적 해석에 더 치우치는 결과를 초래하게 된다. 무천년설자들은 성경 해석의 원리를 잘못 택하였다.

② 장차 되어질 일들에 과거사를 포함시키는 과오를 범하였다.

계시록은 말세의 예언이다. 그러므로 계시록에는 "반드시 속히 될 일"(계 1:1), "장차 될 일"(계 1:19), "이 후에 마땅히 될 일"(계 4:1), "결코 속히 될 일"(계 22:6)이라고 하였다.

사도 요한이 계시를 받아 기록한 연대는 A.D. 95-96년 경이었다. 그런데 1,000년 기는 예수 그리스도의 초림부터 시작되었다니 시간상으로도 모순된다.

③ 박형룡 박사와 박윤선 박사도 계시록의 1,000년기를 문자적으로 해석하였다.

• 박형룡 박사는 "천년기 전(前) 재림론에 의하면 그리스도의 재림은

즉시 영원 세계로 도입할 것이 아니라 먼저 지상(地上)에 그리스도와 그의 성도들의 지상통치를 설립하여 영원 세계의 전주곡(前奏曲)을 울린 후에 최종 부활, 최종 심판을 지나, 최종 상태에 도달할 것을 목적으로 한다. 재림으로부터 최종 부활과 최종 심판까지는 천년의 세월이 개재될 것이다"[4]라고 하였다.

- 박윤선 박사는 "나는 요한계시록 20:4-6이 재림 후의 일을 가리킨다고 확신한다. 나는 천년기전설(전천년설)이 옳다고 생각한다"[5]라고 하였다.

3. 무천년설자들은 성도들이 "그리스도와 함께 1,000년 동안 왕노릇 하리라…"(계 20:4, 6).

이 말씀도 죽은 성도들의 영혼들이 그리스도와 함께 하늘에서 통치한다고 한다.

- 벌코프(Berkhof)는 "요한계시록 20:4-6의 장면은 분명히 지상에서가 아니라 천상에서의 장면이다. 그리고 인용된 용어들은 육체적 부활에 대하여 암시하지 않는다. 계시를 보는 사람은 부활한 사람들이나 몸들을 언급한 것이 아니라 영들이 살아서 다스린다. 그리고 그는 그들이 살아서 그리스도와 더불어 다스리는 것을 첫째 부활이라고 불렀다…"[6]라고 하였다.
- 호크마(Hoekema)는 "…그러므로 우리는 4절의 살아서"(에제산, ἔζησαν; they lived)라는 단어는 이미 죽었던 신자들의 영혼들이 지금 하늘에서 그리스도와 함께 살면서 죽음과 부활 사이의 중간기 상태 동안에 그리스도의 왕적 통치에 참여하고 있는 상태를 가리키는 것으로 이해한다….
- 요한계시록 20:6은 "죽은 신자들의 영혼들이 그들의 죽음과 그리스도

---

4 박형룡, 『박형룡 박사 저작전집 VII』 (서울: 한국기독교교육연구원, 1978), pp. 219-20.

5 박윤선, 『요한계시록 주석』 (서울: 영음출판사, 1987), pp. 330-31, 323.

6 Louis Berkhof, *Systematic Theology*, pp. 726-7.

의 재림 사이 동안 하늘에서 그리스도와 더불어 왕 노릇하며 통치하고 있는 것을 묘사하고 있다"[7]라고 하였다.

- 헨드릭슨(Hendricksen)은 "첫째 부활은 영혼이 죄악 세상에서 하나님의 영광스러운 천국으로 옮겨지는 것을 말한다. 육체가 영화롭게 되는 것은 그리스도의 재림 때 일어나는 둘째 부활에서이다"[8]라고 하였다.

비평(A Critique)

① 무천년설자들은 첫째 부활은 영의 부활, 둘째 부활은 육체의 부활로 구분하였다. 그러나 요한계시록 20:4의 첫째 부활은 영의 부활, 둘째 부활은 육체의 부활이라는 여하한 암시도 발견하지 못한다.

무천년설자들은 "살아서"는 이미 세상 떠난 신자들의 영혼들이 지금 하늘에서 그리스도와 함께 살면서 죽음과 부활 사이의 중간기 상태 동안에 그리스도의 왕적 통치에 참여하고 있다고 한다.

실제상 살아서(에제산, ἔζησαν; they lived again)는 죽음 이후의 어떠한 영적 부활에도 결코 사용된 바 없다.

② 첫째 부활은 영적 부활이요, 둘째 부활은 육체의 부활이라면 언어의 참된 의미는 상실될 수밖에 없다. 성경은 첫째 부활과 둘째 부활로 부활의 순서를, 의인의 부활과 악인의 부활로 부활의 종류를 계시하였을 뿐이다.

박형룡 박사는 "이중 부활을 부인하기 위하여 첫째 부활을 영해함에 있어 마치 첫째 사망이 몸의 사망이고 둘째 사망이 영의 사망 즉 지옥의 영벌이듯이 첫째 부활은 영이 몸에서 떠나가서 영광 중에 그리스도와 함께 다스리는 것이고 둘째 부활은 몸의 부활과 그 영광의 재합(再合)이다 라고 말하는 것은 극한 변해(辯解)임에 틀림없다"[9]라고 하였다.

현재 미국에서의 무천년론은 260만 신도를 가진 루터교-미조리대

---

[7] Hoekema, *The Bible and the Future* (Grand Rapids: Eerdmans 1979, 1944), pp. 233. 237.
[8] W. Hendricksen, *The Bible on the Life Hereafter* (Grand Rapids: Baker ,1971), p. 237.
[9] 박형룡, 『박형룡 박사 저작전집 Ⅶ』, p. 236.

회(The Lutheran Church-Missouri Synod)와 14만의 신도를 가진 기독교 개혁교(Christian Reformed Church)와 1만 8천의 신도를 가진 정통장로교(The Orthodox Presbyterian Church) 등이며 그들의 신학교들인 콘콜디아신학교(Concordia Theological Seminary, 6600N. Clinton St. Ft. Wayne, In. 46825-4996, Tel.(219)452-2100, Fax. (209)452-2121), 칼빈신학교(Calvin Theological Seminary, 3233 Burton St. S.E. Grand Rapids, Mi. 49546-4387, Tel. (616)957-6036, Fax. (616)957-8621), 웨스트민스터신학교(Westminster Theological Seminary, Chestnut Hill, P. O. Box 27009, Philadelphia, Pa. 19118. Tel. (215)887-5511, Fax. (215)887-3459) 등이 주장한다.

한국 기독교 전래 초기에는 세대론이 우세하였으며, 후기에는 무천년설이 성행하고 있다.

† 참조: 무천년설자들의 왕국관, 조영엽, 『종말·내세론』, 개정증보판, (서울: CLC, 2013), pp. 249-254.

특주 10.

잘못된 왕국관들
(Wrong Views of the Millenialism)

1. 예수 그리스도의 지상 왕국은 사회복음에 의하여 건설되는 것이 아니다.
2. 예수 그리스도의 지상왕국은
   마르크스주의의 유토피아 사상에 기초하여 건설되는 것이 아니다.
3. 예수 그리스도의 지상왕국은
   남미의 해방신학, 한국의 민중신학 사상에 기초하여 건설되는 것이 아니다.
4. 예수 그리스도의 지상 왕국은 진화론이나 유신 진화론 사상에 의하여 건설되는 것이 아니다.

1. 예수 그리스도의 지상 왕국은 사회복음(Social Gospel)에 의하여 건설되는 것이 아니다.

사회복음은 19세기초 북미(미국과 카나다)와 영국 그리고 유럽(불란서, 독일, 이태리, 스위스등)등지에서 인본주의자들로부터 탄생한 이원론·자연론·진화론·무신론 등은 암처럼 독버섯처럼 퍼지게 되었다. 분명히 이들 사상체계들은 오늘날 자유주의 신신학이라 일컫는 불신앙의 토양과 씨앗들이 되었다. 신(神)중심(Theocentricity)에서 인간중심(Anthropocentricity)으로 전환되었다.

산업혁명의 여파로 급속한 경제적 변화가 일어나게 되었고, 이 급속한 경제적 변화는 분배의 불균형과 빈부격차의 심화로 이어지면서 심각한 사회문제로 대두되기 시작하였다.

기독교내의 급진적 자유주의자들은 이러한 심각한 사회문제들을 개혁하여야 할 필요성을 느끼고 지상에서의 하나님의 왕국(The Kingdom of God on Earth)건설을 주장하기 시작하였다. 그리하여 그들은 정치적 사회주의(Political Socialism)를 포용하였다. 사회주의란 자본주의(개인 소유권과 자유기업)에 반대하여 생산과 이익과 분배등을 모두 공유(共有)하는 공산주의이다. 그러나 그들의 이론과 이상은 정반대의 결과를 가져왔다.

- 미국에서 사회복음주의의 대표적 인물들은 윌리암 블리스(William D. P. Bliss), 죠지 헤론(George D. Herron), 비다 스쿠더(Vida D. Scudder), 죠시아 스트롱(Josiah Strong), 리챠드 엘리(Richard T. Ely)등이다. 이들은 회중교, 감독교, 침례교, 감리교, 장로교 목사들이었으며 특히 워싱톤 글래든(Washington Gladden)은 회중교회 목사로 사회복음의 원조라고 할 수 있다. 그는 『노동자들과 그들의 고용주들』(*Working People and Their Employers*)이라는 책을 썼다.
- 프랑스에서는 라멘나이스(H.F.R. Lamennais), 쎄인트 시몬(C.H Saint Simon),
- 이태리에서는 메찌니(Giuseppe Mezzini),
- 스위스에서는 커터와 라가즈(Hermann Kutter and Lonhard Ragaz),
- 독일에서는 위첸, 나우만, 하낙(J.H. Wichern, Friedrich Naumann, Adolf Von Harnack),
- 영국에서는 킹슬리(Kingsley)와 마우리스(Maurice)등이 사회복음주의의 선구자들이었다.

1890년대 가장 영향력 있는 사회복음주의자는 미국 뉴욕주 로체스타 침례교신학교 교수였으며, 1886년에는 뉴욕시 제2독일 침례교 목사였던 월터 라우젠부쉬(Walter Rauschenbusch, 1861-1918년)였다. 그는 뉴욕주 소재 로체스터신학교(Rochester Theological Seminary)의 교회사 교수로 (1902-1918년) 사회복음의 원조로 알려져 있다. 그는 『기독교와 사회적 위기』(*Christianity and the Social Crisis*, 1907년), 『사회 계명을 위한 기도』(1910년), 『기독교화 하는 사회질서』(1912년), 『사회복음 신학』(*The Theology of Social Gospel*, 1917년)등을 썼다. 그는 뉴욕의 사회주의자 헨리 죠지(Henry

George, 1839-1897년)와 연대의식을 갖고 교회의 사회 참여를 통한 인간 사회를 지상천국으로 만들자고 주장하였다.

- 미국에서의 사회복음주의자들은 1908년에 미국 연방교회협의회 (F.C.C.= Federal Council of Churches)를 조직하였는데 이 단체는 미국 자유주의 교회들의 연합단체인 미국교회협의회(N.C.C.C. in U.S.A.) 의 전신(前身)이다. 미국연방교회협의회는 1912년에 교회의 사회신 조(Social Creed of the Church)를 채택하였으며, 이때에 다수의 자유주 의 신학교들은 사회복음과 사회윤리학등을 과목으로 채택하여 가르 치기 시작하였다.
- 로마 천주교에서도 1887년에 기본스(James Cardinal Gibbons)가 처음 으로 전국노조를 결성하였으나 로마 교황청에서는 정죄 하였다. 교 황 레오13세(Pope Leo XIII)는 카톨릭교도들이 노동자들의 권익을 지 원하도록 권장하였다. 리얀 사제(priest, John A. Ryan)는 사회복음을 발전시킨 지도자였다.

사회복음은 이 땅에 정치적 경제적 사회주의를 실현하므로 지상에서 의 하나님의 왕국을 실현하고자 하는 철저한 인본주의 자유주의이다. 그 러나 사회복음으로는 이 땅에 영원히 하나님의 왕국을 실현할 수 없다.

2. 예수 그리스도의 지상왕국은 마르크스주의의 유토피아 사상 (Utopia on Earth; 지상 낙원)에 기초하여 건설되는 것이 아니다.

독일의 사회주의 철학자요 경제학자였던 칼 맑스(Karl Marx, 1818-1883) 는 공산당 선언, 임금·노동·자본·가치·이윤, 역사적 유물사관, 자본, 독일 인 이념 등을 썼다. 맑스주의 유토피아 사상에 의하면 개인 소유권과 자 유기업을 폐지하고, 이윤을 공동 분배하고, 빈부의 격차가 없는 계급 없 는 사회(A Classless Society)를 건설하여 다 잘 살수 있는 지상 낙원을 건설 하여야 한다고 주장한다. 그러나 맑스주의 사상은 비성경적이며 실패한 지 이미 오래 되었다.

3. 예수 그리스도의 지상왕국은 남미의 해방신학(Liberation Theology), 한국의 민중신학(Min Joong Theology) 사상에 기초하여 건설되는 것이 아니다.

해방신학이란 기독교의 옷을 입은 맑스주의이다.

- 페루의 천주교 신부 귀티에르즈(Gustavo Gutierrez),
- 알젠티나의 감리교 신학교 교수 보니노(Jose Miguez Bonino),
- 멕시코 대학의 미란다(Jose Miranda),
- 브라질의 천주교 신학자 아스만(Hugo Assman),
- 우루과이의 천주교 신학자 세건도(Juan Luis Segundo),
- 콜롬비아 국립대학교 교목 토레스(Camilo Tores),
- 브라질의 에큐메니칼리스트 카스트로(Emillio Castro), 브라질의 천주교 신부 보프(L. Boff), 브라질의 의식화 주창자 후리에레(Paulo Freire) 등의 주장에 의하면 이 세상의 가난한 자들과 착취당하는 자들이 하나가 되어 억압과 빈곤을 가져오는 자본주의의 정치적 구조를 폭력적 혁명으로 전복하고 만민이 평등하게 잘 살 수 있는 지상낙원을 건설할 것을 주장하였다.

4. 예수 그리스도의 지상 왕국은 진화론이나 유신 진화론 사상에 의하여 건설되는 것이 아니다.

1) 진화론(The Theory of Evolution)

창조냐, 진화냐? 이 문제는 성경과 과학 사이에 매우 중요한 문제이다. 이 중요한 문제에 대하여 무관심하거나 타협하는 것은 큰 과오이다. 특히 미국은 영국과 유럽 대륙에서 청교도들이 신앙의 자유를 찾아 북미 대륙으로 건너가 건설한 나라이고, 학교에서는 수세기 동안 성경의 창조론을 가르쳤으나, 지금은 불신앙의 자유주의자들과 인본주의자들의 득세로 교육법을 개정하여 초등학교에서 대학원에 이르기까지 모든 공립학교에서는 진화론만을 가르치고, 창조론을 가르치는 것은 불법으로 되어 있다. 진화론만큼 종교계와 과학계에 지대한 악 영향을 미치는 것은 역사상 드물다고 본다.

진화론은 무신론적 특성을 가지고 있다.

헨리 모리스(Henry Morris)는 "진화론은 사회주의, 공산주의, 무정부주의 그리고 다른 많은 좌경 운동들을 위한 이론적 근거로 주장되어 왔다.

맑스·레닌·스탈린은 열렬한 진화론자들이었고, 헤겔·니체·히틀러 등도 그러했다. …어떤 형태의 무신론, 범신론 또는 점성술(강신술)은 필연적으로 진화론에 근거를 두고 있다(p.40). 운명론, 실존주의, 행동주의, 프로이드 학설, 기타 부도덕한 심리적 체제들은 진화적 이론에 근거하고 있다"[1]라고 하였다(…evolution has been claimed as the scientific rationale for socia-lism, communism, anarchism, and many other leftwing movements. … Marx, Lenin, and Stalin were ardent evolutionists but so were Hegel, Nietzsche, and Hitler. …Any form of atheism or pantheism or occultism must necessarily be based on evolution. Determinism, existentialism, behaviorism, Freudianism, and other such amoral psychological systems are grounded in evolutionary theory).

진화론은 창조의 사역을 미완성으로 본다. 진화론은 영원히 스스로 존재하는 그 어떤 물체가 수백억 년 전부터 계속해서 서서히 진화, 변화된다고 주장함으로써 창조의 사역을 미완성으로 본다.

그리고 그 무엇이 다음 단계의 그 무엇으로 진화, 발전되기까지는 천문학적 세월이 소요되므로 진화 또는 진화 과정의 연구란 짧은 인생들로서는 영원히 불가능하다.

2) 유신 진화론(Theistic Evolution)

유신 진화론은 성경이 계시한 창조의 교리와 진화론자들의 진화론을 조화시켜 진화의 방법에 의한 창조론을 주장한다. 즉 하나님께서 세계를 창조 하신 것은 사실이나, 그 방법에 있어서는 진화적이었다는 것이다. 유신 진화론은 하나님께서 세계와 그 가운데 있는 모든 것을 창조함에 있어서 자연적 진화의 과정을 지시하고, 사용하고, 지배하셨다고 한다.

---

1 Henry M. Morris, *Science and the Bible* (Chicago: Moody Press, 1951, 1979, 1986), pp. 40-41.

그리하여 점진적 발전 과정에 의해서 현상 세계가 형성되었다고 한다.

유신 진화론에 의하면 현재 세계로의 변화에 수백만 년이 요구되었으며, 하나님은 식물과 동물의 여러 종을 창조하여 각기 종류대로 생식케 하지 않으셨으며, 사람은 적어도 그 육체적 방면에서 짐승의 후예여서 자기의 행적을 심히 낮은 수준에서 시작했다고 한다.

일반적으로 유신 진화론자들은 창세기 1장의 날들(days)을 장기적인 년들(years)이라고 한다. 그리고 지구의 창조, 아담의 창조는 상당히 오래되었다고 한다. 이 점에 있어서 유신 진화론은 장기설과 맥락을 같이한다.

우리의 신학적 입장(Our Theological Position)
- 고(故) 박형룡 박사님은 "대한예수교장로회의 신학적 전통은 역사적 전천년기 재림론이다. 구(舊) 평양신학교에서 오랜 세월 동안 조직신학을 가르친 이율서(W.D. Reynolds)박사가 역사적 전천년기 재림론을 강의하였다. 8.15 광복 후 남한의 장로회신학교와 총회신학교(현 총신대학교)에서 여러 해 동안 조직신학을 강의한 필자도 역사적 전천년기 재림론을 전하였다."[2]
- 고(故) 박윤선 박사님도 "…나는 천년기전설(역사적 전천년)이 옳다고 생각한다"[3]라고 했다.

그러나 금일 미국의 가장 작은 교파들인 기독교개혁교(Christian Reformed Church [신도 수: 135,994명, 2002년도])와 칼빈신학교, 미국의 **정통장로교**(Orthodox Presbyterian Church, 신도 수: 17,914명, 2002년도)와 웨스트민스터신학교 등의 무천년설이 한국의 신학계와 교계에 신학적 대 혼돈을 초래하고 있음은 매우 가슴 아픈 일이다.

---

2 박형룡, 『박형룡 박사 저작전집 Ⅶ』, p. 278.

3 박윤선, 『요한계시록 주석』, pp. 330-31, 323.

20.

하나님의 일꾼이 할 일(임무)
(The Duties of God's Servant)

1. 하나님의 일꾼은 성도들로 하여금 전한 바 하나님의 말씀을 항상 생각하도록 하여야 한다.
2. 하나님의 일꾼은 성도들로 하여금 논쟁을 하지 못하도록 하여야 한다.
3. 하나님의 일꾼은 진리의 말씀을 옳게 분별하여야 한다.
4. 하나님의 일꾼은 부끄러움이 없는 일꾼으로 인정받는 자가 되도록 힘써야 한다.
5. 하나님의 일꾼은 자신을 하나님 앞에 드리기를 힘써야 한다.

디모데후서 2:14-15, "너는 그들로 이 일을 기억케 하여 말다툼을 하지 말라고 하나님 앞에서 엄히 명하라 이는 유익이 하나도 엇고 오히려 듣는 자들을 망하게 하느니라 네가 진리의 말씀을 옳게 분별하며 부끄러울 것이 없는 일꾼으로 인정된 자로 자신을 하나님께 드리기를 힘쓰라."

1. 하나님의 일꾼은 성도들로 하여금 전한 바 하나님의 말씀을 항상 생각하도록 하여야 한다(14a).

"이 일들을 기억하게 하라"(타우타 휘포밈네스케, Ταῦτα ὑπομίμνῃσκε; remind these things; 생각나게 하라, 기억나게 하라)는 휘포밈네스코(ὑπομιμνήσκω; 새 cause one to remember, remind)의 2인칭·단수·현재·명령이다. 따라서 "항상 계속 생각나게 하라, 기억나게 하라"는 명령이다. 디도서 3:1에서도 유사한 권면을 발견한다.

무엇을 생각나게 하고 기억나게 할 것인가?

"이 일들"(타우타, Ταῦτα; these things; 이것들) 곧 앞의 2:3-13의 전(全) 내용들을 가리킨다. 다시 말하면,

ⓐ 군사로 다니는 자는 자기 생활에 얽매이지 말고 군사로 모집한 자를 기쁘시게 하라(3-4),

ⓑ 경기하는 자는 법대로 경주하라(5),

ⓒ 수고하는 농부는 곡식을 먼저 받는 것이 마땅하다(6),

ⓓ 그리스도와 함께 죽었으면 또한 함께 살 것이요(11),

ⓔ 그리스도와 함께 왕노릇 하리라(12)는 말씀들을 가리킨다.

전한 바 하나님의 말씀을 항상 생각나게 하기 위하여는 전한 말씀들을 일정한 기간을 두고 다시 전할 필요성이 있다. 특히 기독교의 근본 교리들은 더욱 그러하다. 교육에 있어서 반복은 매우 중요하다.

2. 하나님의 일꾼은 성도들로 하여금 논쟁을 하지 못하도록 하여야 한다(14b).

"말다툼을 하지 말라"(메 로고마케인, μὴ λογομαχεῖν; not to fight with words; 말싸움하지 말라). 이 단어는 "말다툼하다"(로고마케오, λογομαχέω; to fight with words)의 명령형이다. 말싸움(word battles)을 하지 말라는 뜻이다.

말이란?

ⓐ 본문이 가리키는 말다툼이란 거짓 스승들의 이단 교리들, 성도들의 신앙에 막대한 피해를 가져오는 망령되고 허된 이야기들을 변론하지 말라(딤전 2:8, 6:4-5; 딛 3:9)는 뜻이다.

ⓑ 시시한 말, 어리석은 말, 말 같지도 않은 말, 내용이 없는 말, 쓸데없는 말, 덕 되지 않는 말, 근거없는 말, 무책임한 말, 목적이 없는 말, 시간 낭비하는 말, 망령되고 허탄한 말들로 갑론을박하지 못하게 하라.

말다툼의 결과는?

ⓐ "유익이 하나도 없고"(에프 우덴 크레시몬, ἐπ' οὐδὲν χρήσιμον; for nothing useful)는 유익이 아무 것도 없다. 왜냐하면 그런 말들은 전연 가치가 없

는(no value) 말일뿐만 아니라 한 걸음 더 나아가서 인격과 신앙에 큰 해(harmful)를 가져오기 때문이다.

ⓑ "듣는 자들을 망하게 하느니라"(에피 카타스트로페 톤 아쿠온톤, ἐπὶ καταστροφῇ τῶν ἀκουόντων; for overthrowing of the (ones) hearing)는 듣는 자들을 멸망으로 인도한다는 뜻이다. 왜냐하면 듣는 자들을 파멸로 인도하기 때문이다. 그런데 여기서 멸망이란 카타스트로페(καταστροφη; ruin, destruction; 파괴, 파멸)로서 어마 어마한 파멸을 뜻한다.

에베소서 4:29, "무릇 더러운 말은 너희 입 밖에도 내지 말고 오직 덕을 세우는데 소용되는 대로 선한 말을 하여 듣는 자들에게 은혜를 끼치게 하라."

3. 하나님의 일꾼은 진리의 말씀을 옳게 분별하여야 한다(15).

"진리의 말씀"(톤 로곤 테스 알레데이아스, τὸν λόγον τῆς ἀληθείας; the word of truth)은 "바른 말씀"(sound words, 1:13), "내게 들은 바 말씀"(2:2), "나의 복음"(2:8), "하나님의 말씀"(2:9)을 가리킨다.

진리의 말씀 곧 하나님의 말씀은 생명을 살려 영생케 하는 말씀, 죄인을 죄와 사망에서 자유케 하는 말씀, 연약한 자를 강건케 하고, 절망에 빠진 자에게 용기와 희망을 주는 말씀이다.

하나님의 일꾼은 진리의 말씀을 옳게 분별하여야 한다.

"옳게 분별하며"(올도토문타, ὀρθοτομοῦντα; cutting straight; 바르게, 올바로, 참되게·올도토문타, ὀρθοτομοῦντα; cut straight; 곧바로 자르다)는 올도(ὀρθο; right, straight; 올바른, 곧 바른)와 토메오(τομέω; cut; 자르다)로 구성된 합성어이다. 그러므로 이 단어의 문자적 의미는 바르게 자르다, 곧게 자르다(cut straight or cut right)는 뜻이다. 따라서 이 말씀의 진의는 하나님의 말씀을 바르게, 정확하게 올바로, 참되게(rightly, accurately, correctly, truly) 해석하라는 명령이다. 이것이 정통 해석이다.

영어의 orthodoxy(정통)는 헬라어의 올도토미아(ὀρθοτομια)에서 유래되었다.

올도토메오(ὀρθοτομέω)는,
ⓐ 나무, 돌같은 것을 곧게 자르는 데,
ⓑ 농부가 밭을 곧게 가는 데,
ⓒ 울창한 삼림지대에 길을 곧 바로 내는 데,
ⓓ 악한 것을 절단하는 데 사용되었다.

4. 하나님의 일꾼은 부끄러움이 없는 일꾼으로 인정받는 자가 되도록 힘써야 한다(15).

본 절은 "힘쓰라"(스푸다손, σπούδασον; be eager, do your best, make every effort; 열심히 하라, 최선을 다 하라, 모든 노력을 다 하라)는 명령으로 시작된다.

"부끄러움이 없는 일꾼"(엘가텐 아네파이스쿤톤, ἐργάτην ἀνεπαίσχυντον; unashamed workman)은 사람들 앞에서는 물론 하나님 앞에서 부끄러울 것이 없는 최선을 다하는 일꾼이다.

"인정된 자로 자신을"(세아우톤 도키몬, σεαυτὸν δόκιμον; yourself approved)은 하나님 앞에 인정받은 자를 가리킨다(살전 2:4; 딤후 2:15). "인정된"(도키몬, δόκιμον; approved, tested)은 "시험에 합격하여 증명된, 확인된"이라는 뜻이다.

5. 하나님의 일꾼은 자신을 하나님 앞에 드리기를 힘써야 한다.

"자신을 하나님 앞에 드리기를 힘쓰라"(15b).

"네 자신"(세아우톤, σεαυτὸν; yourself; 네 자신)은 2인칭·단수로 디모데를 가리킨다. "자신"은 사람 전체(whole person)를 가리킨다. 사람 전체는 마음·뜻·정성과 온 몸과 온 몸의 기능들(faculties)을 다 포함한다.

"하나님 앞에 드리기를 힘쓰라"(파라스테사이 토 데오, αραστῆσαι τῷ θεῷ; to present (yourself) to God)는 "하나님께 드리라" 자신을 하나님께 드리는 헌신적 삶을 가리킨다.

로마서 12:1에는 "…너희 몸을 하나님이 기뻐하시는 거룩한 산 제물(a living sacrifice)로 드리라"

21.

망령되고 헛된 말을 버리라
(Avoid worldly and empty chatter)

1. 망령되고 헛된 말들이란 무슨 뜻인가?
2. 거짓 스승들의 거짓 교훈들은 무엇인가?
3. 자유주의 신학자들의 불신앙

디모데후서 2:16-18, "망령되고 헛된 말들을 버리라 저희는 경건치 아니함에 점점 나아가나니 그들의 말은 독한 종양이 퍼져나감과 같은데 그 중에 후메내오와 빌레도가 있느니라 진리에 관하여는 그들이 그릇되었도다 부활이 이미 지나갔다 하므로 어떤 사람들의 믿음을 무너뜨리느니라."

본문 디모데후서 2:16, "망령되고 헛된 말들을 버리라"는,
① 디모데전서 1:4, "신화와 끝없는 족보에 몰두하지 못하게 하려 함이라…."
② 디모데전서 4:7, "망령되고 허탄한 신화를 버리라."
③ 디모데후서 2:23, "어리석고 무식한 변론을 버리라 이에서 다툼이 나는 줄 앎이라."
④ 디모데후서 4:4, "또 귀를 진리에서 돌이켜 허탄한 이야기를 좇으리라"는 말씀들과 맥락을 같이 한다.

"망령되고 헛된 말을 버리라"는 말씀 앞에 데(δὲ; but; 그러나)라는 동위 접속사가 있어서 앞 절과 대조를 이룬다. 즉 15절, "네가 진리의 말씀을 옳

게 분별하여 부끄러운 것이 없는 일꾼으로 인정된 자로 자신을 하나님 앞에 드리기를 힘쓰라"는 말씀과 대조적으로, 반대로 "망령되고 헛된 말을 버리라"고 명령하셨다.

1. 망령되고 헛된 말들이란 무슨 뜻인가?

1) "망령된 말들"은 속된, 저속한 말들을 가리킨다. − 질적인 면에서

"망령되고"(베베루스, βεβήλους; profane, worldly, godless, religious secular, not sacred)는 "망령된, 세속적인, 경건하지 못한, 거룩하지 않는"이라는 뜻이다. 망령된 말들이란 말의 질적인 면을 기리킨다. 망령된 말은 질적으로 저속한 마들을 가리킨다. 이 단어(베베루스)는 신약에 5번 나타난다. 2번은 사람에게(딤전 1:9; 히 12:6), 3번은 망령되고 허탄한 신화와(딤전 4:7), 허튼 말들을 가리킨다(딤후 2:16; 6:20).

2) "망령되고 헛된 말들"은 내용이 없는 텅 빈 말들을 가리킨다. − 내용적인 면에서

"헛된 말"(케노포니아스, κενοφωνίας; empty utterance, empty chatter)은 텅빈 말들, 허탄한 말들, 알맹이가 없는 말들, 실속이 없는 말들, 가치가 없는 말들, 시시한 말들을 가리킨다.

이 단어(케노포니아)는 케노스(κενός; empty; 텅 빈)와 포네(φωνή; sound; 음, 소리)로 구성된 합성어이다. 그러므로 이 단어의 문자적 의미는 텅 빈 말이다. 헛된 말들이란, 말의 내용적인 면을 가리킨다, 헛된 말들이란 말의 내용이 없는 맡들을 가리킨다.

3) "망령되고 헛된 말들"은 지껄이는 말들을 가리킨다.

표현상 망령되고 헛된 말들이란 내용이 없는 말들, 저속한 말들을 계속 지껄이는 것(vain babbling)을 말한다.

하나님 아버지여! 우리의 구강을 청소하기를 원하나이다. 우리의 입들을 청결케 해 주시옵소서!

4) "망령되고 헛된 말들"은 거짓 스승들의 거짓 교훈들 곧 이단들의 이단설

들을 가리킨다.

본문에서 이단들의 이단설이란 에베소 지역의 후메내오, 알렉산더, 빌레도 등과 같은 이단들의 이단설들이다. 오늘 날 이단들의 이단설들을 초대교회 당시 그들의 표현으로는 거짓 스승들의 거짓 교훈들이라고 하였다.

"버리라"(페리이스타소, περιίστασο; shun, avoid)는 "끊으라, 피하라"는 듯이다. 망령되고 헛된 말들, 저속한 말들, 내용이 없는 말들, 시시한 말들, 지껄이는 말들을 입에서 끊어버리고, 이단들의 이단설들을 또한 배격하라는 뜻이다.

만일 성도가 망령되고 헛된 말들을 끊어버리지 않는다면? 피하지 않는다면?

① 망령되고 헛된 말들은 사람들을 점점 더 망령되고, 속되고, 저속하고, 세속적이고, 경건하지 못한 곳으로 빠지게 할 것이다.

경건하지 아니함에 "점점 더 나가게 하나니"(프로코푸신, προκόψουσιν; they will advance)는 망령되고 속되고 저속하고 세속적으로 점점 더 타락되어 간다는 뜻이다.

② 그 이단들과 이단설들은 교회 안에 암 세포처럼 급속도로 퍼져나가게 될 것이다.

17절, "저희 말은 악성 종양이 퍼져나감과 같은데…"라고 하였다. 독한 창질(독창, 강그라이나, γάγγραινα; gangrene, canker; 암, 종양, 독창)은 의학적 술어로서 이단들을 용납하고 이단설들을 방치한다면 이단설들은 암, 독창 같아서 급속도로 온 교회에 퍼지게 된다. 그러므로 교회는 이단들의 이단설들을 절대로 용납하지 않아야 한다. 적은 누룩은 온 덩어리를 삼키기 때문이다.

③ 어떤 사람들의 믿음을 파멸하게 되는 결과를 초래한다.

"어떤 사람들의 믿음을 무너뜨리느니라"(18).

"어떤 사람들"(티논, τινων; of some)은 그리스도인 전체가 아니라 일부를 지적한다.

"그중에 후메내오와 빌레도가 있느니라"(딤전 1:20; 딤후 2:17, 참조)

"믿음을 …무너뜨리라"(아나트레푸신…피스틴, ἀνατρέπουσιν…πίστιν; overturning, destroying, upsetting…faith)는 "뒤집어 엎다, 파괴하다, 엉망으로 만든다"는 뜻이다. "어떤 사람들"은 이단들의 이단설에 미혹을 받아 신앙을 무너뜨리는 일부 사람들을 가리킨다.

2. 거짓 스승들의 거짓 교훈들은 무엇인가?

2:17, "저희 말은 독한 창질의 섞어짐과 같은데 그 중에 후메내오와 빌레도가 있느니라."

"저희 말"(호 로고스 아우톤, ὁ λόγος αὐτῶν; their word; 그들의 말)은 이단들의 말들 곧 이단들의 가르침을 말한다.

"독한 창질의 썩어짐과 같아."

"독한 창질"(강그라이나; γάγγραινα; gangrene)은 일종의 암이다.

이 병은 피의 부족으로 죽음에 이르는 병으로 때로는 박테리아 세포가 침투하여 부패케한다.

테일러(Thayer)는 "강그리네는 몸의 어느 한 부분이 가려움이나 상처 등으로 몸에 급속도로 퍼지는 종기(ulcer)"라고 하였다(p.107).

1) 거짓 스승들(이단들)은? 후메내오, 알렉산더, 빌레도 등이었다.

그들은 당시 에베소 지방의 이단들이었다. 그들은 악독한 이단들이므로 사단에게 내어준 바 되었다. 다시 말하면 그들은 이단으로 정죄 받고 하니님의 집인 교회에서 출교당하였다(딤전 1:20, 참조).

2:18, "그들은 다 진리에 관하여는 그릇되었도다."

"그릇되었다"(헤스토케산, ἠστόχησαν; missed aim; 표적을 빗나갔다)는 진리에서 이탈하여 정처 없이 방황하는 것을 가리킨다. 영적·신앙적·정신적 방황을 가리킨다. 그러나 성경은 말씀하시기를 성도가 이 세상을 떠나면 구원받은 영혼은 즉시로 천국으로 들어가 안식하며 육체는 흙으로 돌아갔다가 우리 주님 영광과 능력으로 천사장의 소리와 하나님의 나팔로 친히 재림하실 때 영혼은 육체와 재 결합하여 강한 몸, 썩지 않는 몸, 신령한 몸, 영광스러운 몸으로 다시 부활하여 그리스도와 더불어 영원토록 영생복락을 누리리라고 말씀하시고 네가 이것을 믿느냐?고 반문하지 않았는가!(고전 15:35-44; 고후 5:1-10; 살전 4:15-19).

2) 거짓 교훈들(이단들의 이단설)은?

2:18b, "부활이 이미 지나갔다"(아나스타신 에데 게고네나이, ἀνάστασιν ἤδη γεγονέναι; the resurrection is past already)는 것이다. 여기서 에데(ἤδη)는 부사(adverb)로서 "지나갔다"(γεγονέναι)를 더욱 강조한다. 부활이 이미 지나갔다는 말은 부활이 없다는 말이다. 다시 말하면 신자의 육체적 부활을 부인하는 것이다.

- 사두개인들은 애당초 신자의 부활을 믿지 않았다. 그들은 부활·영·천사들도 믿지 않았다(마 22:23; 막 12:18; 눅 20:27; 행 23:8, 4:2).
- 초대교회 거짓 스승들은 헬라 철학의 영향을 받아 부활은 다만 내적 생활의 갱신(renewed of the inner life)이라고 생각하였다. 다시 말하면 신자의 육체적 부활을 부인하고, 영적 부활 소위 부활의 영적 의미만을 강조하였다. 그러므로 사도 바울은 "…너희 중에서 어떤 이들은 어찌하여 죽은 자 가운데서 부활이 없다고 하느냐?(고전 15:12)라고 반문한 후 부활에 관하여 5가지로 논증하였다(고전 15:13-19).

그 옛날 사두개인들이나 초대교회 거짓 스승들에 이어 근대와 현대에는 사두개인들과 거짓 스승들의 후예들이 더 많이 나타나 그리스도 예수의 부활과 장차 있을 그리스도인들의 육체적 부활을 부인하여 왔다.

3. 자유주의 신학자들의 불신앙

- 슐라이엘마허(Fredrich Daniel Schleiermacher, 1768-1834)는 소위 "감정의 신학"(A theology of feeling)을 주장하면서 모든 것은 경험에 의하여 재해석 하여야 한다고 주장하였다. 그러면서 그리스도 예수의 선재, 처녀 탄생, 육체적 부활, 내세의 영벌 등을 부인하였다.[1]

---

1 조영엽, 『기독론』 개정5판 (서울: CLC, 2012), p. 429.

- 스트라우스(David Fredrich Strauss, 1808-1874)는 반 초자연주의(Antisupernaturalism)에 입각하여 "이적은 자연계의 조화를 파멸하는 것이다"라고 하면서 모든 이적들을 신화라고 하였다.²
- 릿츨(Albrecht Ritschl, 1822-1889)은 칸트와 슐라이엘마허의 영향을 받아 기독교의 모든 형이상학적 요소들을 철저히 배제하였다.³
- 판넨베르그(Wolfhart Pannenberg, 1928-)는 부활을 영적·비물질적으로 보고 문자적·육체적 부활을 부인하였다.⁴
- 불트만(Rudolph Bultmann, 1884-1976)은 발트와 틸리히와 더불어 20세기의 소위 3대 자유주의 신학자들 중 한 사람으로 손꼽힌다. 그도 스트라우스처럼 비신화화(demythologization)를 주장하여 공관 복음의 모든 이적 기사들을 부인하였다. 그는 "부활은 객관적·역사적 사건이 아니라, 부활이란 관철하거나 증명할 수 없는 하나의 신화이다"⁵라고 하였다.
- 발트(Karl Barth, 1886-1968)는 신정통의 시조(founder of NeoOrthodoxy)로, "그리스도 예수의 부활 사건이 역사적으로 발생하였다는 아무런 증거도 없고 어떠한 증거가 있을 수도 없고 있어서도 안 된다는 것이 명백하다. …그리스도 예수의 죽음은 확실히 역사로 생각될 수 있지만 부활은 그렇지 않다"⁶고 하였다.
- 니버(Reinhold Niebuhr, 1892-1971)는 뉴욕 맨하탄 소재 유니온 신학교 교수로서 맑스주의의 사회 분석(Marxist analysis)을 매우 동경했으며 때로는 자신은 맑스주의 기독교인(Christian Marxist)이라고 자칭하였다. 그는 "몸의 부활의 개념은 물론 문자적으로 참 될 수 없다"⁷고 하였다. 이들은 모두 사두개인들의 후손들, 거짓 스승들의 후손들, 오늘날의 후메내오와 빌레도들이다.

---

2 조영엽, 『기독론』, p. 429. 3 조영엽, 『기독론』, p. 430. 4 조영엽, 『기독론』, p. 433.

5 Rudolf Karl Bultmann, *Kerygma and Myth* (Harper TorchBooks, 1961) pp. 38, 39.

6 Karl Barth, *Church Dogmatics* IV. I (Edinburgh: T&T Clark, 1962), p. 335.

7 Reinhold Niebuhr, *Beyond the Tragidy* (Scribner, 1937), p. 290.

22.

하나님의 위로와 격려
(God's Encouragement)

1. 하나님의 터는 견고히 섰음
2. 주(하나님)께서 아심
3. 주(하나님)께서 인치셨음
4. 인치심의 효과
5. 불의에서 떠나라.

디모데후서 2:19, "그러나 하나님의 견고한 터는 섰으니 인침이 있어 일렀으되 주께서 자기 백성을 아신다 하며 또 주의 이름을 부르는 자마다 불의에서 떠날지어다 하였느니라."

"그러나 하나님의 견고한 터는 섰으니."
"그러나"(멘토이, μέντοι; however, nevertheless; 그렇지만, 그럼에도 불구하고)는 "비록 후메내오와 빌레도같은 거짓 스승들이 진리를 왜곡하여 거짓을 말하고 또 그들을 따르는 추종자들이 있음에도 불구하고"라는 뜻이다. 그럼에도 불구하고 하나님의 견고한 터는 굳게 섰다는 말씀이다.

1. 하나님의 터는 견고히 섰음

"하나님의 견고한 터는 섰으니"(the firm foundation of God stands)
하나님의 "견고한 터"(스테레오스 데메리오스, στερεὸς θεμέλιος; firm, solid,

hard foundation; 견고한, 굳은, 단단한 터)는 진리 위에 세워진 참 교회(true church)를 가리킨다. 참 교회는 만세 반석 되시는 그리스도 예수(고전 3:10, 11)와 사도들 위에 세워진(엡 2:20) 하나님의 집이다(딤전 3:15). 견고한 터, 참 교회, 하나님의 집은 흔들릴 수 없는 하나님의 나라이다(히 12:28).

참된 교회는 진리와 그리스도 예수와 사도들 위에 **굳게 서 있으므로**(헤스테켄, ἕστηκεν; stands firm) 요동하거나 붕괴되거나 파괴될 수 없다.

- 시편 46:2, 3, 5, "우리는 두려워하지 아니하노라 …하나님의 성(city of God)에는 지극히 높으신 하나님이 계시며 요동치 아니하리라"

2. 주(하나님)께서 아심(knows)

"주께서 자기 백성을 아신다." 이 말씀은 민수기 16:5 말씀의 임의적 인용이다.

"**주께서 아신다**"(에그노 큐리오스, ἔγνω κύριος; the Lord knows)

"**주**"(큐리오스, κύριος; Lord; 주(主))는 70인역 민수기 16:5의 야웨 하나님의 대체어이다. 사도 바울은 하나님을 주(κύριος)라고도 불렀다(딤후 2:7 참조).

"**자기 백성**"은 택한 백성(마 1:21; 요 6:39; 10:15)을,

"**아신다**"(에그노, ἔγνω; knew; 아셨다)는 자기 백성 한 사람 한 사람을 영원히 버리지 않고 사랑하시며 보호하신다는 뜻이다. 이 말씀은 환난과 핍박을 받는 초대교회 성도들에게 큰 위로와 힘이 되었다.

"하나님은 자기 백성을 아신다"는 초대교회의 한 격언(금언)으로 지금도 사용한다.[1]

전지하신 하나님이 "아신다"는 말씀은 하나님과의 특별한 관계, 사랑의 대상임을 나타낸다.

하나님은 최후심판 날에 후메내오와 빌레도같은 불신앙의 배교자들에게는 나는 알지 못하겠노라고 할 것이요, 반면에 망령되고 헛된 말들

---

1 J. N. D. Kelly, *A Commentary on the Pastorial Epistles* (Grand Rapids: Eerdmans, 1957), p. 148.

을 끊어버리고 모든 이단 사설들을 반대하고 불의에서 날마다 떠나는 성
도들을 향하여는 "아신다"하실 것이다.

3. 주(하나님)께서 인치셨음(sealed)

"인침"(스프라기스, σφραγίς; seal, inscription; 인, 새김)은 소유권(ownership)
과 보호·안전(protection and security)을 보증한다. 주 하나님은 자기 백성
을 아시며, 사랑하시며, 끝까지 보호하여 주신다.

- 에베소서 1:13, "그 안에서 너희도 진리의 말씀 곧 너희의 구원의 복음
  을 듣고 그 안에서 또한 믿어 약속의 성령으로 인 치심을 받았으니."

원문은 "…믿어 약속의 성령으로 인 치심을 받았느니라"(피스튜산테스
에소라기스데테 토 프뉴마티 테스 에팡겔리아스, πιστεύσαντες ἐσφραγίσθητε τῷ
πνεύματι τῆς ἐπαγγελίας τῷ ἁγίῳ; believing you were sealed in Him with the Holy
Spirit of promise)로서, "믿어"는 분사(participle)이다. 문법적으로 분사는 주
동사(principle verb)를 수식하는 형용사 역할을 한다.

그리고 분사와 주동사의 동작은 동시에 일어난다. 그러므로 예수님을
구주로 믿는 것(believing)과 인 치심(sealing)은 동시에 발생한다.

이 절에서 "믿어"와 "인 치심"은 연대적 순서가 아니라, 논리적 순서이다.
미국표준성경(NASB)은 예수를 구주로 믿는 동시 즉시로 인 치심을 받는
것으로(having also believed, ye were sealed) 번역이 잘 되었다.

그러나 에베소서 1:13에 대한 흠정역(KJV)의 번역은 "너희가 믿은 후
에 약속의 성령의 인 치심을 받았느니라."(after that ye believed, you were
sealed with that Holy Spirit of promise)라고 잘못 번역되었다.

이 번역에 의하면 신자들이 예수 그리스도를 구주로 믿은 후에(after)
성령의 인 치심을 받는 것으로 되어 있다. 그것은 믿음이 원인이 되고 인
치심은 그 믿음의 결과로 생각하는 견해이다.

4. 인치심의 효과(The Effects)

- 에베소서 4:30, "그 안에서 너희가 구속의 날까지 인 치심을 받았느

니라."

"구속의 날까지(에이스 헤메란 아포루트로세오스, εἰς ἡμέραν ἀπολυτρώσεως; for the day of redemption, 구속의 날 동안)"

- 구속의 날은 몸의 구속의 날을 가리킨다(롬 8:23). 우리는 하나님의 은혜로 예수 그리스도를 구주로 영접할 때 우리의 영이 죄와 사망 가운데서 구속함을 받았다. 그러나 우리의 육체는 아직도 구속받지 못한 상태에 놓여 있다. 우리의 육체가 구속함을 받지 못한 증거는 아직도 우리의 육체 안에는 죄의 성질과 연약성이 내재하고 있다는 사실이다.
- **구속의 날**이란 죄의 성질이 있는 육체, 연약한 육체, 썩을 육체가 죄의 성질을 탈피하고, 연약한 육체가 강건해지며, 썩을 육체가 신령한 몸이 되는 날이다. 구속의 날이란 우리의 몸의 완전한 그리고 최종적 구원의 날(the day of a full and final salvation of our body)이다.

성령 하나님은 우리를 인 쳐 주시므로 구속의 날까지 우리를 지켜주실 것을 보증하신다. 이 진리를 신학적으로는 성도의 보존(Security of the Saints)이라고 한다.

- **성도의 보존**은 그리스도인들이 예수 그리스도를 구주로 믿기 시작한 때부터 이 세상을 떠날 때까지 하나님께 불순종하거나 타락하는 일이 전연 없다는 뜻이 아니다.

성도들도 때로는 계명을 불순종하고 죄에 빠질 수 있다. 그러나 성도의 일시적 타락이나 범죄가 성도의 구원을 상실한다는 의미가 아니다. 비록 성도들이 의식적으로 또는 무의식적으로, 의도적으로 또는 육신이 연약하므로 죄의 상태에 빠질 수 있다.

그럼에도 불구하고 구원을 상실하지 않음은 구원이 인간의 행위와 공로에 의존하지 않고, 전능하신 하나님이 지켜 보호해 주시기 때문이다.

하나님은 택한 백성들이 자신들의 부패된 죄의 성질에 의한 자아의지로 죄를 범하고 자신을 전적으로 포기할지라도 영원한 패망에 이르도록 내버려두시지 않으신다.

5. 불의에서 떠나라(turn away).

딤후 2:19 "주의 이름을 부르는 자마다 불의에서 떠날지어다."

"주의 이름을 부르는 자"(파스 호 오노마존 토 오노마 큐리우, πᾶς ὁ ὀνομάζων τὸ ὄνομα κυρίου; everyone who names of the Lord)는 주님을 구주로 믿는다는 신앙의 표현으로(롬 10:11, 13, 14) 참 성도들을 가리킨다.

"불의에서 떠날지어다"(아포스테토 아포 아디키아스, ἀποστήτω ἀπὸ ἀδικίας; turn away(abstain) from wickedness)는 "악에서부터 멀리 떠나라, 악을 끊어버리라"는 명령이다.

"불의"(아디키아스, ἀδικίας; wickedness)는 진리에 배치되는 불의 또는 악의(unrighteousness or wickedness)를 가리킨다(롬 1:18, 2:8; 살후 2:10, 12). 그러므로 "떠나라"는 불의·부도덕에서 떠날 뿐만 아니라, 진리에 반대되는 오류들로부터도 멀리 떠나라는 명령이다. 성도들은 모든 불의에서 떠나 경건 성화에 진력하라는 하나님의 명령이다.

- 민수기 16:26-27, "모세가 회중에게 말하여 이르되 이 악인들의 장막에서 떠나고 그들의 물건은 아무 것도 만지지 말라 그들의 모든 죄 중에서 너희도 멸망할까 두려워하노라 하며 무리가 고라와 다단과 아비람의 장막을 떠나고…."

고라와 그의 동료 다단과 아비람은 이스라엘 민족의 영도자 모세와 아론을 원망하며 공격하였다. 그때에 모세는 여호와의 말씀대로 온 회중에서 경고하기를 "이 악한 사람들의 장막들(tents)에서 떠나라, 그들에게 속한 물건들은 아무 것도 만지지 말라…"고 명령하였다.

- 고린도후서 6:14-7:1, "너희는 믿지 않는 자와 멍에를 같이 하지 말라 의와 불법이 어찌 함께 하며, 빛과 어두움이 어찌 사귀며, 그리스도와 벨리알이 어찌 조화되며, 믿는 자와 믿지 않는 자가 어찌 상관하며, 하나님의 성전과 우상이 어찌 일치가 되리요. 우리는 살아 계신 하나님의 성전이라 이와 같이 하나님께서 가라사대 내가 저희 가운

데 거하며 두루 행하여 나는 저희 하나님이 되고, 저희는 나의 백성이 되리라 하셨느니라 그러므로 주께서 말씀하시기를 너희는 저희 중에서 나와서 따로 있고 부정한 것을 만지지 말라 내가 너희를 영접하여 너희에게 아버지가 되고 너희는 내게 자녀가 되리라 전능하신 주의 말씀이니라 하셨느니라 그런즉 사랑하는 자들아 이 약속을 가진 우리가 하나님을 두려워하는 가운데서 거룩함을 온전히 이루어 육과 영의 온갖 더러운 것에서 자신을 깨끗케 하자."

- 신명기 22:9, "네 포도원에 두 종자를 섞어 뿌리지 말라 그리하면 네가 뿌린 씨의 열매와 포도원의 소산을 다 빼앗길까 하노라."
- 요한계시록 18:4, "또 내가 들으니 하늘로부터 다른 음성이 나서 이르되 내 백성아, 거기서 나와 그의 죄에 참여하지 말고 그가 받을 배앙들을 받지 말라."

참 성도들은 모든 불의, 종교적 비 진리와 이단들로부터 멀리 떠나야 한다.

참 성도의 표시(mark)는 성별된 성화의 생활이다.

- 시편 34:14, "악을 버리고 선을 행하며 화평을 찾아 따를지어다."
- 잠언 3:7, "…여호와를 경외하며 악에서 떠날지어다."

23.

귀히 쓰이는 그릇들
(The Precious and Useful Vessels)

1. 영적 교훈

디모데후서 2:20-21, "큰 집에는 금과 은의 그릇들이 있을뿐 아니요 나무와 질그릇도 있어 귀히 쓰는 것도 있고 천히 쓰는 것도 있나니, 그러므로 누구든지 이런 것에서 자기를 깨끗하게 하면 귀히 쓰는 그릇이 되어 거룩하고 주인의 쓰심에 합당하며 모든 선한 일에 예비함이 되리라."

"큰 집에는", 엔 메가레 오이키아(ἐν μεγάλῃ δὲ οἰκίᾳ; in a large house)은 대저택(mansion)으로 큰 부잣집을 말한다. 큰 부잣집에는 여러 종류의 부엌 가재들이 많이 있다.

본문에는 4가지 그릇들을 나열하였다. - 재료상으로 분류

① 금 그릇, χρυσοῦς(카루수스); gold; 금으로 만든 그릇

② 은 그릇, ἀργυροῦς(아르구루스); silver; 은으로 만든 그릇

③ 나무 그릇, ξύλινος(크슈리노스); wood; 나무로 만든 그릇

④ 질 그릇, ὀστράκινος(오스트라키노스); clay; 흙으로 만든 그릇

다양한 그릇들 - 용도상

 금·은·나무·진흙 등 재료도 다양하고, 숟가락·젓가락·공기·접시·잔·주

전자·항아리… 등 종류도 다양하고, 모양도 다양하고, 크기도 다양하고, 색깔도 다양하고, 용도도 다양하다.

이 모든 그릇들은 다 귀중하고, 다 중요하고, 다 필요하고,'다 유용하다. 금 그릇만 귀하다고 금 그릇만 필요한 것은 아니다. 은 그릇도, 나무 그릇도, 질 그릇도 각기 용도에 따라 다 귀하고 필요하고 유용하다.

1. 영적 교훈

1) 큰 집과 큰 집의 그릇들은 무엇인가?

큰 집은 하나님의 집, 곧 교회를 가리킨다(딤전 3:15). 큰 집은 넓은 의미에서 그리스도인들의 공동체(Christian community)를 가리킨다.

그릇들은 교회의 구성원들인 성도들을 가리킨다. 금 그릇·은 그릇·나무 그릇·질 그릇이 있듯이, 교회에서도 다양한 신자들이 있다. 그런데 본 절은 이 여러 그릇들을 두(2) 종류의 그릇들로 구별하였다: "귀히 쓰는 것"(하 멘 에이스 티멘, ἃ μὲν εἰς τιμὴν; some to honor; 어떤 것들은 귀히 쓰는 것)과 "천히 쓰는 것"(하 데 에이스 아티미안, ἃ δὲ εἰς ἀτιμίαν; others to dishonor; 다른 것들은 천히 쓰는 것)이다.

값비싼 것을 담는 그릇들(잔, cups)을 귀하게, 음식을 만드는 그릇(냄비, 솥…)은 좀 덜 귀하게 사용된다.

사람의 몸에도 많은 지체들이 있어 각기 자기의 일을 하는 것 같이, 교회에도 많은 지체들이 있어 각기 받은 바 은사와 직분에 따라 일을 하여야 한다(고전 12:14-26).

신자들마다 하나님께로부터 받은 영적 은사들을 잘 개발하여 귀한 그릇들로 사용되도록 하여야 할 것이다. 그릇들의 종류가 아니라, 그 그릇들이 귀히 쓰임을 받는 귀한 그릇들이 되는 것이 중요하다.

2) 귀히 쓰이는 그릇들이 되는 방법들

21절, "누구든지 이런 것들에서 자신들을 깨끗이 하면 귀히 쓰이는 그릇이 되어…"

주인에게 귀히 쓰이는 그릇이 되기 위하여는;

① 먼저 자신을 깨끗이 하여야 한다.

"누구든지 이런 것들에서 자신들을 깨끗이 하면" 앞에는 "만일"(에안, ἐὰν; if)이라는 조건을 나타내는 전치사가 있어서 "만일 누구든지 이런 것들로부터 자신을 깨끗이 한다면"이라는 말이다.

"주인이 쓰시기에 합당한 자가 될 것이다", "합당한"(유크레스톤, εὔχρηστον; suitable useful)은 형용사로서"적합한, 유용한"이라는 뜻이다. 바꾸어 말하면 만일 누구든지 이것들로부터 자신을 깨끗하게, 성결하게 하지 않는다면 결코 주인의 쓰심에 합당한 그릇이 될 수 없음을 강조한다.

큰 집에서 많은 손님들을 대접하고 난 후에는 그 많은 그릇들을 깨끗이 씻어 각기 종류대로 정리해 놓는다. 그와 같이 하나님 앞에서 귀히 쓰이는 그릇들이 되기 위하여는 자신들이 먼저 도덕적으로, 윤리적으로 깨끗하여야 한다.

② 항상 준비하여야 한다.

"모든 선한 일에 준비함이 되리라", "준비함이 되리라"(헤토이마스메논, ἡτοιμασμένον; having been prepared)는 완료·수동·분사로서 계속 준비되어 왔음으로 주인이 언제든지 각각의 선한 일에 사용하실 수 있다.

- 에베소서 2:10, "우리는 그가 만드신 바라 그리스도 예수 안에서 선한 일을 위하여 지으심을 받은 자니 이 일은 하나님이 전에 예비하사 우리로 그 가운데서 행하게 하려 하심이니라."

질그릇같이 연약한 인생 주 의지하여 늘 강건하리!

24.

피하라, 좇으라!
(Flee and Pursue!)

1. 피하라 - 정욕을 피하라.
2. 좇으라 - 의 · 믿음 · 사랑 · 화평을 좇으라.

디모데후서 2:22, "또한 너는 청년의 정욕을 피하고, 주를 깨끗한 마음으로 부르는 자들과 함께 의와 믿음과 사랑과 화평을 좇으라."

본문 말씀은 사도 바울이 디모데에게 한(1) 가지 피할 것과 네(4) 가지 좇을 것을 권면하셨다. 한 가지 피할 것은 청년의 정욕이요, 네 가지 좇을 것은 의·믿음·사랑·화평이다. 이 말씀은 디모데전서 6:11, "오직 너 하나님의 사람아! 이것들을 피하고 의와 경건과 믿음과 사랑과 인내와 온유를 좇으라."는 말씀과 유사하다. 다만 6:11에는 경건·인내·온유가 더 있으나 화평이 없으며, 본 절(딤후 2:22)에는 의·믿음·사랑에 화평이 추가되었다. 의·믿음·사랑·화평은 성도들이 추구하여야 할 그리고 지녀야 할 4대 덕목들(virtues)이다.

1. 피하라 - 정욕을 피하라.

"피하라"(퓨게, φεῦγε; flee; 피하라, 도망치라)는 부정적 명령(a negative imperative)이다. 명령형은 항상 계속성을 강조한다. 따라서 피하라, 도망치라의 문법적 의미는 계속 도망치라(keep on flee), 다시 말하면 도망(뺑

소니)치는 일을 계속하라, 피하는 일을 계속하라는 뜻이다.

1) 사도 바울은 디모데에게 청년의 정욕을 피하라고 하였다.

"청년의 정욕"(네오테리카스 에피두미아스, νεωτερικὰς ἐπιθυμίας; youthful lusts; 젊은이의 정욕들)은 젊은이들의 정욕들로서 성적 욕망(sexual desire)을 말한다.

욕망이란 동경하고 갈망하고 열망하여 좋아하는 것이다.

정욕을 로마서 1:24에는, "마음의 정욕", 베드로전서 2:11에는 "육체의 정욕", 요한일서 2:16에는, "육신의 정욕"이라고 하였다.

성욕은 하나님이 주신 선물이요, 인간의 본능이다. 태초에 하나님은 남자와 여자(아담과 하와)를 하나님의 형상대로(의와 진리와 거룩으로, 엡 4:24), 그리고 만물의 영장으로 창조하시고, 그들로 하여금 한 몸을 이루게 하시고(창 2:24), 생육하고 번성하라고 축복하셨다(창 1:27-28).

하나님은 인류의 행복과 번영을 위하여 성욕도 주시고 그 성욕을 성취하기 위한 정력도 주셨다. 성욕은 인간의 본능이다. 성욕과 건강은 부부의 육체적 행복과 인류의 번영을 가져온다. 성욕은 죄가 아니다. 그러나 사람이 범죄·타락하므로 말미암아 하나님이 주신 성적 욕망과 그 성적 욕망을 위한 정력을 하나님의 의도하심과는 반대로 자신들의 몸을 더럽히고 욕되게 하는 데로 사용하게 되었다. 그리하여 정욕으로 흐르게 되었다.

광의적 의미에서 청년의 정욕들이란 다른 여러 가지 잘못된 욕망들도 포함된다. 교만(자만·자기 과시·허풍)·허영심·명예욕·영웅심·지식욕·혈기·불평 불만·반항심·고집(자기 주장)·관용하지 못함·탐심 등 청년의 정욕들이 많이 있다. 그 모든 것들을 피하여야 한다.

2) 정욕을 이기는 길 – 피하는 것이다.

"피하라"(퓨게, φεῦγε; flee; 피하라, 도망치라)

사도 바울이 젊은 목회자 디모데에게 청년의 정욕을 피하라고 하신 말씀은 디모데가 정욕대로 행한다는 뜻이 아니라 사전 예방을 촉구하신 말씀이다. 사람은 누구나 다 연약하기 때문이다.

당시 디모데는 나이 30대 초반 아니면 중반을 넘지 않은 한창 젊은 나이였다. 그 젊은 나이에 그 당시 에베소 교회의 영향력 있는 목회자가 되었다는 것은 매우 귀한 일, 드문 일이다. 하나님은 다른 모든 죄들과는 힘써 싸워 승리하라고 하셨으나 이성 문제만은 피하므로 이기라고 하셨다. 정욕에 관한 한 이기는 최상의 길은 피하는 것이다. 그 길 외에 다른 길은 없다. 그러므로 정욕을 피하는 것은 겁쟁이의 소행이 아니라, 믿음을 바로 사용하는 성도의 기본적 신앙 행위이다.

요셉은 보디발의 아내의 끈질긴 유혹에도 정욕을 피하므로 하나님이 그를 크게 사용하셨다(창 39:10-23). 여인이 날마다 요셉에게 간청하였으나 요셉이 듣지 아니하고, 함께 있지도 아니하고, 붙잡고 강요할 때에 겉옷이 벗겨질 정도로 도망쳤다. 요셉은 일시적으로 누명을 쓰고 감옥에도 갇혔으나 하나님이 그와 같이 하시므로 범사에 형통케 되었고, 나중에는 국무총리가 되어 자신과 가족을 그리고 자기 민족 이스라엘을 위하여 얼마나 큰 일을 하였는가!

- 고린도전서 6:18, "음행을 피하라 사람이 범하는 죄마다 몸 밖에 있거니와 음행하는 자는 자기 몸에 죄를 범하느니라."

2. 좇으라 - 의·믿음·사랑·화평을 좇으라.

"좇으라"(디오케, δίωκε; pursue, follow; 추구하라, 따르라). 이 단어는 긍정적 명령(a positive imperative)이다. 따라서 계속 추구하라(keep on pursuing), 계속 따르라 다시 말하면 추구하기를 계속하라. 또는 좇기를 계속하라는 말씀이다.

본 절에서는 좇을 것, 추구할 것 4대 덕목들을 열거하였다. 의·믿음·사랑·화평 등이다. 디모데전서 6:11에는 의·경건·사랑·인내·온유를 좇으라고 하였다(의·사랑은 딤전 6:11 주해 참조).

"주를 깨끗한 마음으로 부르는 자들과 함께"(with those who call on the Lord out of pure heart)

정욕을 피하고 의·믿음·사랑·화평을 추구하되 깨끗한 마음으로 주님을 부르는 자들과 함께 하라고 하였다. "깨끗한 마음으로 주님을 부르는 자들"은 주님을 구주로 믿고 순수한 마음, 청결한 마음으로 온전한 신앙생활을 하며, 하나님께 신령과 진정으로 예배드리는 자들을 가리킨다(행 2:21; 롬 10:12,13).

1) 의(디카이오수넨, δικαιοσύνην; righteousness)를 좇으라.

의는 바른 것, 옳은 것이다. 의는 불의의 반대이다. 우리는 의, 옳은 것, 하나님의 뜻만, 바른 진리만 추구할 것이다. 의를 추구하는 성도들은 불의를 두려워하지 아니하며, 불의에 굴복하지도 아니하며, 불의와 타협하지도 아니하며, 하나님의 뜻만 따라 살기를 원하는 성도들이다. 의를 위하여 핍박 받는 것을 기쁘게 감사히 생각한다.

"깨끗한 마음으로 주님을 부르는 성도들과 함께" 좇으라. 의를 추구하는 것은 때로는 고난·핍박·환난이 엄습해도 결코 고독하지 않다. 교회는 의를 추구하는 성도들의 공동체이기 때문이다. 성도는 올바른 것만 생각하고, 옳은 것만 말하고, 옳은 것만 행하여야 한다.

- 마태복음 5:10, "의를 위하여 핍박을 받는 자는 복이 있도다"(마 5:10).
- 에베소서 5:9, "빛의 열매는 모든 착함과 의로움과 진실함에 있느니라."

2) 믿음(피스틴, πίστιν; faith)을 좇으라.

믿음은 믿는 것이다. 전능하사 천지를 만드신 하나님을 아버지로, 그 외아들 그리스도 예수를 구주로 믿는 신앙이다.

① 믿음은 의지하는 것이다. 어려운 일을 당할 때, 연약할 때, 의지할 힘이 없을 때, 병들어 고생할 때 의지하는 내 주를 더욱 의지합니다.

② 믿음은 순종이다. 믿음에는 순종이 따른다. 로마서 1:5, "믿음에서 오는 순종"이다.

믿음이 있노라 하고 행함이 없으면 죽은 믿음이다(약 2:17, 20, 22).

③ 믿음은 전적 헌신이다. 헌신은 바치는 것이다. 믿음은 모든 의심과 불신앙을 버리고 계속 헌신하는 것이다.

"깨끗한 마음으로 주님을 부르는 자들과 함께" - 믿음을 좇는 것은 깨끗한 마음으로 주님을 찾는 성도들과 함께 신앙생활 하는 것이다. 교회는 신앙의 공동체이다. 신앙생활은 결코 고독하지 않다.

우리의 신앙은 정통신앙, 전통신앙, 옛 신앙, 금보다 더 귀한 믿음이다. 이 믿음에 견고하며 흔들리지 말며(고전 15:58), 단번에 주신 믿음의 도리를 위하여 힘써 싸우라(유 3).

3) 사랑(아가펜, ἀγάπην; love)을 좇으라.

사랑(love)는 깊은 애정, 감정으로 아가페 사랑이다. 아가페 사랑은 무조건적·희생적·베푸는·무한한 사랑이다. 이 사랑은 성도들의 사랑의 원천이다. "깨끗한 마음으로 주님을 부르는 성도들과 함께 "사랑을 좇으라. 교회는 사랑의 공동체이다.

- 요한복음 13:34, "새 계명을 너희에게 주노니 서로 사랑하라 내가 너희를 사랑한 것 같이 너희도 서로 사랑하라 사랑은 허다한 허물을 덮느니라."

4) 화평(에리에넨, εἰρήνην; peace)을 좇으라.

화평은 히브리어로 샬롬(שׁלוֹם), 헬라어로 에이레네(εἰρήνην; peace)로서 안녕(total well-being) 곧 마음의 안정과 고요한 자유의 상태를 가리킨다.

화평은 전쟁의 반대이다. 전쟁은 위험·불안·공포·고통·슬픔·고난·죽음 등을 가져온다. 반면에 화평은 평안·기쁨·안전·번영을 가져온다.

그리스도인들에게 있어서 참된 화평은 안정되고 평안한 마음의 상태, 자유의 상태, 평안한 상태를 가리킨다. 화평을 좇는 것은 "깨끗한 마음으로 주님을 찾는 성도들과 함께" 화목·화평을 추구하는 것이다.

교회는 화평의 공동체이다. 개인·가정·교회·나라에 화평이 넘치기를 소원한다.

25.

징계의 목적
(The Purpose of Chastising)

1. 주님의 참 종들의 자세와 태도(거역하는 자들을 위한).
2. 징계(교훈)의 이유와 목적?

　디모데후서 2:25-26, "거역하는 자를 온유함으로 징계할지니 혹 하나님이 저희에게 회개함을 주사 진리를 알게 하실까 하며 저희로 깨어 마귀의 올무에서 벗어나 하나님께 사로잡힌 바 되어 그 뜻을 좇게 하실까 함이라."

1. 주님의 참 종들의 자세와 태도(거역하는 자들을 위한).
　주님의 참 종들은 거역하는 자들을 온유함으로 징계하여 바로 세워야 한다.
　"거역하는 자"(투스 안티디아티데메누스, τοὺς ἀντιδιατιθεμένους; the opponents; 반대자들). "거역하는"(ἀντιδιατιθεμένους)은 전치사 안티(ἀντι; against; 반대하여), 디아(δια; through; …통하여), 동사 티데미(τίθημι; to place; 놓는다)로 구성된 극히 드문 단어이다.
　이 단어는 분사로서 앞의 정관사와 결합하여 반대자들(the opponents)이 되었다. 반대자들은 주의 종과 진리의 말씀을 반대하는 거짓 스승들과 그들의 추종자들이다.
　"온유함으로"(엔 푸라우테티, ἐν πραΰτητι; in(with) meekness, genleness,

humility), "온유"는 온순함·온화함·포근한 양같은 성격을 말한다. 이 단어는 신약에 11회 나타난다(엡 4:2). 온유함은 혈기·분노의 반대이다. "온유함으로"는 교훈하는 자의 자세를 가리킨다.

"징계할지니"(파이듀온타, παιδεύοντα; instructing; 교훈할지니) 징계는 부모가 자녀를, 선생이 학생들을 가르치고, 교육하고, 교훈하고, 훈련시키고, 징계(채찍질)하여 바로 세우는 것(teaching, educating, instructing, training, chastising, correcting)을 다 포함한다(고전 11:32; 딤전 1:20).

이는 마치 올바른 부모가 자녀들이 바로 되게 하기 위하여 채찍질 하는 것과 같다.

하나님은 주의 종들이 온유한 마음으로 거역하는 자들을 징계하므로 그들을 회개케도 하신다. 따라서 징계는 회개의 도구로 사용된다.

- 갈라디아서 6:1, "형제들아! 사람이 만일 무슨 범죄한 일이 드러나거든 신령한 너희는 온유한 심령으로 그러한 자를 바로 잡고 네 자신을 돌아보아 너도 시험을 받을까 두려워하라."

2. 징계(교훈)의 이유와 목적?

1) 회개케 하기 위하여

"혹 하나님이 저희에게 회개함을 주사" 교훈하는 자가 교훈하는 목적은 가르침을 받는 자들 곧 반대자들이 죄를 회개하고 돌이켜 진리의 충만한 지식에 이르게하는 것이다.

"혹"(메포테, μήποτε; perhaps, if; 아마도, 혹시나, 만일)은 회개의 가능성을 나타낸다. 그러나 확실성은 보장하지 못한다.

"회개함을 주사"(도에 아우토이스 호 데오스 메타노이안, δώη αὐτοῖς ὁ θεὸς μετάνοιαν; God may grant them repentance; 하나님이 그들에게 회개를 허락해 주실 것이다(행 5:31; 11:18; 고후 7:9-10)). 하나님의 진실된 종들이나 참 부모는 아마도 거역하는 자들이 자신들의 죄를 뉘우쳐 회개하고 돌이키게 하기 위하여 징계한다.

2) 충만한 지식에까지 이르게 되기를 원하여

"진리의 지식으로"(에이스 에피그노신 알레데이아스, εἰς ἐπίγνωσιν ἀληθείας; into a full knowledge of truth)는 진리의 정확하고도 올바른 그리고 충만한 지식 안으로 인도하기 위함이다(딤전 2:4 참조).

3) 마귀의 올무에서 벗어나 돌아오기를 위하여

"마귀의 올무에서 벗어나"(아나네포신 에크 디아볼루 파기도스, ἀνανήψωσιν ἐκ τῆς τοῦ διαβόλου; they may return to soberness out of (from) the snare of the devil)는 그들이 마귀의 올무(덫)로부터 벗어나 제정신으로 돌아감을 말한다.

"올무"(파기스, παγίς; a snare, a trap)는 올무, 덫이다.

올무는 새들이나 짐승들을 잡는 덫이나 그물이다(시 69:22, 124:7; 잠 7:23; 전 9:12; 암 3:5; 눅 21:34).

"마귀의 올무"(디아볼루 파기도스, διαβόλου παγίδος; snare of (the) devil)는 사람의 정신을 사로잡는 마귀의 덫이다(딤전 3:7; 딤후 2:26).

"벗어나"(에크, ἐκ; out of or from; -으로부터)는 마귀의 올무로부터 벗어나 해방이 됨을,

"제 정신으로 돌아오기를"(아나네포신, ἀνανήψωσιν; they may return (re-cover) to soberness)는 아나네포(ἀνανήφω; to recover; 회복하다)의 목적격으로 제 정신, 건전한 정신, 바른 정신으로 돌아오기를 위함이다. 우리 말 성경에는 이 단어가 빠져 있다.

4) 하나님께 사로잡힌 바 되기를 원하여

"하나님께 사로잡힌 바 되어"(에조그레메노이 후프 아우투, ἐζωγρημένοι ὑπ' αὐτοῦ; having been taken captive (by him))는 하나님께 사로 잡힌 바 되어 다시 살아남을 가리킨다. 마귀의 올무에 걸린 자를 마귀의 올무에서 벗어나 하나님께 사로잡힌 바 되게 하기 위하여 징계한다.

5) 하나님의 뜻을 행하게 하기 위하여

하나님의 뜻은 마귀의 올무에서 벗어나 하나님께 사로잡힌 바 되어 하

나님의 뜻을 행하는 것이다.

"그 뜻"(에케이누 델레마, ἐκείνου θέλημα; his will; 그의 뜻)은 하나님의 뜻(God's will)이다. 하나님의 뜻은 거역하는 자들을 징계하여 바로 잡고, 진리의 충만한 지식으로 인도하며, 온전히 하나님께 사로잡혀, 하나님의 뜻만 행하게 하는 것이다. 그것이 하나님의 뜻이다.

침묵

침묵 속에 온유와 겸손의 움이 돋아나고,
침묵 속에 사랑과 용서의 꽃이 피어난다.

침묵 속에 관용과 인내의 잎사귀가 돋아나고,
침묵 속에 진실과 충성의 줄기가 자라난다.

침묵 속에 평강과 기쁨의 열매가 맺어지고,
침묵 속에 감사와 찬송의 노래가 흘러간다.

침묵 속에 사랑의 심장이 힘차게 박동하고,
침묵 속에 영원한 생명은 살아서 움직인다.

지구 한 모퉁이에서,
나는 침묵으로 그 움이 돋아나게 하리라.
나는 침묵으로 그 꽃이 피어나게 하리라.
나는 침묵으로 그 열매가 맺어지게 하리라.
나는 침묵으로 그 심장이 박동하게 하리라.
나의 침묵의 노래와 향기가
가슴에서 가슴으로 전달되리라.

26.
말세의 현상들과 특성들
(The Phenomenons and Characteristics of the Last Days)

19가지 죄목들:

1. "사람들은 자기를 사랑하며"
2. "돈을 사랑하며"
3. "자긍하며"
4. "교만하며"
5. "훼방하며"
6. "부모를 거역하며"
7. "감사치 아니하며"
8. "거룩하지 아니하며"
9. "무정하며"
10. "원통함을 품지 아니하며"
11. "참소하며"
12. "절제하지 못하며"
13. "사나우며"
14. "선을 좋아하지 아니하며"
15. "배반하여 팔며"
16. "조급하며"
17. "자고하며"
18. "쾌락을 사랑하는 자들"
19. "경건의 모양"

결론

디모데후서 3:1-5, "너는 이것을 알라 말세에 고통하는 때가 이르리니, 사람들은 자기를 사랑하며, 돈을 사랑하며, 자랑하며, 교만하며, 훼방하며, 부모를 거역하며, 감사하지 아니하며, 거룩하지 아니하며, 무정하며, 원통함을 풀지 아니하며, 모함하며, 절제하지 못하며, 사나우며, 선한 것을 좋아하지 아니하며, 배신하며, 조급하며, 자만하며, 쾌락을 사랑하기를 하나님 사랑하는 것보다 더 하며, 경건의 모양은 있으나 경건의 능력은 부인하는 자니 이 같은 자들에게서 네가 돌아서라."

"말세에 고통하는 때가 이르리니"(엔 에스카타이스 헤메라이스 엔스테손타이, ἐν ἐσχάταις ἡμέραις ἐνστήσονται; in the last days terrible times will come).

"이것을 알라"(투토 기노스케, Τοῦτο γίνωσκε; know this)는 말세에는 죄악이 관영하므로 고통하는 때가 반드시 올 것이라는 것을 분명히, 확실히 알라는 예언의 말씀이다.

넓은 의미에서 "말세"는 그리스도 예수의 초림 때로부터 시작하여 그리스도 예수의 재림 때까지의 전(全)기간을 가리킨다. 사도 바울은 자신이 살고 있는 그 시대를 이미 말세의 일부분으로 보았다(행 2:17; 히 1:1-2, 9:26; 벧전 1:20; 요일 2:18).

히브리서 1:2에는 말세를 메시야의 초림에 적용하였다(히 9:26; 벧전 1:20).

요한일서 2:18에는 사도 시대를 말세에 적용하였다.

좁은 의미에서 말세는 그리스도 예수의 재림 직전 일정한 기간을 가리킨다(마 24:3; 살후 2:2,3; 딤전 4:1; 벧후 3:3; 유 18). 말세에는 현재, 지금도 포함된다.

말세에는 여러 가지 말세의 현상들이 나타날 것이다. 성경 예언에 의하면 말세, 세상 끝에는 점점 더 악한 세상이 되어 점점 더 고통하는 때가 올 것이라고 하였다.

"고통하는 때"(카이로이 카레포이, καιροὶ χαλεποί; grievous times, difficult times, terrible times, painful times, dangerous times, times of persecution, and times of trials: 슬퍼하는 때, 어려운 때, 무서운 때, 고통하는 때, 위험한 때, 핍박의 때, 시련의 때를 가리킨다.

"이르리니"(엔스테손타이, ἐνστήσονται; will come; 올 것이다)는 미래의 확실성(certainty)을 가리킨다. 따라서 말세에는 분명히 고통하는 때, 슬픈 때, 어려운 때, 무시무시한 때, 위험한 때, 시련의 때, 핍박의 때가 꼭 오고야 말 것이다(딤후 4:13, 참조).

무슨 이유로 말세에는 고통하는 때가 올 것인가? 본문 3:2에는 갈(γὰρ;

because; 왜냐하면)이라는 원인과 이유를 타나내는 접속사로 그 이유들을 밝혔다.

본문(디모데후서 3:2–5)에서는 19가지 죄목들을 열거하고 그 이유를 밝혔다.

물론 본문의 19가지 죄목들은 부분적으로는 어느 시대나 항상 있어 왔다. 그러나 말세지말이 되면 그 모든 죄목들이 범위에 있어서 더 다양하고 넓으며, 정도에 있어서 더욱 심하다는 사실이다. 그러므로 말세에는 고통·슬픔·어려움·위험·시련·핍박이 더욱 가중(加重)될 것이다.

19가지 죄목들:

1. "사람들은 자기를 사랑하며"(호이 안드로포이 필라우토이, οἱ ἄνθρωποι φίλαυτοι: lovers of self: 자기를 사랑하는 자들).

"자기를 사랑한다"(필라우토이, φίλαυτοι)는 자기만을 위한다는 말씀이다. 곧 자기 중심, 이기주의를 말한다. 본문에는 필(φίλ: love: 사랑)이라는 접두어(prefix)로 시작된 단어가 여러 번이나 나타난다(딛 1:8, 2:4, 3:4; 딤전 3:2, 4). 자기를 사랑하는 것은 하나님을 사랑하는 것(필로데오스, φιλόθεος)에 반대이다.

범죄 타락한 이후 사람들은 하나님을 사랑하는 것보다 오히려 자기 자신들을 더 사랑한다. 상당수의 사람들은 아예 하나님을 사랑하지 않는다. 자기 자신들을 사랑하는 것은 자기 자신들만을 위하는 이기주의자(egoist)요, 인본주의자(humanist)이다. 자기만을 사랑하는 자들은 하나님을 사랑하지 않는 자들, 이웃을 사랑하지 않는 자들이다. 자기를 사랑하는 자들은 하나님을 섬기지 않으며 이웃을 돌보지 않는다.

말세에는 고통하는 때, 어려운 때, 무서운 때, 위험한 때, 핍박의 때, 시련의 때가 올 것이다. 이 고통은 사람들이 자기를 사랑하는 이기주의, 인본주의 때문에 그 결과로 오는 피해와 고통이다. 그 고통이 얼마나 큰가!

"이 같은 자들에게서 네가 돌아서라." 자기를 사랑하는 것에서 돌아서라! 그리고 하나님을 사랑하고 이웃을 사랑하는 자들이 되라!

• 예레미야 2:19, "…네 하나님 여호와를 버림과 네 속에 나를 경외함이

없는 것이 악이요 고통인줄 알라…."

2. "**돈을 사랑하며**"(필알구로이, φιλάργυροι: money-lovers: 돈을 사랑하는 자들)는 말세에는 많은 사람들이 돈을 사랑하게 될 것이다(딤전 6:10 참조).

자기를 사랑하는 자들은 돈을 사랑하는 자들이다. 그러므로 자기를 사랑하는 자와 돈을 사랑하는 자는 어근(語根)이 같다. 자기를 사랑하는 자들은 돈만 있으면 자기의 육신의 정욕대로 무엇이든지 다 할 수 있다고 생각하며 돈을 사랑한다.

현대 사회는 극도의 개인주의, 이기주의, 물질주의에 빠져있다. 만물의 영장(crown of creatures)인 사람이 만물의 영장으로 창조하신 하나님을 사랑하지 않고 오히려 소유물인 돈을 사랑한다는 것이 말이나 되는가!

돈은 물질의 대명사이다. 돈만 있으면 어떠한 것도 다 살 수 있기 때문이다. 그런 의미에서 황금만능이라고들 한다. 물질 자체는 죄가 아니다. 물질을 어떻게 취득하였으며 어떻게 사용하는가? 가 중요한 문제이다.

말세지말은 고통하는 때이다. 그런데 그 고통은 사람이 돈을 사랑하기 때문에 그 돈 사랑하는 결과로 오는 고통이다. 돈 때문에 사기·도적질·간음·인신매매·살인·방화·사치·음란… 등이 일어나며, 이 모든 죄악들이 돈을 사랑하는 것에서부터 발생하므로 돈을 사랑하는 자들은 돈을 사랑하는 것에서 돌아서서 하나님을 사랑하는 자들이 되라.

3. "**자긍하며**"(알라조네스, ἀλαζόνες: boasters, braggarts; 자랑하는 자들, 허풍떠는 자들). 이 단어는 이곳과 로마서 1:30 뿐이다. "자긍하며"는 자기를 과장하며 내세우며, 자랑하며, 우쭐하여 허풍떠는 것을 말한다.

말세에는 사람들이 자긍하기 때문에 많은 사람들이 고통을 당하고 있다. 따라서 자긍하는 자들은 자긍하는 것에서부터 돌아서라! 그리고 겸손한 자들이 되라.

- 로마서 1:30, "…자랑하는 자들"(휘페레파누스, ὑπερηφάνους: boasters)은 자기를 내세우며 자랑하는 생각들과 말들(boastful thoughts and words)

을 의미한다.
- 야고보서 4:16, "이제도 너희가 허탄한 자랑을 자랑하니 이러한 자랑은 다 악한 것이라."

4. "교만하며"(휘페레파노이, ὑπερήφανοι; proud, arrogant; 건방진 자들).

교만한 자는 자기가 다 된 줄로 아는 사람, 선 줄로 아는 사람, 우월감을 가진 사람, 다른 사람을 없이 여기는 사람이다. 교만한 사람은 자신을 다른 사람들보다 낫다고 생각하고 행동하는 사람이다.

루시퍼(Lucifer) 천사는 하나님과 같이 되고자 하는 교만으로 타락하여 사단이 되었고, 아담도 하나님과 같이 되고자 하는 교만으로 타락되었다.

말세에는 많은 사람들이 교만하므로 그 결과 많은 사람들이 고통에 임한다. 따라서 교만한 자들은 교만한 데서 돌아서라! 그리고 겸손한 자들이 되라.

- 잠언 16:18, "교만은 패망의 선봉이요 거만한 마음은 넘어짐의 앞잡이라."
- 야고보서 4:6, "…하나님은 교만한 자를 물리치시고 겸손한 자에게 은혜를 주시느니라"(벧전 5:5).

5. "훼방하며"(블라스페모이, βλάσφημοι; blasphemers, evil speakers; 훼방자들, 악한 말하는 자들). "훼방하며"는 증오하는 말, 악랄한 말로 욕설을 퍼붓고, 헐뜯고, 비방하는 자를 말한다.

특히 하나님을 모독하며 하나님께 망령된 말을 하는 자들, 다른 사람들을 비방하고 헐뜯는 자들(abuse towards others)로 말미암아 얼마나 많은 사람들의 인격이 모욕을 당하고, 명예가 훼손되며, 마음의 상처를 입고 있는가! 따라서 훼방하는 자들은 훼방하는 가운데서 돌아서라! 그리고 다른 사람들의 인격을 존중하며 장점들을 칭찬하는 자들이 되라.

6. "부모를 거역하며"(고뉴신 아페이데이스, γονεῦσιν ἀπειθεῖς; disobedient to their parents; 부모에게 불순종하는 자들).

부모 거역은 신명기 21:18, 에베소서 6:1 말씀을 거역하는 죄, 제 5계명을 범하는 죄, 배은망덕한 죄이다.

교양과 훈계로 양육 받지 않은 아이들 대부분이 부모를 거역한다. 그러므로 성경은 어릴 때부터 교양과 훈계(채찍)로 자녀들을 양육하라고 명령하였다. 부모를 공경하는 것은 부모를 공경! 부모에게 필요한 것을 공급! 부모의 마음을 편하게 해드리는 것이 다 포함된다.

말세에는 부모를 거역하는 자식들 때문에 많은 부모들과 사람들이 고통을 당한다. 그러므로 부모를 거역하는 자들은 부모를 거역하는 데서부터 돌아서라 → 효자, 효녀들이 되라.

- 신명기 27:16, "그 부모를 경홀히 여기는 자는 저주를 받을 것이요."
- 로마서 1:30, "…부모를 거역하는 자요."
- 에베소서 6:1, "주 안에서 네 부모를 공경하라."

7. **"감사치 아니하며"**(아카리스토이, ἀχάριστοι; unthankful, ungrateful; 감사치 아니하며).

이 단어는 헬라어(α; no; 부정)와 카리스(χάρις; grace; 은혜)로 구성된 합성어이다. 따라서 이 단어의 문자적 의미는 은혜를 베푸시는 하나님께 감사치 않는다는 말씀이다. 감사는 받은 바 은혜에 대한 고마움의 표시인데 감사치 아니함은 배은망덕이요 어떤 짐승들만도 못하다.

부모님: ←자식들이

선생님: ←제자들이

목회자: ←성도들이

말세에는 감사치 아니하는 자들이 많이 나오게 될 것이요, 감사치 않는 자들 때문에 고통이 임한다. 이 같은 자들에게서 돌아서라 → 범사에 감사하는 사람이 되라.

- 로마서 1:21, "하나님을 알되 하나님을 영화롭게도 아니하며 감사하지도 아니하고 오히려 그 생각이 허망하여지며 미련한 마음이 어두워

졌나니."

8. "거룩하지 아니하며"(아노시오이, ἀνόσιοι; unholy; 경건치 아니하며)는 속됨을 가리킨다. 이 단어는 이곳과 디모데전서 1:9절에만 나타난다.

거룩은 죄와 구별된 생활이다. 그러므로 "거룩하지 아니하며"는 하나님과의 교통·교제가 없는 속된 생활을 하는 자이다.

말세에는 거룩하지 아니한 사람들이 많이 나타나기 때문에 고통의 때, 시련의 때, 위험한 때, 어려운 때가 이른다. "이같은 자들에게서 네가 돌아서라" →거룩한 사람이 되라.

9. "무정하며"(아스톨고이, ἄστοργοι; without nature affection, without love) 아 (α; 부정)와 스톨게(στοργη; family affection)로 구성된 합성어이다. 따라서 "무정하며"는 인정이 없는 사나움을 가리킨다. 인정과 애정은 부부사이에, 부자간에, 형제간에, 친구간에, 이웃간에, 사제간에, 교역자와 성도간에,

말세에는 무정한 사람들이 많이 있어 그들의 무정 때문에 얼마나 많은 사람들이 고통을 받는가! 어떤 무정한 사람들은 한 때는 간이라도 빼어줄 것같이 행동하나 무슨 일이 생기면 내가 언제 보았었는가? 하는 식으로 무정한 사람들도 있다. 그러므로 이 같은 자들에게 돌아서라 →인정과 애정이 넘치는 자들이 되라.

10. "원통함을 품지 아니하며"(아스폰도이, ἄσπονδοι; implacable, irreconcilable, unforgiving; 화해하지 않는, 용서하지 않는).

사람이 한번 원통한 일을 당하면 그것을 마음에 오래 간직하고 몇 년 가도 풀지 않는 사람들도 있다. 일평생 원수로 지내는 자들도 있다. 그러니 하나님 앞에서 신앙생활 바로 할 수 있겠는가?

성도는 분을 내어도 안되지만 분하다고 분을 내면 해지도록 분을 품지 말라. 분을 품고 자면 잠도 편히 잘 수 없고 다음 날에는 분이 더 커져서 더 분통이 터지게 된다. 원통함을 풀지 않는 사람들 때문에 얼마나 많은 사람들이 화목하지 못하고 살아가는가!

이 같은 자들에게서 돌아서라! →원통함이 있으면 풀고, 분을 품었으면 해지도록 품지 말라고 하셨는데 아직도 분을 품고 있다면 회개하여야 한다.

- 갈라디아서 5:20, "…원수를 맺는 것과…."
- 에베소서 4:26, "분을 내어도 죄를 짓지 말며 해가 지도록 분을 품지 말고."
- 마태복음 5:23-24, "그러므로 예물을 제단에 드리다가 거기서 네 형제에게 원망들을 만한 일이 있는 것이 생각나거든 예물을 제단 앞에 두고 먼저 가서 형제와 화목하고 그 후에 와서 예물을 드리라."

11. "참소하며"(디아볼로이, διάβολοι; slanders; 비방하는 자들). "참소하며"는 중상모략, 명예훼손, 허위선전하는 것을 말한다.

이 같은 자들에게서 네가 돌아서라 →모함하지 말고 다른 사람들에게 덕을 끼치고 유익을 끼치는 말을 하라.

12. "절제하지 못하며"(아크라테이스, ἀκρατεῖς; incontinent, intemperate, without self-control; 절제 없는, 과도한, 자기를 다스리는 것이 없이)는 방종한 생활을 뜻한다. 말세에는 많은 사람들이 생각·감정·말·시간·물질… 등등에 절지하지 못한다.

이 같은 자들에게서 돌아서라 →절제하는 자들이 되라.

13. "사나우며"(아네메로이, ἀνήμεροι; untamed, savage, brutal; ungentle, harsh, severe); 말세에는 잔인한, 악한, 짐승같은 사람들이 많이 나온다. 그리하여 서로 물고 찢고 죽인다. 이 같은 자들에게서 네가 돌아서라 →유순하고 온유하고 부드러운 자들이 되라.

14. "선을 좋아하지 아니하며"(아필라가도이, ἀφιλάγαθοι; haters of good; 선을 증오하는 자들)는 선한 사람이나 선을 증오하는 자들을 말한다. 말세에는 선을 증오하고 악을 좋아하는 사람들이 많이 나타난다. 선을 좋아하며 선을 좇는 자들이 되기를 소원한다.

- 디도서 1:8, "…선을 좋아하며…."

15. "배반하여 팔며"(프로도타이, προδόται; betrayers, traitors; 배반자들, 반역자들). 말세에는 배반하는 자들이 많이 나타나 배반할 것이다. 가룟 유다는 예수님을 배반하여 은 30량에 팔았다(마 26:14, 47-49; 눅 6:16; 행 7:52). 배반은 불신세계 특히 깡패 세계에서도 가장 미워하는 죄이다. 말세에는 배반(배신)하는 자들이 많이 나타나므로 사람들이 고통을 당하게 된다. 이 같은 자들에게서 네가 돌아서라.

우리는 어떠한 역경 속에서도 주님을 배반하지 않는 성도들이 되기를! 서로 간 의리와 신앙을 저버리지 않는 자들이 되기를!

16. "조급하며"(프로페테이스, προπετεῖς; rash, reckless; 경솔한, 성급한)는 이곳과 사도행전 19:36에만 나타난다. "조급하며"는 성격이 급하여 생각없이 급히 말하고 행동하는 것을 말한다. 우리나라 사람들은 나부터 성격이 급하여 무슨 일이든지 참지 못하고 말과 행동이 앞설 때가 많이 있다. 우리는 기도하며 심사숙고하여 하나님의 뜻을 바로 찾아 순종하여야 한다. 이 같은 자들에게서 네가 돌아서라. →참는 자들이 되기를!

17. "자고하며"(테투포메노이, τετυφωμένοι; having been puffed up)는 자신을 스스로 높이는 것이다. "자고하며"는 자신을 높이고 다른 사람들을 무시하여 무례한 말과 행동을 하는 것을 뜻하며 교만과 유사하다. 이 같은 자들에게서 네가 돌아서라. 낮아져서 남을 섬기면 자기 마음이 우선 편하고 다른 사람들이 자기를 높일 것이다.

18. "쾌락을 사랑하는 자들"(필레도노이, φιλήδονοι; lovers of pleasure; 쾌락을 사랑하는 자들). 말세에는 향락주의, 쾌락주의, 퇴폐풍조가 극도에 달하여 노아 시대와 같이 먹고 마시고 음탕하고 방탕한다.

"하나님 사랑하는 것보다 더 하며"는 하나님 사랑하는 자리에 쾌락을 올려 놓았다는 의미이다.

이 같은 자들에게서 네가 돌아서라 →경건한 삶을 살라!

- 마태복음 24:37-39, "노아의 때와 같이 인자의 임함도 그러하리라, 홍수 전에 노아가 방주에 들어가던 날까지 사람들이 먹고 마시고 장가

들고 시집가고 있으면서, 홍수가 나서 그들을 다 멸하기까지 깨닫지 못하였으니 인자의 임함도 이와 같으리라."
- 디도서 3:3, "…여러 가지 정욕과 향락에 종노릇 하는 자요…."
- 야고보서 4:1, "너희 중에 싸움이 어디로부터, 다툼이 어디로부터 나느뇨 너희 지체 중에서 싸우는 정욕으로 좇아 난 것이 아니냐."

19. "경건의 모양"(몰포신 유세베이아스, μόρφωσιν εὐσεβείας; a form of piety). "경건의 모양은 있으나 경건의 능은 부인하는 자. 모양은 외형적 형식이요, 모양은 매우 종교적 형식이나 경건의 능력은 없다; 완전히 형식과 외식이요 생명의 역사가 없다.

오늘 날 우리 자신들은 어떠하며? 교회들은 어떠한가? 이 같은 자들에게서 네가 돌아서라 → 경건하고 → 경건의 능력이 있는 성도들이 되기를 원하신다.

- 디도서 1:16, "그들이 하나님을 시인하나 행위로는 부인하니 가증한 자요 복종치 아니하는 자요 모든 선한 일을 버리는 자니라."
- 고린도전서 4:20, "하나님의 나라는 말에 있지 아니하고 오직 능력에 있음이라."

결론

"…이 같은 자들에게서 네가 돌아서라…"(투투스 아포트레푸, τούτους ἀποτρέπου; turn away from these).

"돌아서라"(아포트레푸, ἀποτρέπου; turn away from)는 아포(ἀπο; from, out of, …으로부터, …에서부터)와 스트레포(στρέφω; to turn oneself, change; 자신을 돌이키다, 바꾸다)로 구성된 합성어이다. 따라서 돌아서라는 말씀은 언행심사의 180도 전환을 뜻한다.

위에 나열된 19가지의 죄목들은 물론 더 많은 죄목들이 불신자들에게만 있는 것이 아니라 신자들에게도 있다는 사실이다.

그런 죄들이 우리 안에 내재하여 있는지 자신들을 조사하여 회개하고 돌아서라고 명하신다.

27.

거짓 스승들의 활동들
(The Activities of the False Teachers)

1. 그들은 남의 집에 가만히 들어가 어리석은 여자들을 유인하는 자들이다.
2. 그들은 어리석은 여자들을 사로잡아 포로로 삼는 자들이다.
3. 어리석은 여자들은 자기 욕심에 끌린 바 된 자들이다.
4. 어리석은 여자들은 항상 배우나 진리의 지식에 이르지 못한다.
5. 그들은 마음이 부패된 자들이다.
6. 저들의 말로

디모데후서 3:6-9, "그들 중에 남의 집에 가만히 들어가 어리석은 여자들을 유인하는 자들이 있으니 그 여자는 죄를 중히 지고 여러 가지 욕심에 끌린 바 되어 항상 배우나 마침내 진리의 지식에 이를 수 없느니라 얀네와 얌브레가 모세를 대적한 것 같이 그들도 진리를 대적하니 이 사람들은 그 마음이 부패한 자요 믿음에 관하여는 버림받은 자들이라 그러나 저희가 더 나가지 못할 것은 저 두 사람의 된 것과 같이 저희 어리석음이 드러날 것임이니라."

1. 그들은 남의 집에 가만히 들어가 어리석은 여자들을 유인하는 자들이다.

"그들"(투톤, τούτων; these; 이들)은 남의 집에 가만히 들어가 어리석은 여자들을 유인하는 거짓 스승들, 이단들을 가리킨다.

"그들"은 에피큐리안(Epicureans)들로서 육신의 쾌락만을 추구하는 자들이다. 그들은 주장하기를 사람이 예수를 믿어 죄 사함 받고 자유함을 얻었으니, 율법에서 자유함을 얻었으니… 운운하면서 육체의 향락을 추구하는 자들이다. 이들은 금욕주의의 반대자들이다.

"남의 집에"(에이스 타스 오이키아스, εἰς τὰς οἰκίας; into the houses)는 남의 집들 안으로,

"가만히 들어가"(엔두논테스 에이스, ἐνδύνοντες εἰς; creeping, entering; 기어 들어가는, 들어가는)는 엔두노(ἐνδύνω; to enter; 들어가다)의 현재분사(present participle)이다. 이 단어(엔두논테스)는 에이스 타스 오이키아스(εἰς τὰς οἰκίας; creeping into the houses; 집들로 가만히 들어가)와 함께 분사절(participial clause)를 이룬다. 그런데 한글 성경에 "남의 집"이라고 한 것은 자기 집이 아니기 때문이다.

"가만히 들어가"는 도둑이 발꿈치를 들고 살금살금, 가만가만 몰래 들어간다는 뜻이다. 이는 마치 뱀이 기어들어 가듯이, 벌레가 기어들어 가듯이 말이다. 거짓 스승들은 이단들이요, 이단들은 양의 옷을 입은 종교적 이리들이요, 종교적 뱀들이요, 종교적 벌레들이다.

- 갈라디아서 2:4, "이는 가만히 들어온 거짓 형제 까닭이라 저희가 가만히 들어온 것은 … 우리를 종으로 삼고자 함이라."
- 유다서 4절, "이는 가만히 들어온 사람 몇이 있음이라 이들은 하나님의 은혜를 색욕거리로 바꾸고…."

2. 그들은 어리석은 여자들을 사로잡아 포로로 삼는 자들이다.

그들이 남의 집들 안으로 가만히 들어가는 이유와 목적은 무엇인가?
어리석은 여자들을 유인하기 위함이다.

"어리석은 여자들"(구나이카리아, γυναικάρια; silly women, foolish women; 어리석은 여자들, 바보같은 여자들)은,

① 상징적으로는 의지가 약한 여자들(weak-willed women)을 가리킨다.
② 영적으로는 나이가 어린, 영 분별력이 없는 신도들(마 25:1-2)을 가

리킨다.

③ 신앙적으로는 성경을 더디 믿는 신자들을 가리킨다.

누가복음 24:25 "미련하고 선지자들의 말한 모든 것을 더디 믿는 자들이여!"

④ 육에 속한 자들, 육신의 일만 도모하는 자들을 가리킨다.

고린도전서 3:1, "형제들아! 내가 신령한 자들을 대함과 같이 너희에게 말할 수 없어서 육신에 속한 자 곧 그리스도 안에서 어린아이들을 대함과 같이 하노라."(눅 12:16-21)

⑤ 귀가 가리운 자들(딤후 4:3)을 가리킨다.

"유인하는"(아이크마로티존테스, αἰχμαλωτίζοντες; capturing; (포로를) 사로잡는)은 아이크마로티조(αἰχμαλωτίζω; lead captive or to take; 포로로 잡아가다)의 현재·분사이다. 이 단어(아이크마존테스)는 어리석은 여자(구나이카리아, γυναικάρια)와 함께 분사절을 이룬다.

거짓 스승들·이단들은 하나님의 집인 교회 안으로 가만히 기어 들어갈 뿐만 아니라, 들어가서 어리석은 여자들을 포로로 사로잡는다.

"유인하는." 이 단어는 누가복음 21:24, 로마서 7:23, 고린도후서 10:5 등에도 사용되었다.

3. 어리석은 여자들은 자기 욕심에 끌린 바 된 자들이다.

3:6b, "그 여자는 죄를 중히 지고 여러 가지 욕심에 끌린 바 된 자들"

"죄를 중히 지고"(세소류메나 하말티아이스, σεσωρευμένα ἁμαρτίαις; weiheaped; (산더미처럼) 쌓여온)는 쏘류오(σωρεύω; to heap on or to heap with; 쌓아 올리다, 축척하다)의 완료·수동·분사이다. 따라서 이단에 빠져 포로가 된 신도들은 여러 가지 욕심에 끌려 죄를 짓고 죄가 태산을 이루게 된다.

"여러 가지 욕심"(에피두미아이스 포이킬라이스, ἐπιθυμίαις ποικίλαις; various lusts; 여러 가지 정욕들)은 온갖 종류의 다양한 그리고 악한 욕망들을 가리킨다.

① 더 큰 은사들을 체험해 보겠다는 욕심: 방언, 신유….
② 병 낳겠다는 욕심(신유의 은사).
③ 부자가 되겠다는 욕심.
④ 명예·권세를 얻겠다는 욕심.
⑤ 영화를 누려보겠다는 욕심.

"끌리어"(아고메나, ἀγόμενα; being led).

이런 신도들은 거짓 스승들의 덫에 걸리기 쉽고, 그들의 먹이(prey)가 되기 쉽다. 대다수 이단에 넘어가는 사람들은 여러 가지 욕심에 끌린 바 된 자들이다.

- 야고보서 1:14, "각 사람이 시험을 받는 것은 자기 욕심에 끌려 미혹 됨이니."

4. 어리석은 여자들은 항상 배우나 진리의 지식에 이르지 못한다.

3:7, "항상 배우나 마침내(결코) 진리의 지식에 이르지 못하느니라."

"항상 배우나"(판토테 만다논타, πάντοτε μανθάνοντα; always learning). 어리석은 여자들, 영적으로 어린 분별력이 없는 신자들, 성경을 더디 믿는 자들, 육신의 일만 도모하는 자들, 여러 가지 욕심에 끌려다니는 자들, 무엇인가 새로운 것들을 듣고 싶어하는 귀가 가려운 자들은 항상 배우나 결단코 진리의 지식에 이르지 못한다.

어리석은 여자들은 항상 배운다.

교회에서 배우고, 기도원들에 가서 배우고, 부흥집회들에 가서 배우고, 특별집회에 가서 배우고 배우고 또 배운다.

"마침내 진리의 지식에 이르지 못하느니라."

"마침내"(메데포테, μηδέποτε; never, never at all)는 "결코, 결단코"라는 뜻이다. 어리석은 여자들이 욕심에 이끌리어 아무리 배우고 또 배울지라도 결코 참된 진리의 지식에는 이르지 못할뿐 아니라 오히려 점점 더 진리에서 떠나게 된다. 왜냐하면 거짓 스승들로부터 배우는 것은 진리의 지식이 아닌 거짓 교훈들이기 때문이다.

"진리의 지식에"(에이스 에피그노신 알레데이아스, εἰς ἐπίγνωσιν ἀληθείας; knowledge of truth)은 복음의 진리이다. 사도 바울은 그의 이 서신에서 "진리"라는 단어를 5번 사용하였다(딤후 2:15, 18, 25, 3:7, 8, 4:4).

"이르지 못하느니라"(메데포테…엘데인, μηδέποτε…ἐλθεῖν; never able to come)는 항상 배우며 기대하는 것보다 오히려 반대의 결과를 가져온다. 거짓 스승들의 거짓 교훈이 바로 진리의 지식에 이르지 못하게 할 뿐만 아니라 거짓 교훈으로 빠지게 되는 결과를 낳게 된다.

그러나 하나님은 모든 사람이 구원을 받으며 진리를 아는데 이르기를 간절히 원하신다(딤전 2:4).

디모데후서 3:8a, "얀네와 얌브레가 모세를 대적한 것 같이 저희도 진리를 대적하니…."

얀네와 얌브레가 모세를 대적하였다.

"얀네와 얌브레"(Ἰάννης καὶ Ἰαμβρῆς) 얀네와 얌브레는 본 절에만 기록되어 있다. 다시 말하면 구약에는 기록되어 있지 않다. 얀네와 얌브레는 모세를 대적하였다. 그러면 바울은 얀네와 얌브레가 모세를 대적한 것을 어떻게 알 수 있었는가? 유대인들의 전통(유전)과 그들의 공적 문서들을 통하여 알았다.

유대인들의 전통과 그들의 공적 문서들(Jewish Targums)에 의하면 그들은 옛날 모세와 아론을 대적한 애굽의 술객들, 마술사들(magicians)이었다고 한다.[1] 그 얀네와 얌브레는 발람의 아들들이었다고 한다.[2]

"대적하였다"(안테스테산, ἀντέστησαν; opposed, resisted; 반대하였다, 저항하였다).

얀네와 얌브레는 모세를 대적하였다. 대적한 것 "같이"(후토스 카이, οὕτως καὶ; so also; 또한)는 등위접속사로서 앞 절과 뒷 절을 연결한다.

---

1 Damascus Document 5:18, Targum, P. Jonathan 1.3.

2 Targum Post Jonathan 40:6.

"저희도 진리를 대적한다"(카이 후토이 안디스탄타이 테 알레데이아, καὶ οὗτοι ἀνθίστανται τῇ ἀληθείᾳ; also oppose the truth; 그리고 또한 진리를 반대한다).
모세시대에 얀네와 얌브레 등이 모세를 대적한 것 같이, 사도 바울 시대에도 하나님을 대적하고, 진리를 대적하고, 주의 종들을 대적한다. 말세지말에는 하나님, 진리, 하나님의 참된 종들을 대적하는 일들이 더 많이 나타난다.

5. 그들은 마음이 부패된 자들이다.

디모데후서 3:8b, "이 사람들은 그 마음이 부패한 자요, 믿음에 관하여는 버리운 자들이라."

① "이 사람들은 마음이 부패한 자요"(안드로포이 카테푸달메노이 톤 눈, ἄνθρωποι κατεφθαρμένοι τὸν νοῦν; men of depraved minds; 부패된 마음의 사람들). 이 사람들은 마음이 부패한 자들이다.

② "믿음에 관하여는 버리운 자들이다."

6. 저들의 말로

디모데후서 3:9, "그러나 저희가 더 나아가지 못할 것은 저 두 사람의 된 것 같이 저희 어리석음이 드러날 것임이니라."
"저희"(they)는 당시 에베소 지방의 거짓 스승들(이단들)을,
"저 두 사람"(those two)은 모세 시대의 마술사들인 얀네와 얌브레를,
"그러나 저희가 더 나아가지 못할 것은"(알라 우 프로코푸신, ’αλλ ’οὐ προκόφουσιν; but they will not make further progress) 그들은 더 이상 미혹하지 못할 것을 가리킨다.
"저들의 어리석음이 드러날 것임이니라."
"저들의 어리석음"(아노이아 아우톤, ἄνοια αὐτῶν; their folly). 아노아이아(ἄνοια)는 아(α, 부정)와 누스(νόυς; mind;정신)으로 구성된 합성어이다.
따라서 아노이아의 문자적 의미는 정신이 없는(mindlessness) 또는 감각의 결핍(lack of feeling)을 뜻한다.

"드러날 것임이라"(에크데로스 에스타이 파신, ἔκδηλος ἔσται πᾶσιν; will be very clear to everyone)는 각각의 모든 사람들에게 밝히 드러난다는 뜻이다.

얀네와 얌브레는 애굽 왕궁의 마술사들로서 처음에는 모세의 이적들을 모방 흉내내었었다(출 7:11, 22; 8:7). 그러나 셋째 재앙(이 재앙, 출 8:18)부터는 더 이상 마술을 행하지 못하였고, 여섯째 재앙(독종 재앙, 출 9:11)부터는 자신들도 고통을 당하게 되었다.

그들이 더 이상 사람들을 미혹하지 못할 것은 그들의 거짓 교훈들과 그들의 어리석음(사악한 행위들, 아노이아 아우톤, ἄνοια αὐτῶν; their folly, mindlessness; 그들의 사악함, 정신 나감)이 백주에 낱낱이 밝히 드러날 것이기 때문이다. 모세를 대적한 마술사들의 지팡이가 모세의 지팡이에 삼킨 바 된 것 같이(출 7:12), 그들의 사악함이 드러날 것이기 때문이다.

사도 바울은 당시 에베소 지방의 거짓 스승들의 말로가 모세 시대의 얀네와 얌브레와 같은 것임을 분명히 했다. 하나님은 거짓 스승들이 더 이상 사람들을 미혹하지 못하도록 하신다. 그러나 사단은 또 다른 방법들로 성도들을 미혹하려 하므로 성도들은 항상 깨어 있어야 할 것이다.

- 예레미야 5:31, "선지자들은 거짓을 예언하며 제사장들은 자기 권력으로 다스리며 내 백성은 그것을 좋게 여기니 마지막에는 너희가 어찌하려느냐."

28.

9가지 덕목들
(Nine Virtues)

1. "교훈"
2. "행실"
3. "의향"
4. "믿음"
5. "오래 참음"
6. "사랑"
7. "인내"
8. "핍박들"
9. "고난들"

디모데후서 3:10-11, "나의 교훈과 행실과 의향과 믿음과 오래 참음과 사랑과 인내와 핍박과 고난과 또한 안디옥과 이고니온과 루스드라에서 당한 일과 어떠한 핍박받은 것을 네가 과연 보고 알았거니와 주께서 이 모든 것 가운데서 나를 건지셨느니라."

원문에는 본 절 초두에 "수 데"(Σὺ δέ; you but[however]; 너는 그러나 또는 그렇지만 너는)가 있어서 앞의 인물들과 대조하여 "너"(수, Συ; you)를 강조하는 것으로 시작한다(딤전 6:11; 딤후 3:14, 4:5; 딛 2:1).

그리고 자신의 9가지 덕목들과 여러 가지 환란과 핍박 중에도 주께서 자신을 건져 주셨음을 언급하였다. 그런데 처음 7가지 덕목들은 단수(singular)로 나머지 2가지 덕목들은 복수(plural)로 되어 있다. 이 모든 덕목들은 바울 자신이 본을 보여준 덕목들, 디모데가 본받고 또 가르쳐야 할 덕목들이다.

1. "교훈"(디다스칼리아, διδασκαλία; doctrine, teaching; 교리, 교훈, 가르침).

사도 바울이 디모데에게 가르친 교리와 교훈은 바른(정통)교리·교훈이다. 바울의 교훈은 거짓 스승들의 거짓 교훈과 반대된다(딤전 1:10; 4:6 참조).

디모데는 어려서부터 어머니 유니게와 외할머니 로이스로부터 성경을 바로 배웠고, 장성하여서는 사도 바울로부터 성경을 바로 배웠다. 사람은 누구로부터 무엇을 어떻게 배웠는가?가 매우 중요하다. 그 이유는 받은 교훈은 일평생 지대한 영향을 미치기 때문이다.

2. "행실"(아고게, ἀγωγῇ; way of life, conduct; 생활 양식, 행실).

사도 바울의 생활은 그의 교훈과 일치하는 행실이다. 사도 바울의 행실은 행함으로 믿음을 증거하는 삶 곧 언행이 신앙과 일치하는 삶이었다. 바른 교훈은 바른 행실로 나타나고, 바른 행실은 바른 교리에 근거하여야 한다. 바울은 고린도교회 신자들에게, 빌립보교회 신자들에게 그리고 디모데와 여러 성도들에게 자신이 주님을 본 받는 것 같이 "너희는 나를 본 받으라"(고전 4:16; 빌 3:17)고 권면하였다. 디모데는 바울의 교훈과 행실을 친히 목도하고 본받았다.

- 고린도전서 4:16, "그러므로 내가 너희에게 권하노니 너희는 나를 본받는 자가 되라."
- 빌립보서 3:17, "형제들아 너희는 함께 나를 본받으라 그리고 너희가 우리를 본받은 것처럼 그와 같이 행하는 자들을 눈여겨 보라."

3. "의향"(프로데시스, πρόθεσις; aim, purpose, plan, design; 목표, 목적, 계획, 의도).

의향(프로데시스, πρόθεσις; plan; 계획)은 전치사 프로(πρo; before; 앞[前])와 동사 티데미(τίθημι; to place; 놓다)로 구성된 합성명사로 목표를 미리 정하는 것을 뜻한다.

사도 바울은 무슨 일이든지 목적이 뚜렷하고, 그 목적을 달성하기 위한 계획을 미리 수립하고 전심전력하는 자였다. 그는 그리스도께만 헌신하는 단일 정신(a single-minded commitment to Christ)을 소유하였다. 그는 하나님의 영광과 그의 복음만을 위하여 진력하는 하나님의 사람이었다.

그리고 이 단어(프로데시스, πρόθεσις)는 사람에 대한 하나님의 영원한 목적과 의도로도 사용되었다(롬 8:28; 9:11; 엡 1:11; 2:11; 딤후 1:9).

4. "믿음"(피스티스, πίστις; faith, fidelity, faithfulness; 믿음, 충성, 성실).

믿음은 내 자신의 전(全) 인격이 전적으로 의지함(신뢰)이다. 믿음은 의심없는 전적 확신이다. 믿음은 전적 헌신, 순종이다. 사도 바울은 하나님만 전적으로 믿고 의지하는 믿음의 소유자였다(살후 2:13; 딤전 4:12, 6:11; 딤후 2:22).

5. "오래 참음"(마크로두미아, μακροθυμία; long-suffering)

인내는 오래 참는 것이다. 인내는 감정을 거스리는 일을 견디어 내는 것이다. 인내는 자기를 부인하고 참는 것이다. "오래참음"은 어려운 고난 중에도 인내함을 뜻한다(고후 6:6; 갈 5:22; 엡 4:2; 골 1:11, 3:12; 히 6:12; 약 5:10; 벧후 1:6).

6. "사랑"(아가페, ἀγάπη; love; 사랑).

"사랑"은 깊은 애정(a deep affection)이다. 사랑은 하나님께 속한 것이요(요일 4:7, 8), 하나님이 베푸시는 사랑, 우리 마음에 심어준 사랑, 모든 사람들의 영혼을 불쌍히 여기는 사랑이다. "사랑하는 자들아! 우리가 서로 사랑하자" 사랑은 그리스도인 생활의 꽃이다.

7. "인내"(휘포모네, ὑπομονῆ; endurance, perseverance, steadfastness; 인내, 견인, 견고함).

이 단어는 광범위하게 사용되었다.

인내하라고 교훈할 때(눅 8:15, 롬 2:7, 12:12; 히 12:1 고후 6:4, 12:12; 딤전 6:11; 딤후 3:10; 딛 2:2; 약 1:3, 12)

엘리코트(Ellicott)는 "인내는 환란·핍박·시험 가운데서도 담대하게 참는 것"이라고 정의하였다.

8. "핍박들"(디오그모이스, διωγμοῖς; persecutions; 핍박들)

사도 바울은 그리스도를 위하여, 복음을 위하여, 믿음을 지키기 위하여, 의를 위하여 때로는 애매히 고난을 많이 받았다(마 13:21; 막 10:30; 행 8:1, 13:50; 롬 8:35; 고후 12:10; 살후 1:4). 회심 전에는 그토록 그리스도인들을 핍박하였는데 회심 후에는 그토록 많은 핍박을 받고 순교의 자리에까지 이르게 되었다.

9. "고난들"(파데마신, παθήμασιν; sufferings; 고난들).

"고난들"은 핍박의 결과로 받는 고난이다(고후 1:6-7; 딤후 3:11; 히 10:32; 벧전 5:9).

"나를 건지셨느니라"(엘루사토, ἐρρύσατο; 구출하셨다).

하나님은 **구출자 하나님**(고엘, גאל; deliver; 구출하다 해방하다[to deliver, to free]).

이스라엘 백성을 애굽의 바로(왕)으로부터 구출하시고 해방시켜주신 고엘 하나님은 우리를 죄와 사망에서 건져 주시고, 참 자유를 주셨다.

29.

주께서 건지셨음
(Lord Delivered)

1. 비시디아 안디옥에서 당한 일
2. 이고니온에서 당한 일
3. 루스드라에서 당한 일

디모데후서 3:11, "…안디옥과 이고니온과 루스드라에서 당한 일과 어떠한 핍박 받은 것을 네가 과연 보고 알았거니와 주께서 이 모든 것 가운데서 나를 건지셨느니라."

안디옥·이고니온·루스드라는 로마의 식민지들 중 갈라디아 도(로마의 행정구역)의 3대 도시들이었다.

1. 비시디아 안디옥(Antioch)에서 당한 일

비시디아 안디옥은 시리아의 왕 안디오커스(Antiochus)의 이름을 따라 명명하였다. 비시디아 안디옥은 동서의 길이는 120마일(192km), 남북의 길이는 50마일(80km), 동북쪽은 갑바도기아, 동남쪽은 길리기아, 남쪽은 밤빌리아, 서쪽은 아세아도에 쌓여 있는 내륙지방으로 버가(Perga)에서 북쪽으로 110마일(mile, 176km) 떨어진 곳으로 B.C. 25년에는 로마 제국의 갈라디아 도(道)의 일부가 되었다. 그리고 곧이어 갈라디아 도의 수도가 되었다. 당시 비시디아 안디옥은 교통의 중심지, 무역의 중심지로 로마군에서 퇴역한 사람들도 그곳에 정착하였고, 유대인들도 많이 살았다.

당시 비시디아 안디옥은 지중해 연안에서는 가장 번창한 곳이었다.[1] 비시디아 안디옥은 바울의 선교의 중심지인 시리아의 안디옥(행 13:1)이 아니다. 바울과 바나바는 제1차 전도 여행시 버가에서 비시디아 안디옥에 이르러 안식일에 회당에 들어가 사람들에게 천국 복음을 전파하여 많은 사람들이 나사렛 예수를 구주로 믿게 되었다(행 13:14-49).

사도 바울은 율법사로서 회당들이 거절하지 않는 한 안식일마다 회당에 들어가 복음을 전파하였다. 당시 회당들에서는 랍비들을 초청하여 말씀 듣는 것이 통상례였다.

- 사도행전 13:50, "이에 유대인들이 경건한 귀부인들과 그 성내 유력자들을 선동하여 바울과 바나바를 핍박케 하여 그 지역에서 쫓아내니."

"경건한 부인들"(구나이카스 타스 유스케모나스, γυναῖκας τὰς εὐσχήμονας; honorable women; 존경받는 여인들)은 유대교에 헌신하여 열심내는 여 신도들을 가리키며,

"성내 유력자들"(투스 프로투스 테스 폴레오스, τοὺς πρώτους τῆς πόλεως; the leading men of the city; 시(市)의 지도자들)은 치안을 담당하는 관원들을 가리킨다. 유대주의자들은 이들을 선동하여 바울과 바나바를 핍박케 하고 그 도시에서 쫓아내게 하였다. 유대주의자들이 바울과 그의 복음을 극렬히 반대한 이유는 바울은 불법 종교, 사이비 종교를 전하는 것으로 생각하였기 때문이다(행 16:20-21; 17:7; 18:13). 유대주의자들은 바울과 바나바를 신성모독으로 간주하였다.

2. 이고니온(Iconium)에서 당한 일

이고니온은 비시디아 안디옥에서 동남쪽으로 약 80마일(140km) 지점에 위치해 있으며 중앙고원 평야로 땅이 비옥하고 물이 풍부한 농업지대이다. 현재는 콘야(Konya)이다. 당시 이고니온은 비시디아 안디옥과 루스드

---

1 John McRay, *Archaeology and the N. T.* (Grand Rapids: Baker Academic, 2008), pp. 237-39.

라와 더불어 로마 식민지 행정구역 갈라디아도(Province; 道)에 속하였다.

바울과 바나바는 비시디아 안디옥에서 쫓겨나 이고니온으로 도피하여 유대인의 회당에 들어가 복음을 전하므로 많은 유대교를 좇는 무리들과 헬라인들이 그리스도 예수를 구주로 믿었다(행 14:1).

이고니온 사람들 중에는 바울과 바나바를 좇는 무리들과 유대교를 좇는 무리들로 나뉘게 되었고, 유대인들은 바울과 바나바를 돌로 쳐 죽이려 하였다. 돌로 쳐 죽이는 것은 유대인들의 사형법이었다.

- 사도행전 14:5-7, "이방인들과 유대인들과 그 관리들이 두(2) 사도를 모욕하며 돌러 치려고 달려드니 저희가 알고 도망하여 루가오니아의 두 성, 루스드라와 더베와 및 그 근방으로 가서 거기서 복음을 전하니라."

3. 루스드라(Lystra)에서 당한 일

루스드라는 이고니온에서 남쪽으로 약 20마일(32km), 비시디아 안디옥에서는 동남쪽으로 약 130마일(208km)에 위치한 곳으로 디모데의 고향이다. 이 곳에는 헬라인과 유대인 뿐만 아니라 다른 민족들도 많이 살고 있었다.

- 사도행전 14:19, "유대인들이 안디옥과 이고니온에서 와서 무리를 충동하니 그들이 돌로 바울을 쳐서 죽은 줄로 알고 성 밖으로 끌어 내치니라."

유대주의자들은 바울과 바나바를 돌로 때려죽이기 위하여 멀리 안디옥과 이고니온에서 와서 유대교에 열심 내는 신도들과 무지몽매한 무리들을 충동시켜 바울과 바나바를 죽이려고 하였다.

"무리들"(오클루스, ὄχλους; crowd: 무리들, 폭도들)은 바울과 바나바를 돌로 쳐 죽인 것으로 알았다.

"충동하여"(페이산테스, πείσαντες; persuading)는 "설득·설복하여"라는 뜻이다. 무리들은 돌로 바울을 쳐서 죽은 줄로 알고 성(city) 밖으로 끌어 내쳐 버렸다.

"네가 알았거니와"(파레콜루데사스, παρηκολούθησάς; has closely followed; 가까이서 추종하였다)는 한 단어로서 디모데는 바울과 바나바가 비시디아 안디옥과 이고니온과 루스드라에서 유대인들과 유대교에 열심내는 여신도들과 무지몽매한 폭도들에 의하여 핍박과 고난을 받아온 사실들을 친히 목도하고 잘 아는 일이다. 이외에도 사도 바울의 핍박 받음과 고난 당한 것을 요약한 말씀이 빌립보에서(행 16:19-24), 에베소에서(고후 1:1-11), 로마에서(롬 1:12-18) 그 외 많은 곳에서 나타난다.

"주께서 이 모든 것 가운데서 나를 건지셨느니라."

"건지셨느니라"(엘루사토, ἐρρύσατο; delivered; 구출하였다). 하나님은 구출자(Deliverer)이시다. 이스라엘 백성을 애굽의 종살이에서, 다니엘을 사자굴에서, 다니엘의 세 친구를 풀무불에서 구출해 주신 그 전능하신 하나님이 사도 바울을 그 모든 핍박과 환난들 가운데서 구출하셨다.

- 시편 34:19, "의인은 고난이 많으나 여호와께서 그 모든 고난에서 건지시는도다."
- 베드로후서 2:9, "주께서 경건한 자를 시험에서 건지시고 불의한 자는 형벌아래 두어 심판 날까지 지키시며."
- 고린도후서 11:23-33. "저희가 그리스도의 일꾼이냐 정신없는 말을 하거니와 나도 더욱 그러하도다 내가 수고를 넘치도록 하고 옥에 갇히기도 더 많이 하고 매도 수없이 맞고 여러 번 죽을 뻔하였으니 유대인들에게 사십에 하나 감한 매를 다섯 번 맞았으며, 세 번 태장으로 맞고, 한번 돌로 맞고, 세 번 파선하는데 일주야를 깊음에서 지냈으며, 여러 번 여행에 강의 위험과 강도의 위험과 동족의 위험과 이방인의 위험과 시내(City)의 위험과 광야의 위험과 바다의 위험과 거짓 형제 중의 위험을 당하고, 또 수고하며 애쓰고 여러 번 자지 못하고 주리며 목마르고 여러 번 굶고 춥고 헐벗었노라. 이 외의 일은 고사하고 오히려 날마다 내 속에 눌리는 일이 있으니 곧 모든 교회를 위하여 염려하는 것이라 누가 약하면 내가 약하지 아니하며 누가 실족하게 되면 내가 애타하지 않더냐 내가 부득불 자랑할진대 나의 약한

것을 자랑하리라 주 예수의 아버지 영원히 찬송할 하나님이 나의 거짓말 아니하는 줄을 아시느니라 다메섹에서 아레다 왕의 방백이 나를 잡으려고 다메섹 성을 지킬 새 내가 광주리를 타고 들창문으로 성벽을 내려가 그 손에서 벗어났노라."

험한 시험 물 속에서 나를 건져 주시고
노한 풍랑 지나도록 나를 숨겨 주소서!

전에는 그러나 지금은

전에는 길들여지지 않은 야생마 같더니,
지금은 주님을 모시고 달리는 백마 같고,

전에는 끝없이 퍼져가는 엉겅퀴 같더니,
지금은 성전을 위해 베어진 백향목 같고,

전에는 무조건 찔러대던 찔레꽃 같더니,
지금은 바람에 향기를 날리는 백합화 같고,

전에는 겨울을 몰고 오는 찬바람 같더니,
지금은 봄을 몰고 오는 따뜻한 바람 같고,

전에는 죽은 자 같이 소망 없는 자 같더니,
지금은 성령으로 거듭난 주의 백성이라!

30.

자명한 이치
(The Axiom)

1. 경건하게 살고자 하는 자는 핍박을 받음
2. 악한 사람들은 속이기도 하고 속기도 함

디모데후서 3:12-13, "무릇 그리스도 예수 안에서 경건하게 살고자 하는 자는 핍박을 받으리라 악한 사람들과 속이는 자들은 더욱 악하여져서 속이기도 하고 속기도 하나니."

여기서 바울은 경건하게 살기를 원하는 그리스도인들은 핍박을 받는다는 일반적 원리를 말씀한다. 이 일반적 원리는 그리스도 예수께서 이미 말씀하셨고(마 10:22; 눅21:12; 요 15:20), 사도 바울도 그의 첫 번 전도여행시(행 14:22) 그리고 그가 가장 먼저 쓴 서신에서(살전 3:4), 사도 베드로도 그의 서신에서(벧전 4:12) 말씀하였다.

1. 경건하게 살고자 하는 자는 핍박을 받음

3:12, "무릇 경건하게 살고자 하는 자는 핍박을 받으리라."

"그리스도 예수 안에서 경건하게 살고자 하는 자"(판테스…호이 델론테스 젠 유세보스 엔 크리스토 예수; πάντες…οἱ θέλοντες εὐσεβῶς ζῆν ἐν Χριστῷ Ἰησοῦ; all who desire (want) to live godly in Christ Jesus)는 그리스도 예수 안에서 경건하게 살기를 욕망하는(원하는) 모든 사람들을 가리킨다.

"경건하게"(유세보스, εὐσεβῶς; piously, godly; 경건하게)는 부사로서 불경건(아세베이아, ἀσέβεια; ungodliness, impiety; 불경건)의 반대이다(딤전 4:8; 딛 2:2, 12).

"핍박을 받으리라"(디오크데손타이, διωχθήσονται; will be persecuted). 경건하게 살고자 하는 성도가 핍박을 받는 이유는 이 세상은 악하기 때문이다. 십계명을 위시한 하나님의 계명들을 지키려면 다시 말하면 성경대로 살려고하면 핍박을 받게 마련이다. 죽은 물고기는 떠내려가기 때문에 평온무사하나 산 물고기는 강물을 거슬러 올라가기 때문에 마찰이 많다.

- 로마서 8:17, "자녀이면 또한 후사 곧 하나님의 후사요 그리스도와 함께 한 후사니 우리가 그와 함께 영광을 받기 위하여 고난도 함께 받아야 할지니라."
- 빌립보서 1:29, "그리스도를 위하여 너희에게 은혜를 주신 것은 다만 그를 믿을 뿐만 아니라 또한 그를 위하여 고난도 받게 하심이라"(행 9:15-16, 14:21-22 참조).
- 마태복음 5:10, "의를 위하여 핍박을 받는 자는 복이 있나니 천국이 저희 것임이라."

2. 악한 사람들은 속이기도 하고 속기도 함

3:13, "악한 사람들과 속이는 자들은 더욱 악하여져서 속이기도 하고 속기도 하나니."

원문에는 "데"(δέ; but; 그러나)가 있어서 앞 절 "경건하게 살고자하는 자는 핍박을 받으리라"는 말씀과 대조를 이룬다.

"악한 사람들"(포네로이 안드로포이, πονηροὶ ἄνθρωποι; evil men)은 본성이 악한 사람들을,

"속이는 자들"(고에테스, γόητες; imposters; 사기꾼들)은 정신을 홀리는 마술사들로서 본 절에서는 거짓 스승들을,

"점점 악하여져서"(프로코푸신 에피 토 케이론, προκόψουσιν ἐπὶ τὸ χεῖρον; will proceed(go) from bad to worse)는 악에서 악으로 시간이 지나감에 따

라 점점 더 악해진다. 케이론(χεῖρον; worse; 더 악한)은 카코스(κακός; evil; 악한)의 비교급이다.

"속이기도 하고 속기도 하나니"(플라논테스 카이 플라노메노이, πλανῶντες καὶ πλανώμενοι; deceiving and being deceived).

위의 두 단어들은 다 분사들로서 첫째 분사는 능동형이고 둘째 분사는 수동형이다.

첫째 분사(First Participle): "속이기도 하고"(플라논테스, πλανῶντες ; deceiving; 속이는)는 플라나오(πλανάω; lead astray, deceive; 타락시키다, 속이다)의 주격·복수·분사 능동형이다. 그러므로 그들은 의도적으로 스스로 다른 사람들을 속인다.

두 번째 분사(Second Participle): "속기도 하나니"(플라노메노이, πλανώμενοι; being deceived)는 현재 분사 수동형이다. 그들은 자기들이 스스로 속기도 하고 또한 다른 사람들에 의하여 속임을 당하기도 한다. 말세에는 악한 자들과 속이는 자들과 거짓 선지자들이 큰 이적과 기사와 교묘한 수단과 방법 등으로 많은 사람들을 속이고 스스로 속기도 한다(딛 3:3).

성도는 다른 사람들을 속이는 사기꾼이나 악한 자가 되지 않아야 하고 반면에 악한 사람들에게 속임을 당하는 어리석고 미련한 자도 되지 않아야 한다.

- 마태복음 12:35, "선한 사람은 그 쌓은 선에서 선한 것을 내고 악한 사람은 그 쌓은 악에서 악을 내는 것이니라"(눅 6:45).
- 빌립보서 3:2, "개들을 삼가고 악을 행하는 자들을 삼가라…."
- 데살로니가후서 3:2, "또한 우리를 악한 사람들로부터 건져 주시옵소서 라고 기도하라."

31.

너희는 배우고 확실히 아는 일에 거하라!
(Learn, Know, and Continue!)

1. 디모데는 누구에게서 배웠는가?
2. 디모데는 언제부터 배웠는가?
3. 디모데는 무엇을 배웠는가?
4. 성경을 배운 결과들

결론: 너희는 배우고 확신한 일에 거하라.

디모데후서 3:14-15, "그러나 너는 배우고 확신한 일에 거하라 너는 누구에게서 배운 것을 알며 또 네가 어려서부터 성경을 알았나니 성경은 능히 너로 하여금 그리스도 예수 안에 있는 믿음으로 말미암아 구원에 이르는 지혜가 있게 하느니라."

1. 디모데는 누구에게서 배웠는가?

3:14, "너는 누구에게서 배운 것을 알며…"(에이도스 파라 티논 에마데스, εἰδὼς παρὰ τίνων ἔμαθες; knowing from whom you learned). 영어성경 NASB 에는 "knowing from whom you have learned; 너는 누구에게서 배워온 것을 알며"라고 현재 완료형으로 번역하였다.

누가 디모데에게 성경을 가르쳤는가?

특별히 세 사람이었다: 유니게, 로이스, 바울

① 유니게: 디모데의 어머니 - 디모데를 낳아 양육한 친어머니

② 로이스: 디모데의 외할머니 - 디모데와 가장 가까운 친구

③ 사도 바울

디모데는 어려서부터 히브리인(유대인) 어머니와 외할머니로부터 성경을 배웠다.

- 디모데후서 1:5, "…이 믿음은 먼저 네 외조모 로이스와 네 어머니 유니게 속에 있더니 네 속에도 있는 줄을 확신하노라."

디모데의 아버지는 헬라인(이방인)으로 일찍 세상을 떠난 것 같다.

디모데가 장성하여서는 사도 바울로부터 성경을 보다 더 체계적이고 구체적이고 깊이 있게 배웠다.

3:14, "…네가 뉘게서 배운 것을 알며." 사도 바울은 당시 가말리엘 문하에서 배웠는데 가말리엘은 라반(Raban)이라고 하는 랍비들의 최고 7인들 중의 한 사람이었다. 사도 바울은 기독교 역사에 위대한 신학자요, 설교자요, 복음 진리의 변호자·수호자·대변자였다.

디모데야 말로 복중에서부터 어머니와 외할머니로부터 성경을 배웠고, 커서는 사도 바울로부터 배웠으니 참으로 복된 자이다.

"네가 뉘게서 배운 것을 알며." 사도 바울은 디모데로 하여금 진리를 되새겨 생각나도록 하였다. 디모데는 어려서부터 성경을 바로 배웠다. 우리가 성경을 바로 배우고, 바로 깨닫고, 바른 신앙생활 하는 것은 매우 중요하다.

이 말씀을 받은 우리도 아이들에게 어려서부터 성경 말씀을 바로 가르쳐 주어야 한다. 이것은 어머니의 사명, 주일학교 반사의 사명, 목회자의 사명이다.

이 시대 우리는 하나님의 말씀으로 자녀들을 가르치는 어머니의 신앙교육이 얼마나 중요한가!를 다시한번 되새겨 반성할 필요가 있다.

- 오늘날 다수의 아버지, 어머니들은 어떠한가? 철부진 아이들이 원한다고 Potato Chip, Hamburg, Chicken 같은 간이 식품(fast food)이나

Cola, Pepsi, 7up 같은 음료(soft drink)나 사 주어 마시게 하니 몸들이 쓰게 되지를 않는다.
- 아이들은 학교에서 돌아오기가 무섭게 또 학원들로 간다. 영어, 수학, 국어, 과학, 태권도, 피아노…. 밤늦게 집에 돌아오면 TV, 오락게임, 인터넷 음란 사이트나 보고….
- 아이 엄마들은 자식들이 귀엽다고 틈만 있으면 가방 하나 둘러메고 아이들을 데리고 쇼핑몰(shopping mall)같은 곳으로 전전하면서 옷·신발·모자·가방·인형·장난감들을 마구 계속 사들여 방안이 창고가 되고 아이들은 애당초 처음부터 잘못 자라게 한다.
- 금융기관들은 단 돈 한 푼도 벌지도 못하는 그리고 벌지도 않는 청소년들에게 신용카드(credit card)들을 남발하고,
- 무책임한 젊은 아이들은 돈을 마구 인출하여 유흥비로 탕진하고 신용 불량자가 되고, 정부에서는 신용 불량자들을 구제해주고….
- 오늘 우리는 가정의 부모, 교회의 주일학교 반사, 목회자의 사명이 얼마나 중요한가를 다시 한번 깊이 인식하여야 할 것이다. 교회는 주일학교에 더욱 주력하여야 할 것이다. 디모데는 어려서부터 성경을 바로 배워서 훗날 에베소 교회의 훌륭한 목회자가 되었다.
- 초대교회 시대에는 예루살렘 모 교회(mother church), 선교 센터(Mission Center), 안디옥 교회 그리고 에베소 교회, 빌립보 교회, 데살로니가 교회, 필라델피아 교회, 안디옥 교회 등이 가장 모범적 교회들이었다.

2. 디모데는 언제부터 배웠는가?

다시 말하면 디모데의 어머니와 외할머니는 디모데에게 언제부터 성경을 가르쳤는가?

3:15, "또 네가 어려서부터 성경을 알았나니…" 디모데는 어려서부터 성경을 배웠기 때문에 어려서부터 성경을 알았다.

"네가 어려서부터"(아포 브레푸스, ἀπὸ βρέφους; from a baby, from infancy,

from child(NASB, NIV, KJB)는 갓난 아이 때부터를 가리킨다.

브레포스(βρέφος, a baby: 갓난 아이)는,

① 복중(모태)에 있는 아이(unborn baby, 눅 1:41, 44)

② 갓 태어난 아이(a new born baby, 눅 2:12, 16, 18:15; 벧전 2:2)

③ 어린 아이(a child, 막 9:21)에게 모두 사용되었다.[1]

디모데는 어머니의 모태(복중)에서부터 성경을 배웠다. 자녀들의 인격적·신앙적 교육의 제1차적 책임과 특권은 부모 특히 어머니로부터 온다. 교회에서는 유년주일학교부터 책임져야 한다. 디모데는 모태에서부터 평생에 처음 들은 말씀이 성경 이야기들(Bible Stories)이요, 평생에 처음들은 노래가 하나님의 창조의 위대하심과 주님의 구속의 은총을 찬미하는 찬송(Hymns)이었을 것이다.

미쉬나(The Mishinah; 유대인들의 구전법 또는 장로들의 유전; Oral Law or the Traditions of the Elders)에 의하면 유대인들은 아이가,

5세부터는 성경(율법)을 가르치기 시작하고,

10세부터는 미쉬나(유대인들의 법)를 가르치기 시작하며,

13세부터는 10계명을 위시하여 계명들을 가르치기 시작하였다. 지금도 유대인들의 회당 교육은 매우 엄격하다.

"성경을 알았나니"(히에라 그람마타 오이다스, ἱερὰ γράμματα οἶδας; known the sacred letters), 사도 바울은 디모데에게 쓴 이 편지가 곧 성경임을 알게 하기 위하여 성경(헬라어)이라고 하였다(롬 1:2; 딤후 3:16). 사도 바울은 디모데가 어려서부터 성경을 배운 것을 잘 알고 있었다.

사실상 사도 바울은 제 1차 전도 여행 시(행 13:4-14:28) 루스드라에서 디모데의 어머니와 외할머니에게 전도하였다. 제 2차 전도 여행 시(행 15:36-18:22)에는 디모데가 사도 바울의 전도 여행에 수행자로 적극 동참하였다. 그러면서 본격적으로 성경을 배우기 시작하였다. 그리고 후에 훌륭한 목회자가 되었다.

---

1 W. E. Vine, *Vine's Complete Expository Dictionary of Old and New Testament Words* (New York: Thomas Nelson, 1996), p. 48.

3. 디모데는 무엇을 배웠는가?

디모데가 가르침을 받은 내용들은 무엇인가?

3:15, "네가 어려서부터 성경을 배웠나니."

성경을 배웠다. 성경을 본문에서는 "히에라 그람마타"(ἱερὰ γράμματα; sacred writings, the holy scriptures; 성문(聖文), 성경)는 구약 성경을 가리킨다. 유대인 랍비들(율법을 가리치는 선생들)은 구약을 가끔 "히에라 그람마타"라고 불렀는데 그 이유는 성경은 하나님의 말씀이요 하나님의 말씀은 성문(聖文)이기 때문이다. 하나님의 말씀은 세상의 저속한 글들과 대조하여 거룩한 글, 성스러운 글이다.

디모데는 어려서부터 성경 말씀을 배우고, 쓰고, 읽었다. 성경을 그람마타(헬라어)라고 하였는데 이 단어는 그람마(문법)에서 인출된 단어이다.

유대인 회당의 교육방법은 반복 교육이었다. 배우고, 쓰고, 읽고, 암기하고 실행하는 것을 계속 반복하는 것이다.

① 디모데는 천지와 그 가운데 있는 모든 것들은 다 전능하신 하나님이 그의 능력의 말씀으로, 없는 가운데서, 6일 동안에 창조하였다는 진리를 배웠을 것이다.

② 인류 시조 아담과 하와가 선악과를 따 먹음으로 에덴동산에서 쫓겨났고 죽음에 이르게 되었다는 진리도 배웠을 것이다.

③ 노아시대 사람들이 극도로 타락하여 하나님은 그들을 물로 심판하고 노아의 8식구만 구원받았다는 진리도 배웠을 것이다.

④ 아브라함 시대 소돔과 고모라 성은 불로 심판 받았다는 역사적 사실도 배웠을 것이다.

⑤ 하나님이 10가지 재앙을 내리심으로 모세와 이스라엘 백성을 400년 만에 애굽에서 구출하셨다는 성경 말씀도 배웠을 것이다.

⑥ 범죄 타락한 죄인들을 구속하시기 위하여 하나님께서 독생자 그리스도 예수를 처녀의 몸에 태어나게 하시리라는 예언과(사 7:14), 그 예언

이 성취되었다는 사실도 배웠을 것이다.

⑦ 죄인은 자신의 행위로가 아니라 그리스도 예수를 구주로 믿음으로 구원받아 영생 복락을 누릴 것이라는 진리도 배웠을 것이다.

⑧ 디모데는 주님이 영광 중에 재림하시면 신자들은 다 신령한 몸으로 변화되어 재림의 주님을 영접하고 지상에서 1000년 동안 왕 노릇할 것이라는 것도 배웠을 것이다.

⑨ 그 후에 천국에서 영원토록 영생복락을 누릴 것도 배웠을 것이다.

사실상 디모데의 머리 속에는 하나님의 말씀으로 꽉 차 있었다.

4. 성경을 배운 결과들
성경은 위대한 책, 특이한 책, 능력이 있는 책이다.

① 성경은 우리로 하여금 구원에 이르게 한다.

3:15b, "성경은 능히 너로 하여금 그리스도 예수 안에 있는 믿음으로 말미암아 구원에 이르는 지혜가 있게 하느니라."

성경은 죄인들로 하여금 그리스도 예수를 구주로 믿음으로 구원(Salvation through faith in Christ Jesus)얻게 하신다. 물론 믿음으로 구원(에이스 소테리안, εἰς σωτρίαν; into salvation; 구원에로, …디아 피스테오스, διὰ πίστεως; by faith, through faith; 믿음으로 말미암아, 믿음을 통하여)은 믿음이 구원의 수단이요 방편이요, 신앙의 대상은 그리스도 예수이시다.

성경을 가르치고 배우는 일은 허물과 죄로 죽었던 영을 다시 살리시고, 우리의 영을 자라나게 하는 일이다.

베드로전서 2:2, "갓난 아기들 같이 순전하고 신령한 젖을 사모하라 이는 그로 말미암아 너희로 구원에 이르도록 자라게 하려 함이라."

② 성경은 우리로 하여금 지혜롭게 한다.

3:15b. "성경은 너로 하여금 …지혜가 있게 하느니라"(쏘피사이, σοφίσαι; to make wise; 지혜롭게 한다, 현명하게 한다).

시편 19:7, "여호와의 율법은 완전하여 영혼을 소생시키키고, 여호와의 증거는 확실하여 우둔한 자를 지혜롭게 하며."

어려서부터 성경을 바로 배운 아이들은 지혜롭다. 성경 곧 하나님의 말씀이 우둔한 자들을 지혜롭게 하기 때문이다.

③ 성경은 우리로 하여금 바른 신앙생활을 하게 한다.

성경을 바로 배운 성도들은 핍박과 유혹이 심할 때에도 신앙생활을 바로 한다.

5. 결론: 너희는 배우고 확신한 일에 거하라.

① 너희는 배우라(3:14).

"배우고"(에마데스, ἔμαθες; You have learned)는 지금까지 계속 배워왔음을 뜻한다. 디모데는 어렸을 때부터 어머니와 외할머니로부터 계속 배워왔으며, 그 후에 장성하여서는 사도 바울로부터 보다 더 체계적으로, 구체적으로 깊이 배워 왔다.

"배우다"(만다노, μανθάνω; to learn by observation)는 관찰하므로 배운다는 뜻이다. 다시 말하면 가르침을 받는 자는 가르치는 자의 지식뿐만 아니라 언행심사까지도 관찰하면서 배운다는 뜻이다. 그것은 무슨 뜻인가?

배우는 자는 모방하는 자(imitator)라고 부른다(요 8:31; 15:8).

이는 마치 유치원 아이가 선생에게서 배우는 것과 같다. 성경을 배우는 자는 성경을 가르치는 자로부터 성경뿐만 아니라 선생의 언행심사까지도 배운다는 뜻이다.

"배우다"(만다노, μανθάνω)는 디다스코(διδάσκω; to teach; 가르치다)와 의미가 다소 상이하다. 디다스코에는 모방한다는 개념은 들어 있지 않다.

디모데는 어머니와 외할머니 그리고 사도 바울로부터 동일한 복음의 메시지를 가르침을 받았을 뿐만 아니라 그들의 행실도 본받았다.

우리도 배우는 자들은 가르치는 자들로부터 진리의 말씀을 배울 뿐만 아니라 그들의 행실도 본받아야 할 것이다.

반면에 가르치는 자들은"너희는 나를 본받으라"고 하신 사도 바울처럼 행실에도 본이 되어야 할 것이다.

② 너희는 확신하라(3:14).

"확신한"(에피스토데스, ἐπιστώθης; was assured of, become convinced of)은 확신하게 되었다. 디모데는 어머니와 외할머니와 사도 바울 선생으로부터 진리의 말씀을 바로 가르침을 받고, 배운 말씀들은 옳다고 마음에 확신하게 되었다. 가르치는 자를 잘 만나서 바로 배우고, 바로 배운 말씀을 마음에 확신하는 것은 매우 중요하다.

③ 거하라(3:14).

"거하라"(메네, μένε; remain continue; 머물러 있으라)는 머물러 있으라, 떠나지 말라, 동요하지 말라, 흔들리지 말라, 계속하라, 중단하지 말라는 뜻이다. 메네(μένε)는 현재 명령형(present imperative)이니 계속 머물러 있으라 또는 계속하라는 뜻이다.

당시 유대인 신자들 중에는 복음을 버리고 다시 율법주의로 돌아가는 자들도 있었고, 이방인 그리스도인들 중에는 다시 옛 생활(도덕적으로)로 돌아가는 자들이 있었다. 그러므로 사도 바울은 너는 배우고 확신하는 일에 거하라고 하였다.

우리는 바른 선생으로부터 바른 진리의 말씀을 받고, 그 진리의 말씀을 확신하고, 그 진리의 말씀 안에 확실히 거하여야 한다.

특주 11.

성경의 영감
(The Inspiration of the Bible)

1. 모든 성경
2. 성령의 영감으로 기록되었다.
3. 성경의 영감
5. 성경적 영감론
6. 성경의 유익과 혜택
7. 영감 교리에 대한 이설들

비평
1. 기계적 영감설 또는 필사설은 비성경적이다.
2. 부분적 영감설
3. 개념적 영감설
4. 자연적 영감설
비평
5. 하나님의 말씀 포함설
비평

디모데후서 3:16, "모든 성경은 하나님의 감동으로 된 것으로 교훈과 책망과 바르게 함과 의로 교육하기에 유익하니 이는 하나님의 사람으로 온전케 하며 모든 선한 일을 행하기에 온전케 하려 함이니라."

1. 모든 성경

"모든 성경"(파사 그라페, πᾶσα γραφή; All Scripture, the entire Bible; 모든 성경, 전[全] 성경)은 성령의 영감으로 기록되었다.

본문에 "모든 성경"(파사 그라페, πᾶσα γραφή; every Scripture, 각각의 모든 성경)은 단수로 사용되었다.

따라서 "모든 성경"은 every Scripture(성경의 각 절)로 번역하는 것이 더 좋다. 그런데 이 단어가 단수로 사용되었을 경우,

1) 성경 한 절 한 절(every Scripture), 한 단어 한 단어(every word), 한 철자 한 철자(every spell), 한 획 그대로를 의미한다.

2) 성경 전체(All Scripture, the entire Bible)를 말한다.

본문에 그라페가 단수로 사용되었으니 성경 한 절 한 절로 해석할 수도 있고, 성경 전체로 해석할 수도 있다.

그런데 이 단어는 두 가지 의미를 다 포함하여 "각각의 모든"으로 해석하는 것이 바람직하다.

신약에 성경(Scripture)이란 단어가 51회 나타나는데 이 단어가,

① 어떤 때는 구약 전체를 언급하기도 하며(눅 24:45; 요 10:35),
② 어떤 때는 구약의 특정한 구절을 언급하기도 하며(눅 4:21),
③ 어떤 때는 신약의 특정한 구절을 언급하기도 하며(딤전 5:18),
④ 어떤 때는 신약의 많은 부분을 언급하기도 하며(벧후 3:16),
⑤ 어떤 때는 사도 바울의 서신을 언급하기도 한다(딤후 3:16).

3) 모든 성경은 신·구약 성경 전체를 말한다(O.T. and N.T., the entire Bible).

사도 바울은 구약과 신약 전체를 성경으로 간주하였다. 사도 바울은 사랑하는 믿음의 아들이요, 에베소교회의 목회자인 디모데에게 보낸 편지에서 "모든 성경은 성령의 감동(영감)으로 기록되었다"고 하였다.

여기서 이 말씀의 직접적인 인용이 구약성경에만 한정되어 있다고 해도 신약도 당연히 성경으로 간주되어야만 한다.

예를 들면 사도 바울은 디모데전서 5:18에서 "성경에 일렀으되"라는 말씀으로 시작하면서 "곡식을 밟아 떠는 소의 입에 망을 씌우지 말라 하였고 일꾼이 삯을 받는 것이 마땅하니라"라고 구약 신명기 25:4과 신약 누가복음 10:7을 동시에 인용하였다.

사도 바울은 신·구약을 다같이 성경으로 믿었다. 물론 사도 바울이 디모데후서 3:16을 기록할 때(A.D. 66-67년경 네로 황제 당시 로마 제국에서)

는 모든 성경이 기록된 때는 아니었다.

그때는 베드로후서, 히브리서, 유다서, 요한 서신 전체만 기록되었던 때이었다. 그러나 본 절에서 모든 성경(all Scripture)이란 신구약 성경 66권 전체를 가리킨다.

- 사도 베드로도 구약과 신약 전체를 성경으로 인정하였다. 베드로는 바울 서신을 분류할 때 "다른 성경"(the other Scripture)이라고(벧후 3:16) 불렀다. 즉, 베드로는 바울의 서신도 구약과 꼭 같이 권위적 성경으로 믿었다. 이와 같이 다른 사도들이 기록한 성경의 다른 부분들도 구약의 예언적 말씀과 꼭 같이 마땅히 성령의 감동으로 기록된 성경으로 간주되어야 할 것이다. 구약이 성령의 감동으로 기록된 성경으로 기록되었듯이 신약도 그와 동일한 권위를 지니고 있다.

4) 성령강림 후 기록될 말씀도 포함한다.

요한복음 14:26, 16:12-13에 의하면 주님께서 제자들에게 모든 것을 다 가르치신 것이 아니고(요 16:12), 오순절 날 임하신 성령님께 하나님의 말씀의 상당한 부분을 위탁하셨다.

성령께서 오시면 그가 제자들로 하여금 주님께로부터 듣고 배운 것을 기억나게 할 뿐만 아니라, 또한 새로운 계시를 제자들에게 주실 것을 분명히 약속하였다.

그러므로 우리 주님께서는 제자들이 후에 기록할 책들도 주님의 말씀과 동일한 권위를 갖는다는 사실을 미리 보여주신 것이다.

주님께서 제자들이 나중에 기록할 책들도 하나님의 말씀이라고 사전에 미리 승인하셨으니 제자들이 기록한 책들도 성경으로 받아들여져야 마땅하다.

요한 서신들(요한일, 이, 삼서)은 A.D. 85-95년, 요한계시록은 A.D. 95년경 기록되었다.

5) 모든 성경은 신·구약 66권, 1,189장(구약 929장, 신약 260장, 31,193절(구약 23,214절, 신약 7,959절), 약 850,000 단어에 달하는 모든 성경을

가리킨다.[1]

2. 성령의 영감으로 기록되었다(Written by the Holy Spirit).

"성령의 감동으로 되었다"(데오프뉴스토스, θεόπνευστος; inspired)

God-breathed, 하나님이 숨을 불으신)는 한 단어로서 데오스(θεός; God; 하나님)와 프네오(πνέω; to breathe, speak; 숨 쉬다, 말하다)로 구성되었다. 그러므로 이 단어의 문자적 의미는 하나님이 숨 쉬셨다. 또는 하나님께서 말씀하셨다는 뜻이다. 즉, 모든 성경은 하나님께서 성경 기록자들의 마음과 정신 속에 하나님의 말씀을(숨을) 불어넣어 주신 것(하나님께서 말씀하신 것)이 바로 하나님의 말씀이다.

모든 성경은 하나님의 감동으로 기록되었다는 말씀은 성령 하나님의 영감(Inspiration)으로 기록되었다는 말씀이다.

그리고 성령 하나님의 영감으로 기록되었다는 말씀은 성령 하나님께서 성경 기록자들이 하나님의 말씀을 받아 기록할 때 오류 없이, 가감 없이 기록하게 하신 성령 하나님의 역사를 말한다. 모든 성경은 성령 하나님의 영감으로 기록되었으므로 오류(error)가 없으며, 다시 말하면 절대 무오하다. 그러므로 우리는 성경의 신빙성과 권위를 믿는다. 성경은 결단코 헛된 철학이나 신화나 허탄한 이야기가 아니다. 우리는 바른 자세로 하나님의 말씀을 대하여야 할 것이다.

3. 성경의 영감(Inspiration)

디모데후서 3:16, "모든 성경은 하나님의 감동으로 된 것으로…."

1) 정의(Definition)

"영감이란 성경 기록자들로 하여금 하나님의 말씀을 오류 없이 기록케 하시는 성령 하나님의 역사이다"(Inspiration is the work of the Holy Spirit of God in causing the writers of the Scriptures to give forth the Word of God without

---

1 성경을 장, 절로 구분한 것은 1560년 제네바 성경(Geneva Bible)부터이었다.

error).[2] 그러므로 영감은 하나님의 말씀(초자연적 계시)이 오류 없도록 정확성과 무오성을 보장한다.

2) 영감의 특성들(The Characteristics)

① 영감은 성령 하나님의 역사이다.

영감은 성경 기록자들로 하여금 성경을 기록할 때에 오류 없이 기록하도록 하시는 성령 하나님의 역사이다. 따라서 영감의 원천은 성령 하나님이시다. 그러나 우리는 성령께서 어떻게 역사하셨는지는 정확히 알지 못한다.

② 영감은 성경 기록자들(Writers)에게만 제한되었다.

성경 기록자들이 성경을 기록할 때에만 영감의 역사가 있었다. 영감의 역사란 감동의 역사를 말한다. 감동의 역사란 성령의 지배와 감화와 인도를 전폭적으로 받음을 의미한다. 성경 기록자들은 성령의 지배·감화·인도를 전폭적으로 받아 성경을 기록하였다. 이 세상 다른 책들은 독자들에게 많은 감명을 줄지라도 성령의 영감으로 기록된 책들이 아니다.

③ 영감은 성령 하나님께서 친히 감독하셨다.

영감은 성령 하나님께서 성경 기록자들로 하여금 자료들과 용어들(materials and terminology)을 선택함에 있어서 성령께서 친히 감독하시므로 하나님의 뜻에 적합하고 우리들에게 필요한 내용들만 쓰도록 하셨다.

④ 영감은 성령 하나님께서 불완전한 사람들의 언어를 통하여 하나님의 말씀을 오류 없이 전달케 하셨다.

영감은 성령 하나님께서 성경 기록자들로 하여금 비록 그들은 불완전하고 그들이 사용하는 언어들도 불완전하지만 하나님의 말씀을 받아 기록할 때에는 친히 간섭하시므로 하나님의 말씀을 오류로부터 보호하셨다(protect contents from the errors). 하나님께서는 불완전한 사람들의 언어를 통하여서도 하나님의 말씀을 오류 없이 전달케 하시니 이것이 하나님

---

2 Buswell, James Oliver. *A Systematic Theology of the Christian Faith* (Grand Rapids: Zondervan, 1978), p. 184.

의 역사이다.

⑤ 영감의 범위는 전체적이며 축자적(plenary and verbal)이다.

영감은 성경의 일부분이나 또는 단순히 성경내용의 사상이나 개념에만 영감된 것이 아니라 성경 전체(entire Bible)가 그리고 전체를 구성하고 있는 단어 하나하나, 철자 하나하나(word and spell)가 모두 영감되었다(딤후 3:16 고전 2:13).

⑥ 영감은 원본에만 적용된다(applied to original Text only).

따라서 사본들과 번역판들(manuscripts and versions)은 고대의 것이든 현대의 것이든 히브리어나 헬라어 사본들도 영감으로 기록된 것이 아닙니다. 따라서 사본들이나 번역판들은 영감으로 기록되었다고 할 수 없다. 그럼에도 불구하고 그것들이 교리적으로나 역사적으로나 어떤 면에서든지 중요한 내용이 실제상의 변경이나 가감 또는 손실 없이 이 오랜 세월 동안 기록된 성경으로 전해 내려왔다는 사실은 놀라운 하나님의 역사이다. 그러므로 번역본들도 우리의 구원을 위한 하나님의 계시를 깨달음에는 조금도 지장이 없는 하나님의 말씀이다.

⑦ 영감의 결과는 절대 무오하다(Inerrancy).

완전하신 하나님께서 말씀하셨으니 오류가 전혀 있을 수 없다. 하나님은 거짓말하실 수 없으며 그의 말씀은 진리(참)이기 때문에 영감으로 기록된 성경은 무엇이나 오류 없는 진리요, 우리의 신앙과 행위의 표준이 된다.

4. 성경해석의 원리(Principle of Interpretation)

- 베드로후서 1:20-21, "먼저 알 것은 경의 모든 예언은 사사로이 풀 것이 아니니 예언은 언제든지 사람의 뜻으로 낸 것이 아니요 오직 성령의 감동하심을 입은 사람들이 하나님께 받아 말한 것임이니라."

본 절에서 사도 베드로는 "모든 예언"(파사 프로페테이아, πᾶσα προφητεία; every prophecy 각각의 모든 예언)이라는 단수를 사용하여 성경 전체를 하나의 단위로 보았다. 예언은 앞으로 되어질 일들을 사전에 미리 말하는 것 뿐만 아니라, 하나님의 말씀을 선포하는 것을 뜻한다.

"사사로이 풀 것이 아니니." 이 말씀은 성경해석에 있어서 조심해야 할 사항을 주지시킨다. "사사로이"(이디아스, ἰδίας; one's own, private 자기 자신의, 사적(개인적)) "풀 것"(에피루세오스, ἐπιλύσεως; interpretation; 해석, 풀이), 이 단어는 에피루오(ἐπιλύω; to loose, solve, explain 풀다, 해결하다, 설명하다)에서 나왔다. 그러므로 "풀 것"은 이해하기 어려운 것을 알기 쉽게 설명하여 주는 것 곧 해석이다.

예언은 개인적으로 사사로이 해석할 것이 아니다. 종교개혁자 마틴 루터(Martin Luther)는 말하기를 "너는 네 자신이 성경을 해석하지 말고 성경이 성경을 해석하도록 하라. 그렇지 않으면 해석하지 않은 채 그대로 두어라"라고 하였다.

웨스트민스터 신앙고백서 1:9,[3] "성경 해석의 무오한 법칙은 성경 그 자체이다. 그러므로 어떤 성경에 관한 참된 그리고 완전한 의미에 대한 질문이 될 때에는 더욱 분명히 말한 성경의 다른 구절들을 찾아서 알아야 한다."

"예언은 오직 성령의 감동함을 입은 사람들이 하나님께로부터 받아 말씀하신 것이니라." 이 말씀은 성경 기록자들의 영적 자격과 상태를 가리킨다. 성령의 감동함을 입은 사람들이란 말씀에서 "입은"(페로메노이, φερόμενοι; being borne 〈짐을〉 지고 있는 것)은 페로(φέρω: to bear, carry, bring, lead 짊어지다, 운반하다, 가져오〈가〉다, 인도하다)의 수동태·현재 분사이다.

따라서 성령의 감동함을 입은 사람들이란 성령에 의하여 감동함을 받은, 성령의 감화와 인도를 받은 사람들을 말한다. 이는 마치 돛단 배가 바람에 의하여 밀려가듯이(행 27:15, 17), 예언의 말씀을 기록하였다.

"하나님께로부터 받아 말씀한 것이니라." 이 말씀은 예언이 주어지는 과정에서 신적요소와 인간적 요소, 성령의 역사와 인간의 활동이 동시에 포함되어 있음을 가리킨다. 예언의 원천자(源泉者)는 하나님이시요, 사람

---

3 *Westminster Confession of Faith*, I. 9.

들은 예언 전달의 도구들이요, 예언전달의 도구들을 통하여 주어진 성경은 기록된(성문화된) 하나님의 말씀이다.

따라서 성경 기록자들이 성경에 기록한 말씀들은 무엇이든지 전적으로 하나님께로부터 받아 전하고 기록한 말씀이다. 참으로 모든 성경은 하나님의 말씀이다. 성령 하나님은 실제 말씀하시는 자(the real speaker)이시요, 성령의 감동함을 입은 사람들은 하나님의 대변자들(mouthpieces) 이시었다.

우리는 성경이 하나님의 말씀인 것을 어떻게 믿게 되는가?

웨스트민스터 신앙고백서 1:5b

"우리가 성경은 무오한 진리요 하나님의 권위임을 온전히 믿고 확신하게 되는 것은 우리 마음속에서 말씀을 가지고 말씀으로 말미암아 증거하시는 성령의 내주하시는 역사에서 나온 것이다."

우리가 성경 곧 하나님의 말씀을 대할 때(읽거나 묵상) 성령님께서 우리 마음속에 역사하시고 확신을 주시기 때문이다. 이것은 성령 하나님의 내적 증거이다.

존 칼빈(John Calvin)도 이것을 "성령님의 내적 증거"라고 하였다.[4]

5. 성경적 영감론(The Biblical Inspiration)

성경적 영감은 완전 영감, 축자 영감, 유기적 영감이다.

① 완전 영감(Plenary Inspiration)

"완전"(plenary)이란 충만한, 완전한, 절대적(full, complete, absolute)이란 뜻이다. 따라서 완전 영감이란, 신·구약 성경 전체가 성령 하나님의 영감으로 기록되었음을 뜻한다. 좀더 구체적으로 말한다면 구약의 율법서, 역사서, 시편, 선지서, 신약의 복음서, 역사(사도행전), 서신들, 예언서 등 성경 전체가 모두 동등하게 성령의 감동(영감)으로 기록되었다는 뜻이다.

신학적으로는 영감을 완전 영감과 축자 영감으로 구분하지 않고 이 둘

---

4 J. Calvin, *Institutes of Christian Religion* I. 7. 4.

을 합하여 완전 축자 영감(plenary and verbal inspiration)이라고 한다. 이 경우 축자 영감은 완전 영감의 일부로 간주한다. 그리고 유기적 영감은 우리가 믿되 그것을 완전 축자 영감과 함께 사용하지는 않는다.

② 축자 영감(Verbal Inspiration)

축자 영감이란 성경 전체를 구성하고 있는 부분들 즉 단어(word) 하나 하나, 단어를 구성하고 있는 철자(spell) 하나하나, 그리고 그 철자를 구성하고 있는 철자의 부분(part) 하나하나까지도 다 성령 하나님의 영감으로 기록되었음을 뜻한다. 따라서 축자 영감을 문자 영감이라고도 한다.

③ 유기적 영감(Organic Inspiration)

유기적 영감이란 성령 하나님께서 성경 기록자들을 유기적 방법으로
감동시켜 그들의 성격, 기질, 은사들, 재능들, 교육들, 교양들, 용어들, 문체들을 그대로 사용하였다는 것이다.

성령께서는 그들의 마음을 조명하시고 그들의 기억력을 새롭게 하여 기록하도록 하되 표현에 있어서 용어까지도 선택하도록 지도하셨다. 그러므로 우리는 성경이 전적으로 하나님의 말씀이면서도 그 안에서 성경 기록자들의 성품·개성·지식·언어의 표현 등을 알 수 있다.

그러므로 우리는 성경에서 성경 기록자들 각자 각자의 문체의 다양성을 엿볼 수 있다. 하나님은 성경 기록자들을 단순한 하나의 비서나 속기사로 사용하시지 않으시고 그들의 인격을 사용하셨다.

- 찰스 핫지(Charles Hodge)는 영감의 교리에 대하여 말하기를 "완전은 부분에 반대된다. 이 교회적 교리는 영감이 성경의 어떤 부분들에 국한되었다는 것을 부정하고 이것이 거룩한 정경(Canon)의 모든 책에 다 적용되었음을 긍정한다. 이 교리는 거룩한 저자들이 부분적으로만 영감되었다는 것을 부정하고 교리에 관해서나 사실에 관해서나 그들이 가르친 모든 것에서 그들은 충분히 영감되었다는 것을 단언한다"[5]라고 하였다.

---

5 Charles Hodge, *Systematic Theology* (Grand Rapids: Eerdmans, 1872), p. 165.

6. 성경의 유익과 혜택

디모데후서 3:16 에서는 성경이 우리에게 주는 유익과 혜택들을 교훈하신다.

1) 성경은 진리를 교훈함에 유익함(오펠리모스 프로스 디다스칼리안, ὠφέλιμος πρός διδασκαλίαν; an profitable for teaching)

성경은 성경의 내용들 자체를 우리에게 가르쳐 주신다. 성경이 인격화(人格化, personified) 되어 성경이 말씀하신다. 성경은 하나님의 자녀들을 교육함에 절대 필요하다. 성경은 우리의 신앙과 행위의 표준이 되는 절대 필요한 말씀이다.

성경은 우리가 하나님을 어떻게 믿고(how to believe), 어떻게 행하여야 하는가(how to live)의 원리를 온전히 가르치는 유일한 원천이다. 성경은 하나님에 관하여, 인생에 관하여, 사람의 구원에 관하여, 사물에 관하여, 우주에 관하여, 그리고 내세와 영생에 관하여 바른 지식을 정확히 계시한다. 만일 성경에서 위의 진리의 말씀들을 발견할 수 없다면 성경을 영적으로 받아들일 이유가 없다.

우리가 어떻게 성경의 바른 지식들을 획득할 수 있는가?

사람이 자기의 지혜로는 하나님을 알 수 없으므로(고전 1:21), 성령 하나님께서 말씀의 진리를 우리에게 가르쳐 주시며(요 14:26), 우리는 믿음으로 그 진리를 수납하고 획득한다(딤후 3:15).

하나님의 말씀을 가르치는 사람들(교역자들)을 목사와 교사(Pastor and Teacher)라고 하였다(엡 4:11). 교역자들은 스승이 되어야 한다(Ye ought to be teacher)고 히브리서 5:12에 교훈하였으며, 스승이 되기 위하여는 말씀의 젖을 사모하고(벧전 2:2), 거룩·지식·선·지혜·분별력·지도력 등등 모든 면에서 자라나야 한다(엡 4:15).

교역자가 하나님의 말씀을 가르치기 위하여는 먼저 자신이 그 진리의 말씀을 깨닫고, 믿고, 그 말씀대로 준행하여야 한다. 그리고 그 진리를 가르쳐야 한다. 스승이 하나님의 지식에 무지(無知)하며 확고한 신념과 신앙이 없다면 어떻게 성도들을 가르칠 수 있겠는가?

예수님 당시도 종교계의 많은 지도자들이 성경 말씀에 무지하여 주님께로부터 책망을 받았다. 우리는 신앙적 지식에도 항상 진보가 있어야 한다. 신앙적 지식은 신앙의 3대 요소들 중 첫째요, 기본이다. 신앙적 지식이 결여된 신앙이란 무지한 신앙, 맹목적 신앙이다.

성경은 진리를 교훈함에 절대로 유익하다.

2) 성경은 죄를 책망함에 유익함(프로스 엘레그몬, πρός ἐλεγμόν; profitable for reproof)

성경은 죄를 책망한다. 책망은 과오(mistake)나 죄(sin)을 깨닫게 하고, 과오나 죄에 대한 반성과 개선을 가져오게 한다. 책망한다는 말은 헬라어로 엘렝코(ἐλέγχω)로서 책망한다(reproof), 꾸짖는다(rebuke), 빛으로 들어낸다(bring to light), 폭로한다(expose), 벌을 가한다(punish), 권징하다(censure)는 뜻이 있다.

성경은 죄를 짓는 사람을 책망함에 유익하다(딤전 5:20; 딤후 4:2). 우리들에게 비진리를 가르치므로 어린 양떼들의 신앙을 파괴하는 거짓 스승들을 책망, 폭로하여야 한다(딤전 5:20; 딤후 4:2; 딛 1:9, 13). 그렇게 하므로 그들에게 회개할 기회를 제공하며, 하나님의 자녀들로 하여금 그들의 궤휼에 빠지지 않도록 하는 경고가 된다.

매우 슬픈 사실은 금일의 다수 교회들의 강단에서 죄를 책망하는 회개의 외침이 사라졌다는 사실이다. 은혜와 믿음으로 구원을 받음에는 틀림없으나 구원받은 후에도 사단의 강한 공격과 자신들 속에 내재하는 육신의 부패성 때문에 우리가 부단한 경건 생활을 지속하지 않는다면 세속화될 수밖에 없다. 성경은 죄를 책망함에 절대로 유익하다.

3) 성경은 잘못을 바르게 함에 유익함(프로스 에파놀도시스, πρός ἐπανόρθωσις; profitable for correction)

바르게 함이란, 잘못을 책망하므로 바르게 함 또는 올바른 상태로 회복됨 또는 진보됨을 말한다. 잘못을 꾸짖고 책망만 하는 것만으로는 충분하지 못하다. 잘못을 책망만 하고 끝이라면 책망의 수고가 헛되고 말것이다. 책망의 목적은 잘못을 뉘우치고 바르게 함에 있다. 성경은 잘못을 책망할 뿐만 아니라, 책망하므로 잘못을 바르게 한다.

구약시대 엘리 선지자(Eli prophet)는 자식들을 책망은 하였으나 자식들의 잘못을 바르게 하지 못하였으므로 무서운 보응을 받았다(삼상 2:22-24; 3:13). 이것은 우리에게 큰 교훈을 제공한다. 우리가 자녀들을 양육하고 교육함에 있어서 잘못을 꾸짖는 데만 그치고 바르게 하지 못한다면 그것은 자녀교육에 이미 실패한 것이다(딤후 2:25; 4:2). 성경은 잘못을 바르게 함에 절대 유익하다.

4) 성경은 의로 훈련시킴에 유익함(프로스 파이데이안 텐 엔 디카이오수네, πρός παιδείαν τήν ἐν δικαιοσύνη; profitable for training in righteousness)

"훈련시킨다"는 말씀은 파이데이안(παιδείαν; child training; 아이훈련, 단련)으로 이는 부모가 자녀를, 선생이 학생을 훈련시키는 것(training), 규범있게 하는 것(discipling)을 가리킨다. 성경은 우리의 신앙과 인격이 온전한 자리에 이르도록 훈련과 연단에 절대로 필요하다. 운동선수들은 출전을 앞두고 지속적이고도 반복적인 맹훈련을 강행한다. 이와 같이 성경은 신자들을 훈련시켜 연단과 인대를 쌓아 성숙한 그리스도인들로 만든다.

우리들은 선과 악을 구별하는 훈련이 필요하다(히 5:13-14). 믿음에 연단, 연단에 인내를 낳은 훈련이 필요하다.

육신의 정욕·사욕·물욕을 이길 수 있는 훈련이 필요하다. 자유주의 불신앙의 무리들과 싸워 승리할 수 있는 훈련이 필요하다. 성경은 우리를 의로 훈련시킴에 절대로 유익하다.

5) 목적

디모데후서 3:17, "이는 하나님의 사람으로 온전하게 하며 모든 선한 일을 행할 능력을 갖추게 하려 함이라."

"하나님의 사람으로 온전케 하며 선한 일을 하게 하시기 위하여!"

성령의 영감으로 기록된 하나님의 말씀은 우리에게 가르치시고, 죄를 책망하고, 바르게 하고, 훈련·연단시킨다.

그 이유와 목적이 무엇인가? 하나님의 사람으로 온전케 하며 모든 선한일을 하게 하시기 위함이다.

① 하나님의 사람으로 온전케 하시기 위하여(히나 알티오스, ἵνα ἄρτιος; fitted, equipped, adequate 맡게〈적합하게〉하기 위하여, 갖추게 하기 위하여)

본문은 하나님의 사람과 우리를 동일시하였다. 하나님의 사람은 하나님의 마음에 꼭 합당한 사람, 적합한 사람, 하나님의 일을 하기에 적합한 구비된 사람을 가리킨다.

② 모든 선한 일을 하게 하시기 위하여(프로스 판 엘곤 아가돈, πρός πᾶν ἔργον ἀγαθόν; for every good work)

일의 대소경중을 막론하고 선한 일을 하게 하시기 위함이다. 우리는 하나님의 사람들로서 하나님의 마음에 꼭 맞는 사람들 그리고 선한 일에 열심 하는 사람들이 되어야 한다. 이것이 하나님이 우리를 향한 뜻이다 (딤전 6:11, 참조).

7. 영감 교리에 대한 이설들(Wrong Theories of Inspiration)

영감 교리에 대한 정통적 교리는 완전 축자 영감이다. 그러므로 우리는 성경의 완전 축자 영감을 믿는다. 그러나 성경 영감에 대하여 잘못된 설들이 있어 주의를 요한다.

1) 기계적 영감설 또는 필사설(Mechanical Inspiration)

기계적 영감설이란, 하나님께서 성경 기록자들에게 단어 한자 한자를 불러주시고 사람들은 그것을 그대로 받아 기록하였다는 설이다. 따라서 이 설을 일명 필사설(dictation theory)이라고도 한다.

이 설에 의하면 하나님께서 성경 기록자들을 하나의 로봇처럼 또는 문필가의 손에 쥐여진 펜(pen)처럼 완전히 수동적으로 사용한 것이 된다.

이 설에 의하면 모세, 다윗, 베드로, 야고보, 요한, 바울 등 기록자들의 마음이 그들이 기록한 책들의 내용들과 형식들에 아무런 영향을 주지 못했던 것이다. 성격·개성·재능·체험·기술 등이 성경에 달리 나타난 것을 무시한다.

비평(A Critique):

1. 기계적 영감설 또는 필사설은 비성경적이다.

1) 하나님은 인격적 존재이시요, 사람도 인격적 존재이다.

① 하나님은 성경 기록자들로 하여금 하나님께서 원하시는 뜻대로 기록하게 하신 한편 인간 기록자들의 성격·개성·인격·재능·체험·기술 등이 나타나도록 역사하셨다(롬 7장; 시 3편; 시 51편 등).

② 우리는 성경 기록의 양면을 인정하여야 한다. 성경은 성령의 감동으로 사람들이 하나님께로부터 계시를 받아 기록한 것이라는 하나님 편과 인간 편을 다 고려하여야 한다.

③ 하나님은 살아 약동하는 사람들을 사용하였지 생명 없는 기계들을 사용한 것이 아니다. 하나님은 사람의 인격을 배제한 것이 아니라, 바로 그 인격 개성을 하나님의 계시 기록의 요소로 사용하였다. 그러기에 이사야의 문체는 예레미야의 문체와 상이하며, 요한의 문체는 바울의 문체와 같지 않다. 동일한 사건의 보도에 기록자에 따라 문체가 같지 않다.

④ 만일에 성경이 기계적 영감으로 기록되었다면 성경에 나타난 성경 기록자들의 상이한 개성들과 표현들은 어떻게 설명할 것인가?

2) 기계적 영감설 또는 필사설은 성경 자체의 증거와 상치된다.

이 설은 성경 기록자들의 인적 요소를 배격하는 것이 된다. 예를 들면 에스라는 페르시아 왕실 문고에 보관된 문헌들을 사용하였으며(스 7:11-26), 누가는 누가복음을 기록하기 위하여 여러 가지 자료들을 사용하였다(눅 1:1-4).

만일에 성경이 기계적 영감으로 기록되었다면 하나님께서 이런 것들을 한자 한자 불러주셨다고 보기에는 너무나 문제점이 많다.

3) 성경 원어의 다양한 문체들은 기계적 영감설을 부정한다.

신약에서 요한의 문체, 바울의 문체, 베드로의 문체, 야고보의 문체, 누가의 문체가 각기 상이하다. 구약에서도 모세의 문체, 욥의 문체, 다윗의 문체, 선지자들의 문체가 각기 상이하다. 그러므로 기록자들의 문체들마다 특징을 발견할 수 있다. 만일에 성경이 기계적 영감으로 기록되었다면 기록자들의 문체가 모두 동일하여야만 마땅할 것이 아닌가?

2. 부분적 영감설(Partial Inspiration)

부분적 영감설이란, 성경의 어떤 부분들은 영감으로 기록되었으며 어떤 부분들은 영감으로 기록되지 않았다는 것이다. 어떤 학자들은 구약의 영감성은 부인하고 신약의 영감성은 인정한다. 또 어떤 학자들은 성경의 종교적 교훈이나 도덕적 교훈은 인정하면서도 역사적, 고고학적, 과학적 부분들에는 오류가 있다고 주장한다. 이와 유사한 영감설은 정도 영감설(Degree Inspiration)이라고 하는데 정도 영감설에 의하면 성경의 어떤 부분은 영감의 정도가 높고 어떤 부분은 영감의 정도가 낮다고 한다.

비평(A Critique): 부분적 영감설은 성경의 어떤 부분은 영감으로 기록되었으며 어떤 부분은 영감으로 기록되지 않았다고 하니 영감으로 기록되지 않은 부분들은 하나님의 말씀이 아니라는 뜻이 아닌가? 뿐만 아니라 성경의 어떤 부분은 영감으로 기록되지 않았다고 어떻게 증명할 수 있는가? 성경은 부분 부분을 포함한 전체 성경이 성령의 영감으로 기록되었다고 하였다.

3. 개념적(관념적) 영감설(Concept Inspiration)

개념적 영감설이란, 성경 내용의 개념들만이 영감으로 기록되었다는 것이다. 다시 말하면 성경의 문자 하나 하나의 표현들은 영감과 상관이 없고 다만 계시의 내용들과 개념들만이 영감되었다는 것이다. 예를 들면, 사랑이니, 공의이니, 은혜이니 하는 개념들이 영감된 것이지 그 개념을 표현하는 언어는 영감과 상관이 없다는 것이다.

비평(A Critique): 그러나 성경은 가르치기를 말씀 자체는 영감으로 기록된 것이요 사상이나 개념이 영감으로 기록된 것은 아니라고 가르친다. 더욱이 기록된 말씀들을 떠난 여하한 개념도 생각하기 어렵다. 그 이유는 내용의 개념은 문자 안에 들어있기 때문이다. 그러므로 말씀과 개념을 분리하여 생각하는 것은 비논리적이요 모순이다. 정확한 개념이나 사상은 문자 없이는 표현될 수 없다. 우리가 정확하게 생각할 때에는 문자적으로 생각한다. 사상은 필연적으로 문자에 의하여 표현된다. 따라서 개념적 영감 또는 사상적 영감이란 있을 수 없다. 성경은 자체의 문자들의 영감을 분명히 가르친다.

제임스 오르(James Orr)는 "사상은 필연적으로 말로서 형상화되고 표현된다. 도대체 영감이 있다면 그것은 사상만이 아니라 말과 단어에도 비칠 수밖에 없다. 영감이 표현을 주도해야 하고, 전달하려는 개념의 살아있는 매체로 언어를 사용해야 한다"[6]고 하였다.

4. 자연적 영감설(Natural Inspiration)

자연적 영감설에 의하면, 성경을 기록한 사람들은 천재적 소질과 탁월한 통찰력이 있는 사람들이기 때문에 그들이 기록한 책들은 독자들에게 큰 영감을 준다고 한다. 다시 말하면 기록자들의 성경은 존 번연의 『천로역정』(Bunyan, John〈A.D. 1628-1688〉, *Pilgrim's Progress*)이나 밀톤의 『실낙원』(Milton, John〈A.D. 1608-1674〉, *Paradise Lost*)이나 괴테의 『파우스트』(Goethe, Johann Wolfgang von〈A.D. 1749-1832〉, *Faust*)와 같이 독자들에게 영감을 준다고 한다. 이 설을 주장하는 사람들은 성경과 세상의 유명한 문학전집들이 별 차이가 없다고 한다. 그리고 성경을 읽는 사람들이 영감을 받는다고 한다.

비평(A Critique): 자연적 영감설은 영감과 조명을 혼돈한다. 영감은 하나님의 초자연적 계시(진리)를 오류 없이 전달하는 성령님의 역사이시요, 조명은 영감으로 기록된 말씀을 바로 깨닫게 하시는 성령님의 역사이다. 또한 자연적 영감설은 성경과 세상의 유명한 문학전집 같은 책들을 동등시하는 우(愚)를 범하는 것이 된다.

---

6 James Orr, *Revelation and Inspiration* (Regent College Publishing, 2002), p. 209.

5. 하나님의 말씀 포함설(The Theory that the Bible contains the Word of God)

하나님의 말씀 포함설에 의하면 성경에는 하나님의 말씀도 포함되어 있다고 한다. 성경에는 다양한 초자연적 신화들과 이적적 이야기들도 들어있다. 해석자는 그것들 안에 들어있는 영적 진리들을 발굴하는 일이다.

그러기 위하여 성경은 비신화화(demythologization)하여 우리에게 계시되어야 한다고 주장한다.

비평(A Critique): 이 설은 성경을 객관적으로 접근할 것을 무시하고 사람들마다 주관적으로 접근하게 한다. 그리고 만일 성경이 하나님의 말씀을 포함한다면 그 중에 어떤 부분이 하나님의 말씀이고 어떤 부분은 하나님의 말씀이 아니라고 무엇으로 판단할 것인가?

32.

말씀을 전파하라
(Preach the Word)

1. 하나님 앞에서 엄히 명령하셨다.
2. 그리스도 예수 앞에서 엄히 명령하셨다.
3. 다섯 명령들

디모데후서 4:1-2, "하나님 앞과 산 자와 죽은 자를 심판하실 그리스도 예수 앞에서 그가 나타나실 것과 그의 나라를 두고 내가 엄히 명하노니 너는 말씀을 전파하라 때를 얻든지 못 얻든지 항상 힘쓰라 범사에 오래 참음과 가르침으로 경책하며 경계하며 권하라."

4:1a, "그가 나타나실 것과 그의 나라를 두고 내가 엄히 명하노니."
"내가 엄히 명하노니"(디아말투로마이, Διαμαρτύρομαι; I solemnly charge)는 내가 엄숙히 또는 엄히 명령한다는 뜻이다. 사도 바울은 디모데에게 하나님 앞과 그리스도 예수 앞에서 엄히 명하였다.

1. 하나님 앞에서 엄히 명령하셨다.
"하나님 앞에서"(에노피온 투 데우, ἐνώπιον τοῦ θεοῦ; before God)는 하나님의 임재하시는 앞에서(in the presence of God)라는 뜻이다. "하나님 앞에서 엄히 명하노니"(딤전 5:21; 6:13; 딤후 2:14; 4:1 참조).

하나님은 어떠한 분이신가?
- 하나님은 영원자존하시며(출 3:14),
- 무한(제한없는)하시며(시간과 공간과의 관계에서; 시 90:2),
- 불변하시며(시 33:11; 말 3:6; 히 13:8; 약 1:17),
- 유일무이하시며(출 20:3; 신 4:35, 39; 6:4; 딤전 2:5; 약 2:19),
- 영이시며(요 4:24),
- 전지·전능하시며(창 18:14; 시 139:4, 6; 147:5; 렘 32:17; 히 4:13),
- 거룩하시며(출 15:11; 시 99:9),
- 은혜로우시며(엡 2:5, 8),
- 사랑·자비·긍휼이 풍성하시며(시 57:10; 86:5; 요일 1:10; 4:7, 19),
- 오래 참으시는 하나님(벧후 3:8, 9),
- 공의로우신 하나님(창 18:25; 고후 5:10; 딤후 4:8),
- 심판하실 하나님이시다.

하나님은 이 세상을 창조하시고(창 1:1), 보존하시고 섭리하시는 하나님(히 1:3; 롬 8:28), 독생자 그리스도 예수를 우리를 위하여 이 세상에 내보내신 하나님(요 3:16), 그 하나님 앞에서 엄히 명령하셨다.

2. 그리스도 예수 앞에서 엄히 명령하셨다.

"그리스도 예수 앞에서"(에노피온 크리스투 예수, ἐνώπιον Χριστοῦ Ἰησοῦ; before Christ Jesus)는 그리스도 예수의 임재하시는 앞에서라는 뜻이다.

본문은 하나님과 그리스도 예수 사이에 동위접속사 카이(καὶ; and; 그리고)로 연결하여 하나님과 그리스도 예수는 동격(同格)으로 본체에 있어서는 하나이시요 영광과 권능은 동등하심을 나타낸다.

그리스도 예수는 어떠한 분이신가?

장차 재림하셔서, 그의 나라를 세우시고, 산 자와 죽은 자를 심판하실 심판주이시다.

① "그의 나타나심"(텐 에피파네이안 아우투, τὴν ἐπιφάνειαν αὐτοῦ; His appearing)은 그리스도의 재림을 가리킨다. 우리의 신랑되시는 그리스도

예수는 능력과 큰 영광으로 친히 재림하실 것이다(행 1:11; 마 24:44; 살전 4:!6; 계 1:7).

② "그의 나라"(텐 바실레이안 아우투, τὴν βασιλείαν αὐτοῦ; His kingdom; 그의 왕국)는 그리스도 예수의 지상(地上) 1000년 왕국을 가리킨다(계 20:2-7).

그리스도께서 재림하시면 이 세상을 새롭게 하신 후(만물의 갱신) 그의 우주적 지상 1000년 왕국을 세우실 것이다.

③ "산 자와 죽은 자를 심판하실 그리스도 예수"(크리스투 예수 투 멜론토스 크리네인 존타스 카이 네크루스, Χριστοῦ Ἰησοῦ τοῦ μέλλοντος κρίνειν ζῶντας καὶ νεκρούς; Christ Jesus the living and the dead)는 심판의 대상 전체를 가리킨다. 심판의 대상에는 생존자들과 이미 죽은 자들, 신자들과 불신자들, 천사들과 사탄과 타락한 천사들(마귀들과 귀신들) 전체를 다 포함한다(요 3:18, 19; 롬 14:10; 고후 5:10; 계 20:12-15).

3. 다섯 명령들(Five Imperatives)

사도 바울은 디모데에게 하나님 앞과 산 자와 죽은 자를 심판하실 그리스도 예수 앞에서 엄히 명하였다. 중요한 전치사구(prepositional phrase)와 더불어 다섯(5) 가지 명령을 하였다.

첫째 명령: 전파하라.

"전파하라"(케룩손, κήρυξον; proclaim; 선포하다)는 말씀을 전파할 때 큰 음성으로 공개적으로 선포하라(proclaim aloudly, publically)는 뜻이다.

"말씀"(로고스, λόγος; Word)은 기록된 하나님의 말씀(딤후 2:9), 진리의 말씀(딤후 2:15), 성령의 감동으로 기록된 말씀(딤후 3:16), 주님께로부터 받은 말씀(고전 11:23)이다.

이 말씀은 죽은 자들을 살리는 구원의 복음이다.

둘째 명령: 힘쓰라.

"힘쓰라"(에피스테디, ἐπίστηθι; be attentive, be ready)는 하나님의 말씀을 전파할 수 있도록 항상 주의를 집중하여 하나님의 말씀을 준비하라, 그리고 말씀을 전파하라는 뜻이다. 이 단어는 2부사(adverbs)와 함께 사용되었다. 곧,

① 좋은 때에 전파하기를 힘쓰라.

"때를 얻든지"(에피스테디 유카이로스, ἐπίστηθι εὐκαίρως; in good times, in seasonably)는 좋은 때를 뜻한다. 좋은 때는 기쁠 때, 편안한 때를 가리킨다(마 26:16; 막 14:11; 눅 22:6).

② 좋지 못한 때에도 전파하기를 힘쓰라.

"때를 못 얻든지"(아카이로스, ἀκαίρως; not good season, out of season, unreasonably; 좋지 못한 때, 계절이 아닐 때, 계절 없이)는 좋지 않은 때를 뜻한다. 좋지 않은 때는 좋은 때와 정반대이다. 편안치 않은 때, 환난과 핍박이 닥쳐올 때, 어떠한 환경 가운데서도 하나님의 말씀을 담대히 크게 선포하라.

셋째 명령: 책망하라.

"책망하라", "경책하며"는 "책망하라"(엘렝콘, ἔλεγξον; reprove, correct; 책망하라, 바르게 하라)는 뜻이다. 하나님의 말씀을 죄인들에게 선포할 때 그들의 죄는 하나님의 말씀에 위배된다고 지적해 주고(point out), 바로 고쳐주라(correct).

- 디모데전서 5:20, "범죄한 자들을 모든 사람 앞에 꾸짖어 나머지 사람으로 두려워하게 하라"

"범죄한 자들"(투스 하말타논타스, Τοὺς ἁμαρτάνοντας; the(ones) sinning; 죄 짓고 있는 자들)은 그 시상이 현재 분사이니 현재도 상습적으로 계속 죄를 짓고 있는 자들을 가리킨다.

그러면 범죄한 자들은 누구를 가리키는가?

범죄한 자들은 본문의 문법적 구조나, 문맥상으로나 또는 권징의 원리

에 기초하여 고찰할 때 교회(회중) 가운데 일부 신자들을 가리키는 것이 분명하다(De Wette, Ellicott…).

- 빈센트(Vincent)는 "범죄자들은 장로들을 언급한다. 그들은 공적 직분상의 이유로 공적인 책망을 받아야 한다"[1]고 하였다.
- 반스(Barns)도 "범죄자들은 아마도 전(前) 절에 언급된 장로들을 언급하는 것 같다"[2]고 하였으며,
- 렌스키(Lenski)도 "범죄한 자들은 **장로들중에서 일부 범죄한 자들**"이라고 하였다.[3] 이외에도 허터, 알포드(Huther, Alford) 등이 범죄자들은 장로들 중의 일부 장로들이라고 하였다. 따라서 그들은 "모든 사람들 앞에서 꾸짖으라"는 말씀도 전체 장로들 앞에서 꾸짖으라는 말씀으로 해석한다.

"꾸짖으라"(엘렝케, ἔλεγχε; to convict, reprove, rebuke; 죄를 깨닫게하라, 훈계하라, 책망하라)의 원형 엘렝코(ἐλέγχω)를 테이어(Thayer)는 "심하게 꾸짖다, 꾸짖어 내쫓다, 권면하다, 책망하다"(to reprehend severely, chide, admonish, reprove)[4]로 번역하였고,

- 안트와 긴그리취(Arndt and Gingrich)는 공중 앞에서 공개적으로 책망하라, 바르게 하라고 해석하였다.[5]

범죄자들을 모든 사람들 앞에서 꾸짖는 이유는 먼저 범죄한 자가 회개하기 위함이며, 나머지 사람들로 하여금 범죄치 않도록 사전에 경고하기 위함이다(신 13:11).

어떻게 책망하고 바르게 할 것인가?

디모데후서 4:5, "오래 참음과 가르침으로"(엔 파세 마크로두미아 카이 디다

---

1 Martin R. Vincent, *Word Studies in the New Testament*, IV., p. 268.

2 Albert. Barnes, *Barnes' Notes on the New Testament*, p. 1156.

3 Lenski, St. *Paul's Epistles*, p. 685.

4 J. H. Thayer, *Greek-English Lexicon of the New Testament*, p. 203.

5 Ralph Earle, *Word Meanings in the N. T.* (Grand Rapids: Baker, 1988), p. 396.

케, ἐν πάσῃ μακροθυμίᾳ καὶ διδαχῇ; with all longsuffering and teaching) 책망하고 바르게 할 것이다.

- 갈라디아서 6:1, "형제들아 사람이 만일 무슨 범죄한 일이 드러나거든 신령한 너희는 온유한 심령으로 그러한 자를 바로잡고 네 자신을 돌아보아 너도 시험을 받을까 두려워하라"(딛 1:9, 13).

사도 바울은 갈라디아 교회 성도들에게 범죄한 자를 바로잡고 자신들도 범죄할까 두려워하라고 당부하였다.

"범죄"(피랍토마, παράπτωμα; trespass, offense, fault, blunder, fall, sin; 방해·범죄·위반·범죄·잘못·실수·큰 실수·타락·죄)에 대하여

몰톤과 밀리간(Moulton and Milligan)은 말하기를 이 단어는 의도적(고의적, 계획적)으로 짓는 죄가 아니라, 실수·잘못·과실(a slip or lapse)로 인한 경범죄를 가리킨다고 하였다.

"온유한 심령으로" 온화하고 부드러운 마음으로 충고해야 한다. 충고하는 자의 마음의 자세가 어떠해야 할 것을 말한다.

"바로 잡으라"(카탈티제테, καταρτίζετε; restore, mend; 회복하라, 복원하라, 수선하라, 고치라). 우리는 믿음의 형제가 잘못을 저질렀을 때 무관심하거나 침묵을 지켜서도 안 되며, 자신은 의롭고 완전한 자처럼 교만하여 실수와 잘못을 저지른 형제를 죄인 취조하듯이 대해서도 안 된다.

- 데살로니가후서 3:15, "그러나 원수와 같이 생각지 말고 형제같이 권하라."

사람이 범죄한 자를 대할 때 원수로 대하지 말고 형제로 대해야 한다. 그 이유는 권징을 받는 자도 그리스도 안에서 한 믿음의 형제이기 때문이다. 범죄한 형제와 실제상 원수는 크게 다르다. 원수를 대하는 것은 증오요, 형제를 대하는 것은 사랑이다. 우리는 범죄한 형제를 대할 때 그리스도의 사랑과 불쌍히 여기는 마음으로 그리고 그가 바로 서기를 원하는 마음으로 형제로 대해야 할 것이다.

넷째 명령: 권징하라.

"권징하라", "경계하며"(에피티메손, ἐπιτίμησον; admonish, censure; 권징하라, 치리하라)는 뜻이다. 죄를 지적해주고 책망해도 듣지 않으면 죄질의 정도에 따라서 최종 단계는 수찬정지(성찬에 참여치 못하게 함) 또는 출교(Excommunication)할 것이다.

다섯 번째 명령: 위로하라.

"위로하라", "권하라"(파라칼레손, παρακάλεσον; exhort, comfort)는 격려하라, 위로하라는 뜻이다(딤전 4:13 참조).

남은 맥박

나의 눈이 주를 더 사모하게 하시고,
나의 귀가 주를 더 경청하게 하소서.

나의 코도 성령을 더 마시게 하시고,
나의 입술이 주를 더 말하게 하소서.

나의 머리가 주를 더 생각하게 하시고,
나의 가슴이 주를 더 사랑하게 하소서.

나의 두 손이 주를 더 섬기게 하시고,
나의 두 발이 주를 더 따르게 하소서.

나의 남은 인생도 주를 위해 있게 하시고,
나의 남은 체온도 주를 위해 있게 하소서.

나의 남은 심장도 주를 위해 뛰게 하시고,
나의 남은 맥박도 주를 위해 뛰게 하소서.

특주 12.

최후 심판과 상벌
(The Final Judgment, the Rewards and the Punishments)

1. 심판주: 성자 예수 그리스도
2. 심판의 조력자들
3. 심판의 근거
4. 심판의 날 · 수 · 시기 · 장소 · 심판석
5. 신자들의 상급

디모데후서 4:1, "…산 자와 죽은 자를 심판하실 그리스도 예수…."

공의로우신 하나님, 선악상벌의 하나님은 범죄한 개인·가정·교회·사회·민족·국가에 시시때때로 선악상벌의 심판을 하신다.

- 이스라엘 민족의 역사를 보면 하나님은 이스라엘 백성에게 여러 번 징계하셨다. 이스라엘 백성은 하나님의 심판을 받아 여러 번 이방 나라들의 포로 생활을 하였다. 북쪽 이스라엘은 앗수르에 포로로 잡혀갔고, 남쪽 유다는 바벨론에 포로로 잡혀갔다(왕하 17:23-26 이하).
- 주후 70년에는 로마의 디도 장군에 의하여 이스라엘 나라는 드디어 멸망되고, 이스라엘 민족은 고토(古土)를 떠나 전(全) 세계에 흩어져서 유랑 생활을 하여 왔던 것이다.
- 교회 역사를 보면 교회가 세속화되어 범죄 타락할 때 하나님은 교회를 징계하셨다. 신자 개개인도 범죄 타락할 때 하나님은 신자를 징

벌하시고 회개케 하신다.

이와 같이 하나님께서는 신자 개인·가정·교회·사회·국가가 범죄할 때 그들을 바로 세우기 위하여 징계하곤 하셨다.

구약시대의 참된 선지자들이나 세례 요한, 예수님 그리고 신약시대 사도들도 회개와 심판에 관하여 계속 역설하였다.

- 그런데 지금까지의 하나님의 징계와 심판들은 다 부분적이고 또 미완성적이었다. 그러나 인류 역사의 마지막 종말을 고할 때 즉 최후 심판 때에는 온 세상 산자와 죽은 자, 신자 불신자를 막론하고 모든 사람들을 최종적으로 다 심판하실 것이다.
- 사도신경의 고백과 같이 그리스도께서는 "저리로서 산 자와 죽은 자를 심판하러 오실 것이다"(From thence He shall come to judge the quick and the dead). 최후 심판은 분명히 있을 것이다. 최후 심판은 의인들에게는 축복들과 더불어 좋은 것들을 상급으로, 악인들에게는 형벌을 보응으로 주실 것이다. 최후 심판의 선고는 의인들과 악인들의 영원한 운명이 결정되는 것이다.

의인들은 그들을 위하여 예비 된 영원한 천국으로, 그리고 악인들은 사탄과 그 추종자들을 위하여 예비 된 영원한 지옥에 들어가게 될 것이다. 그리하여 의인들은 영생에, 악인들은 영벌에 들어갈 것이다.

- 마태복음 25:34, "그때에 임금이 그 오른편에 있는 자들에게 이르시되 내 아버지께 복 받을 자들이여 나아와 창세로부터 너희를 위하여 예비된 나라를 상속받으라."
- 마태복음 25:41, "또 왼편에 있는 자들에게 이르시되 저주를 받은 자들아 나를 떠나 마귀와 그 사자들을 위하여 예비된 영원한 불에 들어가라."
- 마태복음 26:46, "그들은 영벌에, 의인들은 영생에 들어가리라 하시니라."

웨스터민스터 신앙고백서 제 33장 1, 3, "하나님은 예수 그리스도로 말미암아 의로 세상을 심판하실 한 날을 정해 놓으셨다. 그에게는 모든 심판하는 권세가 성부(God the Father)로부터 주어졌다. 그 날에 배교의 천사들이 심판을 받을 뿐만 아니라 이 땅에 살았던 모든 사람이 그리스도의 심판대 앞에 나타나 자기들의 생각들과 말들과 행동들의 전말을 밝히고 그들이 선악간에 몸으로 행하여 온 것들에 따라서 보응을 받게 될 것이다."

※ "배교의 천사들"은 타락한 천사들(Fallen Angels) 곧 사탄(Satan)을 두목으로 마귀들(Devils)과 귀신들(Demons)을 가리킨다.

1. 심판주(The Judge): 성자 예수 그리스도

최후의 심판은 누가 시행하실 것인가? 하나님은 모든 사람들의 심판자이시나(벧전 1:17; 살후 1:5; 히 11:6; 전 2:23), 그의 심판은 예수 그리스도를 통하여 시행하실 것이다.

- 요한복음 5:22, "아버지께서 아무도 심판하지 아니하시고 심판을 다 아들에게 맡기셨으니."
- 요한복음 5:27, "또 인자됨을 인하여 심판하는 권세를 주셨느니라."

아버지는 성부 하나님을 가리킨다. 하나님 아버지께서 온 세상 만민을 심판하시는 권세를 독생자 예수 그리스도께 맡기심은 그가 구속주(主)로서 우리의 죄를 속량 하시고, 중보자로서 하나님과 피택 된 죄인들을 화목케 하시고, 왕으로서 찬송과 존귀와 영광과 능력을 세세토록 받으시기에 합당하시기 때문이다. 그러므로 성경에 하나님의 심판이라는 말씀은 하나님이 독생자 그리스도를 통하여 심판하신다는 뜻이다.

사도 바울은 하나님의 심판과 그리스도의 심판을 구별하지 않았다.

그러므로 로마서 14:10에는 "하나님의 심판대"라고 하였고, 고린도후서 5:10에는 "그리스도의 심판대"라고 하였다.

그리스도는 심판주로서 산 자와 죽은 자(The Living and the Dead)를 심판하실 것이다. 산 자와 죽은 자는 모든 사람 곧 인류 전체를 가리킨다.

- 사도행전 10:42, "우리에게 명하사 백성에게 전도하되 하나님이 살아 있는 자와 죽은 자의 재판장으로 정하신 자가 곧 이 사람인 것을 증언하게하셨고."
- 베드로전서 4:1, "하나님 앞과 산 자와 죽은 자를 심판하실 그리스도 예수 앞에서 그의 나타나실 것과…."
- 베드로전서 4:5, "그들이 산 자와 죽은 자를 심판하기로 예비하신 이에게 사실대로 고하리라."
- 디모데후서 4:1, "하나님 앞과 살아 있는 자와 죽은 자를 심판하실 그리스도 예수 앞에서 그가 나타나실 것과 그의 나라를 두고 엄히 명하노니."
- 디모데후서 4:8, "주 곧 의로우신 재판장이 그 날에 내게 주실 의의 면류관."

2. 심판의 조력자들(The Assistants)

천사들과 성도들이 그리스도의 심판에 참여할 것이다. 여기에 천사들은 타락하지 아니한 선한 천사들을 가리키며, 성도들은 부활한 성도들과 변화된 생존 성도들을 가리킨다. 천사들과 성도들로 하여금 심판의 조력자들로 동참케 함은 그리스도의 능력이 부족해서가 아니라, 하나님의 능력을 맛보게 하기 위함이다.

1) 천사들 (Holy Angels)

① 심판 때에는 그리스도께서 천사들을 보내어 신자·불신자 모두를 모을 것이다. 천사들은 하늘 이 끝에서 저 끝까지 전세계 만방 여러 곳에 흩어져 있는 택자들을 모을 것이다.

- 마태복음 24:31, "저가 큰 나팔소리와 함께 천사들을 보내리니 저희가 그 택하신 자들을 하늘 이 끝에서 저 끝까지 사방에서 모으리라."
- 마가복음 13:26-27, "또 그때에 저가 천사들을 보내어 자기 택하신 자들을 땅 끝으로부터 하늘 끝까지 사방에서 모으리라."

"하늘 이 끝에서 저 끝까지"와 땅 끝에서 하늘 끝까지는 같은 뜻이나 마태의 표현은 보다 더 정확하고, 마가의 표현은 보다 더 시적(Poetical)이라 하겠다. 그것은 전(全) 세계 구석구석을 빠짐없이 가리키는 히브리어 용법이다.

"모으리라"는 시제는 복수·미래·직설·능동이다. 그러므로 모으리라(에피수낙수신, ἐπισυνάξουσιν; They will assemble)는 천사들이 자원하여 적극적으로 모을 것이다, 소집할 것이다, 집합시킬 것이다 라는 뜻이다.

마태복음 13:41-43, "인자가 그 천사들을 보내리니 그들이 그 나라에서 모든 넘어지게 하는 것과 또 불법을 행하는 자들을 거두어 내어 풀무 불에 던져 넣으리니 거기서 울며 이를 갈게 되리라 그때에 의인들은 자기 아버지 나라에서 해와 같이 빛나니라 귀 있는 자는 들으라."

② 천사들은 목자가 양과 염소를 구별하듯이, 의인들과 악인들을 분리하여 의인들은 오른편에 악인들은 왼편에 세울 것이다(마 13:49-50; 25:32-33). 오른편은 위치를 말하는 것이 아니라 귀한 자리(장소)를 말한다(엡 1:20; 행 2:25, 35).

③ 천사들은 불법을 행하는 자들을 풀무 불에 던져 넣을 것이다.

마태복음 13:41-42, "인자가 그 천사를 보내리니 저희가 그 나라에서 모든 넘어지게 하는 것과 또 불법을 행하는 자들을 거두어 내어 풀무 불에 던져 넣으리니 거기서 울며 이를 갊이 있으리라."

"불법을 행하는 자"란 시편 6:9의 인용이다. 불법을 행하는 자란 불신자의 별명이다. 불법은 율법을 어기는 것이다. "풀무 불"(Fiery Furnace)은 지옥을 가리키는 수식 형용이다.

2) 성도들 (Believers)

영화롭게 된 성도들도 그리스도와 더불어 심판하는 일을 활발히 조력(助力)하게 될 것이다. 성도들은 심판자들로서 천사들보다 높은 권위의 위치에 있게 될 것이다.

성도들이 심판 시에 어떤 임무들을 구체적으로 담당하게 될 것인가?

우리는 언급하기 어렵다. 그 이유는 성도들의 구체적인 임무에 대해서는 설명되어 있지 않기 때문이다. 그러나 분명한 것은 성도들은 선한 천사들과 더불어 주님의 심판에 조력한다는 사실이다. 주님은 성도들을 그만큼 높이시는 것이다. 이것은 하나님이 우리를 사랑하시기 때문이다.

- 마태복음 19:28, "예수께서 가라사대 내가 진실로 너희에게 이르노니 세상이 새롭게 되어 인자가 자기 영광의 보좌에 앉을 때에 나를 좇는 너희도 열 두 보좌에 앉아 이스라엘 열 두 지파를 심판하리라"(눅 22:30).

"인자"(Son of Man)는 예수 그리스도의 자아 호칭이며, 영광과 권능의 보좌에 앉을 때에 주님의 제자들도 영광과 권능의 보좌에 앉아 악인들을 심판하는 일에 조력할 것이며, 구속함을 받은 자들을 통치하고 다스릴 것(Governing and Ruling)이다.

- 요한계시록 20:4, "또 내가 보좌들을 보니 거기 앉은 사람들이 있어 심판하는 권세를 받았더라…."

본문에 "보좌들"(드로노스 테로네, θρόνος Tηρoνέ; a Seat of Authority 보좌, 권좌)은 하나님의 보좌가 아니다. 그 이유는 보좌들과 거기에 앉은 자들이 복수이기 때문이다.

그 보좌들은 심판하는 권세를 받은 자들이 앉는 보좌들이다. 그렇다면 그리스도와 더불어 왕 노릇하며, 천사들까지도 판단할 자들은 성도들 뿐이다. 본문의 보좌들은 성도들의 보좌들이다.

- 고린도전서 6:3, "우리가 천사를 판단할 것을 너희가 알지 못하느냐 그러하거든 하물며 세상일이랴."

성도들은 천사들도 판단할 것이다. 그런데 여기 천사들은 타락한 천사들을 가리킨다(벧후 2:4, 9; 유 6; Chrysostom, Theodoret, Erasmus, Bengel, Hodge, Poole, Walvoord…). 본래 타락한 천사들은 하나님과 인간 사이의 중간 존재로 높은 위치를 차지하였으나 하나님과 같이 되고자 하는 욕망과 교만으로 타락한 천사(사탄)가 되었고, 따라서 하나님의 심판의 대상이 되었다.

3. 심판의 근거(The Ground of Judgment)

최후 심판의 근거는 하나님께서 각 사람에게 그 행한 대로 보응하신다. 사람이 이 세상에서 사는 동안 생각·사상·성격·행위 등에 따라서 상벌이 결정될 것이다.

- 시편 62:12, "주여 인자함도 주께 속하였사오니 주께서 각 사람이 행한대로 갚으심이니이다."
- 전도서 12:14, "하나님은 모든 행위와 모든 은밀한 일을 선악간에 심판하시리라."
- 예레미야 17:10, "나 여호와는 심장을 살피며 폐부를 시험하고 각각 그 행위와 그 행실대로 보응하나니."
- 마태복음 12:36, "…사람이 무슨 무익한 말을 하든지 심판 날에 이에 대하여 심문을 받으리라."
- 사도행전 17:31, "이는 정하신 사람으로 하여금 천하를 공의로 심판할 날을 작정하시고 이에 그를 죽은자 가운데서 다시 살리신 것으로 모든 사람에게 믿을 만한 증거를 주셨음이니라 하니라."
- 로마서 2:6, "하나님께서 각 사람에게 그 행한대로 보응하시되."
- 고린도후서 5:10, "…각각 선악간에 그 몸으로 행한 것을 따라 받으려 함이라."
- 베드로전서 1:17, "외모로 보시지 않고 각 사람의 행위대로 판단하시는 자를 너희가 아버지라 부른즉 너희의 나그네로 있을 때를 두려움으로 지내라."
- 요한계시록 2:23, "…내가 너희 각 사람에게 행한 대로 갚아주리라."
- 요한계시록 20:12, "…죽은 자들이 자기 행위를 따라 책들에 기록된 대로 심판을 받으니."

신자들은 예수 그리스도의 대속의 은총을 입었으므로 죄사함 받았다. 따라서 그리스도 안에 있는 자에게는 결코 정죄함이 없다(롬 8:1). 그러나 신자들이 죄를 범할 때마다 그 죄가 정신적 심리적이든, 육체적 행위적이든, 대소경중을 막론하고 모두 숨김없이 낱낱이 생명록에와 하나님의 전지성에와 우리 자신들의 정신에 입력 기록될 것이다. 그리고 그 입력된 죄의 항목들과 내용들은 우리 각자가 그리스도의 심판대 앞에 설 때 변명할 수 없는 증거물들로 제소될 것이다.

진실하지 않는 생활, 자갈 물리지 않은 혀나 몸, 불결한 정욕들 그리고 앙심 깊은 적개심들은 모두 하나님 앞에서 고발 당할 것이다.

1) 생명책(Book of Life)에 기록될 것이다.

생명책에는 그리스도의 보혈로 구속받은 신자들만이 그들의 이름들과 그들의 지상 생활에서의 행적들이 낱낱이 숨김없이 상세하게 그대로 기록될 것이다. 그리고 그리스도의 심판의 날에는 생명책이 개봉되고 그 안에 들어있는 내용들이 신자들을 심판자 그리스도께 직고 할 것이다.

신자들은 생명책에 기록된 대로 심판을 받을 것이다(계 20:12; 21:27).

2) 하나님의 전지성(Omniscience of God)에 기록될 것이다.

하나님의 속성들 중 하나는 전지성이다. 하나님은 전지하셔서 현재와 과거와 미래의 모든 일들을 동시에 완전히 아신다(시 139:1-16; 겔 11:5; 요 21:17; 히 4:13). 신자들의 지상 생활에서의 행적들은 낱낱이 상세하게 하나님의 전지성의 기억에 그대로 기억될 것이다. 사람은 죄를 짓고 잊어버릴 수 있으나 전지하신 하나님의 기억에는 영원히 기억되어 있을 것이며, 심판 날에 심판자 앞에 직고할 것이다. 인간의 재판은 엄격하게 조사의 과정이다. …그러나 최후의 심판에서는, 재판장은 전지하시기 때문에 증거가 필요 없다. 그는 자기 앞에 서 있는 각 사람의 성격과 역사에 대하여 완벽한 지식을 가지고 재판을 진행하신다. …이 위대한 날은 재판이라기보다는 선고와 집행의 날 일 것이다.

3) 신자들의 기억(Memory of Believers)에 기록될 것이다.

신자 자신들이 행한 언행심사의 내용들이 생명책과 하나님의 전지성의 기억에 입력될 뿐만 아니라 신자들 자신의 정신에도 기억될 것이다.

현대 정신과학은 매우 발달하여 사람이 약 75세까지 산다면 사람의 정신의 기억에는 150억의 사건들이 입력된다고 한다.¹ 그리고 그 사건들은 사람의 정신의 기억에 지워지지 않고 계속 저장되어 있다고 한다. 그리고 검침기로 점검하면 몇 살 때 어디서 무슨 생각이나 말이나 행동을 하였는지 밝히 드러난다고 한다. 따라서 신자들의 최후 심판도 자신들의 행적에 따라서 결정될 것이다.

우리 각 사람의 성격·생각·언어·행위 등은 먼저 자신이 알며, 주위의 사람들도 알며, 특별히 전지하신 하나님이 다 아신다. 사람은 스스로 속일 수도 있으며, 다른 사람들은 잘못 인식할 수도 있으나, 전지하신 하나님 앞에서는 아무 것도 숨길 수도, 속일 수도 없다.

4. 심판의 날·수·시기·장소·심판석

1) 심판의 날(The Day of Judgment)

심판의 기간이 얼마나 지속 될 것인가에 대한 대답은 "그 날"(마 7:22; 살후 1:10; 딤후 1:12), "심판의 날"(마 11:22; 12:36; 행 17:31), "진노의 날"(롬 2:5; 계 11:18)이라고 하였다.

"그 날"(테 헤메라, τῇ ἡμέρα; the day 그날)은 앞에 관사 테(τῇ)가 있어서 특별한 날을 가리킨다. 그날은 종말론적 의미를 지닌 날, 곧 심판의 날을 가리킨다.

심판의 기간을 심판의 날이라고 하였으니, 전능하신 하나님께서 24시간 하루인 한 날을 생각할 수도 있을 것이다.

반면에 일부 영해하는 사람들처럼 날을 막연한 장기간으로 해석한다면 심판의 날이 상당한 장기간으로 추측할 수도 있을 것이다. 그러나 우리가 그렇게까지 생각할 필요가 없음은 창세기에 계시된 천지창조의 한 날도 일반적 원리로 24시간 하루로 믿기 때문이다. 뿐만 아니라 하나님은 전지 전능하시므로 사람들이 세상 법정에서 재판하는 것 같이 그렇게 장기간을 요하지 않을 것이다.

세대론자들은 신자들에 대한 심판은 공중 재림이, 불신자들에 대한 심

---

1 O.T. Spence 박사의 특강 중에서.

판은 1000년기 직후에 있을 것이라고 한다.

2) 심판의 수(The Number of Judgment)

최후 심판은 몇 번 있을 것인가? 단 한 번일까? 몇 번일까? 성경은 앞으로 있을 최후 심판을 단 일회 사건으로 계시하고 있다. 즉 "그날"(마 7:22; 딤후 4:8), "진노의 날" 곧 하나님의 의로우신 심판이 나타나는 그 날(롬 2:5)이다. 뿐만 아니라 최후 심판 시에 의인들과 악인들이 동시에 심판을 받으리라고 성경은 분명하게 가르친다.

- 로마서 2:5-7, "하나님의 의로우신 판단이 나타나는 그 날."
- 요한계시록 11:18, "이방들이 분노하매 주의 진노가 임하여 죽은 자를 심판하시며 종 선지자들과 성도들과 또 무론 대소하고 주의 이름을 경외하는 자들에게 상주시며 또 땅을 망하게 하는 자들을 멸망시키실 때로소이다 하더라."
- 요한계시록 20:11-15, "또 내가 크고 흰 보좌와 그 위에 앉으신 자를 보니 땅과 하늘이 그 앞에서 피하여 간데 없더라 또 내가 보니 죽은 자들이 무론 대소하고 그 보좌 앞에 섰는데 책들이 펴 있고 또 다른 책이 펴졌으니 곧 생명책이라 죽은 자들이 자기 행위를 따라 책들에 기록된 대로 심판을 받으니 바다가 그 가운데서 죽은 자들을 내어 주고 또 사망과 음부도 그 가운데서 죽은 자들을 내어 주매 각 사람이 자기의 행위대로 심판을 받고 사망과 음부도 불못에 던지우니 이 것은 둘째 사망 곧 불못이라 누구든지 생명책에 기록되지 못한 자는 불못에 던지우더라."

3) 심판의 시기(The Time of Judgment)

심판의 시기는 이 세상 마지막이 분명하다. 최후 심판은 주님 재림 이후 천년왕국 시대를 지나서 둘째 부활(악인의 부활)이 있은 직후 신천신지 직전에 있을 것이다(벧후 3:7, 13; 마 13:40-43; 살후 1:7-10).

최후 심판은 이 세상 끝 날에 이루어질 심판으로 의인과 악인이 동시에 심판을 받을 것이다. 이것은 역사적 전천년실주의자들이나 무천년주

의자들이나 후천년주의자들도 일치한다.[2]

세대주의자들은 구약의 성도들과 환난기의 성도들과 생존 유대인들과 생존 이방인들은 대환란 끝 재림시에, 성도들은 휴거와 재림 사이에(공중 재림 기간), 그리고 사탄과 타락한 천사들과 불신자들은 1,000년 왕국 끝에 심판을 받을 것이라고 주장한다.[3]

세대주의자들이 심판의 대상자들을 성질상으로 구분하는 것은 이해가 가나 심판의 시기를 3번으로 달리 분류하는 것은 성경의 지원을 받지 못한다.

4) 심판의 장소(The Place of Judgment)

최후 심판이 어디에서 거행될 것인가? 분명히 공간을 점령할 어떠한 장소를 말한다. 그러나 그 심판의 장소가 천당이나 지옥은 아니다.

그 이유는 천당과 지옥은 최종 심판 후에 심판 받은 자들이 가는 영원한 처소이기 때문이다.

뿐만 아니라, 천국에서 죄인들을 또는 지옥에서 의인들을 심판하실 이유가 없다. 그렇다면 이 지상(地上)이 그리스도의 심판의 장소가 아니겠는가! 그러나 공중 혼인 잔치를 7년으로 주장하는 세대론에 의하면 상급 수여의 장소는 공중이라고 한다.[4]

5) 그리스도의 심판석(The Judgment Seat of Christ)

고린도후서 5:10, "그리스도의 심판석"(The Judgment Seat of Christ 그리스도의 심판석), 로마서 14:10에는 하나님의 심판석(The Judgment Seat of God)이라고 기록되어 있다.

위(person, 位; 성부·성자·성령)는 동등하므로 하나님의 심판석 또는 그리스도의 심판석이라고 교대적으로 사용할 수 있다. 사도 요한은 그리스도

---

[2] William E. Cox, *Biblical Studies in Final Things* (Philadelphia: P&R, 2008), p. 148.

[3] Charles C. Ryrie, *Basic Theology* (Victor Books, 1987), pp. 512-16; Lewis Sperry Chafer, *Systematic Theology* (Grand Rapids: Kregel, 1993), pp. 501-504.

[4] J. Dwight Pentecost, *The Kingdome Come*, p. 221.

의 심판석을 큰 백보좌(A Great White Throne)라고 불렀다.

심판석을 헬라어 신약 원문에는 베마(βῆμα; Judgment Seat, 재판석)라고 하는데 베마는 문자적으로는 계단(a step)을 뜻하며, 계단에서 올라가 높은 좌석을 가리키게 되었고, 이 낱말은 곧 재판석을 뜻하게 되었다.

로마의 풍속은 재판관이 재판을 할 때에는 반드시 법의를 입고 재판석에 올라가 앉아서 재판하였다. 로마의 식민지 통치시대의 재판관은 각 관할지역의 총독들이었다.

실례로 빌라도의 재판석(마 27:19; 요 19:13), 갈리오의 재판석(행 18:12, 16-17), 베스도의 재판석(행 25:6, 17)등 이다. 사도 바울은 이 동일한 단어인 베마(재판석)를 하나님의 심판대(롬 14:10), 그리스도의 심판대(고후 5:10)에도 사용하였다.

6) 심판날의 중요성(The Importance of Judgment Day)

① 이 세상의 역사는 끝없이 계속되는 시간의 연속이 아니라 이 모든 시대들을 지나서는 더 이상 시대들이 계속되지 않는, 인류 역사의 종말을 고하는 최후의 시대, 최후의 날이 올 것이다.

② 인류 역사의 종말을 고하는 최후의 날은 곧 최후 심판의 날이다.

최후 심판의 날에는 우리 모두가 예수 그리스도의 심판대 앞에 서서 각자가 살아온 행적들(생각, 말, 행실)에 대하여 행위의 심판을 받을 것이다.

③ 신자들은 행위대로 상급들을 받을 것이다. 각 사람은 선악간에 그 몸으로 행한 대로 상급들을 받을 것이다(롬 14:10; 고후 5:10).

④ 심판 날은 하나님의 구속사역에 있어서 최종적 승리를 가져오는 날이다.

⑤ 그러므로 최후 심판은 우리로 하여금 자신들의 행적들에 대하여 책임을 지도록 도덕적 경건 생활에로 인도한다.

5. 신자들의 상급(The Rewards to Believers)

상급이란 선한 일을 행한데 대한 보상(Compensation)이다. 하나님은 공의의 하나님이시요, 동시에 은혜의 하나님이시므로 선한 일을 행한 자에게는 상급을, 악한 일을 행한 자에게는 형벌을 내리신다.

하나님은 선악상벌의 하나님이시다. 의인들이 받을 상급에 있어서 등급이 다르며, 같은 등급 안에서도 차이가 있을 것이다.

상급과 등급들은 신자들이 이 세상에 사는 동안 예수 그리스도를 위한 헌신과 봉사에 따라서 결정될 것이다. 그것이 곧 적게 심는 자는 적게 거두고 많이 심는 자는 많이 거두는 진리이다(고후 9:6).

상급과 구원은 구별되어야 한다. 구원은 하나님께서 값없이 주시는 은혜의 선물(Free Gracious Gift, 롬 6:23; 엡 2:8-9)이요, 인간의 공로가 개입되기 불가능하다.

그리고 구원은 신자들이 현재 동일하게 소유하고 있다(눅 7:50; 요 5:24). 반면에 상급은 성도들이 지상(地上)에서 사는 동안 예수 그리스도와 그의 복음을 위한 헌신과 봉사에 따라서 행위로 이루어진다(마 10:42; 눅 19:17; 고전 9:24-25; 딤후 4:7-8).

성도의 상급에 있어서는 엄청난 차이가 있을 것이다. 물론 선한 일을 행하는 자가 이 세상에서도 보상을 받는 것은 일반 통상 원리이다.

신자들의 심판을 은혜의 심판이라 하고, 불신자들의 심판을 진노의 심판이라고 한다. 그 이유는 신자들의 심판은 공심판(지옥가는 심판)이 없고, 행위의 심판은 행위의 정도에 따라 상급을 하사하기 때문이다.

그러므로 신자들은 심판 날을 두려워하지 말고 그 날을 대망하여야 할 것이다. 그 이유는 신자들에게는 정죄함이 없으며 반면에 상급들이 있을 것이기 때문이다.

특주 13.

예수 그리스도의 왕국
(The Kingdom of Jesus Christ)

1. 어원적 고찰
2. 하나님의 왕국과 하늘의 왕국
3. 현재적 왕국: 심령의 왕국
4. 미래적 왕국
5. 예수 그리스도께서 재림하신다.

디모데후서 4:1, "그가 나타나실 것과 그의 나라…."

예수 그리스도의 왕국은 그의 나타나심(재림)으로 건설되는 그의 나라이다.

"왕국"(바실레이아, βασιλεία; Kingdom)은 두 가지 의미를 모두 포함하고 있다.

첫째로 왕국은 영역 또는 영토(Realm or Territory)를 가리키기도 하며 또한 왕적 권세·통치·지배(Royal Power, Reign, Dominion)를 가리키기도 한다. 하나님은 창조하신 모든 세계를 통치하며 지배하신다.

1. 어원적 고찰(Etymology)

왕국(Kingdom)은 히브리어로 마믈라카(ממלכה; Kingdom)로서 구약에 146회 나타나는데 그 중 다수는 지상(地上)의 국가적 왕국들에 사용되었으며, 하나님의 왕국에 관하여는 역대기서에 1회, 이사야서에 2회, 시편에 5회, 다니엘서에 7번 나타난다.[1]

왕국(Kingdom)은 70인역과 신약에는 바실레이아(βασιλεία; Kingdom 왕국)로서, 신약에는 왕국이 161회 나타나는데, 그중 3번은 사탄의 왕국에 대하여(마 12:26; 눅 11:18; 엡 2:2), 7번은 지상(地上) 왕국에 대하여(마 24:7; 막 6:23; 13:8; 눅 21:10; 계 11:15; 16:10; 17:12)사용되었다.

왕국(Kingdom)은 헬라어로 바실레이아(βασιλεία)라는 추상명사로서 주로 하나님의 주권(Sovereignty), 왕적 권세(Royal Power), 지배(Dominion), 통치(Reign)를 뜻한다. 따라서 왕국은 하나님의 통치 또는 지배의 개념이 잘 나타나 있다(눅 1:33; 골 1:13).[2]

왕국의 개념은 하나님의 절대적 주권·권세·통치가 미치는 영역(Realm)이나 또는 영토(Territory)로서, 하나님의 절대적 주권이 민족·국가·사회·교회·가정·개인·사람·이 시대·오는 시대 등 모든 영역에 미치는 것을 의미한다. 하나님의 왕권은 그의 피조물 세계에 미치지 않는 곳이 없다.

예수 그리스도의 왕권은 그의 신성(Deity)에서 발견한다. 그리스도는 성자 하나님(GOD, the Son)이시기 때문에 또한 왕이시다. 예수님 당시 로마 사람들은 가이사(Caesar)를 자기들의 왕과 신으로 생각하였으나, 그리스도인들은 예수그리스도만을 자신들의 왕으로 모시었다.

2. 하나님의 왕국과 하늘의 왕국(The Kingdom of God and the Kingdom of Heaven)

성경에 왕국을 말할 때 "하나님의 왕국"이라는 표현과 "하늘의 왕국"이라는 표현이 있다. 그러면 하나님의 왕국과 하늘의 왕국은 각기 상이한

---

[1] Norman Geisler, *Systematic Theology, IV, Church and Last Things* (Minneapolis: Bethany House, 2005), p. 459.

[2] Arndt, William and Gingrich, F. Wilbur, *A Greek-English Lexicon of the New Testament and Other Early Christian Literature* (Grand Rapids, university of Chicago, 1971).

두 왕국인가? 아니면 동일한 왕국에 대한 상이한 표현들인가? 하나님의 왕국과 하늘의 왕국은 동일한 왕국의 상이한 명칭들이다. 하나님의 왕국과 하늘의 왕국은 의미상으로 동의어(Synonym)이다.

그런데 "하나님의 왕국"이란 명칭은 헬라인들(이방인들)이 사용하였고, "하늘의 왕국"이란 명칭은 유대인들이 사용했다. 다시 말하면 하나님의 왕국이란 헬라인들의 표현이요, 하늘의 왕국이란 유대인들의 표현이다. 헬라인들에게 있어서 하늘의 왕국이란 표현은 귀에 생소한 말이었다. 반면에 유대인들에게 있어서 "하나님"이라는 명칭은 너무나 존엄하고 거룩한 명칭이므로 하나님의 이름을 망령되이 일컫지 않기 위하여(제3계명) 그들은 하나님이라는 명칭을 하늘(Heaven)이라는 명칭으로 대치하여 하늘의 왕국이라고 표현했다.

마태복음에는 "하늘의 왕국"(헤 바실레이아 톤 우라논, ἡ βασιλεία τῶν οὐρανῶν; The Kingdom of Heaven)이라는 명칭이 33번 나타난다(마 3:2; 4:17; 5:3…). 마태는 마태복음을 유대인들에게 썼기 때문이다.

반면에 마가복음, 누가복음, 요한복음, 사도행전은 이방인 독자들에게 보낸 서신들이므로 "하나님의 왕국"(바실레이아 투 데우, βασιλεία τοῦ θεοῦ; The Kingdom of God)이란 명칭만을 사용하였다(막 1:15; 눅 6:20). 그리고 그 말씀들은 마가복음 15:43, 누가복음 19:11, 23:51, 사도행전 8:12, 28:31을 제외하고는 모두 예수님께서 하신 말씀들이다.

그러나 예수님께서 마태복음 19:23-24에서는 하늘의 왕국과 하나님의 왕국이라는 명칭을 교대로 사용하셨다. "예수께서 제자들에게 이르시되 …부자는 천국(Kingdom of Heaven)에 들어가기가 어려우니라. …약대가 바늘귀로 들어가는 것이 부자가 하나님의 나라(Kingdom of God)에 들어가는 것보다 쉬우니라"고 하셨다.

상기와 같이 유대인들은 하늘의 왕국이라고 불렀는데 예수님은 하나님의 왕국이라 하였다. 그 이유는 예수님은 자신이 바로 제 2위(The Second Person) 이신 성자 하나님(GOD, the Son) 이시기 때문이며, 하나님이란 명칭을 하늘이란 명칭으로 대체할 필요가 없기 때문이다.

3. 현재적(영적) 왕국(The Present Kingdom): 심령의 왕국(Spiritual Kingdom)

일반적으로 하나님의 왕국은 현재적 왕국과 미래적 왕국으로 양분한다. 현재적 왕국은 심령의 왕국을 말하며, 미래적 왕국은 예수 그리스도의 지상왕국과 영원한 왕국을 가리킨다. 현재적 왕국과 미래적 왕국을 일명 왕국의 현재성, 왕국의 미래성이라고도 한다.

예수 그리스도의 영적 왕권은 그의 백성들 위에 행사하시는 왕적 통치(Royal Rule)를 가리킨다. 이것을 영적 왕권이라 칭하는 이유는 이 왕국은 참 기독신자들의 마음과 생활 속에서 통치되는 신령한 왕국이기 때문이다(마 12:28; 눅 17:21; 골 1:13).

또한 이 왕국을 일명 현세적 왕국이라고도 하며, 또는 왕국의 현재성(Present Aspects of the Kingdom)이라고 칭하는 그 이유는 영적 왕국은 시간적인 개념에서 볼 때 예수 그리스도께서 재림하시기 전(前) 즉 이 시대(This Age)의 왕국이기 때문이다.

① 예수님은 한 부자요 유대인의 관원인 니고데모에게 "사람이 거듭나지 아니하면 '하나님의 나라'(바실레이안 투 데우, βασιλείαν τοῦ θεοῦ; Kingdom of God 하나님의 나라)에 들어갈 수 없느니라…사람이 물과 성령으로 거듭나지 아니하면 하나님의 나라에 들어갈 수 없느니라"라고 하셨나(요 3:3,5). 거듭난 자(중생한 자)만이 심령의 왕국의 일원이 된다.

② 예수님은 산상 보훈에서 "너희는 먼저 '그의 나라'(바실레이안 아우투, βασιλείαν αὐτοῦ; His Kingdom 그의 나라)와 그의 의를 구하라"(마 6:33)고 하셨는데 그의 나라는 하늘의 나라가 아니라 하나님의 나라이다.

③ 예수님께서 바리새인들에게 "하나님의 나라"(헤 바실레이아 투 데우; ἡ βασιλεία τοῦ θεοῦ; The Kingdom of God 하나님의 나라)가 이미 너희에게 임하였느니라라고 하셨다(마 12:28). 이 말씀은 예수 그리스도의 초림으

로 천국 복음이 전파되므로 하나님의 나라가 이미 도래하였음을 가리킨다. 이 말씀은 하나님의 나라가 바리새인들에게 임하였다는 뜻이 아니다. 그들은 그리스도를 메시아로 영접하기를 거절한 사람들이다.

④ 바리새인들의 질문에 대한 예수님의 대답은 "하나님의 나라는 볼 수 있게 임하는 것이 아니요, 또 여기 있다 저기 있다고도 못하리니 하나님의 나라는 너희 안에 있느니라"(눅 17:20-21)라고 하였다.

하나님의 나라가 "너희 안에"(within you) 있다는 말씀은 하나님의 나라가 예수님을 메시야로 영접하지 아니한 바리새인들의 마음에 있다는 뜻이 아니라, 너희들 가운데(in your midst) 있다는 말씀이다. 이 말씀은 심령의 왕국(Spiritual Kingdom)을 말한다.

⑤ 예수님은 두 아들의 비유에서 세리들과 창기들이 너희들(대 제사장들과 백성의 장로들)보다 먼저 "하나님의 나라"(Kingdom of God)에 들어가리라(마 21:31) 하셨고, 포도원 소작인의 비유에서 악한 종들에게 이르시기를 너희는 "하나님의 나라"(Kingdom of God)를 빼앗기고 열매 맺는 백성이 받으리라고 하셨다(마 21:43).

1) 현재적(영적) 왕국의 왕: 만왕의 왕 예수 그리스도

메시야에 관한 구약의 예언들은 흔히 메시야를 왕으로 예언하였다(민 24:17; 삼하 7:16; 사 9:6, 7; 시 2:6; 45; 72; 110; 단 7:13, 14; 미 5:2; 슥 9:9).

구약시대의 선지자들과 제사장들은 예수 그리스도의 선지직과 제사직의 예표이었던 것과 같이, 이스라엘의 왕들은 그리스도의 왕직의 예표이었다.

신약에서도 예수 그리스도를 왕으로 지칭하였다(눅 1:31-33; 마 3:2; 막 1:14). 또한 예수 그리스도를 교회의 머리로도 호칭되었다. 왕과 머리는 서로 분리할 수 없다. 예수 그리스도는 왕이시요, 교회의 머리이시므로 유기적 영적 방식으로 교회를 다스리신다(엡 1:20-22; 5:23; 시 2:6). 이 왕국의 영적 통치자는 예수 그리스도이시다.

2) 현재적(영적) 왕국의 영역: 참 중생한 신자들의 마음

성령 하나님의 초자연적 능력의 역사로 중생함을 받은 참 그리스도인들의 마음 곧 중생한 영혼의 좌소(Seat of regenerated Soul)가 이 왕국의 영역이다.

대제사장들과 백성의 장로들이 예수님을 죽이려고 결박하여 빌라도 총독에게 넘겼다. 이에 빌라도가 "네가 유대인의 왕이냐?"라고 물었을 때 예수님께서 말씀하시기를 나의 나라(왕국)는 이 세상에 있지 않다(요 18:28-36)라고 하셨다.

바리새인들이 예수님을 책잡고자 하나님의 나라가 어느 때에 임하나이까 라고 물을 때 예수님께서 대답하여 가라사대 하나님의 나라가 "여기 있다 저기 있다고 못하나니 하나님의 나라는 너희 안에 있느니라"고 하셨다(눅 17:20-21). "너희 안에"라고 번역한 말씀은 엔토스 휘몬(ἐντός ὑμῶν)으로 너희들 가운데(in your midst)있다는 말씀이다.

하나님의 나라가 너희 안에 있느니라(within you)는 말씀은 하나님의 나라가 바리새인들 마음에 임하였다는 뜻이 아니다. 그 이유는 그들은 예수 그리스도를 메시야로 영접하기를 거절한 불신자들이었기 때문이다(눅 17:22).

3) 현재적(영적) 왕국의 시작과 종결

주관적인 면에서 개별적으로 영적 왕국의 시작은 참 그리스도인들의 영혼들이 중생함을 받는 때부터이다. 사람마다 중생의 시기가 각기 상이하므로 현재적(영적) 왕국의 시작도 신자마다 각기 상이하다.

그러므로 이 영적 왕국의 시작은 모든 신자들에게 동시적으로 이뤄지는 것이 아니다. 이 영적 왕국에는 사람이 중생하므로 들어간다. 하나님의 왕국은 하나님의 말씀이 선포됨에 따라서 지금도 지상에서 계속 확장된다(행 8:12; 골 1:13).

이 영적 왕국은 일반적으로는 예수 그리스도의 재림 때에 종결될 것이다. 그리고 개인적으로는 자기 생애의 마지막이 이 영적 왕국의 종결이 될 것이다.

4) 현재적(영적) 왕국의 특성들

현재적(영적) 왕국은 어떠한 왕국인가?

① 현재적(영적) 왕국은 내면적이고 불가견적왕국(Internal and Invisible Kingdom)왕국이다.

현재적(영적) 왕국이 내면적이고 불가견적이라는 말은 이 왕국의 영역이 중생한 사람의 마음이요, 마음은 비물질적 요소로서 우리의 육안으로 볼 수 없기 때문이다.

- 마태복음 5:3, "심령이 가난한 자는 복이 있나니 천국이 저희 것이요."
- 누가복음 17:21, "…하나님의 나라는 너희 안에 있느니라."

그러나 예수 그리스도의 미래의 왕국, 우주적 왕국은 외면적·가견적(External and Visible)이며 그 왕국의 판도는 갱신된 이 세상이 될 것이다.

② 현재적(영적) 왕국은 불완전한 왕국(Imperfect Kingdom)이다. 사람은 피조물이요 죄의 성질이 있고 사탄의 시험이 계속되므로 영적 왕국 곧 심령의 왕국은 완전한 왕국이 되기 불가능하다. 우리의 마음이 성령님의 지배와 영향을 많이 받을 때도 있으나 때로는 육신의 소욕에 끌리어 성령님을 근심케 할 때도 있다.

반면에 미래적 왕국은 온전히 신령한 몸으로 변화 부활될 몸들이니 완전한 왕국이 될 것이다.

③ 현재적(영적) 왕국은 점진적으로 확장되는 왕국(Expansible Kingdom)이다. 현재적 왕국은 불완전한 왕국이므로 완전을 향하여 질적으로 신앙이 장성되며, 양적으로 믿는 자가 증가되는 왕국이다.

그럼에도 불구하고 현재적 왕국은 이 세상에서는 결코 완성이 불가능하다. 사도 바울도 말씀하시기를 내가 다 이루었다 함이 아니라 앞에 있는 푯대를 향하여 달음질친다고 고백하였다(빌 3:12-14). 마태복음 13장의 겨자씨 비유가 교훈하는 바와 같이 현재적 왕국은 확장되어 가는 왕국이다.

그럼에도 불구하고 현재적 왕국의 확장진보 또는 그 결과로 우주적 왕국 곧 미래의 왕국이 건설되는 것은 결코 아니다. 그와 같은 생각은 기독교 내의 사회복음주의자들의 생각, 후천년설자들의 입장, 진화론, 맑스주의의 유토피아(Utopia) 사상과 같은 인본주의 망상들이다.

우주적 왕국은 공중에 뜨인 흰 돌 되시는 예수 그리스도께서 재림하셔서 이 세상 나라들을 다 멸하고 이 땅에 그의 나라를 건설하므로 순간적으로 이루어 질 것이다(단 2:34-35; 44-45).

④ 현재적(영적) 왕국은 선과 악이 공존하는 왕국(Coexistance between Good and Evil)이다. 현재적 왕국은 이 시대의 끝날까지 선과 악, 의와 불의, 의인과 악인, 빛과 어둠, 곡식과 가라지, 알곡과 쭉정이가 공존한다(마 13:24-30; 36-43; 고후 6:14-16). 현재적 왕국은 완전한 천국이 아니다.

의인·선의·빛·곡식·알곡은 악인·악·어둠·가라지·쭉정이와 타협하거나 같은 길을 걸어갈 수 없다.

⑤ 현재적(영적) 왕국은 전투적 왕국(Militant)이다. 현재적 왕국은 육신의 부패성·불신앙·배교·사탄의 권세 등등 신앙의 원수들과 싸우는 전투적 왕국이다(약 4:7). 참 교회는 복음을 변호·수호하기 위하여 전투적 입장을 취하여야 한다. 우리의 싸움은 혈과 육이 아니고, 공중에 권세 잡은 사탄과 그의 추종자들과의 싸움 곧 영적전쟁(Spiritual War)이다(엡6:12).

에베소서 6:12, "우리의 씨름은 혈과 육을 상대하는 것이 아니요 통치자들과 권세들과 이 어둠의 세상 주관자들과 하늘에 있는 악의 영들을 상대함이라."

반면 미래적 왕국은 승리적 왕국이 될 것이다.

4. 미래적 왕국(The Future Kingdom)

미래적 왕국은 "예수 그리스도의 지상 왕국"과 "천상의 영원한 천국"으로 양분한다.

예수 그리스도의 미래 지상(地上)왕국(The Future Earthly Kingdom of Jesus Christ) 예수 그리스도의 왕국은 예수 그리스도께서 재림하심으로 이 땅 위에 건설될 것이다.

이 왕국의 명칭들은:
- 예수 그리스도께서 친히 통치하시는 왕국이므로 예수 그리스도의 왕국(The Kingdom of Jesus Christ) 또는 메시아 왕국(Messiah's Kingdom) 이라고 하며,
- 전 세계가 이 왕국의 통치 영역이 될 것이므로 우주적 왕국(Universal Kingdom)이라고도 하며,
- 지상(地上)에 건설될 왕국이므로 지상 왕국(Earthly Kingdom)이라고도 하며,
- 미래에 이루어질 것이므로 미래적 왕국(Future Kingdom)이라고도 하며,
- 그 기간이 천년이므로 천년 왕국(Millennial Kingdom)이라고도 한다.

1) 미래적(지상, 地上) 왕국의 왕: 예수 그리스도

만왕의 왕 예수 그리스도께서 이 왕국의 왕으로서 통치자가 되실 것이다.

① 왕국시대에 그리스도께서 왕으로 통치하실 것을 구약에 예언하였다(사 2:4 9:6-7; 11:1-10; 16:5; 40:1-11; 42:3-4; 52:7-15; 55:4; 단 2:44; 7:27; 미 4:3; 5:2-5; 슥 9:9; 14:16-17).

② 예수 그리스도께서 이 왕국시대에 왕으로서 통치하실 것은 그의 초림시 천사를 통하여도 선포되었다. 누가복음 1:32-33 저가 큰 자가 되고 지극히 높으신 이의 아들이라 일컬을 것이요 주 하나님께서 그 조상 다윗의 위를 저에게 주시리니 영원히 야곱의 집에 왕 노릇하실 것이며 그 나라가 무궁하리라

③ 성부 하나님께서 성자 예수 그리스도께 하늘과 땅의 모든 권세를 부여 하셨다(마 28:18). 하나님은 그리스도를 지극히 높여 모든 이름들 위

에 뛰어난 이름을 주사 하늘에 있는 자들과 땅 위에 있는 자들과 땅 아래 있는 자들로 모든 무릎을 예수의 이름에 꿇게 하신다고 말씀하셨다(히 1:13; 고전 15:27).

- 빌립보서 2:8-11, "사람의 모양으로 나타나사 자기를 낮추시고 죽기까지 복종하셨으니 곧 십자가에 죽으심이라 이러므로 하나님이 그를 지극히 높여 모든 이름위에 뛰어난 이름을 주사 하늘에 있는 자들과 땅에 있는 자들과 땅 아래 있는 자들로 모든 무릎을 예수에 이름에 꿇게 하시고 모든 입으로 예수 그리스도를 주라 시인하여 하나님 아버지께 영광을 돌리게 하셨느니라."

2) 미래적(지상) 왕국의 백성들: 부활체로 변화된 성도들 및 생존 불신자들

예수 그리스도의 재림시

① 죽음에서 다시 부활되는 모든 성도들,

② 죽음을 맛보지 않고 신령한 부활체로 변화되는 모든 성도들,

③ 불신자들 중 그리스도 재림시 생존자들로 구성될 것이다(눅 14:14; 요 5:29; 고전 15장; 살전 4:16-17; 계 20:6).

예수님을 구주로 영접한 모든 성도들은 예수 그리스도의 의(Righteousness)를 덧입음으로 신분상 의인이 되었을 뿐만 아니라 예수 그리스도 재림시 실제상 성질상으로도 죄의 성질이 없는 신령한 부활체들이 될 것이다. 그때에 의인들은 이 왕국을 유업으로 이어받게 될 것이며(마 25:34), 해와 같이 빛날 것이다(마 13:43).

3) 미래적(지상) 왕국의 영토(Territory): 이 땅(지구)

이 왕국의 장소는 이 땅이 될 것이다. 이 왕국의 영역은 중생한 자들의 심령도 아니요, 내세의 영원한 천국도 아니라, 우리가 살고 있는 이 땅 위가 될 것이다. 예수 그리스도께서는 그의 왕국을 이 땅 위에 건설하실 것이다. 이 왕국은 피조 세계 안에서 이루어질 것이며 동시에 신령한 왕

국이 될 것이다. 그리스도의 왕국이 이 땅 위에 이루어질 것임에도 불구하고 이 왕국이 신령한 왕국이 될 것은

① 여호와 하나님께서 만물들을 새롭게 하시고(롬 8:19-22),

② 사탄을 무저갱에 가두어 더 이상 세상 만민을 유혹하지 못하게 하시며(계 20:2-3),

③ 이 왕국에 동참하는 사람들을 신령한 부활체로 변화시켜 이 왕국에 들어가게 하실 것이기 때문이다(계 20:12-13).

4) 미래적(지상) 왕국의 기간(Duration): 천년이다.

예수 그리스도께서 재림하시므로 이루어질 이 왕국의 기간은 천년이라고 성경은 분명히 가르치셨다(계 20:2-7).

이 왕국의 기간은 신자들의 부활(첫째 부활)과 불신자들의 부활(둘째 부활)사이의 천년이다.

그러나 무천년설자들은 첫째 부활과 둘째 부활이 시간적으로 동시에 일어난다고 주장하며, 예수 그리스도의 지상 천년왕국 자체를 부인한다.

5) 미래적(지상) 왕국의 특성들(Characteristics)

예수 그리스도의 지상(地上) 왕국은 어떠한 왕국일까?

예수 그리스도에 의하여 순간적으로 건설되는 왕국이다.

이 왕국은 예수 그리스도의 초자연적 능력의 역사로 순간적으로 이 땅 위에 건설될 메시야의 왕국이다. 주님께서 "뜻이 하늘에서 이루어진 것 같이 이 땅에도 이루어지이다"(마 6:10)라고 우리에게 가르치신 기도의 내용도 바로 이 메시야의 왕국을 의미한다. 이 왕국은 인간의 노력에 의하여 점차적으로 이루어지는 왕국이 결코 아니라, 인간의 모든 역사를 중단시키시고 즉각적으로 건설되는 왕국이다.

바벨론의 느부갓네살 왕 재위 제 2년(B.C 604)에 그는 꿈을 꾸었고 다니엘은 그 꿈을 해몽하였다.

- 다니엘 2:32-33, "그 우상의 머리는 정금이요 가슴과 팔들은 은이요

배와 넓적다리는 놋이요 그 종아리는 철이요 그 발은 얼마는 철이요 얼마는 진흙이었나이다."

역사적 해석(Historical Interpretation)

① 머리는 정금이요; 바벨론(Babylonian Empire 605 B.C-539 B.C)를 가리킨다(단 2:38). 바벨론은 메데 파사에 의해 멸망당했다.

② 가슴과 팔은 은이요; 메대 파사(Medo-Persia Empire 539 B.C. Cyrus 대제가 세움, 330 B.C.).

③ 배와 다리는 놋이요; 헬라(Greek-Macedonian Empire 알렉산더 대제가 세움, 330 B.C- 63 B.C.). 헬라는 로마의 봄베이(Pompey) 장군에 의해 합병되었다.

④ 두 다리는 철이요; 로마제국(Roman Empire 63 B.C.)

⑤ 발과 발가락은 철과 흙; 로마제국의 분열과 멸망

인류의 역사 변천을 바라본다. 나라들이 흥하고 쇠하고 망하고 하기를 예수 그리스도께서 재림하실 때까지 계속될 것이다.

나라들은 금·은·놋·철·흙으로 내려가듯이 점차적으로 쇠약 쇠태해진다. 그럼에도 로마는 제13대 트라쟌 황제(Trajan, 98-117 A.D.) 때 국토를 가장 확장시켰다.

다니엘서 7:4-7의 첫째 짐승은 사자(Lion), 둘째 짐승은 곰(Bear), 셋째 짐승은 표범, 넷째 짐승은 무섭고 놀라운 짐승 등은 다니엘서 2장의 신상(Image)과 일치한다.

영적으로는 말세에는 혼합시대; 진리와 비진리, 거짓 그리스도와 적그리스도, 종교와 세상 권세의 결탁으로 나타난다.

이 세상 끝날에 예수 그리스도께서 재림하셔서 지상 천년 왕국을 세울 것이다.

- 다니엘 2:34-35, "또 왕이 보신즉 사람의 손으로 하지 아니하고 뜨인 돌이 신상의 철과 진흙의 발을 쳐서 부숴뜨리매, 때에 철과 진흙과

놋과 은과 금이 다 부숴져 여름 타작마당의 겨같이 되어 바람에 불려 간곳이 없었고 우상을 친 돌은 태산을 이루어 온 세계에 가득하였었나이다."
- 다니엘 2:44-45, "이 열왕의 때에 하늘의 하나님이 한 나라를 세우시리 니 이것은 영원히 망하지도 아니할 것이요 그 국권이 다른 백성에게로 돌아가지도 아니할 것이요 도리어 이 모든 나라를 쳐서 멸하고 영원히 설 것이라, 왕이 사람의 손으로 아니하고 산에서 뜬 돌이 철과 놋과 진흙과 은과 금을 부숴뜨린 것을 보신 것은 크신 하나님이 장래 일을 왕께 알게 하신 것이라 이 꿈이 참되고 이 해석이 확실하니이다."

5. 예수 그리스도께서 재림하신다.

뜨인 "돌"은 예수 그리스도를 가리킨다(시 118:22; 사 8:14; 28:16; 마 21:42; 롬 9:33; 엡 2:20; 벧전 2:6-7). 성경은 예수 그리스도를 뜨인 돌, 모퉁이 돌, 요긴한 돌, 부딪치는 돌이라고 하였다. 다니엘서 7:13-14에서는 인자(Son of Man)가 하늘 구름을 타고 재림해서서 결코 멸망하지 않을 나라를 세울 것이라고 하였다. 공관복음 기록자들은 다니엘서 7:13-14을 예수 그리스도의 재림으로 말씀하셨다(마 24:30; 막 13:26; 눅 21:27).

1) 이 세상 모든 나라들을 다 멸하실 것이다.

"신상을 부숴뜨리고"는 예수 그리스도께서 재림하셔서 이 세상 모든 나라들을 다 폐하고

2) 예수그리스도의 왕국을 세울 것이다.

"사람의 손으로 아니하고" 이 나라는 사람의 손으로 세워지는 나라가 아니다. 사람의 손으로 세워지는 나라들은 다 쇠하고 망하기를 수레바퀴처럼 돌고 돌아 이 세상 끝날까지 계속될 것이다.

3) 만물이 갱신(Renewal)될 것이다.

인류의 시조 아담의 범죄 결과로 만물들도 저주를 받은 바 되어(창

3:18) 허무한데 굴복하며 썩어짐의 종노릇하며 탄식하게 되었다.

- **로마서 8:19-22**, "피조물의 고대하는 바는 하나님의 아들들의 나타나는 것이니, 피조물이 허무한데 굴복하는 것은 자기 뜻이 아니요 오직 굴복케 하시는 이로 말미암음이라, 그 바라는 것은 피조물도 썩어짐의 종 노릇 한데서 해방되어 하나님의 자녀들의 영광의 자유에 이르는 것이니라, 피조물이 다 이제까지 함께 탄식하며 함께 고통하는 것을 우리가 아나니."

"피조물"은 "파사 헤 크티시스"(πᾶσα ἡ κτίσις; All Creation)로서 모든 피조물을 가리킨다. 피조물은 지식·감정·의지를 소유한 인격적 존재가 아니다. 그러므로 사람들처럼 탄식할 수 없다. 탄식한다는 말(엔튜카노; ἐντυγχάνω; to make intercession, to make petition)은 간구한다, 탄원한다, 간절히 애원한다는 뜻이다. 그러면 피조물들도 탄식한다는 말은 무슨 뜻인가? 그것은 만물을 인격화(Personified)한 하나의 상징적 표현이다.

본문은 만물들이 탄식하는 이유를 2가지로 설명한다.

첫 번째, 피조물들이 허무한데 굴복하기 때문에 탄식한다. 피조물들이 허무한데 굴복하는 것은 결코 자기 뜻이 아니라, 굴복케 하는 이 때문에 할 수 없이 굴복하고 있다.

허무는 마타이오스(μάταιος)로서 케노스(κενός)와 구별된다. 케노스는 텅빈 것(empty)을 의미하며, 마타이오스는 의도한 목적을 달성함에 실패하였다는 의미에서 허무(vain)이다. 실로 자연세계의 피조물들은 사람들에게 올바른 봉사를 하며, 하나님의 지혜와 선과 능력을 나타내는 것이 본래의 목적이었다. 그러나 인간의 범죄로 말미암아 자연계도 큰 피해를 입게 되었다(창 3:17). 사람들이 고통 당하는 것은 죄의 보응이니 마땅하나 다른 피조물들이 고통 당하는 것은 우리의 죄 때문이다.

두 번째, 피조물들이 썩어짐의 종노릇하기 때문에 탄식한다. 피조물들이 썩어짐의 종노릇하는 것은 결코 자기 뜻이 아니다.

만물들은 썩어짐의 종노릇하는데서 해방되기를 원하며 탄식한다. 만물들도 "탄식한다"(수스테나제이; συστενάζει; groans together). 만물을 하나의 인격화(Personified)하였다. 이는 마치 해산하는 여인이 진통을 겪는 것처럼 만물들도 심한 고통을 당하고 있음을 뜻한다. 그러나 여인의 진통은 해산의 기쁨을 가져오듯이 만물의 탄식은 썩어짐의 종노릇하는데서 해방되는 기쁨을 가져올 것이다.

만물이 허무한데 굴복하거나 썩어짐의 종노릇하는데서 해방되는 유일한 길도 예수 그리스도의 재림이다. 그 이유는 예수 그리스도께서 재림하시면 만물을 새롭게 갱신하실 것이기 때문이다(벧후 3:13; 계 21:1-5).

4) 예수 그리스도께서 직접 통치하는 왕국이 될 것이다.

성부 하나님께서는 왕국의 통치권을 구속사역 성취의 보상으로 성자 예수 그리스도께 위임하셨다(요 5:22). 이 왕국시대의 통치자는 만왕의 왕, 만유의 주되시는 예수 그리스도이시다.

뿐만 아니라 이 왕국에서는 성도들이 그리스도와 함께 다스릴 것이다. 사도 요한은 짐승에게 경배하지 아니한 자들이 "살아서 그리스도와 더불어 천년 동안 왕 노릇하리라"(계 20:4)고 하였고, 사도 바울은 에베소교회 성도들에게 "미쁘다 이 말이여 우리가 주와 함께 죽었으면 또한 함께 살 것이요 참으면 또한 함께 왕 노릇 할 것이요"(딤후 2:11-12)라고 하였고 또한 고린도교회 성도들에게 성도가 세상을 판단할 것을 너희가 알지 못하는가?(고전 6:2)라고 하였다. 이 말씀은 계시록 5:10의 약속이 성취된 셈이다. 성도들은 예수 그리스도의 지상왕국 시대에 그리스도와 더불어 왕 노릇하고 주님의 심판권에 참여할 것이다(마 19:28).

- 요한계시록 5:10, "저희로 우리 하나님 앞에서 나라와 제사장으로 삼으셨으니 저희가 땅에서 왕노릇 하리로다."
- 요한계시록 20:6, "…그들이 하나님과 그리스도의 제사장이 되어 천 년 동안 그리스도로 더불어 왕노릇 하리라."

태초에 하나님은 사람을 하나님의 형상대로, 만물의 영장으로 창조하시고, 사람으로 하여금 우주와 그 가운데 있는 모든 피조물들을 다스리도록 하셨다(창 1:26; 28-30; 시 8:6-8). 그러나 사람이 범죄 타락하므로 영적 면에서 하나님의 형상은 상실되었으며, 피조물들에 대한 지배권도 충분히 행사하지 못하게 되었다. 그러나 예수 그리스도께서 재림하시면 예수 그리스도로 말미암아 만물의 지배권이 회복될 것이다. 그 때에는 성도들도 그리스도로 더불어 왕 노릇 할 것이다.

5) 평화의 왕국이 될 것이다.

평화는 히브리어 샬롬(שלום), 헬라어 에이레네(εἰρήνη)로서 전쟁과 환난에 반대되는 안식의 상태(State of Rest)를 가리킨다. 이 왕국은 사탄이 무저갱에 감금되고 거짓 선지자들과 적그리스도의 미혹과 배교가 제거되며(계 19:19-20; 20:1-2), 고통·슬픔·분쟁·전쟁이 없는 평화의 왕국이다. 이 왕국의 왕은 평강의 왕(Prince of Peace)인 예수 그리스도이시다(사 9:6).

- 이사야 2:4, "그가(여호와) 열방 사이에 판단하시며 많은 백성을 판결하시리니 무리가 그 칼을 쳐서 보습을 만들고 그 창을 쳐서 낫을 만들 것이며 이 나라와 저 나라가 다시는 칼을 들고 서로 치지 아니하며 다시는 전쟁을 연습치 아니하리라"(미 4:3).
- 호세아 2:18, "…활과 칼을 꺾어 전쟁을 없이 하고…."
- 미가서 4:3, "…무리가 그 칼을 쳐서 보습을 만들고 창을 쳐서 낫을 만들 것이며 이 나라와 저 나라가 다시는 칼을 들고 서로 치지 아니하며 다시는 전쟁을 하지 아니하고."

그 때에는 부족과 부족, 민족과 민족, 나라와 나라 사이에 분쟁이나 전쟁이 없을 것이다. 그 때에는 이스라엘과 아랍국가들과의 전쟁도 다 사라질 것이다. 그 때에는 생명과 재산 그리고 국토를 수호하기 위한 막대한 국방비도 필요 없게 될 것이다.

6) 공의의 왕국이 될 것이다.

공의는 의가 바로 시행되는 것을 말한다.

- 이사야 9:7, "그 정사와 평강의 더함이 무궁하며 또 다윗의 위에 앉아서 그 나라를 굳게 세우고 지금 이후 영원토록 공평과 정의로 그것을 보존하실 것이라."

- 이사야 11:5, "공의로 그 허리띠를 삼으며 성실로 몸의 띠를 삼으리라" 하박국 2:4, "보라 그의 마음은 교만하며 그의 속에서 정직하지 못하니라 그러나 의인은 그 믿음으로 말미암아 살리라"

7) 하나님의 지식이 충만한 왕국이 될 것이다.

지식은 아는 것, 또는 이해(Knowing or Understanding)이다. 이 왕국에는 하나님의 지식이 지면(地面)에 충만할 것이다.

- 이사야 11:9, "나의 거룩한 산 모든 곳에서 해됨도 없고 상함도 없을 것이니 이는 물이 바다를 덮음 같이 여호와를 아는 지식이 세상에 충만할 것임이니라."
- 이사야 33:6, "…지혜와 지식이 풍성할 것이니…."
- 하박국 2:14, "물이 바다를 덮음 같이 여호와의 영광을 인정하는 것이 세상에 가득하리라."
- 고린도전서 13:12, "우리가 이제는 거울로 보는것 같이 희미하나 그 때에는 얼굴과 얼굴을 대하여 볼 것이요 이제는 내가 부분적으로 아나 그 때에는 주께서 나를 아신 것 같이 내가 온전히 알리라."

이 왕국시대에는 하나님을 아는 지식이 충만한 시대이다. 지금은 우리가 하나님을 아는 지식이 매우 부분적이요 불완전하다. 그러나 이 왕국 시대에는 주께서 나를 아신 것 같이 나도 주님을 온전히(fully) 알게 될 것이다.

8) 통일된 언어를 사용할 것이다.

그리스도의 지상 왕국 시대에는 모든 족속들이 다 하나로 통일된 언어를 사용할 것이다. 그러므로 언어의 장벽으로 인한 의사 소통의 어려움이나 고충이 없을 것이다. 이 통일된 언어는 천상의 언어(Heavenly Language)이다.

태초에 하나님께서 사람을 창조하였을 때에는 온 땅의 언어가 하나이었다(창 11:1, 6). 그러나 사람들은 스스로 교만하여 여호와의 이름을 부르는 대신 자기들의 이름을 들어내려 하였고 아담이 시도한 바와 같이 하나님처럼 높아지려고 하였다. 그들은 바벨탑을 쌓아 하늘에 닿게 하려 하였다. 바로 이 이유로 하나님은 그들의 언어를 혼잡케하고, 그들을 온 지면에 흩으셨다. 그 때부터 인류 역사에는 수많은 방언이 탄생하게 되었다.

그러나 그리스도의 지상 왕국이 도래하면 온 지면의 모든 족속들이 다 하나로 통일된 언어 곧 천상의 언어를 사용하게 될 것이다.

- 요한계시록 7:9-10, "…각 나라와 족속과 백성과 방언에서 아무라도 능히 셀 수 없는 큰 무리가…, 큰 소리로 외쳐 가로되 구원하심이 보좌에 앉으신 우리 하나님과 어린양에게 있도다"(참조 19:1-2).

"나라·족속·백성·방언"(Nation, Tribe, People, Language, 계 5:9; 11:9; 13:7; 14:6; 10:11; 17:15) 나라(Nation)는 국가를, 족속(Tribe)은 인종을, 백성(A Mass, Crowd)은 무리(군중)를, 방언(Tongues, Language)은 언어를 가리킨다. 그러므로 나라·족속·백성·방언은 국가별·인종별·집단별·언어별로 본 전 세계 모든 사람들을 가리킨다. 전 세계 모든 성도들이 영원한 형벌과 사망에서 구출 구원해 주신 하나님과 어린양께 찬양을 드린다.

- 요한계시록 19:1-2, "이 일 후에 내가 들으니 하늘에 허다한 무리의 큰 음성 같은 것이 있어 이르되 할렐루야 구원과 영광과 능력이 우리 하나님께 있도다 그의 심판은 참되고 의로운지라 음행으로 땅을 더럽게 한 큰 음녀를 심판하사 자기 종들의 피를 그 음녀의 손에 갚으셨도다 하고."

9) 장수가 회복 될 것이다.

그리스도의 지상 천년 왕국시대에는 불신자들의 수명이 장수할 것이다. 범죄한 후에도 원시인들은 상당한 기간 동안 장수하였다. 인류의 조상 아담은 930세, 아담의 아들 셋은 912세, 셋의 아들 에노스는 905세, 에노스의 아들 게난은 910세, 게난의 아들 마할랄렐은 895세, 마할렐랄의 아들 야렛은 962세, 에녹의 아들 므두셀라는 969세, 므두셀라의 아들 라멕은 777세를 향유하였다(창 5:4-31).

그러나 세월이 흐름에 따라 인간의 수명은 점차 감소되었다. 그런데 이 감소된 인간의 수명이 그리스도의 지상 왕국시대에는 다시 회복될 것이다. 본래 장수와 행복과 번영은 하나님의 축복이었으며, 신약시대에도 하나님의 일반적 축복이다. 이 왕국시대에 불신자들 중에 일부는 일찍 죽는 자들도 있을 것이다.

- 이사야 65:20, "거기는 날 수가 많지 못하여 죽는 유아와 수한이 차지 못한 노인이 다시는 없을 것이라 곧 백세에 죽는 자가 아이겠고 백세 못되어 죽는 자는 저주 받은 것이리라."

1,000년 가까이 산 아담이나 처음 조상들의 수명에 비하면 100세에 죽는 사람은 아이가 죽었다고 말할 수 있다. 지금은 80세에 세상 떠나는 것이 장수하는 것이라면 8세에 죽는 사람은 아이가 죽었다고 말할 수 있지 않겠는가?

10) 동물 세계에도 대(大) 변화가 있을 것이다.

- 이사야 11:6-9, "그 때에 이리가 어린양과 함께 거하며 표범이 어린 염소와 함께 누우며 송아지와 어린 사자와 살찐 짐승이 함께 있어 어린 아이에게 끌리며, 암소와 곰이 함께 먹으며…, 젖먹는 아이가 독사의 구멍에서 장난하며…, 나의 거룩한 산 모든 곳에서 해됨도 없고 상함도 없을 것이니 이는 물이 바다를 덮음 같이 여호와를 아는 지식이 세상에 충만할 것임이니라."

† 참조: 예수 그리스도의 왕국, 조영엽, 『종말·내세론』, 개정증보판 (서울: CLC, 2013), pp. 223-244.

33.

말세 교회의 현상들
(A Phenomenon of the Last Days)

1. 바른 교훈을 받지 않는다.
2. 귀가 가려워서 스승들을 많이 둔다.
3. 진리에서 돌이켜 허탄한 이야기를 좇는다.

디모데후서 4:3-4, "때가 이르리니 사람들이 바른 교훈을 받지 아니하며 귀가 가리워서 자기들의 사욕을 따라 스승을 많이 두고 또 그 귀를 진리에서 돌이켜 허탄한 이야기를 좇으리라."

원문에는 초두에 "왜냐하면"(갈, γὰρ; because, for; 왜냐하면, 그 이유는)이라는 접속사가 있어서 앞 절의 권면 곧 "때를 얻든지 못 얻든지 말씀을 전파"하여야 할 이유를 밝힌다.

"때"(카이로스, καιρὸς; a fixed time, a definite time)는 정한 때, 결정적인 때를 가리킨다.[1]

① 때가 "이르리니"(에스타이, ἔσται; will be)는 예언적 말씀이다 예언은 장차 이루어질 것을 미리 알리는 것이다. 하나님의 말씀이 예언의 말씀이면 그 예언대로 그래도 필히 이루어질 것이다.

이사야서 7:14의 그리스도 예수의 처녀 탄생에 관한 예언의 말씀은 마

---

1 Abbott-Smith, *Manual Greek Lexicon on the N.T.* p. 226; *Philo's Flaccus*, p. 87; *Diogenes Laertius*, pp. 5, 71.

태복음 1:23에서, 미가서 5:2의 그리스도 예수의 탄생지에 관한 예언은 마태복음 2:1에서 그대로 성취된 것과 같이, 말세에 관한 예언들도 예언 그대로 이루어질 것이다.

② 때가 "이르리니"(장차 미래에 이루어질)는 예언적 말씀이라고 하여 과거에나 지금은 그런 현상들이 없었다는 뜻은 아니다. 사람들이 바른 교훈을 받지 아니하고 진리에서 떠나 허탄한 이야기들을 좇는 것은 과거에도 수없이 있어 왔고, 지금도 있으며, 말세지말에는 더욱 있을 것이다.

③ 때가 "이르리니"는 말세를 가리킨다. 말세는 이 세상 끝(딤전 4:1; 딤후 3:1), 그리스도 예수의 재림 전(前) 종말을 가리킨다(벧전 1:5). 말세는 배교와 불신앙의 시대, 영계가 어둡고 혼돈하는 시대, 교회들이 극히 타락되는 시대가 될 것이다(딤후 3:1, 참조).

말세에는 어떤 현상들이 나타날 것인가?
1. 바른 교훈을 받지 않는다.
"사람들이 바른 교훈을 받지 아니하며." 사람들이 바른 교훈을 받지 않는 때가 반드시 필연코 이를 것이다.

"바른 교훈"(테스 휘기아이누세스 디다스칼리아스, τῆς ὑγιαινούσης διδασκαλίας; healthy teaching, sound doctrines; 건강한 교훈, 건전한 교리들)은,

1) 건전한 교훈을 가리킨다. "바른"(휘기아이누세스, ὑγιαινούσης ; healthy; 건전한)은 식품의학 용어로서 바른 교훈을 건강한 음식에 비유하였다(딤전 1:10, 6:3; 딤후 4:3; 딛 1:9, 2:1).

2) 바른 교훈(correction teaching)을 가리킨다. 바른 교훈은 교훈 자체가 바르며, 잘못된 교훈을 바로 세우는 교훈이다. 바른 교훈 앞에 관사 테스(τῆς; the)가 있어서 바른 교훈을 강조한다. 따라서 바른 교훈은 바로 "그 교훈"(The doctrine)이다.

"받지 아니하며"(우크 아넥손타이, οὐκ ἀνέξονται; they will not bear (endure) with)는 아네코(ἀνέχω; to hold, have; 붙들다, 가지다)의 미래시상으로 바른

교훈에 견디지 못한다, 참지 못한다, 즉 바른 교훈에 머물러 있지 못한다는 뜻이다.

그 이유는 그들의 귀가 간질간질, 근질근질하기 때문이다.

2. 귀가 가려워서 스승들을 많이 둔다.

"귀가 가려워서"(크네도메노이 텐 아코엔, κνηθόμενοι τὴν ἀκοήν; itching(tickling) the ear)는 귀를 즐겁게 하는 말을 원한다는 뜻이다.

안트와 긴그리취(Ardnt and Gingrich)는 "상징적으로는 호기심"(curiosity)을 가지고 무엇인가 다른 새로운(질적으로 상이한) 것들을 원한다는 뜻이라고 하였다. 그런데 다른 새로운 것들이란 진리에서 떠난 변질된 교훈을 가리킨다.

"가려워서"(크네도메노이, κνηθόμενοι)는 크네도(κνήθω; to tickle)의 복수·분사·중간태로서 중간태는 주어가 자기의 주장을 강조한다. 따라서 "자기의 사욕을 좇아 스승을 많이 둔다." 실제상 어떤 사람들은 자기들의 귀가 가렵기를 원한다.

"자기들의 사욕들을 따라"(카타 타스 이디아스 에피두미아스, κατὰ τὰς ἰδίας ἐπιθυμίας; according to their own lusts)는 3:6에는 악한 욕망들(evil desires) 곧 육신의 정욕들, 안목의 정욕들, 이생의 자랑들을 가리킨다(요일 2:16).

"스승들을 많이 두고"(에피소류수신 디다스칼루스, ἐπισωρεύσουσιν διδασκάλους; they will heap up [accumulate] teachers; 그들은 선생들을 많이 둔다. 축척하다)는 거짓 스승들, 이단들을 가리킨다. 현대어로 말하면 많은 불신앙의 자유주의 신학자들, 신복음주의 신학자들, 신오순절주의 신학자들을 위시한 자들을 가리킨다. 귀가 가려워서는 자기들이 듣기를 원하는 것들만을 듣는다.

- 예레미야 5:31, "선지자들은 거짓을 예언하며, 제사장들은 자기 권력으로 다스리며, 내 백성은 그것을 좋게 여기니 그 결국에는 너희가 어찌하랴."

3. 진리에서 돌이켜 허탄한 이야기를 좇는다.

"…에서부터(아포, ἀπὸ; from), …으로(에피, ἐπὶ; to, toward)"

1) 진리에서 떠날 것이다.

"또 그 귀를 진리에서 돌이켜 허탄한 이야기를 좇으리라."

"진리에서 돌이켜"(아포 테스 알레데이아스, ἀπὸ τῆς ἀληθείας; will turn away from the truth)는 진리에서(진리로부터) 이탈하여 멀리 떠나가는 것을 말한다. 진리에서 떠나는 것만큼 진리에서 멀어진다.

2) 허탄한 이야기를 좇으리라(에피 무두스 에크트라페손타이, ἐπὶ μύθους ἐκτραπήσονται; will turn aside to myths).

"허탄한 이야기"(무두스, μύθους ; myths)는 신화들을 가리키며,

"좇느니라"(에크트라페손타이, ἐκτραπήσονται; will be turned side)는 신화(에피, ἐπὶ; to; …에로 향하여)에 돌아선다는 뜻이다(딤전 1:4; 4:7; 딛 1:14; 벧후 1:16 참조). 신화들은 사실이 아닌 꾸민 이야기들, 무가치한 이야기들이다. 소위 과장한 간증들, 맞지 않는 예화 등도 허탄한 이야기에 속한다.

이것들이 말세 교회에 나타나는 현상들이다.

34.

4대 명령들
(Four Imperatives)

1. 네 명령들

디모데후서 4:5, "그러나 너는 모든 일에 근신하며 고난을 받으며 전도자의 일을 하며 네 직무를 다 하라."

디모데후서에는 네 가지 명령, 두 비유적 말씀, 세 간증, 개인적 부탁, 당시 사도 바울의 제자들의 상황들이 독자들의 주의를 환기시킨다.

1. 네 명령들(Four Imperatives)

디모데후서 4:5, "그러나 너는 모든 일에 근신하여 고난을 받으며 전도인의 일을 하며 네 직무를 다하라"고 권면하였다.

"그러나 너는"(수 데; σὺ δέ; but you)은 디모데를 가리키며, 앞의 3-4절의 내용과 대조적이다(딤전 6:11; 딤후 3:10, 14 참조).

1) 첫째 명령(The first imperative): "모든 일에 근신하라."

"근신하라"(네페; νῆφε; watch, alert)는 현재 명령형으로 "너는 정신을 차리고 계속 주의하라, 경성하라"는 뜻이다(살전 5:6, 8 벧전 1:13 4:7). 이는 디모데가 근신하지 않았다는 뜻이 아니라 근신하되 계속 정신을 차려 근신하라는 뜻이다.

"모든 일에"(엔 파신, ἐν πᾶσιν; in all situation, on all occasions, in all things)는

모든 일에, 모든 경우, 만사에 들은 절치사구로서 근신하라는 동사를 수식한다(딤전 3:11; 딤후 2:7; 딛 2:9).

2) 둘째 명령(The second imperative): "고난을 받으라."

"고난을 받으라"(카코파데손, κακοπάθησον; suffer evil; 고난을 받으라) 복음을 전하는 데 많은 고난이 닥칠 것인데 그 고난들을 인내로 감수하라는 명령이다. 사도 바울은 디모데에게 계속 반복적으로 고난받을 것을 호소하였다.

주의 종들은 그리스도와 그의 복음과 의를 위하여 고난을 받을 것을 각오하여야 한다.

- 디모데후서 1:8, "…오직 하나님의 능력을 따라 복음과 함께 고난을 받으라."
- 디모데후서 2:3, "너는 그리스도 예수의 좋은 군사(병사)로 나와 함께 고난을 받으라."
- 디모데후서 3:12, "무릇 그리스도 예수 안에서 경건하게 살고자 하는 자는 핍박을 받으리라."
- 디모데후서 2:9, "복음으로 말미암아 내가 죄인 같이 매이는 데까지 고난을 받았으나 하나님의 말씀은 매이지 아니하니라."

3) 셋째 명령(The Third imperative): "전도자의 일을 하라."

"전도자"(유앙겔리스투, εὐαγγελιστοῦ) 앞에 관사가 없으므로 전도자의 명칭보다는 전도자의 직무와 사명을 강조한다. 전도자의 직무와 사명은 복음을 전하는 것이다. 그러므로 데살로니가전서 3:2에는 "그리스도의 복음을 전하는 일꾼"이라고 하였다(행 21:8).

"일"(엘곤, ἔργον; work)은 디모데전서 3:1에는 "감독의 직분", 고린도전서 16:10에는 "주의 일", 빌립보서 2:30에는 "그리스도의 일", 데살로니가전서 5:13에는 "저들의 역사"로 나타났다.

"일을 하라"(포이에손, ποίησον; do). 이 단어는 포이에오(ποιέω)의 제1과거(aorist) 명령·능동형이니 전도자의 사명을 능동적으로 적극적으로 하되 효과적으로 끝까지 완수하라(do completely)는 것이다. 일은 전도자의 사명을 가리킨다.

4) 넷째 명령(The Fourth imperative): "너의 직무를 다 하라."

"다하라"(플레로토레손, πληροφόρησον; fulfil carry out, accomplish 성취하라, 수행하라, 완수하라)는 맡은 직분을 성실히 수행하여 완수하라는 명령이다.

35.

두(2) 비유적 말씀들
(Two Metaphors)

1. 첫 번째 비유적 표현
2. 두 번째 비유적 표현

디모데후서 4:6, "관제와 같이 벌써 내가 부음이 되고 나의 떠날 기약이 가까웠도다."

본 절에서는 사도 바울이 자신의 때가 얼마 남지 않았음을 두 비유적 언어들로 표현하였다. 그 하나는 구약시대 제사들 중의 하나인 관제의 제물(Drink Offering)로, 다른 하나는 사람이 장막(천막, tent)을 거두고 떠나는 것과 배가 닻을 올리고 떠나는 것으로 표현하였다.

1. 첫 번째 비유적 표현(The first metaphor)

"벌써 내가 부음이 되고…"(에고 에데 스펜도마이, ἐγὼ ἤδη σπένδομαι; I am already being poured out)는 구약시대 관제를 상기시킨다.

"관제"(Drink Offering)는 구약시대 제사들 중의 하나이다. 구약시대에 피의 제사로는 속죄제·속건제·번제·화목제 등이 있었고, 피 없는 제사로는 소제(Grain Offering)와 관제(Drink Offering)가 있었다.

관제는 제단 밑 주위에 포도주(wine)를 피 대신 붓는 제사를 가리킨다(출 29:40-41; 레 23:13; 민 15:5, 7, 10; 28:7, 24). 관제는 매일 어린 양(lamb)

을 잡아 번제로 드리기 전에 드렸다.

사도 바울은 자신이 이 세상을 떠날 때가 가까이 왔음을 관제와 같이 자신을 희생의 제물로 드리는 것으로 표현하였다. 그는 약 5년 전 로마 감옥에 제1차 투옥되었을 때 빌립보교회 온 성도들에게 보낸 그의 옥중 서신에서 이미 자신 의 죽음의 가능성을 언급한 바 있다.

- 빌립보서 2:17, "만일 너희 믿음의 제물과 봉사 위에 내가 나를 관제로 드릴지라도 나는 기뻐하고 너희 무리와 함께 기뻐하리니"(민 28:24).

사도 바울이 로마 감옥에 제1차 투옥되었을 때에는 빌립보교회를 다시 방문할 것을 기대하였었다(빌 2:24). 그러나 지금은 상황이 달라졌다. 지금은 로마 감옥에 제2차(마지막) 투옥된 상황 하에서 자신은 이 세상을 떠날 때가 가까이 왔음을 직감하였다. 그러면서도 또 한번의 추운 겨울을 토굴 감옥에서 지내게 될 가능성을 배제하지 않았다(4:13, 21).

사도 바울은 오래 전부터 죽음을 준비하여 왔다. 관제와 같이 "내가 벌써 부음이 되고"(에데 스펜도마이, ἤδη σπένδομαι; i am already being poured out)는 스펜도(σπένδω; to pour out as a drink offering; 관제로 붓다)의 완료(perfect)시상으로 관제와 같이 부음이 되기는 이미 벌써부터 시작되어 지금까지 계속 부어져 왔음을 가리킨다. 사도 바울은 회심 후 일생 동안 자신을 하나님께 드려온 희생의 제물이었다. 지금 그는 순교자로서 자신의 죽음을 언급하고 있다.

우리도 사도 바울처럼 자신을 관제로 드리기를 힘써야 할 것이다. 우리도 사도 바울처럼 이 세상을 떠날 준비를 항상 게을리 하지 않아야 할 것이다. 이 세상 떠날 준비는 영원한 천국 본향을 향한 준비이기 때문이다. 우리에게 영원한 내세가 없다면? 떠날 준비를 할 필요가 있겠는가?

2. 두 번째 비유적 표현(The second metaphor)

4:6b, "… 나의 떠날 기약이 가까웠도다"(호 카이로스 테스 아나루세오스 무 에페스테켄, ὁ καιρὸς τῆς ἀναλύσεώς μου ἐφέστηκεν; the time of my departure has come)는 나의 떠날 때가 이미 이르렀다는 말씀이다.

떠날 "기약"(카이로스, καιρὸς; time, a fixed and definite period)은 "확정된 그리고 결정적 때"(time)를 가리킨다. 사도 바울은 자신의 죽음을 "떠난다"는 말로 표현하였다. 범사에는 때가 있는 법이다. 사람은 날 때가 있고 죽을 때가 있다(전 3:1).

헬라문학에서 "떠남"(아나루시스, ἀνάλυσις; departure)은 몇 가지 의미로 표현되었다.

- 닻을 올리는 것(weighing anchor)에 사용되었다. 배가 닻을 내리고 항구에 정착하였다가 닻을 올리고 목적지를 향하여 떠나는 것 같이 사람이 이 세상을 떠나는 것을 닻을 올리고 떠나는 것으로 비유하였다.
- 장막을 거두는 것(taking down the tent)에 사용되었다. 이는 마치 이스라엘 백성이 광야생활할 때 장막을 치고 유하며 장막을 거두고 떠나는 것 같이, 성경은 사람이 이 세상을 떠나는 것을 장막을 거두는 것으로 비유하였다(고후 5:1).
- 군 막사를 거두는 것(breaking camp by an army)에 사용되었다. 야전군이 주둔할 때에는 막사(Tent; 천막)를 치고 이동할 때에는 막사를 거두는 것같이, 사람이 이 세상을 떠나는 것을 군인이 막사를 거두는 것으로 비유하였다.
- 여행자들이 여행을 떠나는 것(traveling)에 사용되었다. 여행자들은 어떤 곳에 잠시 머물고 난 후 목적지를 향하여 떠나는 것 같이, 사람이 이 세상을 떠나는 것을 여행자가 여행을 떠나는 것으로 비유하였다.[1] 죽음은 우리의 영혼이 육신의 장막을 떠나는 것이다. 천국본향으로 하나님께로 떠나는 것이다. 사도 바울은 빌립보서 1:23-24에서 "내가 그 두 사이에 끼였으니 떠나서 그리스도와 함께 있을 욕망을 가진 이것이 더욱 좋으나 그러나 내가 육신에 거하는 것이 너희를 위하여 더 유익하리라"라고 말한다.

---

1 R. Kant Hughes, 1-2 Timothy and Titus (Wheaton, IL: Crossway, 2000), p. 258.

우리도 사도 바울과 같이 나 자신을 위하여는 떠나는 것이 더 좋으나 다른 사람들을 위하여 좀 더 이 세상에 거하는 것이 더 유익되는 자들이 되기를 원한다.

주의 얼굴 뵈오리!

이 세상에 사는 동안
주의 일에 힘쓰고
썩을 장막 떠날 때
주의 얼굴 뵈오리

주가 내게 부탁하신 모든 일을 마친 후
예비하신 그 집에서 주의 얼굴 뵈오리
빛난 하늘 그 집에서 주의 얼굴 뵈오리
한량없는 영광 중에 주의 얼굴 뵈오리

36.

세 간증들
(The Three Testimonies)

1. 첫 번째 신앙 간증
2. 두 번째 신앙 간증
3. 세 번째 신앙 간증
4. 상급 수여자: 그리스도 예수(공의의 재판장)
5. 상급의 대상자들: 주의 재림을 고대할 모든 성도들
6. 상급의 명칭들: 의의 면류관
7. 상급의 시기: 최후 심판의 날

디모데후서 4:7-8, "내가 선한 싸움을 싸우고 나의 달려갈 길을 마치고 믿음을 지켰으니 이제 후로는 나를 위하여 의의 면류관이 예비되었으므로 주 곧 의로우신 재판장이 그 날에 내게 주실 것이니 내게만 아니라 주의 나타나심을 사모하는 모든 자에게니라."

사도 바울은 일평생 신앙생활을 신앙으로 간증하였다. 이것을 본문 7-8절에서는 세 절(3 clauses)로 요약하였다.

1. 첫 번째 신앙 간증

"내가 선한 싸움을 싸우고"(톤 칼론 아고나 에고니스마이, τὸν καλὸν ἀγῶνα ἠγώνισμαι; I have fought the good fight) 내가 선한 싸움을 싸워왔다. 사도

바울은 그리스도인들을 십자가의 군병들로, 그리스도인들의 생활을 전쟁으로 묘사하였다. 성경은 믿는 일을 전쟁으로 비유하였다.

"내가 싸우고"(에고니스마이, ἠγώνισμαι; I have struggled)는 아고니조마이(ἀγωνίζομαι; contend, struggle; 시합하다, 분투하다)의 현재 완료 시상(present perfect tense)이다. 이 말씀은 사도 바울이 선한 싸움을 싸우기 시작한 그 순간부터(그 이래로) 지금까지 중단함 없이 계속 싸워왔다는 말씀이다. 즉 지금까지 싸워온 선한 싸움을 지금도 싸우고 있다는 말씀이다. 그리고 싸운 것만큼 승리하여 왔음을 강조한다.

우리의 싸움은 혈과 육이 아니요 공중에 권세 잡은 자(사탄)와 그의 추종자들인 마귀들과 귀신들, 악의 세력, 신앙의 원수들, 그리고 우리의 옛 사람과의 싸움 곧 영적 전투이다(엡 6:12).

2. 두 번째 신앙 간증

"나의 달려갈 길을 마치고"(톤 드로몬 테텔레카, τὸν δρόμον τετέλεκα; I have finished the race 〈course〉).

"길"(코스; a running, a race 경주)은 마라톤 코스를 가리키며, 이 단어는 트레코(τρέχω; to run; 뛰다)에서 인출되었다.

"마치고"(테텔레카, τετέλεκα; I have finished) 이 말씀도 "내가 선한 싸움을 싸우고"라고 한 말씀과 같이, 현재 완료 시상이다. 그러므로 "마치고"라는 말씀은 사도 바울이 믿음의 경주를 시작한 그 순간부터(그 이래로) 지금까지 중단함 없이 계속 달려왔다는 말씀이다(I have completed the good race). 즉 지금까지 달려 온 길을 지금도 달리고 있다는 말씀이다. 뿐만 아니라 그 결과 많이 달려 왔음을 지적한다. 사도 바울은 자신의 전 생애를 하나의 고상한 운동경기 특히 마라톤에 비유하였다.

당시 모든 경기의 절정(climax)은 26마일 코스(26 mile course, 41.6km, 약 105리)로서 선두 주자가 운동장 안으로 골인할 때는 영웅으로 환영받았다. 당시 경기장들은 대부분 지금과 같이 원형이었고, 좌석들은 전부 돌로 놓여 있었다.

- 사도행전 20:24, "나의 달려갈 길과 주 예수께 받은 사명 곧 하나님의 은혜의 복음 증거하는 일을 마치려 함에는 나의 생명을 조금도 귀한 것으로 여기지 아니 하노라."
- 히브리서 12:1, "인내로서 우리 앞에 당한 경주를 경주하며."
- 빌립보서 3:12, "내가 이미 얻었다 함도 아니요 온전히 이루었다 함도 아니라 오직 내가 그리스도 예수께 잡힌 바 된 그것을 잡으려고 좇아가노라."
- 고린도전서 9:24, "운동장에서 달음질하는 자들이 다 달아날지라도 오직 상 얻는 자는 한 명인 줄을 너희가 알지 못하느냐? 너희도 얻도록 이와 같이 달음질하라."

3. 세 번째 신앙 간증

"믿음을 지켰으니"(텐 피스틴 테테레카, τὴν πίστιν τετήρηκα; I have kept the faith; 내가 믿음을 지켜왔다)

"지켰으니"(테테레카, τετήρηκα; I have kept) 이 말씀도 완료·중간태·직설법으로 "선한 싸움을 다 싸우고, 달려갈 길을 마치고"라는 말씀과 시상(tense)이 일치한다. 즉 사도 바울은 믿음을 지키기 시작한 그 순간부터(그 이래로) 지금까지 믿음을 계속 지켜왔다는 뜻이다. 즉 지금까지 지켜온 믿음을 지금도 지키고 있다는 말씀이다. 그 결과 기본적 믿음이 많이 장성하였음을 나타낸다.

4. 상급 수여자(Giver of reward): 그리스도 예수(공의의 재판장)

- 디모데후서 3:8, "이제 후로는 나를 위하여 의의 면류관이 예비되었으므로 주 곧 의로우신 재판장이 그 날에 내게 주실 것이니 내게만 아니라 주의 나타나심을 사모하는 모든 자에게니라."

이와 같이 선한 싸움을 다 싸운 성도에게, 달려갈 길을 다 간 성도에게, 믿음을 지킨 성도에게 상급이 주어진다.

"주 곧 의로운 재판장"(호 퀴리오스…호 디카이오스 크리테스; ὁ κύριος…ὁ

δίκαιος κριτής; the Lord – the righteous Judge)은 그리스도 예수를 가리킨다. 그리스도 예수는 공의로우신 재판장, 실수·과오·편견이 전혀 없으신 공정한 재판장, 죽은 자와 산 자를 모두 심판하시는 재판장(고후 5:10 행 10:42)이시다.

- 고린도후서 5:16, "그러므로 우리가 이제부터는 어떤 사람도 육신을 따라 알지 아니하노라 비록 우리가 그리스도도 육신을 따라 알았으나 이제부터는 그같이 알지 아니하노라.

5. 상급의 대상자들(Receivers of reward): 주의 재림을 고대할 모든 성도들

"내게만 아니라 주의 나타나심을 사모하는 모든 자"(···뿐만 아니라···또한, 우 모논 데···알라 카이, οὐ μόνον δὲ···ἀλλὰ καί; not only···but also; 딤전 5:13 참조)

사도 바울과 주님의 재림을 고대하는 모든 성도들이다. 이 말씀을 보면 바울은 그의 사도직을 언급하지 아니하고, 그의 신앙과 생활을 강조하였다. 사도 바울처럼 모든 어두움의 세력들에 대항하여 선한 싸움에 승리하고, 믿음을 보존하고, 주님의 재림을 사모하는 성도들이 모두 상급의 대상자들이다. 요컨대 우리가 주님의 재림을 사모하면서 신앙의 경주를 경주하며, 신앙을 계속 보존하여 오고 있는가?

6. 상급의 명칭들(Names of reward): : 의의 면류관

"의의 면류관"(호 테스 디카이오수네스 스테파노스, ὁ τῆς δικαιοσύνης στέφανος; the crown of righteousness)의 의(righteousness)는 그리스도께서 모든 율법을 다 지키시므로 획득한 온전한 의를 가리킨다. 성도들은 이 그리스도의 온전한 의를 믿음으로 전가 받아(imputed), 그 의를 기본으로 우리의 선행(good words)을 쌓아놓은, 저축하여 온 의이다. 선한 싸움을 싸움으로 계속 저축한 의, 신앙의 경주를 하므로 계속 쌓아놓은 의, 믿음을 지키므로 계속 쌓아놓은 의, 의인의 행실로 말미암아 이룩된 의를 가리킨다. 그러므로 의의 면류관이란 그리스도의 의를 기초하여 성도가 쌓아울린 선행으로 구성된 면류관을 가리킨다.

의의 면류관이야 말로 선한 싸움을 싸우고, 달려갈 길을 다 가고, 믿음을 지켜온 성도들이 받을 면류관이다. 이 면류관은 썩지 않는 면류관(고전 9:25), 시들거나 쇠하지 않는 면류관(벧전 5:4)이다.

7. 상급의 시기(Time of reward): 최후 심판의 날

"그 날에"(엔 에케이네 테 헤메라, ἐν ἐκείνῃ τῇ ἡμέρᾳ; on that day)는 최후 심판의 날을 가리킨다. 주님께서 진실 된 성도들에게 상급을 주시는 날이기도 하다. 우리도 우리 주 그리스도 예수께서 심판하실 때 사도 바울처럼 의의 면류관을 상급으로 받는 성도들이 되기를 소원한다.

특주 14.

그리스도인(신자)에 대한 심판

1. 신자들에게는 공심판이 없다.
2. 신자들에게는 행위의 심판이 있다.
3. 상급의 정도

디모데후서 4:7-8, "내가 선한 싸움을 싸우고 나의 달려갈 길을 마치고 믿음을 지켰으니 이제 후로는 나를 위하여 의의 면류관이 예비되었으므로 주 곧 의로우신 재판장이 그 날에 내게 주실 것이니 내게만 아니라 주의 나타나심을 사모하는 모든 자에게니라."

1. 신자들에게는 공심판(지옥으로 가는 심판)이 없다.

신자들(의인들)은 예수 그리스도의 보혈 공로로 사죄와 칭의를 받았음으로 공심판을 받지 않는다. 그러나 신자들이 그리스도의 심판대 앞에 설 이유는 죄 사함은 받았으나 지은 죄에 대한 고백과 선행에 따라서 얼마만큼의 상급을 받기 위함이다.

- 요한복음 3:18, "저를 믿는 자는 심판을 받지 아니할 것이요…."
- 요한복음 5:24, "내가 진실로 진실로 너희에게 이르노니 내 말을 듣고 또 나 보내신 이를 믿는 자는 영생을 얻었고 심판에 이르지 아니하나니 사망에서 생명으로 옮겼느니라."

독생자 예수 그리스도를 자신의 구주로 믿는 자는 믿음으로 이미 구원을 얻었음으로 심판에 이르지 않는다. 그 이유는 예수 그리스도는 자신을 구주로 믿는 자의 죄를 담당하시고 십자가상에서 대신 형벌을 받았기 때문이다. 그러므로 믿는 자는 지옥에 이르는 심판을 받지 않을 뿐만 아니라 구원 영생을 얻었다. 영원 지옥 형벌 받아 마땅할 죄인이 구원 영생 얻는 유일한 비결은 예수 그리스도를 구주로 영접하는 길뿐이다.

- 로마서 8:1-2, "그러므로 이제 그리스도 예수 안에 있는 자에게는 결코 정죄함이 없나니 이는 그리스도 예수 안에 있는 생명의 성령의 법이 죄와 사망의 법에서 너를 해방하였음이라."

"그러므로"(아라, ἄρα; then, therefore; 그러면, 그러므로)는 7:25 상반절 우리 주 예수 그리스도와의 관계를 강조한다.

즉 예수 그리스도로 말미암아 죄와 사망의 법에서 해방되었음으로 다시는 정죄함이 없다는 말씀이다.

"이제"(눈, νῦν; now; 지금)는 과거와 현재를 대조하여 구원의 현 상태를 강조하고 있다. 아봇-스미스(Abbott-Smith)는 말하기를 이제(지금)는 과거나 또는 미래에 반대되는 현재(시간)를 가리킨다고 하였다(p.306) "그리스도 예수 안에 있는 자"는 바울 신학의 특징이다. 그리스도 안에 있는 자는 그리스도를 구주로 믿는 자이며, 그리스도와 영적·신비적으로 연합된 자이며, 그리스도의 속죄 공로로 죄 사함 받은 자이며, 믿음으로 의롭다 함을 받은 자이며, 영생을 소유한 자이다.

"정죄함"(카타크리마, κατάκριμα; condemnation; 정죄). 정죄라는 단어는 매우 강한 어조(표현)이다. 원래 정죄(크리마, κρίμα; judgment; 심판)는 심판이란 뜻이다. 그런데 본 절에 정죄(κατάκριμα)는 크리마(κρίμα)앞에 전치사 카타(κατά)가 접두어로 붙어서 단어의 뜻을 더욱 강화시킨다. 카타 크리마는 재판의 결과로 오는 정죄를 말한다(롬 5:16, 18).

"없나니"(우덴, οὐδέν; no; 없다, 아니다): 헬라어에 있어서 우덴(οὐδέν)은 강한 어조(표현)이다. 따라서 데니(Denny)는 우덴은 어조가 강한 단어이다. 정죄란 어떤 면에서도 의문시 될 수 없다고 하였고(2:644), 웨스트(Wuest)는 정죄란 단 한 작은 부분도 없다 고 하였다(p.127).

신자들은 예수 그리스도의 보혈 공로로 인하여 심판을 면하였다.

2. 신자들에게는 행위의 심판이 있다(상급).

성경은 최후의 심판은 각자의 행위에 따라 집행될 것이라고 선언하였다.

- 로마서 4:10, "우리가 다 하나님의 심판대 앞에 서리라." 가슴이 부들부들 떨리는 마음으로 그리스도의 심판대 앞에 설 것이다.
- 고린도후서 5:10, "이는 우리가 다 반드시 그리스도의 심판대 앞에 드러나 각각 선악간에 그 몸으로 행한 것을 따라 받으려 함이라."

"우리가 다"(판타스 헤마스, πάντας ἡμᾶς; we all 우리 모두)는 신자들 전체를 가리킨다. 유대인이나 이방인이나, 늙은이나 젊은이나, 자유인이나 종이나, 부자나 가난한 자나, 남자나 여자나 한 사람도 예외 없이 전체가 모두 심판을 받을 것이다.

1) 우리가 다 심판대 앞에 설 것임: 그리스도의 심판대 앞에 "드러나"(파네로데나이, φανερωθῆναι; to be manifested, 나타나게 된다)는 그리스도의 심판대 앞에 출두하여 심판자 앞에 나타나야 한다(must appear)는 뜻이다.

2) 우리가 다 자백할 것임: 로마서 14:11-12, "…모든 혀가 하나님 앞에 자백하리라 우리 각인이 자기 일을 하나님께 직고하리라."

"직고하리라"(엑소몰로게세타이, ἐξομολογήσεται; will confess, acknowledge; 고백하리라, 인정하리라)는 직설·중간태이다.

따라서 각인이 행한대로 고백하고 고백한 후의 영적 기쁨과 결과(상급)에 관심을 갖는 것을 나타낸다.

3) 우리가 다 행위대로 상급을 받을 것임: 로마서 14:10, "…각각 선악간에 그 몸으로 행한 것을 받으려 함이라", 고린도후서 5:10, "이는 우리가 다…그 몸으로 행한 것을 따라 받으려 함이라." 몸으로 행한 것들이란 우리의 생각들과 말들과 행위들이 다 포함된다. 그러므로 사도 베드로는 베드로전서 1:17에서 외모로 보시지 않고 각 사람의 행위대로 판단하시는 자를 너희가 아버지라 부른즉 너희의 나그네로 있을 때를 두려움으로 지내라고 권면하였다.

한 사람 한 사람이 그 행한 대로 행위의 심판을 받을 것이다. 몸으로 행한 것을 따라 보응하는 것은 공정하고 적절한 보응이다. 선한 일을 행한 자는 하나님께로부터 칭찬과 상급을 받을 것이요, 악한 일을 행한 자는 하나님께로부터 책망과 어떤 형태의 부끄러움을 받을 것이다(눅 14:14 ; 롬 2:5-6; 고전 4:5; 엡 6:8; 골 3:25).

그러나 신자들이 심판을 두려워하지 않는 이유는 신자들의 죄와 허물들은 이미 예수 그리스도의 보혈로 말미암아 용서받은 죄들로서 심판 때 드러나게 될 것이기 때문이다. 죄 사함 받은 성도들이 어떠한 상급을 받을 것인가에 대하여는 비교적 상세하고도 분명하게 계시되었으나 죄를 범한데 대하여는 구원은 얻되 불 가운데서 얻은 것 같으니라(고전 3:15)고 만 계시하시고 어떤 책망이나 어떤 형태의 부끄러움을 받을 것인지는 구체적 언급이 없다.

신자들이 선악간에 지상 생활에서 몸으로 행한 대로 보응을 받을 것이니 우리의 행위는 우리가 책임을 지도록 되어 있다. 따라서 우리는 신자들의 행위의 원리에 입각하여 행동하여야 한다. 신자들의 행위의 원리는 하나님의 계명이다.

신자들의 지상생활(地上生活)에 있어서 하나님의 영광, 하나님의 나라, 하나님의 의를 위하여 행한 일들은 다 선한 일들로서 상급을 받을 것이다. 신자들이 상급 받기 위하여 선한 일을 행함이 아니라, 하나님의 자녀들로서의 특권이요 임무이기 때문에 선한 일을 행함이다.

신자가 아무리 하나님의 일, 선한 일에 헌신 봉사할지라도 그것이 하나님의 영광을 위한 것이 아니고 자신의 명예와 유익을 위한 것이라면 그 모든 일들은 하늘의 상급을 가져오지 못할 것이다.

그 이유는 선한 일의 동기와 목적이 성경적이 아니기 때문이다. 이것을 고린도전서 3:15에서는 누구든지 공력이 불타면 해를 받으리니 그러나 자기는 구원을 얻되 불 가운데서 얻은 것 같으니라. 라고 함과 같다.

3. 상급의 정도(The Degree of Rewards)

하나님은 사랑의 하나님이시며 동시에 공의의 하나님이시다. 그러므로 하나님은 또한 선악 상벌의 하나님이시다. 선을 행한 자에게는 상급을, 악을 행한 자에게는 형벌을, 선을 많이 행한 자에게는 더 좋은 상급을, 적게 행한 자에게는 적은 상급을 하사하실 것이다. 신구약 성경에 기록된 신앙의 열조들과 기독교 역사 2000년 동안에 나타난 신앙의 영웅들이 받을 상급들이 어찌 같을 수 있으랴!

성도들의 상급의 기준과 척도는 성도들의 지상 생활(地上生活)에서 예수 그리스도와 그의 복음을 위한 헌신 봉사 및 이웃에 대한 선행의 정도에 따라서 결정될 것이다. 또한 같은 종류의 상급이라도 대소(大小)의 차이가 있음을 성경은 암시한다.

- 고린도전서 15:40-42a, "하늘에 속한 자의 영광이 따로 있고 땅에 속한 자의 영광이 따로 있으니 해의 영광도 다르며 달의 영광도 다르며 별의 영광도 다른데 별과 별의 영광도 다르도다 죽은 자의 부활도 이와 같으니."

"하늘에 속한 형제들"(쏘마타 에프라니아, σώματα ἐπουράνια; heavenly bodies) 해, 달, 별들 등 천체(天體)들을 말한다.

"땅에 속한 형제들"(쏘마타 에피게이아, σώματα ἐπίγεια; earthly bodies)은 산들과 산맥들, 망망한 바다들, 늘 푸른 봉우리들, 거대한 협곡들과 계곡들, 넓은 들판들 등을 말한다.

본 절에서 "…따로 있고, …다르매"(헤테라…알로스, ἑτέρα⟨other⟩…ἄλλος⟨differ⟩)는 같은 종류 안에서도 정도의 차이가 있음을 나타낸다. 이와 같이 성도들이 받을 상급들도 상이하다.

성경은 하늘에 속한 형체들의 크기와 모양, 색상들과 미(美)가 각각 상이함과 같이 그리고 땅에 속한 형체들의 크기와 모양, 색상들과 미가 각각 상이함과 같이 성도들이 받을 상급들도 상이함을 분명히 계시하였다.

먼 동이 틀 때 붉게 타오르는 태양, 석양 노을의 찬란함과 황홀함, 밤에 구름 사이로 비취는 초생달·반달·둥근 달, 창공에 빛나는 무수한 별들, 그리고 소낙비 내린 후 햇빛 날 때 나타나는 무지개 빛들(금 빛, 은 빛, 자주 빛, 파랑 빛, 흰 빛, 검은 빛, 오랜지 빛은) 참으로 휘황찬란하다.

- 고린도전서 3:11-15, "이 닦아 둔 것 외에 능히 다른 터를 닦아 둘 자가 없으니 이 터는 곧 예수 그리스도라 만일 누구든지 금이나 은이나 보석이나 나무나 풀이나 짚으로 이 터 위에 세우면 각각 공력이 나타날 터인데 그 날이 공력을 밝히리니 이는 불로 나타내고 그 불이 각 사람의 공력이 어떠한 것을 시험할 것임이니라 만일 누구든지 그 위에 세운 공력이 그대로 있으면 상을 받고 누구든지 공력이 불타면 해를 받으리니 그러나 자기는 구원을 얻되 불 가운데서 얻은 것 같으리라."

"이 터는 곧 예수 그리스도"라 예수 그리스도는 우리의 구원의 터이시다. 그러므로 이 터 위에 집을 짓는 자는 구원을 받은 자이다. 그러나 어떤 신자는 금으로, 어떤 신자는 은으로, 어떤 신자는 보석으로, 어떤 신자는 나무로, 어떤 신자는 풀로, 어떤 신자는 짚으로 집을 짓는다. 이것은 상징적 표현들이다.

"…그 날에 불로 …시험할 것이라."

"그 날"(헤 헤메라, ἡ ἡμέρα; the day; 그 날)은 날 앞에 관사 헤(ἡ; the)가 있어서 특별한 날을 가리킨다. 그 날은 종말론적 의미를 지닌 날 곧 심판의 날이다(고후 5:10).

"불"(퓨리, πυρί; fire)은 하나님의 말씀을 가리킨다(렘 5:14; 요 12:48).

"시험할 것이니라"(도키마세이, δοκιμάσει; will prove)는 증명할 것이라는 뜻이다. 하나님의 말씀이 심판의 표준이 될 것이다. 금으로 집을 짓는 자는 금 상을, 은으로 집을 짓는 자는 은 상을, 보석으로 집을 짓는 자는 보석 상을 받을 것이다. 그러나 나무나 풀이나 짚으로 집을 짓는 자는 그 날에 그 공력들이 다 불타 구원은 얻되 불 가운데서 얻는 것 같을 것이다. 성경은 상급 받을 자와 상급 받지 못할 자, 그리고 상급에도 정도의 차이가 있을 것을 분명히 하였다.

특주 15.

상급의 종류
(The Types of Rewards)

1. 썩지 아니할 면류관
2. 의의 면류관
3. 생명의 면류관
4. 영광의 면류관
5. 기쁨의 면류관
6. 황금의 면류관

요한계시록 22:12, "보라 내가 속히 오리니 내가 줄 상이 내게 있어 각 사람에게 그의 일한 대로 갚아 주리라."

성경은 상급을 면류관으로 표현하였다. "면류관"(스테파노스, στέφανος; Crown; 면류관)은 승리자가 받는 "월계관"(Victor's Crown)이다. 이것은 특히 마라톤 경주(Marathon Race)에서 선두 주자에게 주는 상이다(고전 9:25; 딤후 2:5). 성경에 의하면 상급의 종류가 다양하고 또 상이함을 가르친다.

사도 바울은 신자들의 상급과 관련하여 말씀하시기를 해·달·별들의 영광이 다르고, 별과 별들의 영광이 각각 다르다고 하였다(고전 15:40-41).

1. 썩지 아니할 면류관(The Incorruptible Crown)

• 고린도전서 9:25, "…우리는 썩지 아니할 면류관을 얻고자 하노라."

썩지 아니할 면류관은 복음 증거에 충실하고 인내로 신앙생활을 잘한 자들에게 하사하는 상급이다. 이 면류관은 경주하는 자가 경주에 승리하여 트로피(Trophy)를 받는 것과 같이, 예수 그리스도를 섬기는 일에 경주하는 자처럼 달음질하여 썩지 아니할 면류관을 받을 것이다.

　옛날 로마시대에 올림픽 때 경주의 승리자에게는 감람나무 잎으로 만든 월계관(Victor Crown)을 씌워주곤 하였다. 자연히 뜨거운 날에 그 월계관은 메말라 버리게 된다. 그와 같이 썩어 없어질 면류관이 아니고 시지 않을 면류관, 썩지 아니할 면류관이다. 우리도 복음 증거에 충실하고 인내로 신앙생활을 잘 하여 썩지 아니하고 쇠하지 아니하는 면류관을 받아 써야 할 것이다.

2. 의의 면류관(The Crown of Righteousness)

- 디모데후서 4:7-8, "내가 선한 싸움을 싸우고 나의 달려갈 길을 마치고 믿음을 지켰으니 이제 후로는 나를 위하여 의의 면류관이 예비되었으므로 주 곧 의로우신 재판장이 그날에 내게 주실 것이니 내게만 아니라 주의 나타나심을 사모하는 모든 자에게니라."

　의의 면류관은 선한 싸움을 잘 싸우고 믿음을 지킨 자들에게 하사하는 상급이다. 의의 면류관은 사도 바울이 받기를 원한 면류관이다. 바울이 디모데에게 쓴 마지막 편지에 죽음을 앞에 놓고 고백하기를 예수께서 재림하실 것을 대망하면서 예수님 재림하실 때에 의의 면류관 받기를 소원하였다. 또 이 면류관은 예수의 나타나심을 사모하는 모든 자들에게 주실 면류관이다. 우리도 선한 싸움, 달려갈 경주 그리고 믿음을 잘 지켜 의의 면류관을 받아 써야 할 것이다.

3. 생명의 면류관(The Crown of Life)

- 요한계시록 2:10, "네가 장차 받을 고난을 두려워 말라 볼지어다 마귀가 장차 너희 가운데서 몇 사람을 옥에 던져 시험을 받게 하리니 너희가 십일 동안 환난을 받으리라 네가 죽도록 충성하라 그리하면 내가 생명의 면류관을 네게 주리라."

　생명의 면류관은 예수 그리스도를 위하여 생명을 바친 순교자들에게 하사하는 면류관이다. 그러므로 생명의 면류관은 순교자들을 위한 면류관이라고도 한다. 또 이 면류관은 예수님을 위하여 시험·환난을 끝까지 이기고 승리하는 자에게 하사하는 면류관이다(약 1:12).

야고보서는 우리가 핍박을 받을지라도 생명을 내걸고 믿음을 지키고 진리를 증거하기를 원한다고 하였다.

4. 영광의 면류관(The Crown of Glory)

- 베드로전서 5:4, "그리하면 목자장이 나타나실 때에 시들지 아니하는 영광의 면류관을 얻으리라."

영광의 면류관은 하나님의 말씀을 진리 그대로 순수하게 전파하고, 삶의 본이 되고, 양떼들을 이리들로부터 보호하고, 하나님의 말씀으로 양들을 잘 목양한 충성된 교역자들에게 하사하는 특별한 면류관이다. 하나님의 종들은 주님의 보혈로 값 주고 산 양떼들을 잘 목양하여 영광의 면류관을 받아 써야 할 것이다.

5. 기쁨의 면류관(The Crown of Rejoicing)

- 데살로니가전서 2:19, "우리의 소망이나 기쁨이나 자랑의 면류관이 무엇이냐 그의 강림하실 때에 우리 주 예수 앞에 너희가 아니냐."

모든 성도들은 이 면류관을 받아야 하겠다. 이 면류관은 충성된 증인들(충성되이 복음 전한 자들)에게 주어지는 면류관이다. 우리가 천국에서 기쁨의 면류관을 받기 전에 그리고 또 받기 위하여 이 세상에서 신자들의 생활이 기쁨이 충만한 또 열매맺는 생활이 있어야 할 것이다.

6. 황금의 면류관(The Crown of Gold)

- 요한계시록 4:4, "또 보좌에 둘려 이십 사 보좌들이 있고 그 보좌들 위에 이십 사 장로들이 흰옷을 입고 머리에 금 면류관을 쓰고 앉았더라."
- 요한계시록 4:10-11, "이십사 장로들이 보좌에 앉으신 이 앞에 엎드려

세세토록 살아 계시는 이에게 경배하고 자기의 관을 보좌 앞에 드리며 이르되 우리 주 하나님이여 영광과 존귀와 권능을 받으시는 것이 합당하오니 주께서 만물을 지으신지라 만물이 주의 뜻대로 있었고 또 지으심을 받았나이다 하더라."

장로들은 왕관을 사양하면서 이르기를 우리 "주 하나님이시여! 영광과 존귀와 능력을 받으시기에 합당하나이다"라고 찬송하였다. 구속함을 받은 성도들 중에 신앙생활 잘 한 사람들은 황금 면류관을 상급으로 받을 것이다. 지금까지 열거한 썩지 아니할 면류관, 의의 면류관, 생명의 면류관, 영광의 면류관, 기쁨의 면류관, 금 면류관 등 이 고귀한 면류관들을 하나님께서 우리를 위하여 예비해 두셨다. 우리는 면류관 받기에 합당한 신앙 생활을 하여야 할 것이다.

- 마태복음 25:14-28까지는 달란트(탈란톤, $τάλαντον$; a talent a sum of money; 돈의 총액)비유가 되어있다. 하나님은 자신의 선하시고 기뻐하시는 뜻대로 어떤이에게는 1달란트, 어떤이에게는 2달란트, 어떤이에게는 5달란트, 어떤이에게는 10달란트를 주셨다.

2 달란트 받은 자는 충성하여 2달란트를 남기고(배),

5 달란트 받은 자는 충성하여 5달란트를 남기고(배),

1 달란트 받은 자는 악하고 게으른 자가되어 땅에 감추어 두었다가 그대로 주인에게 돌려 드리므로 "이 악하고 게으른 종아"라고 엄히 책망받고 "이 무익한 종을 바깥 어두움에 내어 쫓으라 거기서 슬피 울며 이를 갊이 있으리라"고 법정적 선언을 하셨다.

37.

너는 속히 오라
(Come Quickly)

1. 너는 속히 내게로 오라.
2. 너는 마가를 데리고 오라.
3. 너는 긴 외투와 성경책 가지고 오라.
4. 너는 겨울 전에 오라.

디모데후서 4:9, "너는 어서 속히 내게로 오라"(스푸다손 엘데인 프로스 메 타케오스, Σπούδασον ἐλθεῖν πρός με ταχέως; Make every effort to come to me quickly).

1. 너는 속히 내게로 오라(Come to Me Quickly).

디모데후서 4:9, "너는 어서 속히 내게로 오라"(Make every effort to come to me quickly)

사도 바울은 에베소에 있는 디모데에게 속히 오라고 요청하였다. 그는 1:4에서는 디모데를 보기를 원한다고 하였고, 4:11에서는 "마가를 데리고 오라" 4:13에서는 "성경책과 외투를 가지고 오라" 4:21에서는 "겨울이 오기 전에 너는 속히 오라"고 하였다.

우리말 성경에는 "스푸다손"이라는 명령이 빠졌다.

스푸다손(Σπούδασον; hasten, make every effort, do your best)은 서둘러라, 온 노력을 다 하라, 최선을 다하라는 명령이요 간청이다.

37. 너는 속히 오라

원문에는 타케오스(ταχέως; quickly, without delay 속히, 지체 없이)라는 부사가 첨부되어 온 노력을 다하여, 최선을 다하여, 서둘러 속히 오라는 긴급성을 나타낸다. 당시 "에베소에서 로마까지는 드로아와 빌립보를 지나 육로와 해로로 적어도 4개월 내지 6개월이나 걸렸다."[1]

사도 바울이 디모데에게 "너는 최선을 다하여 속히 내게로 오라"고 요청한 이유들은 무엇인가?

1) 고독하고 외로웠기 때문이다.

- 디모데후서 4:10-11, "데마는 이 세상을 사랑하여 나를 버리고 데살로니가로 갔고, 그레스게는 갈라디아로, 디도는 달마디아로 갔고, 누가만 나와 함께 있느니라 네가 올 때에 마가를 데리고 오라 그가 나의 일에 유익하니라."
- 디모데후서 1:4, "… 너 보기를 원함은 내 기쁨이 가득하게 하려 함이라."

2) 몹시 추웠기 때문이다.

- 디모데후서 4:13, "네가 올 때에 내가 드로아 가보의 집에 둔 겉옷을 가지고 오라."
- 디모데후서 4:21, "겨울 전에(프로 케이모노스; πρὸ χειμῶνος) 너는 속히 오라."

3) 디모데의 목회 사역을 돕기 위함이다.

사도 바울은 외롭고 고독하고, 춥고, 건강이 쇠약해지고, 죽음이 가까워오기 때문만 아니라 에베소교회의 당면한 여러 신앙적·교리적·실천적 문제들을 돕기 위함도 있었다. 유대주의자들의 거짓 교훈들, 후메네오와 알렉산더 같은 이단들과 그들의 교훈들, 고아와 과부들 문제, 여자의 교권문제, 교역자 대우 문제, 안수 문제, 음주(포도주 마시는) 문제, 우상숭배 문제, 물질사용 문제, 전도 문제, 이성 문제 등 많은 문제들이 산적해

---

1 Lindner, Eileen W., *Yearbook of America & Canada* (Nashville: Abingdon, 2007), p. 107.

있었다.

④ 죽음이 가까웠기 때문이다.

디모데후서 4:6, "관제와 같이 벌써 내가 부음이 되고 나의 떠날 기약이 가까웠도다."

디모데가 어떤 경우라도 로마로 사도 바울을 면회 가는 것이 지연된다면 바울은 디모데를 이 세상에서는 볼 수 없게 될 것이기 때문에 디모데를 보기를 간절히 소원하였다(1:4).

2. 너는 마가를 데리고 오라(Bring Mark With You).

디모데후서 4:11a, "… 네가 올 때에 마가를 데리고 오라."

사도 바울은 디모데에게 "네가 올 때에 마가를 데리고 오라"(bring him with you)고 하였다. 그 이유(가르, γάρ; because; 왜냐하면)는 마가는 사도 바울의 사역(ministry)에 유익한 자이기 때문이다.

- 마가(Mark)는 라틴어로 말커스(Marcus a large hammer)로서 "큰 망치"라는 뜻이다. 마가라는 명칭은 신약에 10회 나타난다. 요한은 마가의 유대 이름이요, 마가는 그의 로마 이름이다. 사도행전 13:5, 13에는 단순히 요한이라 고만 언급되어 있고, 15:39에는 마가라고만 언급되어 있으며, 12:12, 25, 15:37에는 마가라 하는 요한이라고 언급되어 있다.
- 마가는 베드로의 절친한 친구였다. 마가는 베드로의 설교에 많은 감화와 영향을 받았다. 그러므로 마가복음에는 베드로의 기사가 많이 나타난다(막 8:27-33; 10:28-31; 14:27-72; 16:7).
- 마가의 어머니 마리아는 예루살렘성에 있는 자기의 큰 집을 그리스도인들이 모이는 장소로 제공하였다.

사도행전 12:12, "마가라 하는 요한의 어머니 마리아의 집에 가니 여러 사람이 모여 기도하더라."

이를 흔히 마가의 다락방이라고 부른다. 이 말씀을 보면 마가의 아버지는 세상을 떠났고, 떠나기 전에 경제적으로 부요했던 것 같다. 그리고 마가의 어머니 마리아는 신앙이 독실한 여성도이었다.

마가는 어떤 사람이었는가?

1) 마가는 겁쟁이였다(막 14:51-52).

예수님의 12제자들 중 하나인 가룟 유다가 대제사장들과 서기관들과 장로들에게서 파송된 폭도들이 검과 몽치들을 가지고 겟세마네 동산에서 기도하시는 예수님을 잡아끌고 가는 것을 본 제자들은 두려움과 공포에 사로잡혀 다 도망갔다. 그 때에 청년 마가는 벗은 몸에 홑이불을 두르고 예수님을 따라가다가 폭도들에게 잡히어 베 홑이불을 벗어버리고 벗은 몸으로 도망쳤다(막 14:43-52). 마가는 겁이 많은 사람이었다.

2) 마가는 낙오자였다(행 13:13).

바울과 바나바는 안디옥교회의 파송을 받아 이방인들을 위한 복음 전하는 자들로 제1차 전도여행을 떠났다. 이때에 바울과 바나바는 마가 요한을 수종자(a helper)로 데리고 갔다. 그러나 밤빌리아 지방 버가에 이르러서는 마가는 예루살렘 자기 집으로 돌아갔다. 아마도 고된 전도여행의 어려움과 향수병(homesickness)에 젖음과 사도 바울과의 불편한 관계 때문이었을 것이다.

3) 마가는 손해를 끼친 자, 불화를 일으킨 자였다(행 15:36-41).

바울과 바나바는 안디옥에서 제2차 전도여행을 떠나기 전에 심히 다투었다. 그 이유는 마가는 사도 바울의 제1차 전도여행 시 동참하였으나 밤빌리아의 버가에 이르러 바울을 떠났었기 때문이다. 그 결과 바울은 실라를 데리고 시리아와 길리기아 지방으로 떠났고, 바나바는 마가를 데리고 배타고 구브로로 떠났다. 바울은 내륙 동쪽으로, 바나바는 서쪽 구브로(Cyprus) 섬으로 떠났다.

4) 유익한 자가 되었다.

디모데후서 4:11b, "… 저가 나의 일에 유익하니라."

"유익하다"(유크레스토스, εὔχρηστος; useful; 유용한)는 이 단어가 2:21과

빌레몬서 11절에는 오네시모에게도 사용되었다.

우리도 마가처럼 나중에는 다른 사람들에게 유익한 사람, 복음사역에 돕는 사람, 전도하는 사람이 되기를 소원한다.

- 마가는 겁쟁이, 낙오자, 타인들에게 손해를 끼치고, 불화를 일으킨 자였다. 그러나 후에는 회개하고 바로 서서 사도 바울의 재신임을 받았으며 바울의 복음 사역에 크게 유익한 사람이 되었다. 한때는 전적으로 무가치한 자였으나 지금은 유익한 사람이 되었다. 마가는 그의 첫 임무에는 실패자였으나 다시 성공한 좋은 본보기가 되었다. 마가는 믿음이 성숙하여 바울의 첫 로마 감옥에 바울과 같이 있었다 (골 4:10).
- 마가는 예수님의 12제자로 마가복음을 기록하였다. 비록 마가가 마가복음의 기록자(저자)였다는 내적 증명은 없으나 가장 중요한 증거는 히에라폴리스의 초대교회 지도자 파피아스(Papias, A.D. 60-130)에 나타난다.
- 유대인 사학자 유세비우스(Usebius)에 의하면 후에 마가는 아프리카로 가서 복음을 전하였다.

오늘날 애굽의 캅틱교회(Coptic Church)는 마가가 복음의 씨앗을 뿌린 결과이다. 에디오피아에도 복음이 들어갔다.

오늘날 캅틱교회는 이집트와 에디오피아 외에도 아프리카, 유럽, 아시아, 오스트레일리아, 카나다, 미국 등 전(全) 세계에 27,000,000(27 Mil.)이 퍼져 있으며, 시리아정교, 아르메니안정교, 에디오피아정교, 인디안정교, 에리트리안정교 등과 교류하고 있으며, 이집트의 캅틱교회는 세계교회협의회(W.C.C.)의 정회원이다.[2]

---

2 J. D. Douglas, *The New International Bible Dictionary* (Grand Rapids: Zondervan, 1999), p. 749.

3. 너는 긴 외투와 성경책 가지고 오라(Bring My Scrolls and Cloak).

- 디모데후서 4:13, "네가 올 때에 내가 드로아 가보의 집에 둔 겉옷을 가지고 오고 또 책은 특별히 가죽 종이에 쓴 것을 가져 오라."
- 사도 바울은 디모데에게 겨울 전에 속히 오라고 요청하면서 올 때에 드로아에 들러서 가보의 집에 둔 성경책과 겉옷을 가지고 오라고 부탁하였다.

"드로아"(Troas)는 에베소에서 로마로 가는 도중에 위치한 한 곳이다. 드로아는 소아시아 서북쪽 끝에 있는 중요한 항구로서 유럽으로 건너가는 길목이다.

서쪽은 에게 해, 뒤에는 이다(Ida) 산맥이 놓여 있다. 에베소에서 드로아까지는 약 220km 된다. 소아시아에서 로마로 가는 일반적인 경로는 드로아를 경유하는 길이었다(행 16:8, 11, 12).

"가보"(Carpus)는 드로아에 사는 그리스도인으로 사도 바울이 전도 다닐 때 자기 집에 유하도록 한 믿음의 형제이다.

1) 겉옷을 가지고 오라.

"겉옷"(파일로네스, φαιλόνης; cloak)은 두건이 달린 두꺼운(따뜻한) 소매 없는 무릎까지 내려오는 긴 외투를 말한다. 겉옷은 이불로도 사용하였다. 바울은 전도여행 시 드로아에 이르러서는 가보의 집에 유하였는데 그때 겉옷과 가죽 종이에 쓴 책을 두고 전도를 계속 하였다.

너는 속히 오라, 겨울이 오기 전에 오라, 겉옷을 가지고 오라는 부탁의 말씀 들은 노(老) 사도가 쇠약한 가운데 추위에 떠는 모습을 상상할 수 있다.

2) 성경책을 가지고 오라.

"책"(비블리아, βιβλία; Bible; 성경)은 구약 성경 사본을 가리킬 것이다. 영어의 Bible은 헬라어 비블리아에서 유래되었다.

당시는 애굽에서 생산하는 파피루스(Papyrus) 종이에 글을 썼다. 파피루스는 애굽의 늪지대, 강둑, 호숫가 등에서 자라나는 갈대(Reed)로 크기는 약 4m(12feet)정도이고, 갈대 꼭대기에는 꽃이 핀다.

파피루스 종이는 파피루스를 얇게 베어 가로 세로로 엮어 놓고 압축한 후 햇볕에 말리어 종이로 사용하였다. 영어에 paper는 파피루스에서 파생된 단어이다. 옛날 애굽에는 파피루스 사업이 성행하였다.

파피루스로 광주리, 배(boat) 등 다양한 물건들을 만들었으며, 모세는 갓난아기로 파피루스로 만든 갈대 상자에 몸이 실렸었다(출 2:3). B.C. 2000년경부터 A.D. 400년까지 파피루스를 종이로 사용하였다.[3]

지금도 이집트의 카이로 박물관에는 3,000년 전의 파피루스가 보존되어 있다.

3) 특별히 가죽 종이에 쓴 책을 가지고 오라

"특별히 가죽 종이에 쓴 책"(말리스타 타스 멤브라나스, μάλιστα τὰς μεμβράνας; parchments)은 한 단어로서 동물, 특히 양, 송아지, 염소 등의 안 가죽(inner skin)으로 만든 두루마리 책(scrolls)을 가리킨다. 두루마리의 길이는 약 30feet 가량 된다.

서기관들(Scribes)은 파피루스 종이나 또는 안 가죽 종이에 성경을 잉크로 기록하였다(사 8:1; 렘 36:4; 18, 32).

옛날의 잉크(ink 먹)는 숯이나 또는 검은 탄소를 송진이나 기름에 혼합하여 만든 것이다(렘 36:18).[4]

두루마리 책을 읽을 때에는 한 손으로는 펴면서 다른 한 손으로는 감으면서 읽었다(사 34:4; 에 2:10; 눅 4:17, 20; 계 5:1; 6:14).

두루마리 책의 내용을 보관하기 위하여 때로는 인으로 봉하였다(계 5:1, 2, 5, 9). 사도 바울은 감옥에서 몸이 쇠약하며 추운 가운데서도 하나님의 말씀을 그토록 사모하였다.

디모데가 기한 내에 로마에 도착하였겠는가? 우리는 디모데가 사도 바울이 원하는 기한 내에 도착하였으면 하는 마음이 간절하다.

---

3 Zondervan, *NIV Study Bible* (Grand Rapids: Zondervan, 1978), p. 1185.

4 Abbott-Smith, *Manual Greek Lexicon on the N.T.* p. 480.

4. 너는 겨울 전에 오라.

디모데후서 4:21a, "겨울 전에 너는 어서 오라"(스푸다손 프로 케이모노스 엘데인, Σπούδασον πρὸ χειμῶνος ἐλθεῖν; you are every effort to come before winter).

사도 바울은 9절에서 "어서"(스푸다손, Σπούδασον; hasten, urge on, accelerate; 서둘러라, 긴급히 서둘러라, 가속하라)이라는 명령법(imperative)을 본 절에서도 재차 사용하므로 긴급성을 나타냈다.

그러나 9절에서는 타케오스(ταχέως; quickly, without delay; 속히, 지체 없이)라는 부사를 사용하였는데 본 절에서는 "프로 케이모노스"(πρὸ χειμῶνος; before winter; 겨울 전에)라는 전치사구를 사용하였다. 다시 말하면 프로는 계절을 나타내는 케이모노스와 함께 사용되었다. 이는 디모데가 도착하여야 할 때를 가리킨다. 사도 바울이 디모데가 오기를 간절히 열망하는 때는 늦어도 겨울이 시작되기 전(前)이다.

겨울이라는 단어 "케이모노스"(χειμῶνος)는 추운 계절 겨울을 나타내기도 하며(마 24:20; 막 13:18; 요 10:22; 딤후 4:21), 춥고 폭풍이 부는 날씨에도 사용되었다(마 16:3; 행 27:20).[5] 그런데 본 절은 겨울을 뜻한다. 겨울은 11월부터 3월 까지를 말한다.[6]

만일 디모데가 겨울 전에 오지 못한다면 봄까지 기다려야 하며, 만일 그렇게 된다면 추운 겨울을 토굴 감옥에서 지낼 수 있을지, 최후 재판과 형이 그때까지 지연될 수 있을지 아무도 예측할 수 없다. 그러므로 사도 바울은 디모데에게 "너는 겨울 전에 서둘러, 일정을 앞당겨 속히 오라"고 명령하였다.

---

5 J. Kelso, *ZPEB V*, 806.

6 J. D. Douglas, *The New International Bible Dictionary*, p. 366.

38.

마지막 한 말씀들
(Final Remarks)

1. 데마는 데살로니가로 갔다.
2. 그레스게는 갈라디아로 갔다.
3. 디도는 달마디아로 갔다.
4. 누가만 나와 함께 있느니라.
5. 두기고는 에베소로 보내었노라.
6. 에라스도는 고린도에 머물렀다.
7. 드로비모는 병듦으로 밀레도에 남겨 두었다.

디모데후서 4:10-12, "데마는 이 세상을 사랑하여 나를 버리고 데살로니가로 갔고, 그레스게는 갈라디아로 갔고, 디도는 달마디아로 갔고, 누가만 나와 함께 있느니라 네가 올 때에 마가를 데리고 오라 그가 나의 일에 유익하니라 두기고는 에베소로 보내었노라."

본 절에서는 데마, 그레스게, 디도, 누가, 마가 등 5명의 이름들이 열거되었다.

1. 데마는 데살로니가로 갔다.

1) 데마(Demas)는 사도 바울의 동역자였다.

사도 바울이 로마 감옥에 제1차로 투옥되었을 때에 골로새교회 성도들에게 보낸 편지에는 누가와 데마도 너희에게 문안하느니라(골 4:14)고 하였고, 빌레몬서를 보낼 때에도 데마를 마가와 누가와 함께 나의 동역자 (My fellow worker)라고 하였다(몬 1:24). 이렇게 데마는 바울의 복음사역에 동참한 핵심인물들 중 한 사람이었다.

2) 데마는 사도 바울을 떠났다.

4:10, "나를 버리고"(메 엥카텔리펜; με ἐγκατέλιπεν; deserted)는 엥카탈레이포, (ἐγκαταλείπω; to leave behind, abandon, desert, forsake 뒤에 남겨두다, 포기하다, 버리다, 잊어버리다)의 과거시상이다. 따라서 "나를 버리고"라는 말씀은 나를 뒤에 남겨두고, 포기하고 떠났다는 뜻이다. "버리다"는 이 단어는 마태복음 27:46, 마가복음 15:34, 사도행전 2:27, 디모데후서 4:10, 16, 히브리서 13:5 등에서도 나타난다.

3) 데마는 데살로니가로 갔다.

4:10, "데살로니가로 갔고"(에이스 데살로니켄, εἰς θεσαλονίκην; has gone to The Thessalonica) 데살로니가(Thessalonica)는 유럽의 관문인 마게도니아 지방의 가장 큰 템마익 만(Themaic Gulf) 어귀에 위치한 항구/도시로 헬라 신화의 본산인 올림푸스산(Mt.Olympus)이 보이는 곳이다.

데살로니가는(그리스의 알렉산더 대제 사후〈死後〉, B.C. 332년) 그리스를 통치한 알렉산더의 후임 카산더(Cassander)가 B.C. 315년경 이 지역을 확장시켰다.

B.C. 168년에는 로마가 이 지방도 점령하였다. 데살로니가에는 로마인들과 상당수의 유대인들이 살았다. 당시 인구는 약 20만이었으며, 교통과 무역의 중심지, 군사 요충지, 로마제국의 마게도니아도(로마제국의 행적구역)의 수도였다.

빌레몬서 24절의 데마는 사도행전 20:4, "… 데살로니가 사람 아리스다고"와 함께 언급된 것을 보면 데마의 고향이 데살로니가가 아닌가 추측된다.

데마는 왜 데살로니가로 갔는가?

10절 초두에 가르(γάρ; because, for; 왜냐하면, 그 이유는)이라는 접속사가 나와 그 이유를 밝힌다. 즉 데마가 사도 바울을 버리고 데살로니가로 간 이유는 이 세상을 사랑하였기 때문이다. "데마는 이 세상을 사랑하여 데살로니가로 갔고."

그런데 본 절에서 "이 세상"(눈 아이오나, νῦν αἰῶνα; the present age)은 이 시대를 가리킨다(마 12:32; 고전 1:20; 엡 1:21). 이 시대는 하나님을 반역하는 시대, 패역한 시대, 죄악이 관영한 시대, 세상 연락을 즐기는 시대(눅 17:26-30)이다.

데마는 진리에 대한 확실한 깨달음이 없고, 육신의 안일과 유익을 위하여, 편안한 길을 걷기 위하여 세상으로 나갔다. 데마는 세상으로 나가서 세상을 계속 사랑함으로 그의 영은 병들고 쇠잔하고 죽어가는 가련한 자가 되었다.

- 요한일서 2:15, "이 세상이나 세상에 있는 것들을 사랑치 말라 누구든지 세상을 사랑하면 아버지의 사랑이 그 속에 있지 아니하니."
- 야고보서 4:4, "간음하는 여자들이여 세상과 벗된 것이 하나님의 원수임을 알지 못하느뇨 그런즉 누구든지 세상과 벗이 되고자 하는 자는 스스로 하나님과 원수되게 하는 것이니라."

그레스게, 디도, 누가, 마가 등은 사도 바울의 신실한 조력자들이므로 비판하거나 정죄하지 않았다.

2. 그레스게는 갈라디아로 갔다.

4:10, "그레스게는 갈라디아로 갔고"(크레스케스 에이스 갈라티안, κρήσκης εἰς γαλατίαν; has hone to Galatia)는 갈라디아로 가서 거기서 머물러 있음을 암시한다.

그레스게(Crescens)는 이곳에만 나타나므로 그가 누구인지 잘 알 수 없고 또 데마와는 달리(대조적으로) 갈라디아(Galatia)로 간 이유도 잘 알 수 없다. 아마도 사도 바울의 지시로 복음을 전하기 위하여 갈라디아 지방으로 파송되지 않았을까 추측된다.

그런데 갈라디아는 소아시아 북쪽 가울(Gaul 지금의 불란서)인지 아니면 당시 로마 행정구역인 갈라디아 소아시아 중앙, 지금의 터키의 중앙지대인지 확실치 않으나 대다수의 학자들은 남 갈라디아설을 취한다. 사도 바울이 제1차 전도여행 시(행 13:-14:)에 복음을 전한 안디옥, 이고니온, 루스드라, 더베 등은 갈라디아 지방에 속한 도시들이었다.[1]

3. 디도는 달마디아로 갔다.

4:10, "디도는 달마디아로 갔고"(티토스 에이스 달마티안, Τιτος εἰς Δαλματίαν; Titos to Dalmatia; 디도는 달마디아로).

- "달마디아"(Dalmatia)는 마게도니아의 북쪽 옛 일루리곤(Illyricum) 해안, 지금의 알바니아와 유고슬라비아의 일부지역이다(롬 15:19). 디도는 복음사역을 위하여 달마디아로 갔을 것이다.
- 디도는 헬라인(이방인) 부모의 아들로(갈 2:3), 사도 바울의 전도로 회심 개종한 후 바울을 따라 예루살렘으로 갔고, 유대주의자들은 디도가 할례를 받아야 한다는 주장을 바울이 거절하였다. 이로서 디도는 이방인으로 그리스도 예수를 믿음으로 구원받아 교회의 일원이 되는 본을 보여주었다.
- 사도 바울은 디도를 "나의 참 아들"(my true son)이라고 불렀다. 이는 물론 믿음의 아들, 영적인 아들임을 나타낸다. 사도 바울은 디모데를 또한 "믿음 안에서 나의 참 아들"(my true son in the faith)이라고 하였다(딤전 1:2).
- 사도 바울은 제3차 선교여정 시 디도로 하여금 고린도로 가서 고린도교회가 안고 있는 여러 가지 문제들을 해결하도록 당부하였다(고전 1-6; 고후 2:13; 7:5-16).
- 디도는 그레데에서 그의 사역을 마치고 로마로 가서 바울을 만나고

---

1 Eusebius Pamphilus, *Eusebius' Ecclesiatical History* (New York: Hendrickson Pub, 1998), pp. 3. 4.

(딛 1:5), 달마디아로 갔다고 생각된다. 디도는 교회설립, 분쟁해결 등에 사명과 능력이 있는 종이었다(딛 1:4-5).

4. 누가만 나와 함께 있느니라.

4:11, "**누가만 나와 함께 있느니라**"(루카스 에스틴 모노스 멧트 에무, Λουκᾶς ἐστιν μόνος μετ' ἐμοῦ; Only Lukis with me; 누가만 나와 함께 있느니라).

데마는 세상을 사랑하여 데살로니가로 갔고, 그레스게, 디도도 떠났으니 바울과 함께 남은 자는 누가(Luke)뿐이었다. 누가만 나와 함께 있느니라는 말씀은 그의 충성심을 엿볼 수 있다. 누가는 아마도 이방인으로 헬라문명을 잘 아는 지식층의 젊은 사람이었다.

- 누가는 의사(medical doctor)였다. 골로새서 4:14, "사랑을 받은 의원 누가"(Luke, the beloved physician).
- 누가는 역사가(historian)이었다. 누가는 누가복음과 초대교회의 역사인 사도행전을 기록하였다. 사도행전의 저자가 누가라는 내증(內證)은 없으나, 사도행전 자체가 저자는 누가임을 확신케 한다. 외증(外證)으로는 무라토리안 정경(Muratorian Canon, A.D. 170), 초대교회 역사가 유세비우스(Eusebius, c.325)는 사도행전의 저자는 누가라고 하였다.[2]
- 누가는 사도 바울의 동역자(Luke, the companion of Paul)였다. 누가는 의사로서 사도 바울의 전도에 동참하였고, 사도 바울이 제1차 로마 감옥에 투옥되었을 때 누가도 같이 투옥되었다(골 4:14 몬 24). 그는 사도 바울의 제2차, 제3차 선교여정에도 동행하였을 뿐만 아니라(행 16:10-17; 20:5-21; 27:1-28:16; 몬 23; 골 4:10-27), 바울의 이 옥중에서 서신들(엡, 빌, 골, 몬)을 기록하는 일에도 비서역을 감당하면서, 또한 의사로서 바울의 건강을 보살폈다.
- "누가만 나와 함께 있느니라"는 말씀의 배경은 두기고는 에베소로

---

2 Zondervan, *NIV Study Bible*, p. 1731.

보냈고(12절), 에라스도는 고린도에 머물고, 드로비모는 병들어 밀레도에 남았고(20절), 누가만 바울과 함께 있었다.

5. 두기고는 에베소로 보내었노라(4:12).

두기고는 어떤 인물이었는가?

- 두기고(Τύχικον; Tychicus)는 소아시아인 아마도 에베소인이었다(행 20:4).
- 두기고는 사도 바울의 사랑받는 형제요, 신실한 일꾼이요, 주 안에서 함께 된 종이요, 협력자였다(엡 6:21 골 4:7).

사도 바울에게는 신실되고 충성된 목회자 디모데, 전도자요 선교사인 마가, 의사요 사학가인 누가, 목회자 디도, 신실되고 충성된 일꾼들인 두기고·에바브로 디도·실라·마가의 어머니 마리아·뵈뵈 같은 여성도들, 브리스길라와 아굴라 같은 부부 등이 있어서 하나님의 일을 더욱 효과적으로 할 수 있었다. 사도 바울은 이 모든 사람들을 가리켜 하나님의 일을 같이 하는 동역자들(fellow workers)이라고 하였다.

- 두기고는 고린도교회가 모금한 구제금을 예루살렘교회에 전달하였다. 사도 바울은 디도와 아마도 두기고로 하여금 고린도교회가 모금한 거액의 구제금을 예루살렘교회에 전달케 하였다(고후 8:16-24). 그만큼 두기고는 신실한 일꾼이었다.

당시 팔레스타인 전역에는 로마 제4대 글라우디오(Claudius) 재위 제4년부터 4년간(A.D. 44-47) 큰 흉년이 들었다. 그때에 안디옥교회, 고린도교회, 마게도니아교회 등의 온 성도들은 힘껏 구제 헌금하여 예루살렘교회에 보냈다(행 11:27-30; 롬 15:26-27; 고전 16:1-3).

- 두기고는 사도 바울이 옥중에서 쓴 에베소서와 골로새서를 에베소교회와 골로새교회에 전달한 전달자(Messenger)이다.
- 에베소서 6:21, "나의 사정 곧 내가 무엇을 하는지 너희에게도 알리려 하노니 사랑을 받는 형제요 주 안에서 진실한 일꾼인 두기고가

모든 일을 너희에게 알게하리라."
- 골로새서 4:7-9, "두기고가 내 사정을 다 너희에게 알려주리니 그는 사랑을 받는 형제요 신실한 일꾼이요 주 안에서 함께 된 종이라 내가 그를 특별히 너희에게 보내는 것은 너희로 우리 사정을 알게 하고 너희 마음을 위로하게 하려 함이라 신실하고 사랑을 받는 형제 오네시모를 함께 보내노니 그는 너희에게서 온 사람이라 저희가 여기 일을 다 너희에게 알게 하리라."
- 두기고는 그레데 교회의 어려운 일들을 담당하기 위하여 파송을 받았다. 이는 디도를 불러온 후 디도의 직무를 대신 담당케 하기 위함이다.
- 디도서 3:12, "내가 아데마나 두기고를 네게 보내리니 그때에 네가 급히 니고볼리로 내게 오라 내가 기기서 겨울을 지내기로 작정하였노라."
- 두기고는 사도 바울의 제1차 투옥 시에도, 제2차 투옥 시에도 사도 바울과 같이 있었다(엡 6:21; 골 4:7-9; 딛 3:21).

"두기고는 에베소로 보내었노라."

사도 바울이 이번에는 두기고를 에베소로 보냈다. "보냈다"(아페스테일라, ἀπέστειλα: I sent)는 내가 보냈다는 뜻이다. 이 말씀은 데마는 세상을 사랑하여 나를 버리고 데살로니가로 갔고, 그레스게와 디도는 갔고(went away), 두기고는 내가 보내었노라(I sent, 4:12)는 말씀들은 비교적이고 대조적이다.

사도 바울이 두기고를 에베소로 보낸 것은 디모데로 하여금 바울에게 겨울전에 그리고 자신이 임종 전에 믿음의 아들 디모데를 보기 위함이었다. 두기고가 에베소서를 지참하고 에베소로 가서 디모데와 온 교우들에게 전달하므로 온 교우들은 디모데를 속히 보내고, 두기고는 디모데를 대신하여 일정 기간(겨울이 지나도록) 충성하게 되었다(에베소 - 딤전 1:3, 특주 참조).

6. 에라스도는 고린도에 머물렀다(Erastus stay in Corinth).

디모데후서 4:20, "에라스도는 고린도에 머물렀고…."

1) 로마서 16:23, "… 이 성(城)의 재무 에라스도…."

에라스도는 고린도 시의 재정관(city treasurer of Corinth)이었다. 에라스도는 고린도 시장(아고라, agora)과 야외 극장을 있는 도로를 돌들로 포장하였다.

성서 고고학자들은 돌들로 포장된 고린도 광장에 라틴어로 "지방 행정관 에라스도가 이 포장의 비용을 담당하다"(Erastus, commissioner of public works, bore the expense of this pavement)라고 새겨져 있는 것을 발견하였다.[3]

고린도는 그리스의 항구 도시로 B.C. 27년부터 로마 행정구역 아가야의 수도였다.

2) 사도행전 19:22, "자기를 돕는 사람 중에서 디모데와 에라스도 두 사람을 마게도냐로 보내고 자기는 아시아에 얼마간 더 있으니라."

사도 바울은 아시아(소아시아의 에베소)에 머무는 동안 조력자 디모데와 에라스도를 북쪽 유럽의 관문인 마게도니아로 보냈다.

3) 디모데후서 4:20, "에라스도는 고린도에 머물었고."

에라스도는 마게도니아를 다녀온 후 고린도에 유하면서 복음을 전하였다. 그는 전에 고린도 시의 재무관(지방 행정관)으로 있으면서 고위층을 비롯한 상당한 사람들과 안면이 있었을 것이니 전도에 큰 역사가 일어났을 것이다.

사도 바울이 고린도를 떠난 후에 고린도교회 내에 많은 도덕적, 영적 문제들이 발생하였다는 소식을 글로에의 집 사람으로부터 보고받아 알게 되었다. 즉 고린도교회에 분열(고전 1:11), 육욕(고전 3:3), 복음 사역에 대한 잘못된 생각(고전 3:5-4:21), 간음과 음란(5:1), 그리스도인들 사이의 문제를 세상 법정에 고소(고전 6:1), 성도덕 타락과 문란(고전 6:15 7:1-2), 자유의 남용과 위반(고전 8:1), 여성의 위치(고전 11:3), 주의 성찬의 오용

---

3 Wansink, *Roman Law and Regal System*, p. 987.

(고전 11:20-22), 영적 은사들에 대한 무지와 혼란(고전 12:1), 잘못된 방언 (고전 14장), 그리스도인들의 육체적 부활 부인(고전 15:12) 등 도덕적, 윤리적, 교리적 문제들이 많이 발생하였다. 그러므로 사도 바울은 제3차 선교여정 시 그와 같은 잘못을 바로잡고 훈계하기 위하여 에베소에서 고린도서를 기록하여 고린도교회에 보냈다.

7. 드로비모는 병듦으로 밀레도에 남겨 두었다.

디모데후서 4:20b, "… 드로비모는 병듦으로 밀레도에 두었으니."

- "드로비모"(Τρόφιμον; Trophimus)는 소아시아의 에베소 사람이었다(행 20:4; 21:9).
- 드로비모는 이방인으로 그리스도 예수를 구주로 영접하였고 바울의 제3차 선교여정 시에는 바울의 조력자로 동참하였다.
- 드로비모는 예루살렘에 큰 흉년과 기근이 들었을 때 고린도교회가 자원하여 힘껏 모금한 구호금을 디도와 함께 예루살렘교회에 전달한 사람이었다(고후 8:19-22).
- 드로비모는 사도 바울의 사역을 돕는 자, 사람들로부터 인정을 받는 자, 물질에도 깨끗한 자였다.

밀레도(Miletus)에 남겨 두었다.

사도 바울은 제1차 선교여정 시 복음을 전하였으며, 그때에 많은 유대인들과 이방인들이 예수님을 구주로 영접하였다(행 13:16, 26, 43).

사도 바울은 제3차 선교 마지막에 이르러 예루살렘으로 돌아가는 도중 에베소를 거쳐 밀레도에 이르렀다. 바울은 밀레도에서 사람을 에베소로 보내어 에베소교회 장로들을 청하였다. 그 이유는 자신이 이번에 예루살렘으로 올라가면(제5차 예루살렘 방문) 다시는 그들을 볼 수 없다고 생각하였기 때문이다(행 20:17-23).

- 밀레도는 에베소에서 남쪽으로 약 56km(35mile) 떨어진 메안데 강 (Meander River) 하구에 위치한 지중해 연안 해안 도시(무역항)로 무

역이 성하였다. 그러나 오랜 세월 동안 사토(모래와 흙)가 쌓여 지금은 육지가 되었다.

"…드로비모는 병듦으로 밀레도에 두었으니."

이 말씀은 사도 바울이 드로비모를 밀레도에 남겨둘 수밖에 없었던 이유를 밝힌다. 드로비모가 어떤 병으로 고생하는 지 알 수 없으나 다만 한 가지 분명한 것은 그가 병으로 더 이상 사도 바울의 전도여행에 동행할 수 없다는 사실이다. 그리하여 바울은 드로비모를 밀레도에 남겨 놓았다.

신유의 은사(Healing)?

사도 바울은 그의 복음 사역 초기부터 상당한 기간 동안은 신유의 은사를 받아 이적과 기사들을 행하였다(고후 12:12). 신유의 은사(healing)는 일시적 은사들 중 하나로 사도의 입증과 하나님의 말씀이 문서로 완료되기 전 복음 전파를 위함이었다.

- 사도 바울은 그의 제1차 선교여정 시(A.D. 46년경) 루스드라에서 나면서부터 앉은뱅이를 "큰 음성으로 네 발로 일어서라"라고 말씀만 하였는데 그 앉은뱅이가 제 발로 일어섰다(행 14:10).
- 사도 바울은 그의 제3차 선교여정 시(A.D. 54 or 57년경) 에베소에서 특별한 이적들을 행하였는데 심지어는 바울의 몸에서 손수건이나 앞치마를 가져다가 병자들에게 얹으니 질병들이 나았고 악귀들(evil spirits)이 떠나갔다(행 19:11-12).
- 드로아에서는 사도 바울이 한 다락방에서 밤중까지 하나님의 말씀을 전할 때 3층 창가에 앉아있던 유두고라는 한 청년(티스 네아니아스; τις νεανίας; a certain young man 당시 약 14세 정도)이 떨어져 죽었다. 그 때에 바울은 내려가 죽은 몸을 품에 안고 "생명이 그의 안에 있다"하고 살렸다(행 20:10).
- 사도 바울은 최후로 로마에도 복음을 전하기 위하여 로마로 가는 도중에 말타섬(Malta 멜리데섬)에 이르렀다. 말타섬은 큰 시실리섬 남쪽

96km(60mile) 떨어진 작은 섬이다. 이 섬의 추장 보블리오는 바울의 일행을 영접하여 3일 동안이나 친절히 유숙케 하였다. 그때에 그의 부친이 열병과 이질에 걸려 병상에 누워 있는 것을 사도 바울이 들어가 그에게 안수하여 낫게 하고 그 섬 다른 병자들도 낫게 하였다(행 28:7-8).

그런데 사도 바울의 조력자들 중 한 사람인 드로비모의 병은 고치지 못하였는가? 뿐만 아니라 바울 자신의 병은 왜 고치지 못하였는가?

사도 바울은 자신의 병이 낫기 위하여 하나님께 3번이나 간절히 기도드렸으나 고침을 받지 못하였다. 그 이유는 하나님께서 바울의 육체에 가시를 허용하심은 교만하지 않게 하기 위하여, 약한 데서 온전케 하기 위함이기 때문이다. 그러므로 하나님은"내 은혜가 네게 족하도다"라고 말씀하셨다(고후 12:7-9).

이것은 분명히 사도의 말기에 이르러는 병고치는 은사(healing)를 거두어 간 증거이다. 분명히 하나님의 뜻은 이적이 모든 시대에 항상 계속되는 것이 아니다. 사도 시대 이후 병고치는 은사는 다른 일시적 은사들 곧 병고치는 은사, 예언의 은사, 방언의 은사, 방언 통역의 은사들과 함께 하나님의 특별계시의 말씀들을 확증하는 목적을 성취하였을 때 이 이적들은 거두어 가셨다.

오늘날 병고치는 역사는 성도들의 간절한 기도의 응답으로 하나님께서 직접 치유해 주신다.

39.

알렉산더에 대한 경고
(Warning Against Alexander)

1. 알렉산더가 해를 많이 끼쳤음
2. 주께서 행한대로 보응하심
3. 주의하라.

디모데후서 4:14-15, "구리 세공업자 알렉산더가 내게 해를 많이 입혔으매 주께서 그 행한 대로 저에게 갚으시리니 너도 그를 주의하라 그가 우리말을 심히 대적하였느니라."

1. 알렉산더가 해를 많이 끼쳤음(4:14)

"알렉산더"(알렉산드로스, Ἀλέξανδρος; Alexander)는 사람의 이름이요, 구리 세공업자(coppersmith)는 알렉산더의 직업이다.

"구리 세공업자"(호 칼큐스, ὁ χαλκεύς; the coppersmith)는 구리로 세공업을 하는 자이다. 이 단어는 칼코스(χαλκεύς; copper; 구리)에서 인출되었다. 그러나 이 단어가 후에는 점점 더 광범위하게 사용되어 어떠한 금속 특히 쇠(iron)붙이에도 다 적용되었다. 알렉산더는 에베소에서 아데미(Artemis) 우상을 만들어 돈을 많이 버는 자였다. 아데미는 로마의 여신 다이아나(Diana)의 헬라어 이름이다.

알렉산더는 과거에는 신앙생활을 하였으나 후에는 양심을 버리고 믿음에 관하여는 파선된 신앙적으로 타락한 자가 되었다(딤전 1:20). 양심은 선과 악, 옳은 것과 잘못된 것을 판단하고 옳은 것은 행하도록 명령하는 도덕적 주체이다.

그런데 알렉산더는 이 양심을 버렸다(딤전 1:20, 참조).

"내게 해를 많이 보였으매"(폴라 모이 카타 에네데익사토, πολλά μοι κακὰ ἐνεδείξατο; did me much harm)는 나에게 매우 악하게 대하였다는 뜻이다. 이 단어는 가끔 "법적에서 누구를 반대하여 진술한다"(…inform against)는 말로도 사용되었다.

"저가 우리 말"(우리의 전한 복음, our message)을,

"심히 대적하였느니라"(안테스테, ἀντέστη; he strongly oppased; 그는 강하게 반대하였다)는 매우 강하게 반대하였다는 뜻이다. 이 단어는 3:8절의 대적하는 단어와 같은 동사(안테스테산, ἀντέστησαν)이다.

구리 세공업자 알렉산더는 사도 바울과 그이_ 복음전도사역에 해를 많이 끼쳤다. 매우 알랄하게 놀았다. 그러므로 그는 출교 당하였다. 디모데전서 1:20에 "사단에게 내어준 바 되었다"는 출교를 뜻한다.

사도행전 19:33-34에 보면, 알렉산더는 사도 바울과 그가 전한 복음(교훈)에 대하여 법정에서 극렬히 반대하는 증언을 하였다. 에베소에서 일어난 이방인들과 유대인들의 대 소동 중에 극렬히 반대하였다. 그러나 에버소인들은 알렉산더가 유대인인줄 알고 그의 말 듣기를 거부하고 두 시간 동안이나 "크도다 에베소인의 아데미여!"(Great is Artemis of the Ephesians)라고 외쳤다.

교회 다니다가 타락되면 일반 불신자들이나 보통 사람들보다 비교할 수 없이 더 악하게 되는 경우가 많다. 복음의 원수, 신앙의 원수로 돌변한다. 신자가 선한 양심을 버리고 믿음이 파선되면, 신앙이 타락되면 얼마나 악한지 상상할 수 없다.

2. 주께서 행한대로 보응하심(4:16b)

"주께서 그 행한 대로 저를 갚으시리라"(아포도세이, ἀποδώσει; May the Lord

reward)는 "주께서 갚아주시기를 원하나이다"라는 뜻이다. 사도 바운은 자기에게 아무리 악하게 놀고 적대시해도 자신이 직접 개인적으로 원수를 갚고자 하는 마음이나 증오하는 마음을 갖지 않고 오히려 (그들의 영혼들을 불쌍히 여기고) 원수 갚은 것을 그리스도의 최후 심판에 맡기었다.

로마서 12:19, "내 사랑하는 자들아 너희가 친히 원수를 갚지 말고 하나님의 진노하심에 맡기라 기록되었으되 원수 갚는 것이 내게 있으니 내가 갚으리라."

이 구절은 레위기 19:18, 신명기 32:35을 임의로 인용한 말씀이다. 하나님은 공의의 하나님, 심판의 하나님이시다. 하나님은 최후 심판의 날에 각 사람의 행위대로 심판라실 것이다(시 62:12; 전 12:14; 렘 17:10; 롬 2:6; 고후 5:10; 벧전 1:17; 계 2:23; 20:12).

하나님의 복음사역에, 구원운동에, 하나님의 종의 목회사역에 해를 끼친 알렉산더와 같은 무리들은 하나님이 반드시 심판하실 것이다.

만일 내가 원수를 갚는다면 나는 바로 갚을 수 없다. 나는 죄성이 있고 또 무능하기 때문에 공의로 심판하지 못하고, 원수를 사랑하며 회개케 하지 못하며, 선으로 악을 이길 수 없다. 뿐만 아니라 자신을 반성하고 바로 세울 수도 없다. 하나님은 원수 갚는 것이 내게 있으니 내게 맡기라고 하셨다(롬 12:19).

3. 주의하라(4:15).

"너도 그를 주의하라." 사도 바울은 디모데에게 그런 사람들을 주의하라고 경고하였다. 그런 사람들과는 사귀지도 말고 짝하지도 말라.

"너"(수, σύ; you; 너)는 디모데를,

"그"(아우투, αὐτοῦ; him)는 알렉산더를,

"주의하라"(풀라수, φυλάσσου; guard against)는 …에 반대하여(자신을) 보호하라, 지키라는 뜻이다.

40.

사도 바울의 변호(로마 법정에서)
(The First Defence on Roman's Court)

1. 변호(변명)에 대한 어원적 고찰
2. 변호에 관한 실례들
3. 변호의 필요성?
4. 왜 사도 바울이 로마 법정에 서야만 했는가?
5. 사도 바울의 로마 법정에서 첫 번째 변호는 언제였는가?
6. 사도 바울은 소아시아에도 관원 중에 가까운 친구들이 많이 있었다.

디모데후서 4:16, "내가 처음 변명할 때에 나와 함께 한 자가 하나도 없고 다 나를 버렸으나 저희에게 허물을 돌리지 않기를 원하노라."

사도 바울은 로마 법정에서 심문을 받을 때 자신을 변호한 사람이 한 사람도 없었다. 그럼에도 변호하지 아니한 저들에게 허물을 돌리지 말기를 원하며 기도드렸다.

"내가 처음 변명할 때에"(엔 테 프로테 무 아폴로기아, 'εν τῇ πρώτῃ μου ἀπολογίᾳ; at my first defence)는 "나의 첫 변호 시에"라는 뜻이다.

1. 변호(변명)에 대한 어원적 고찰

"변명"(아폴로기아, ἀπολογία; a speech in defence, apology)은 아포(ἀπο; from; …로부터)와 로고스(λόγος; word; 말씀)로 구성된 합성 명사로서 상대방의

반대와 공격에 대한 자신의 결백과 무죄의 정당성을 주장하는 것이다.

"아폴로기아"(ἀπολογία)가 신학적 용어로 사용될 때에는 이단(heresy)을 반대하고 기독교의 정통교리를 변호하는 기독교 변증학(Apologetics)의 어근(語根)이 되었다.

이 단어는 법정적 용어로서 이는 변호인(Lowyer)이 법정에서 피고인을 위하여 변호를 대변하는 것을 말한다.

2. 변호에 관한 실례들

- 개인에 대한 변호(고전 9:3)
- 복음을 위한 변호(빌 1:7, 16; 벧전 3:15)
- 법적 송사에 대한 변호(렘 25:16, 23, 28; 고전 6장) 등이다.

3. 변호의 필요성?

만일 자신을 반대하는 악한 무리들의 송사에 자신의 무죄를 변호하지 않는다면?

- 악한 자들의 주장을 인정해주는,
- 악을 용납하는,
- 자신의 권리를 포기하는,
- 공의가 사멸되는,
- 악한 자가 뉘우치고 회개할 기회를 상실하는 결과들을 초래하게 될 것이기 때문이다.

4. 왜 사도 바울이 로마 법정에 서야만 했는가?

그리스도 예수와 그의 복음을 증거하였기 때문이다. 적어도 누가와 두기고는 사도 바울을 위하여 변호할 수 있었을 것이다. 그러나 그들은 아마도 복음사역을 위하여 타지역들로 떠났을 것이고, 바울이 법정에 설 때까지 돌아오지 못하였을 것이다.

5. 사도 바울의 로마 법정에서 첫 번째 변호는 언제였는가?

주경신학자들 사이에 견해를 달리한다.

- 사도 바울이 체포된 후 법정 심문을 위한 첫 번째 예비심문 (preliminary hearing)을 말한다(행 23장).
- 사도 바울이 제1차로 로마 감옥에 투옥되었을 때 받은 예비 심문 (first court hearing)을 말한다(행 28:30, 31).
- 사도 바울이 제2차로 로마 감옥에 수감되었을 때 있었던 인정심문을 말한다.

이 세 설들 중 1번과 2번은 설득력이 없다. 왜냐하면 그때에는 바울의 친구들이 많이 있었고 또 로마의 관원들도 바울에게 동정적이었으며 따라서 행동도 자유스러웠기 때문이다.

로마의 법정 재판은 법정에서 변호인은 피고인을 변호할 수 있었다. 특히 로마 시민권자는 자신이 지방법정에서 불리한 심문과 판결을 받을 위험의 소지가 있다고 판단될 때 특히 사형과 관계된 재판의 경우에는 대법원법정에 상고할 권한이 있었다.[1]

4:16, "나와 함께 한 자가 하나도 없고"(우데이스 모이 파레게네토; οὐδείς μοι παρεγένετο; no one was beside me)는 문자적으로 "나의 곁에 있는 자가 하나도 없었다"는 뜻이다.

이것은 법정에서 사도 바울을 변호하는 자가 한 명도 없었다는 말이다. 상상해 보라! 로마제국의 법정(적그리스도의 세력) 안에는 판사들, 배심원들, 로마군 수비병들, 동족인 유대인들과 살기등등한 무리들로 방청객으로 온 법정을 채웠을 것이다. 그 안에 사도 바울을 변호하는 사람은 단 한 명도 없었고, 사도 바울은 홀로 서 있다는 사실!

사도 바울은 로마제국의 법을 위반한 사실도 없고, 도적질·사기·간음·살인같은 도덕률을 범한 일이 없다. 바울은 율법의 의로는 흠이 없는 자라고 공언하였다(빌 3:6).

---

[1] O'connor, op. ct., pp. 368-9.

6. 사도 바울은 소아시아에도 관원 중에 가까운 친구들이 많이 있었다.

- 사도행전 19:31, "또 아시아 관원 중에 바울의 친구 된 어떤 이들…."

아시아의 관원들(officials)이란 헬라어로 아시알콘('Ασιαρχῶν)으로 아시아 지방의 각 성읍들에서 선출된 10인의 의회 관원들로서 부유하고 영향력 있는 지방의 유지들이다. 이들 중에는 바울의 친구들도 있었다. 그들이 그리스도인인지는 알 수 없지만!

특히 로마에는 가까이 하는 믿음의 형제자매들이 많이 있었다.

- 로마서 16:13-16에 의하면 적어도 26명의 이름들과 5권속이 언급되어 있다. 즉 뵈뵈, 브리스길라와 아굴라 부부, 에배네도, 마리아, 안드로니고, 유니아, 암블리아, 우르바노, 스다구, 아벨레, 아리스도불로의 가족들, 헤로디온, 나깃수의 가족들, 주 안에 있는 자들, 드루배나, 드루보사, 버시, 루포와 그의 어머니, 아순그리도, 블레곤, 허메, 바드로바, 허마, 저희와 함께 있는 형제들 빌롤로고, 율리아, 네레오와 그 자매, 올름바와 함께 있는 모든 성도들 등이다. 이들은 로마교회의 핵심 멤버들(members)이다.

사도 바울은 에베소에도 가까운 믿음의 형제자매들이 있었다.

- 디모데후서 4:21, "… 으블로, 부데, 리노, 글라우디아와 모든 형제" 이들 중 리노(Linus)는 사도 베드로와 사도 바울이 로마에서 순교한 후 로마 감독이 되었다고 한다.

그러나 사도 바울이 법정에서 자신의 무죄함을 변호할 때 정작 변호자가 필요할 때 공적 변호인이 한 사람도 없었다. 그 이유는 자신들의 육신의 생명의 위험을 느꼈기 때문이요, 로마에 많은 그리스도인들이 로마를 떠났기 때문이다.

4:16, "다 나를 버렸으나"(엥카텔리폰, ἐγκατέλιπον; forsook; 잊어버렸다)는 어떤 장소나 상황 하에 그대로 남겨 두었다는 뜻이다. 그리스도 예수께서 오병이어(떡 5개와 물고기 2마리)로 장정만도 5,000명 이상을 먹이고도 12

광주리가 남은 이적을 행하실 때, 각종 병자들을 고치시고 죽은 자들을 살리실 때에는 수많은 무리들이 따랐다.

예루살렘성에 입성하실 때에는 무리가 종려가지를 땅에 펴며 "호산나 호산나!"라고 외쳤다.

그러나 악한 무리에게 잡히시고 빌라도의 법정에 섰을 때는 두 제자만 따라 갔고, 십자가를 지실 때에는 몇몇 여성도들과 요한만 따라 갔다(마 26:56).

일반적으로 사람이 건강하고, 명예와 권세와 부귀가 있을 때는 사람들이 많이 모여들고 반면에 쇠약하고 쇠퇴할 때는 떠나는 것이 통례인 것 같다(욥 19:13-17; 전 14:20; 19:4).

4:16, "저희에게 허물을 돌리지 않기를 원하노라"(메 아우토이스 로기스데이에, μὴ αὐτοῖς λογισθείη; may it not to be counter against them). "저희에게 허물을 돌리지 않기를 원하노라." 이 문장은 부정적 소원을 강조하는 희구법이다.

사도 바울이 로마 법정에서 자신의 무죄함을 변호할 때 마땅히 나타나 변호해주었어야 할 사람들이 한 명도 나타나지 않았으나 사도 바울은 "그들에게 허물을 돌리지 마옵소서"라고 하나님께 용서의 기도를 간절히 드렸다.

주님은 그의 산상보훈에서 "이렇게 기도하라"라고 가르치면서 "… 우리가 우리에게 죄 지은 자를 용서하여 준 것 같이 우리 죄를 사하여 주옵소서"(마 6:12).

주님은 십자가상에서 운명하시면서도 자신을 십자가에 못 박은 악한 무리들에게 12영(legion)도 더 되는 천사들을 보내어 진멸하소서 하지 않고 오히려 "아버지여 저희를 사하여 주옵소서 저희는 자기의 하는 일을 알지 못하나이다"(눅 23:34)라고 하셨다.

스데반 집사도 돌에 맞아 순교할 때 무릎 꿇고 "주여! 이 죄를 저들에게 돌리지 마옵소서"(행 7:60)라고 용서의 기도를 드렸다. 사도 바울은 주님의 교훈을 본받아 그와 같은 기도를 드린 것이다.

41.

주께서 강건케 하시는 이유와 목적
(The Reason and Purpose)

1. 주께서 나와 함께 하심
2. 주께서 나를 강건케 하심
3. 주께서 나를 건져주심
4. 특별한 이유와 목적(주님께서 같이 하시고, 강건케 하시며, 건져주시는)

디모데후서 4:17, "주께서 내 곁에 서서 나를 강건케 하심은 나로 말미암아 선포된 말씀이 온전히 전파되어 이방인으로 듣게 하려 하심이니 내가 사자의 입에서 건지웠느니라."

본 절 초두에는 "데"(δὲ; but; 그러나)라는 접속사가 문장 앞에 나와서 앞절과 연결하여 대조한다. 즉 14절에 "구리장색 알렉산더가 내게 해를 많이 끼쳤다"는 말씀과 16절에 "내가 처음 변호할 때 나와 함께 한 자가 한 명도 없고 다 나를 버렸다"는 말씀과 주님께서 내 곁에 계시다는 말씀을 대조하였다.

1. 주께서 나와 함께 하심

"주"(호 큐리오스, ὁ κύριός; Lord; 주)는 그리스도를 가리킨다(4:8, 14, 17). 일반적으로 신약에서 주(主)는 그리스도 예수를 가리킨다.

"주께서 내 곁에 서서"(호 데 큐리오스 모이 파레스테, ὁ δὲ κύριός μοι

παρέστη; but the Lord stood with me)는 주께서는 내 곁에 서서 나를 지켜 보호하여 주셨다는 뜻이다.

사도 바울에게는 구리장색 알렉산더 같은 사람들, 종교계의 지도자들인 대제사장들과 서기관들과 바리새인들과 백성의 장로들, 군중심리에 들떠서 움직이는 많은 무리들, 그리고 불신앙의 이방인들, 로마 제국의 당국자들 등이 신앙의 큰 원수들이었다.

사도 바울에게는 원수들만이 들 끌었고 사도 바울 편에 그를 변호할 사람은 단 한명도 없었다.

사도 바울에게는 가까이 지냈던 신앙의 동료들과 신도들도 많이 있었지만 다 바울을 떠나 버렸다. 데마는 세상을 사랑하여 데살로니가로 갔고, 그리스도인들은 환란과 핍박이 극심하여 토굴과 광야와 타국에서 유리방황하게 되었다.

그러나 주님은 내 곁에 서서 나와 함께 하신다는 확고한 신념과 신앙을 가지고 있었다.

세상에 친구들은 다 나를 버릴지라도 주님은 불변하시어 나를 버리시지 않으시고, 내 곁에 계시며 나를 돌보아 주신다.

2. 주께서 나를 강건케 하심

"나를 강건케 하신다"(카이 에네두나모센 메, καὶ ἐνεδυνάμωσέν με; and strengthen(empowered) me)는 나에게 힘을 주신다, 능력을 주신다. 주님은 사도 바울에게 힘을, 능력을 주신다는 뜻이다. 주님은 사도 바울에게 힘을 주시므로, 능력을 주시므로 힘이 있고 능력이 있음을 가리킨다.

"나를 강건케 하신다" 말씀에는 나는 과거에는 힘이 없고 능력이 없었다는 뜻도 내포되어 있다.

"나를 강건케 하신다"는 말씀은 특히 영적 능력(能力, spiritual power)을 강조한다. 이 말씀에는 물론 체력과 정신력도 포함된다. 사람이 영적으로 강건하면 일반적으로는 체력도 정신력도 비교적 강건하게 마련이다.

사도 바울은 디모데전서 1:12, "나를 능하게 하신 그리스도 예수 우리

주께 내가 감사함은",

빌립보서 4:13, "내게 능력 주시는 자 안에서 내가 모든 것을 할 수 있느니라"고 고백하면서 디모데에게 "너는 그리스도 예수 안에 있는 은혜 속에서 강하라"고 하였다.

사도 바울은 강건케 하신 주님은 우리의 연약함을 또한 강건케 하신다.

3. 주께서 나를 건져주심

"나를 사자의 입에서 건지웠느니라"(카이 엘루스덴 스토마토스 레온토스, καὶ ἐρρύσθην ἐκ στόματος λέοντος; I was delivered out of [the] lion's mouth)는 문자적으로는 사자의 입에서 구출되었다는 뜻이다.

그러나 사도 바울은 로마 시민권자인 이상 원형극장(Coliseum)에서 사자들에게 물리고 찢겨 죽임을 당하지는 않는다. 그러므로 "사자의 입에서 건지웠느니라"는 말씀은 상징적 표현으로 네로 황제(Nero)로부터 또는 악한 무리들로부터 건지움을 받았느니라는 뜻이다.

- 시편 22:21, "나를 사자의 입에서 구하소서(rescue!) 주께서 내게 들소 뿔에서 나를 구원하소서!"

다윗은 전능하신 하나님의 구원의 능력을 믿고 의지하였다.

- 다니엘 3:16-18, "사드락과 메삭과 아벳느고가 왕에게 대답하여 이르되 느부갓네살이여 우리가 이 일에 대하여 왕에게 대답할 필요가 없나이다 왕이여 우리가 섬기는 하나님이 계시다면 우리를 맹렬히 타는 풀무불 가운데에서 능히 건져내시겠고 왕의 손에서도 건져내시리이다 그렇게 하지 아니하실지라도 왕이여 우리가 왕의 신들을 섬기지도 아니하고 왕이 세우신 금 신상에게 절하지도 아니할 줄을 아옵소서."
- 다니엘 3:27, "총독과 지사와 행정관리와 왕의 모사들이 모여 이 사람들을 본즉 불이 능히 그들의 몸을 해하지 못하였고 머리털도 그

을리지 아니하였고 겉옷 빛도 변하지 아니하였고 불 탄 냄새도 없었더라."

- 다니엘서 6:22, "나의 하나님이 이미 그 천사를 보내어 사자들의 입을 봉하셨으므로 사자들이 나를 해치 아니하였사오니 이는 나의 무죄함이 그 앞에 명백함이오며 또 왕이여 나는 왕의 앞에도 해를 끼치지 아니하였나이다."

주님은 우리를 사자 굴에서, 험한 시험 물속에서, 악한 세상에서 한두 번 구출해 주신 것이 아니다.

4. 특별한 이유와 목적(주님께서 같이 하시고, 강건케 하시며, 건져주시는)

"나로 말미암아 전도의 말씀이 온전히 전파되어 이방인으로 듣게 하려 하심이니…."

원문에는 히나 절(ἵνα; …in order that;…하기 위하여)이 주님께서 사도 바울과 같이 하시고, 강건케 하시고, 건져주시는 특별한 이유와 목적을 밝힌다.

그 특별한 이유와 목적은 사도 바울로 하여금 전도의 말씀을 이방인들에게 전파하여 그들로 하여금 구원영생을 받아 누리게 하시기 위함이다.

"나로 말미암아"(디 에무, δι' ἐμοῦ; through me; 나를 통하여)는 사도 바울 자신은 전도의 말씀 곧 복음 전파의 도구임을 가리킨다.

"전도의 말씀"(케류그마, κήρυγμα; a proclamation, message, preaching; 선포, 메시지, 전파)은 복음과 복음의 전파를 뜻한다(고전 1:21; 딤후 4:17; 딛 1:3). 케류그마의 핵심은 그리스도 예수의 대리적 속죄의 죽으심과 육체적 부활이다(고전 15:3).

"이방인들"(판타 타 에드네, πάντα τὰ ἔθνη; all the nations; 모든 나라들)은 유대인들을 제외한 모든 민족·나라·백성을 뜻한다. "이방인들"은 유대인과 구별하기 위하여 사용되는 말이다(행 9:15, 딤전 2:7, 3:16).

사도 바울의 전도의 대상은 모든 민족·나라·백성을 다 포함한다. 여기에는 예외가 없다.

"듣게 하려 함이라"(아쿠소신, ἀκούσωσιν; might hear)는 이방인들도 복음을 듣고 구원 영생복락을 받아 누리게 하기 위함이다(2:7 참조).

저 북방 얼음 산과

저 북방 얼음 산과 또 대양 산호섬

저 남방 모든 나라 수 많은 백성들

큰 죄악 범한 민족 다 구원 얻으려

참 빛을 받은 무리 곧 오라 부른다.

만왕의 왕된 예수 이 세상 오셔서
만 백성 구속하니 참 구주시로다.

저 부는 바람따라 이 소식 퍼지고

저 바다 물결좇아 이 복음 전하자

아멘.

42.

바울의 신앙과 송영
(Paul's Faith and Doxology)

1. 사도 바울은 "주께서" 자신을 모든 악한 길에서 건져 주실 것을 확고히 믿었다. 사도 바울의 신앙 고백이다.
2. 사도 바울은 주께서 천국으로 들어 가도록 인도할 것을 확고히 믿었다. 사도 바울의 신앙 고백이다.
3. 사도 바울은 순교를 앞 두고도 주님께 영광을 돌려 드렸다.

디모데후서 4:18, "주께서 나를 모든 악한 길에서 건져 주시고 또 그의 천국에 들어가도록 구원하시리니 그에게 영광이 세세토록 있을 지어다."

사도 바울은 주(Lord)께서 자신을 모든 악한 일들 곧 육체적 위험들에서 건져 주시고(루세타이, ῥύσεταί; will deliver) 또 천국에서 영광스럽게 나타날 때까지 죄와 사망에서 구원하여 주실 것(쏘세이, σώσει; will save)을 확실히 믿고 그에게 영광이 세세토록 있을지어다라고 영광의 찬가(doxology)를 올렸다.

1. 사도 바울은 "주께서" 자신을 모든 악한 길에서 건져 주실 것을 확고히 믿었다. 사도 바울의 신앙 고백이다.

"주께서 나를 모든 악한 길에서 건져주시고."

"주"(호 큐리오스, ὁ κύριος; The Lord)는 예수 그리스도를 가리킨다.

일반적으로 구약 히브리어 아도나이(אֲדֹנָי; Lord; 주[主]), 70인역과 신약 헬라어 큐리오스(κύριος), 영어로 Lord, 한국어로 주(主)이시다. 그런데 신약에서 "주"는 하나님과 그리스도께 모두 사용되었다(마 1:20; 11:25; 눅 1:32; 2:9; 행 17:24; 고전 15:28; 딤전 6:15). 그러나 본 절에 "주"는 문맥상 예수 그리스도를 가리킨다.

"나는 모든 악에서"(아포 판토스 엘구 포네루, ἀπὸ παντὸς ἔργου πονηροῦ; from every ecil work or deed; 각각의 모든 악한 일 또는 행위로부터)

"건져 주시고"(소세이 에이스, σώσει εἰς; He will save; 건져 주실 것이다). 사도 바울은 주기도에서 "우리를 다만 악에서 구원하여 주시옵소서"(마 6:13)라는 간구의 말씀을 사용하였다.

당시 로마 제국의 황제 네로(Nero)는 가끔 그리스도인들을 원형 극장(Coliseum)에 몰아 넣어 사자들의 밥이 되게 하였다.

바울은 자신이 투옥되어 있는 감옥에서 순교할 것을 각오하고(4:6-8), 죽음을 항상 준비해 왔다. 그리고 얼마 후에 장엄하게 순교하였다. 그러므로 "나를 모든 악에서 건져 주시고"는 육체(몸)를 생각할 것이 아니라 영혼을 말하는 것이 틀림없다.

"주께서 나를 모든 악에서 건져주시고"는 사도 바울의 확고한 신앙 고백이었다.

2. 사도 바울은 주께서 천국으로 들어 가도록 인도할 것을 확고히 믿었다. 사도 바울의 신앙 고백이다.

"또 그의 천국에 들어 가도록 구원하시리니"(에이스 텐 바실레이안 아우투 텐 에푸라니온, εἰς τὴν βασιλείαν αὐτοῦ τὴν ἐπουράνιον; into His heavenly kingdom)는 장차 사후(死後) 영화로운 몸으로 천국에 들어가 영생복락을 누릴 것을 확신하는 사도 바울의 신앙 고백이다.

3. 사도 바울은 순교를 앞 두고도 주님께 영광을 돌려 드렸다.

사도 바울은 순교를 앞두고 모든 악에서 구원하시고, 천국으로 인도하여 영생 복락을 누리게 해 주실 주 하나님을 확고히 믿고, "그에게 영광이 세세토록 있을지어다 아멘"하고 영광의 찬가(Doxology; 송영)를 드렸다.

송영(Doxology)

"영광이 저에게 세세토록 있을지어다. 아멘."

이 말씀은 사도 바울이 하나님께 드리는 송영(Doxology)이다. 송영은 송영의 대상자이신 하나님을 애모하고, 존경하며, 감사하며, 찬양하고, 영광을 돌리는(adoration, honor, thanks, praising and glory) 예배 행위이다(롬 11:36; 16:27; 갈 1:5; 엡 3:21; 딤전 1:17; 6:15-16; 딤후 4:18; 계 5:12-13).

"영광"(독사, δόξα; glory)은 찬란한 광채(radiant splendor), 찬란한 미(美)(radiant beauty), 장엄함(magnificence)이다.

"세세토록"(에이스 투스 아이오나스 톤 아이오논, εἰς τοὺς αἰῶνας τῶν αἰώνων; unto the ages of the ages; 시대들의 시대들에로)은 영원(forever and ever)을 가리킨다(살후 1:9; 롬 16:27; 빌 4:20; 딤전 1:17; 딤후 4:18).

어느 한 시대에 사는 하나님의 자녀들은 그 시대에 각기 족속과 방언으로 하나님께 영광을, 그 다음 시대에 사는 하나님의 자녀들은 각기 족속과 방언으로 하나님께 영광을 우리 주님 재림 때까지 계속될 것이며, 우리 주님 재림하실 때부터는 모든 시대 구속함을 받은 모든 하나님의 자녀들이 다 함께 하나님께 한 음성으로(heavenly language) 할렐루야로 영광을 돌릴 것이니 우리는 그 날을 열망한다(계 19:4, 6).

"아멘"(ἀμήν; Amen)은 동의하다, 찬동하다(may it be to)라는 뜻이며, 아멘의 히브리어 명사는 진리(truth)라는 뜻으로, 주로 찬송·기도·축도·송영 등 끝에 사용된다.

신약에서 하나님께 송영(롬 16:27; 엡 3:20-21; 4:20; 딤전 1:17; 6:16; 벧전 4:11)

신약에서 그리스도 예수께 송영(롬 11:36; 16:31; 갈 1:4-5; 벧후 3:18; 계 1:6; 5:13)

43.

최후 문안 인사
(Final Greetings)

디모데후서 4:19, "브리스길라와 아굴라와 및 오네시보로의 집에 문안하라."

사도 바울은 로마 감옥에 재차 투옥되어 참수(Decapitation; 목베임)로 순교하기 얼마 전 에베소교회 목회자 디모데와 온 성도들에게 최후 문안 인사를 하였다.

이 마지막 최후 문안인사에서 사도 바울은 디모데에게 브리스길라와 아굴라 및 오네시보로의 온 집에도 자주(가끔) 문안해 줄 것을 부탁하였다.

사도 바울은 개인이나 교회(성도들이 몸인 단체) 위에 문안하였다.

그러면 브리스길라와 아굴라 그리고 오네시보로는 어떤 인물들이었으며, 사도 바울과는 어떤 관계가 있었는가?

먼저 사도 바울은 제 2차 선교여정 중(A.D. 49-52, 행 15:39-18:22) 루스드라 → 빌립보 → 데살로니가 → 베리아 → 아텐 → 고린도에서 선교활동을 마치고 안디옥으로 돌아갔다. 그런데 사도 바울은 고린도에서 브리스길라(여)와 아굴라(남) 부부를 만났다. 사도 바울은 고린도에서 1년 반 동안 선교활동을 하였다(행 18:11). 그의 제 2차 선교는 그리스 전(全)지역이었다.

고린도에서 브리스길라와 아굴라를 만남

사도행전 18:2 아굴라라 하는 본도에서 난 유대인 한 사람을 만났다.

아굴라('Ακύλας; Aquila)는 본도(Pontus) 태생이다. 본도는 비시디아와 함께 소아시아 동북부 지역 흑해와 연하여 동서로 길게 뻗은 지역이다.

아굴라는 본도 태생으로 이태리 로마에서 살다가 A.D. 52년 로마의 제4대 글라우디오(Claudius, 41-54 황제기간)가 모든 유대인들은 로마에서 떠나라는 추방령을 내렸다. 그리하여 아굴라는 브리스길라와 함께 고린도로 내려왔다. 아굴라와 브리스길라 부부는 이미 로마에서 유대교에서 기독교로 개종하였다.

사도행전 18:1, 4, "그 후에 바울이 아덴을 떠나 고린도에 이르러…안식일마다 바울이 회당에서 강론하고 유대인과 헬라인을 권면하니라."

아덴에서 고린도까지는 서쪽으로 약 80km(50mile) 떨어져 있다. 아덴에서 고린도까지는 이스무스(Isthmus, 지금은 Isthmia) 해안가를 따라 육로로 가는 길과 아덴의 항구인 피래우스(Pieraeus, 지금은 Pireas)에서 고린도의 이스무스 동해 안의 겐그리아(Cenchrea) 항구로 가는 길이 있는데, 사도 바울이 육로로 갔는지 아니면 해로로 갔는지는 알려져 있지 않다. 지금 육로는 E-94 고속도로이다.

사도행전 18:3, "생업이 같음으로."

생업은 무슨 업인가? 그 생업은 천막 만드는 일이다. 유대인들은 자자손손 업을 계승하였다. 그러므로 바울은 어렸을 때부터 천막 만드는 일을 배웠다.

바울의 부모는 천막 제조업자(Tent-Maker)로 큰 기업가이었다.

천막의 용도: Tent는 군막사용, 여행자들의 이동용, 사람들의 집 등으로 그 용도가 다양하였다.

자급자족: 사도 바울은 아굴라와 브리스길라와 함께 거하며 천막제조업자(tentmaker)로서 열심히 일하여 자급자족하면서 전도하였다.

"오네시보로의 집에 문안하라."

※ 오네시보로(Onesiphorus)는 본 주석 디모데후서 1:16-18 주석 참조.

44.

사도 바울의 순교

1. 순교당한 때: 네로 황제 때
2. 참수
3. 장사
4. 두 비문

1. 순교당한 때: 네로 황제 때

사도 바울은 로마의 네로 황제(Nero emperor) 때 참수(목 베임)로 순교하였다.

로마제국의 네로 황제는 인류 역사상 가장 난폭하고 잔인하고 야만적인 폭군들 중 하나였다. 네로는 A.D. 37-68년까지(황제 재위기간 A.D. 54-68년) 짧은 비극적 생애를 살았다. 그의 어머니 아그립피나(Agrippina)와 그의 법적 아내 옥타비아(Octavia)는 살해당했으며, 네로는 그의 근위대가 A.D. 68년 반란을 일으키는 폭동 초기 30세에 자살하였다.

네로는 A.D. 64년 7월 19-28일까지 9일 동안 로마가 화재로 파괴, 폐허가된 것은 그리스도인들의 방화였다고 누명을 씌우고 수많은 유대인들과 그리스도인들을 체포하여 사나운 맹수들에게 물어 뜯겨 죽이거나 또는 불구덩이에 던져 불에 태워 살해하였다.[1]

일부 성경학자들은 요한계시록 13:18의 666은 네로를 상징한다고도 해석하였다.

---

1 Ibid.

사도 바울은 아마도 네로가 자살(A.D. 68년 6월 9일)하기 바로 얼마 전 제2차 로마 감옥에서 A.D. 67년 말경 순교하였다.

폭군 네로(Nero)는,
- 로마 시(市)의 일부를 불태우고 그리스도인들에게 누명을 씌웠으며,
- 양이나 염소의 가죽을 입혀서 개들로 하여금 물어뜯어 죽게 하였으며,
- 몸을 묶은 후 불 구덩이에 던졌으며,
- 돌로 때려 죽이기도,
- 참수하여 죽이기도 하였다.[2]
- 히브리서 11:36-38, "또 어떤 이들은 조롱과 채찍질뿐 아니라 결박과 옥에 갇히는 시험도 받았으며 돌로 치는 것과 톱으로 켜는 것과 시험과 칼에 죽임을 당하고 양과 염소의 가죽을 입고 유리하여 궁핍과 환난과 학대를 받았으니(이런 사람은 세상이 감당치 못하도다) 저희가 광야와 산중과 동굴과 토굴에 유리하였느니라."

2. 참수(Decapitation 목 베임)

사도 바울은 최후 며칠 동안은 로마 광장 근처에 있는 특수 감옥 (Mammertine Prison)에서 지냈다. 그 특수 감옥은 사형수들을 처형할 때까지 가두어 두는 대기소 유치장이다. 사형언도를 받은 후 바울은 로마 성 (城) 밖 오스티안 거리(Ostian Way) 3번째 이정표 근처 Aquae Salviae(지금의 Tre Fontane)에서 참수당하였다.

로마제국에서의 사형은 십자가 형틀에 못 박는 것이었다. 그런데 어떻게 사도 바울은 십자가 형틀에 못 박히지 않고 참수형을 당했는가?

사도 바울은 혈통적으로는 유대인이나 신분상으로는 로마 시민권자이었기 때문이다(행 16:37; 22:25-27; 25:10-12). 로마 시민권자가 사형 언도를

---

2 Lenski, *St. Paul's Epistles*, p. 138; John McRay, *Archaeology and the N. T.*, p. 258; Jakob Van Bruggen, *Paul* (Philadelphia: P&R, 2001), pp. 149-150.

받으면 참수형에 처하였다.[3]

사도 바울의 여제자 테클라(Tekla)는 그녀의 글(위경문서들)에서 사도 바울의 참수형에 대하여 매우 상세하게 기술함으로서 로마에서의 바울의 최후를 밝히 알려 주었다.

"황제의 칙령이 떨어진 뒤 사도 바울은 끌려 나가 빨리 처형해 달라"고 했다. 그리고 "황제 폐하, 저는 우리의 왕을 위해서 오랫동안 살아 왔습니다. 폐하가 저를 처형한다면, 저는 다시 살아서 폐하에게 나타날 것입니다. 이 세상을 심판하러 다시 오실 예수 그리스도 즉 우리의 왕 앞에서 저는 죽은 것이 아니라 살아 있는 것입니다"라고 말하였다.

사도 바울은 동쪽을 향해 몸을 돌리고 두 손을 높이 든 채 오랫동안 기도드렸다. 그리고 더 이상 아무 말도 하지 않았다. 바울의 몸은 형틀에 놓이고, 양손은 뒤로 묶이고, 머리는 움직이지 못하도록 목에 노끈으로 매어 당겨지고, 로마 군인이 검도(sword)로 사도 바울의 목을 내리쳐 참수당하였다.[4]

사도 바울이 참수당한 곳은 로마시 서쪽 성문 밖 5km지점이다. 사도 바울이 참수당할 때 목베임을 받은 사도 바울의 머리는 3번 튀었으며, 세 번 튄 장소마다 샘이 솟았다고 전해지고 있다.

사도 바울은 그리스도인들을 핍박하기 위하여 다메섹으로 가는 도중에 회심한 이후로는 그리스도와 그의 복음을 위하여 끝까지 충성하고 장렬하게 순교 하였다. 바울이야말로 주님의 몸된 교회를 위하여 순교하였다(골 1:24).

사도 바울은 순교 당한 후 그의 영(靈)은 천상에서 주님과 함께 안식하며 몸의 구속을 기다리고 있는 중이다(빌 1:23-25; 고후 5:8; 롬 8:23). 심판 날에 주님은 사도 바울에게 의의 면류관을 씌어 주실 것이다(딤후 4:7-8).

---

3 『제2성서, 거룩한 사도 바울의 순교』, pp. 325-326.

4 Finegan, *Ant*: MW, p. 30.

3. 장사(Burial)

사도 바울의 사체(死體)는 하나님의 사자(Messenger)로 존경하는 성도들이 바울이 순교한 곳에서부터 약 4.8km(약 3 mile) 떨어진 로마 여인 루시네(Lucine)의 소유지인 포도원에 장사되었고, 그의 유해는 A.D. 3세기 로마 황제 바레리안(Valerian emperor, A.D. 190-260, 재위 253-260) 시대까지 그곳에 있었다.

그 이후 사도 바울의 유해는 압비아 거리(Appian Way)에 있는 성 세바스티안(St. Sebastian)의 카타콤으로 이장되었다.

카타콤(Catacombs)은 압비아 거리(Appian Way)의 2번과 3번 이정표 사이에 위치한 지하묘지이다. 카타콤은 초기 그리스도인들의 피난처이며 예배장소이었다.

사도 바울의 유골들은 교황 실베스터 1세(Pope Sylvester I, A.D. 314년 1월 31일 - 335년 12월 31일)에 의하여 다시 본래의 매장지로 옮겨졌고, 로마 황제 콘스탄틴 대제는 A.D. 324년경 바울에게 경의를 표하여 자그마한 교회(prayer chapel)를 세웠다.

그리고 바로 얼마 후에 화려한 바울 대성당(great basilica of St. Paul)이 건축되기 시작하여 4세기 후반에 완공되었다. 그러나 이 교회는 1823년 7월 15-16일 밤사이에 일어난 대화재로 전소되었다.

지금의 바울교회는 교황 피우스 9세(Pope Pius IX, 1846. 6. 16 - 1878. 2. 7)에 의하여 재 봉헌된 것이다.

4. 두 비문(Two Marble Slabs)

바울교회 주제단 아래 있는 두(2) 고백소의 바닥은 두(2) 대리석판(marble slabs)으로 되어 있다. 한 대리석 판에는 "바울"(Paulo)이라는 이름이 새겨져 있고, 다른 한 대리석 판에는 "사도 순교자"(Apostolo Martyr)라는 글이 새겨져 있는데 이 석판들에 새겨진 이 글체는 콘스탄틴대제 시대 글체이다.[5]

---

5 Finegan, *Ant:* MW, p. 30.

사도 베드로와 사도 바울은 복음으로 로마를 정복하였다.

주님 계신 곳으로

구름아, 나를 안아
주님 계신 곳으로 데려가 다오.

바람아, 나를 실어
주님 계신 곳으로 데려가 다오.

파도야, 나를 태워
주님 계신 곳으로 데려가 다오.

비둘기야, 내 사랑을
주님 계신 곳으로 보내 다오.

부록

인물 소개
(Profiles)

1. 박형룡 박사
2. 가이슬러
3. 구티에레즈
4. 그루뎀
5. 라인홀드 니버
6. 댑니
7. 디센
8. 얼 랄프
9. 루터
10. 칼 맥킨타이어
11. 존 머레이
12. 메이첸
13. 바빙크
14. 반틸
15. 반하우스
16. 버즈웰
17. 벌코프
18. 에밀 브루너
19. 쉐드
20. 스트롱
21. 스펜스
22. 어거스틴
23. 오리겐
24. 제임스 오르
25. 요세푸스
26. 워필드
27. 스테펜 차녹
28. 카이퍼
29. 존 칼빈
30. A. A. 핫지
31. 찰스 핫지
32. 안토니 후크마

1. 박형룡 박사(1897. 3. 28[음력] – 1978. 10. 25. 6시)

한국이 낳은 세계적 칼빈주의 신학자. 정통보수신앙과 신학의 변호자. 경건한 하나님의 사람.

• 출생지: 박형룡 박사는 1897년 3월 28일(음)에 평안북도 백동읍에서

태어났다. 백동읍은 북쪽은 압록강, 남쪽은 동서로 뻗은 높은 준령을 이루고 있다. 기후는 만주 대륙에 접한 내륙부에 위치하여 기온의 교차가 심한 전형적 대륙성 기후로, 겨울에는 평균 영하 45도를 오르내리는 매우 추운 지방이다.

- **출생시의 역사적 배경**: 이때는 우리나라 고종 황제가 보위에 등극하여 대한제국을 창건한 광무(光武) 원년이었다. 기독교 역사는 이 땅에 언더우드(Underwood) 선교사가 복음을 전해 온 지 13년째 되는 해이다. 이 해에 평양에는 숭실학교가 개교되고, 선천읍교회(평북), 안악읍교회(황해), 김포읍교회(경기), 철산읍교회(평북), 중화읍교회(황해), 순안읍교회(평남), 고양읍교회, 사리원 서부교회(황해), 진남포 비석리교회(평남), 서울 광희문교회들이 설립되는 뜻깊은 해였다. 또 순교자 주기철 목사님이 출생한 해이기도 한다.

- **학문에 전념한 청년 시절**: 유년 시절부터 배움의 길에 힘쓰던 중
  1913년 4월-1916년 3월 평북 선천 신성중학교 졸업
  1915년 구정 선천북교회에서 양정백 목사(평양신학교 1회 졸업)로부터 세례를 받음
  1916년 3월-1920년 3월 평양숭실대학 졸업
  1920년 4월-1921년 2월 숭실대학 전도대를 이끌고 순회전도 도중 목포에서 피검되어 옥고를 겪음
  1921년 9월-1923년 7월 중국 남경 금릉대학 수학(문학사)
  1923년 9월-1926년 5월 미국 프린스턴신학교 졸업(신학사 신학석사)
  1926년 9월-1927년 5월 미국 켄터키주 루이빌 시 소재, 남침례교신학교 졸업(철학박사)

- **젊은 시절의 열정적 목회**
  1927년 미국 유학에서 금의환국
  1927년 8-12월 신의주 제일교회 전도사 시무
  1928년 1월 평양 산정현교회 전도사 시무

1929년 5월 평양 노회에서 목사 안수
1929년 5월-1930년 8월 산정현교회 동사 목사
동시에 숭실중학교 성경 교사와 모교인 숭실대학교와 평양신학교 강사로 나가는 중에 신학교 기관지인 「신학지남」에 변증학 논문을 게재하였다.

- **일평생 후진 양성에 전력**
  1928년 4월 1일부터 평양신학교 임시 교수로 취임
  1931년 4월 1일 교수로 취임
  1934년 9월-1938년 9월 정교수
  신학교 폐문과 만주 망명 · 귀국
- 일본제국주의자들이 한국 기독교를 말살하기 위하여 신사참배(神社參拜)를 강요하므로 신학교를 폐문하게 되었다. 일부에서는 신사참배를 하면서라도 학교를 계속하자는 주장도 있었으나 박 박사의 강력한 반대로 폐문하였다.
- 1938년 7월-1942년 8월 일본 동경에서 표준주석위원으로 고린도서, 전도서 저술
- 1942년 9월-1947년 7월 중국 만주로 건너가서 만주, 봉천신학교를 세우고 교수직과 교장직을 맡아 본국에서 망명해 오는 신학생들을 교육
- 1947년 10월-본국에서 당시 고려파 마산 문창교회 시무하던 송상식 목사께서 박형룡 박사님을 공산주의 만주 땅에서 극적으로 탈출시켜 귀국하셨다.
- 1947년 10월-1948년 5월 고려신학교 교장(부산에서)
  1948년 6월-1951년 7월 장로회신학교 교장(대구에서)
  1951년 9월 18일-1972년 2월 총회신학교(현 총신대학교) 조직신학, 변증학 교수, 교장, 대학원장 역임(서울에서)
  1972년 3월 명예대학장 추대
- 1975년 10월 서울 노회에서 공로목사로 추대. 12월 추대식 거행
  현직에서 은퇴한 후에도 서울시 관악구 봉천동 자택에서 저작집 출

간을 위하여 계속 원고정리와 연구를 하시다가 1978년 10월 25일 오전 6시 고요히 하나님의 부르심을 받아 천국 본향으로 가셨다. 슬하에는 장남 박아론 박사와 차남 박모세 군이 있다.

- 저서들: 『교의신학』(조직신학; 서론, 신론, 인죄론, 기독론, 구원론, 교회론, 말세론), 『기독교 변증학』, 『험증학』, 『신학난제 선평상·하』, 『비교종교학주석』(고린도서, 전도서), 설교집(신앙을 지키라, 영혼의 피난처, 남겨둔 백성), 신학논문 1·2권, 회고록 등 주옥같은 다수의 저서들과 번역서 『개혁주의 예정론』(로레인 뵈트너 저)과 소논문들이 있다.

- 이 불초(不肖)가 박형룡 박사님의 문하생으로 그분의 인격, 신앙, 경건, 깊은 학문, 그리고 정통보수신앙과 신학을 수호 변호하기 위한 교훈들을 8년 동안(1958. 3.~1967. 12.) 친히 배우게 된 것은 하나님의 크신 섭리와 은혜였다.

2. 가이슬러(Norman L. Geisler)

- 기독교변증학자. 조직신학자.

윗튼대학(Wheaton College, B. A., M. A.) 졸업
윌리암 틴데일대학(William Tyndale College, Th. B.)
로욜라대학교(Loyola University)
미국남부복음주의신학교(Southern Evangelical Seminary) 총장

- 저서들: 조직신학 총 4권, 몰몬교, 여호와의 증인, 뉴에이지 등 40권 이상의 저서들과 많은 논문들을 저술하였다.

When Cultits Ask, Grand Rapids: Baker Book, 1997.
Systematic Theology, Vol. I. *Introduction and Bible*, Bethany Hause, 2002.
Systematic Theology, Vol. 2, *God Creation*, Bethany Hause, 2003.
Systematic Theology, Vol. 3: *Sin Salvation*, Bethany Hause, 2004.
Systematic Theology, Vol. 4: *Church Last Things*, Bethany Hause, 2004.

3. 구티에레즈(Gustavo Gutierrez, 1928년 6. 8.-)

남미 페루의 신부. 제3세계 해방신학자. 마르크스주의자. 그의 해방신학은 한국의 민중신학과 좌경세력에 큰 영향을 끼쳤음.

- 구티에레즈는 처음에는 의사가 되기 위하여 리마(Lima)에 있는 산 마르코스대학교(San Marcos Univ.)에서 의학을 공부하면서 동시에 칼 마르크스(Karl Marx)의 저서들을 탐독하고 페루의 사회적, 경제적 불균형을 반대하는 기독교 단체운동에 적극 가담하였다. 후에 그는 신학에 관심을 가지고 신학을 공부한 후 1959년 사제(Priesthood)가 되었다.
- 구티에레즈는 칠레의 산티아고에서 신학을 마친 후에 루베인(Louvain)에서 철학과 심리학 분야의 학위를 받았고, 1959년에는 프랑스 리옹(Lyon)대학교에서 신학 분야의 철학박사(Ph. D.) 학위를 받았다. 그는 위의 두 유럽의 대학 시절에도 계속 칼 마르크스를 연구하였다.
- 구티에레즈는 페루로 귀국하여 1960년대 초 리마 교구의 신부(Priest)로, 또 리마대학교의 신학과와 사회과학과에서 강사(Instructor)로, 전국 천주교 학생연맹의 교목(Chaplain)으로 활동하였다.
- 구티에레즈는 1960년대 후반기부터는 가난한 자와 억압받는 자들의 희망으로 해방신학을 제시하였고, 1968년에는 콜롬비아의 메델린(Medellin)에서 개최되었던 라틴아메리카 감독회의의 신학고문으로 참석하여 가난하고 억압받는 자들의 해방을 외쳤다.
- 구티에레즈는 또 1973년 칠레에서 있었던 "사회주의를 위한 기독인 대회"(Christian for Socialism)에서 연설하였고, 1975년에는 미국 디트로이트(Detroit)에서 개최된 "아메리카에서의 신학"(Theology in America) 대회에서 연설하였고, 1976-1977년에는 미국 뉴욕에 있는 유니온(Union)신학교에서 객원교수로 강의하였다. 1978년부터는 미국을 자

주 방문하였다.
- 구티에레즈는 그의 해방신학에서 마르크스주의의 사회분석법(Social Analysis)을 도입하여 정치적으로 억압받는 자, 경제적으로 가난한 자, 사회적으로 저변에 있는 자들을 기존 정치적, 경제적, 사회적 구조와 체제 그리고 집단들로부터 해방시키기 위하여는 계급투쟁에 적극 참여하여야 하며 해방은 참여행동으로 쟁취할 수 있다고 주장하였다.

  그의 생애 대부분은 리마에서 가난한 자, 억압받은 자들을 위하여 보냈다.
- 저서들:『해방신학』(*A Theology of Liberation*), 1971, 영문 번역판 1973. 1985-12판; 한국어 번역(허병섭 역, 미래출판사, 1986. 8. 30),『해방의 실천과 기독교 신앙』(*Praxis of Liberation and Christian Faith*, 1974),『해방의 희망』(*The Hope of Liberation*, 1976)

4. 그루뎀(Wayne A. Grudem)

미국 트리니티복음주의신학대학원(Trinity Evangelical Divinity School)에서 성경과 조직신학을 가르치고 있다. 하버드대학(Harvard University, B.A.), 웨스트민스터신학교(Westminster Theological Seminary, M.Div.), 켐브리지대학(Cambridge University, Ph.D.)에서 학위를 받았다.
- 저서들: 신약에 있어서『예언의 은사』,『베드로전서 주석』(Tyndale N.T. 주석),『성경적 남성과 여성 회복』(John Piper와 공저), *The Gift of Prophecy in the N. T. and Today, the First Epistle of Peter* 등이다.

5. 라인홀드 니버(Reinhold Niebuhr, 1892. 6 21.-1971)

칼 발트, 에밀 부르너와 더불어 신정통의 3大 거두. 미국루터교 목사, 신학자, 사회복음주의자.

- **출생**: 독일 복음루터교(Evangelical Synod of Lutheran Church)의 목사 아들로 미국 미조리(Missouri)주의 라이트시티(Wright City)에서 출생

  니버는 아버지는 독일에서 미국으로 이민 온 거스타브(Gustav)목사와 미국 태생 루디아(Ludia)의 막내 아들이다.

- **교육**
    ① 엠허스트대학(Elmhust College) (교단대학)에서 공부
    ② 에덴(Eden)신학교에서 공부 (1913)
    ③ 예일신학대학원(Yale Divinity School)

- **목회**
    ① 1915년 목사안수 미국루터교복음주의대회(Minister of Evangelical Synod of Lutheran Church) 세인트 루이시(St. Louis)에서 1918년까지 목회
    ② 디트로이드 벨엘복음교회(Bethel Evangelical Church in Detroit, Michigan)에서 13년간 목회(1915-1928)
    에덴신학교(Eden Theo. Sem.)에서 목회(1919-1922.)

- **교수**: 디트로이드에서 뉴욕신학교 교수로!
    ① New York의 유니온신학교(Union Theo. Sem.)의 교수(1928-1960) 건강 악화로 은퇴할 때까지

- **영향**: 20세기 기독교의 사회와 정치참여의 제호(提號)로써 두각을 나타낸 신학자이다. 그리고 칼 마르크스(Karl Marx)의 영향을 받아 그 자신이 기독교 마르크스주의라 호칭 받았다. 사회복음주의는 마르크스주의 사상과 이론에 근거한 지상낙원(Utopia on Earth)을 주장한다.

  또한 본훼퍼(Bonhoeffer)의 상황윤리에도 감염(感染)되고 민주주의 건설의 정의를 찾기에 노력하면서 급진적 사회복음주의 운동, 사회민주주의의 정치참여를 구호로 외쳤다. 미국 개신교(美國新敎)의 에큐메니칼운동(Ecumenical Movement)의 지도자 역할을 한 현대신학자이다. 니버는 미국의 여러 정치세력과 뉴욕주 자유당(The Liberal Party of N.Y. State), 기독교 사회주의자들의 우호단체(The Fellowship of Chirtian Socialists), 세계교회협

의회(WCC)에 깊이 참여.

니버는 회중교회, 복음교회, 개혁교회를 1957년 그리스도연합교회(United Church Christ)로 통합의 주도적 역할
- 저서들:『도덕인과 부도덕한 사회』(Moral Man and Immoral Society, 1932),『비극을 넘어서』(Beyond Trudgy, 1937),『인간의 성질과 운명』(Nature and Destiny of Man, 1941. 1943. 1953),『신앙과 역사』(Faith and History, 1949),『기독인 실재와 정치적 문제』(Christian Realism and Political Probrlem, 1953),『국가와 제국의 구조들』(The Structures of Nations and Empires, 1959)
- Niebuhr의 중요신학사상 / 기독교 교리에는 관심없음.
    ① 계계승승(繼繼承承)의 역사적 기독의 신학에 도전
    ② 기독교인의 사회참여와 정치참여
    ③ 성경의 예언계시에 도전하여 인간의 실재론(Realism)에 치중
    ④ 마르크스주의 동경
    ⑤ 성경의 회의주의자
    ⑥ 사회강조와 인간윤리강조
    ⑦정치윤리로서 민주주의의 정의를 실현할려고 함
    ⑧ 일명 정치신학자라고 한다. 그리고 기독교 정치 사상가이다.
    ⑨ 합리주의자
    ⑩ 인간의 원죄부인과 인간의 선성(善性) 주장
- 참조문헌

Douglas, *Who's Who in Chritian History*, Wheaton: Tyndale, 1992, p.512

WCC, *Dictionary of the Ecumenycal Movement*, Geneva: WCC, 2002, p.983-984.

Editon: Tim Dowley, *The History of Christianity*, Lion, Oxford, England, 1990. p.613.

Douglas(Editor), *New 20th Centry Encyclopedia of Religious Knowledge*, Grand Rapids: Baker, 1991. p.126, 599

6. 댑니(Robert Louis Dabney, 1820-1898년)

미국 남장로교 대표적 근본주의 신학자. 교육가.

- 댑니(Dabney)는 1820년 3월 5일 미국 버지니아 주 루이사 카운티 남 안나 강변(South Anna River in Louisa County, Va.)에서 6남매 중 4남으로 태어났다. 그의 부친 찰스 댑니(Charles Dabney)는 농장주로서 장로교의 장로였다. 댑니는 가정에서도 성경과 웨스트민스터 소요리 문답을 배웠다. 그는 시골에서 그의 형과 다른 선생들로부터 라틴어, 헬라어, 산수, 기하 등을 배우고 일주일에 한 번씩은 어머니의 목사님이셨던 토마스 와리(Thomas Wharey) 박사에게 가서 수학을 배웠다.
- 댑니는 햄프덴-시드니대학(Hampden-Sydney College)에서 수학, 물리학, 라틴어, 헬라어 등 전 과목을 우등과 모범생으로 공부하였다(1836-1837년). 그는 1837년 9월 교내 부흥회에서 회심하고 "그 기간 중에 나에게 있어서 가장 중요한 사건은 그리스도를 믿는 나의 신앙고백이었다"(Johnson, Life and Letters, pp.42-43)라고 했다. 그는 계속해서 버지니아대학교(Charlottesville 소재, 1842. 7. 5. M.A.)와 유니온(Union)신학교(Richmond, Va. 소재, 1844. 11-1846)를 졸업하였다.
- 댑니는 남장로교 서부 하노버 노회(West Hanover Presbytery)에서 목사 안수를 받은 후 시골에서 목회사역을 시작하였으나 곧 명성이 높아져 팅클링스프링교회(Tinkling Spring Church)에 부임하여 목회하였으며(1847-1853년), 1853년에는 모교인 햄프덴-시드니대학으로부터 명예박사 학위를 받았다. 그리고 그는 모교인 버지니아 주의 유니온(Union)신학교 교회사 교수로 초청받아 1853년부터 1883년까지 교수하였다. 동시에 햄프덴-시드니대학교회 협동목사로 시무하였다.

댑니는 존경받는 하나님의 사람으로 1870년에는 남장로교 총회장에도 피선되었다.

1883년에는 건강상의 이유로 버지니아를 떠나 텍사스주 어스틴(Austin)으로 가서 텍사스(Texas)대학교 철학교수로 교수하면서(1883-1894

년), 어스틴신학교(Austin Theological Seminary)를 설립하는 일을 도왔으며 또한 교수로 있었다(1884-1895년).

1890년에는 건강이 더욱 쇠약해졌고 시력을 완전히 상실하였다.
- 댑니는 시민전쟁(Civil War, 1861-1865년) 이전에는 남부 11개 주가 북부와 분리하는 것을 반대하였으나 곧 남부 진영에 가세하였다. 남북전쟁이 일어났을 때 댑니는 군목(Chaplain)으로 복무하였으며(1861년), 1862년에는 잭슨 장군(T. J. Jackson) 휘하의 전투병과 장교로 복무하였다.
- 댑니는 남북전쟁 문제에 있어서는 남부의 주장이 옳다는 데 대하여 추호도 흔들림이 없었으며 남장로교 내에 어느 교회도 북장로교와 재연합하는 것을 반대하였다.
- 댑니는 시민전쟁이 끝난 후 톤웰(J. H. Thornwell)과 함께 남장로교의 칼빈주의 보수신학의 지도자가 되었다. 그는 웨스트민스터 신앙고백서와 대·소요리문답에 담겨 있는 칼빈주의를 주장하였다. 북장로교에서 핫지(C. Hodge)가 큰 영향을 발휘한 것처럼 남장로교에서는 댑니가 큰 영향을 발휘하였다. 그러나 그의 영향력이 남부의 영역에서 벗어나지는 못하였다.
- 댑니는 능력 있고, 참신하였다. 그는 종교적인 문제, 신학적 문제, 실제적 문제들에 대하여 깊은 관심을 가지고 해결하려고 힘썼다. 그러기에 어떤 이들은 댑니의 조직신학이 핫지의 조직신학보다 심오하다고도 한다. 그러므로 후일 핫지와 쉐드(A. A. Hodge and G. T. Shedd)는 댑니를 미국에서 가장 위대한 신학자라고 평하였다.

워필드(Warfield)는 "댑니는 영향력 있는 그리고 능력 있는 철학자, 신학자인 동시에 헌신하는 그리스도인"이라고 했다(*The Princeton Theological Review*, 1905).
- 저서들: 『잭슨 장군의 생애와 활동』(*Life and Campaigns of Lieut. General Thomas Jackson*, 1866), 『버지니아 방어』(*A Defence of Virginia*, 1867), 『수사학』(*Sacred Rhetoric*, 1870), 『조직신

학』(Systematic Theology, 1871), 『19세기 Sensualist 철학』(*The Sensualist Phylosophy of the 19th Century*, 1875), 『우리의 대속자 그리스도』(*Christ Our Penal Substitute, 19th Century*, 1897), 『실천 신학』(*The Practical Theology*, 1897), 『논단』(*Articles* 4권 - 다양한 주제) 등 10여 권

댑니는 1858년에는 햄프덴-시드니대학 학장으로, 1860년에는 뉴욕 제5교회 목사로, 동년에 프린스턴신학교 교수로 청빙을 받았으나 이 모든 기회를 사양하였다.

7. 디센(Henry C. Thiessen, 1883-1947년)

세대론적 복음주의. 신약, 조직신학자, 교수.

디센은 1883년 미국 네브라스카 주 해밀턴(Hamilton, Nebraska) 시에서 태어났으며

1909-1916년 오하이오 주 판도라(Pandora) 침례교 목사

1916-1923년 홀트웨인성경학교(Fort Wayne Bible School) 교사로

1919-1923년 홀트웨인성경학교(Fort Wayne Bible School) 교장으로

1925년 북침례신학교 졸업 신학사(Th. B.)

1925-1926년 북침례신학교 조교수

1927년 노스웨스턴대학교 문학석사(Northwestern Univ. A. B.)

1928년 북침례신학교(Northern Baptist Theological Seminary, B. D. 신학사)

1927년 남침례신학교(Southern Baptist Theological Seminary)에서 유명한 헬라어 학자인 로버트슨(A. T. Robertson) 박사 밑에서 교육받고 철학박사(Ph. D.) 학위 취득

1929-1931 뉴저지 주 복음주의대학교 신과대학장

1931-1935 달라스신학교(Dallas Theological Seminary)대학원 교수부장

- 저서들: 『신학개론』(*Introduction to the N.T.*, 1943.), 『조직신학 강의』(*Lectures in Systematic*, 1949.)

8. 얼 랄프(Earle Ralph)

- 헬라어 학자.
- 학력: 미국 동부 나사렛대학(B.A.), 보스턴대학교(M.A.), 골든신학대학(B.D. and Th.D.), 하버드, 에딘버러대학교에서 연구
  1933-1945년 동부 나사렛대학 성경문학 교수(Wollaston, Mass.)
  1945년부터 나사렛신학교 원로 교수(Kansas City, Mo.)
- 저서들: *Word Meanings in the N.T.*, one volume, Grand Rapids: Baker Book House, 1986.

9. 루터(Martin Luther, 1483.11.10.-1546.2.18.)(63세)

위대한 종교개혁자. 신학자. 설교자. 시인. 저술가. 찬송작곡가.

- 루터의 출생: 루터는 1483년 11월 10일 색소니(Saxony)의 아이스레벤(Eisleben)에서 태어났다. 색소니는 그 당시 300개 이상의 지역구들 중의 한 곳으로 오늘날은 동부 독일지역이다.
- 루터의 가정: 루터의 아버지는 건강한 광부였으며, 어머니는 신앙이 독실한 부인이었다. 그는 천주교 가정에서 태어나, 성장하고, 교육을 받았다.
- 루터의 교육과정: 루터는 로마 천주교 학교에서 공부하였다. 그는 1501년(당시 18세)에 엘푸르트(Erfurt)대학교에 입학하여 1502년 학사학위(B.A.)를 받고, 1505년에는 석사학위(M.A.)를 받았다. 이 학교는 당시 독일에서 유명한 대학으로서 스콜라학파 사상과 인문학파 사상이 교류하는 곳이었다.

루터는 스콜라철학이나 라틴 고고학을 아무리 열심히 탐구하여도 마음에 사상적 일치를 갖지 못하였다.

- 법학 공부의 시작과 중단: 1505년 5월에 루터는 그의 아버지의 소원

대로 법학을 공부하기 시작하였다. 루터 자신은 신학을 공부하기 위하여 수도원에 들어가기를 원하였으나 그의 아버지는 루터가 신부(Monk)가 되는 것보다 Lawyer가 되는 것이 가문에 더 도움이 된다고 믿었다. 그러나 루터는 법학 공부를 2개월 후 1505년 7월 2일에 갑자기 포기하였다. 그렇게 된 직접적인 동기는 그의 한 친구가 갑자기 세상을 떠난 일과 또 하나는 길 가다가 만난 심한 천둥, 번개, 벼락 치는 소리, 심한 태풍이 그의 마음을 동요시킨 것이라고 한다. 그때 두려워 떨면서 루터는 부르짖기를 "성 안나(St. Anna)여! 나는 수도사(Monk)가 되겠습니다"라고 맹세했다고 한다. 그리하여 루터는 1505년 어거스틴수도원(Augustian Monastery)에 들어갔다. 루터의 수도원 생활은 가장 헌신적 수도생활이었다. 그리고 1507년 수도사 사제(A Monk, a Priest)가 되었다.

사제가 된 후에 루터는 연구, 기도, 그리고 성례집행에 헌신하였다. 루터 자신은 기도, 금식, 수면 제약 등의 고행으로 자신의 죄에 대해 벌을 가하였다. 그러나 그것이 자신을 만족케 하거나 죄 문제를 해결하여 주지는 못하였다.

수도원장인 스타우피즈(Johanes Von Staupitz)는 루터에게 더 공부하도록 권면하였다. 스타우피즈는 루터의 지적 재능과 개혁자로서의 자격을 인정하였다.

- 사제와 교수(Priest and Teacher)

루터는 1507년 사제가 되었다. 그리고 수도원장 스타우피즈가 추천하여 1502년에 설정된 비텐버그대학교와 엘푸르트대학교(Univ. of Wittenberg and Erfurt)에서 1508-1511년까지 논리학과 물리학을 가르쳤다.

1511년부터 그 이듬해에 걸쳐 로마에 가서 성당들의 온갖 허위를 돌아본 후에 돌아왔다. 1512년 스타우피즈의 권고로 모교인 엘푸르트대학교에서 신학박사 학위를 받았다. 당시 그의 나이는 29세였다.

그리고 1512년 비텐버그(Wittenberg)대학교로 돌아와서 신학교수가 되었다. 이 대학교에서 그는 성경에 관한 강의를 시작하게 되었다. 1513-

1515년에는 시편을, 1515-1516년에는 로마서를, 1516-1517년에는 갈라디아서를, 1517-1518년에는 히브리서를 가르쳤다. 이 하나님의 말씀들이 루터에게 종교개혁을 하게 한 근본적 동력들이었다.

루터는 학자요, 저술가요, 동시에 설교가였다. 루터는 1516년, 비텐버그에서 사람들에게 일상적으로 설교하는 임무를 부여받았다. 그는 학교에서의 신학 강의와 교회에서의 설교로 명성을 떨치게 되었고 개혁을 향한 의지가 확고하게 되었다.

루터는 오랫동안의 영적 고뇌 끝에 "하나님의 의"를 이해하게 되었다. 그리하여 전통에 의한 모든 신학을 거부하고, 하나님의 말씀에 대한 개인의 이해를 강조하였다. 즉, 우리가 의롭게 된 것은 우리의 행위로가 아니라 믿음으로만 의롭게 된다는 이신칭의의 진리를 깨달았다.

- 95개 항목의 논제(95 Theses)

루터는 면죄부(Indulgences) 판매, 고해성사, 연옥설, 성현들 숭배, 교황의 권위, 7성례 등이 잘못되었으므로 반대하였다. 그리고 그 항의문은 라틴어로 인쇄되어 전 유럽으로 확산되었다.

교황은 연옥(Purgatory)에 있는 영혼들이나 생존하고 있는 사람들의 죄를 면제하는 권한을 가지고 있다고 한다. 면죄부를 파는 사람들은 면죄부를 사는 사람들의 죄나 다른 사람들의 죄를 사함 받는 것으로 인식하도록 주력하였다.

목사로서, 그리고 신학자로서 루터는 이것들을 강하게 반대하고 95개 항의 논제를 비텐버그에 있는 교회문에 붙였다.

- 루터가 95개항의 논제를 교회문에 붙인 것은 반역도 아니요, 급진적 과격한 행동도 아니다. 그것은 문제시되는 Issue들을 토론하기 위하여 학문을 하는 사람들을 초청하는 전통적 방식이었다. 그는 물론 95개항의 논제를 복사하여 그의 감독에게 보냈다. 그렇게 함으로 천주교의 물질적 부패나 영적 타락상에 대하여 각성을 일으키고자 하는 것이 그의 관심이었다.

1517년 12월 메인즈(Mainz)의 감독은 로마 교황청에 루터에 대한 불만과 반대를 표시하였으나, 루터의 신앙적 입지는 더욱 견고해졌다. 루터는 아우구스부르크에 있는 카제탄(Cajetan) 추기경과 정면 대결하였다.

- 1518년 로마 천주교는 루터를 체포하라는 영장을 발부하였다. 루터는 피신하여 체포되지는 않았으나 천주교 당국자들의 압력은 더욱 증가되었다.

  1519년 7월 라이프지(Leipzig)에서 독일의 천주교 신학자 엑크(Johann Eck)와의 논쟁에서 엑크와 그의 추종자들은 루터를 궁지에 몰아넣고 매장하려 하였으나 오히려 패배의 잔을 마셨다. 루터는 교황의 지상권(至上權; Supremacy)를 반대하고 신앙적, 신학적 입지를 더욱 분명히 했다.

  1520년 6월에 교황 레오 10세(Leo X)는 교서(Bull)를 내려 출교의 위협을 가(加)하면서 루터에게 95개 조항을 취소하도록 압력을 가하였다.

  1521년 1월 25일 제1차 의회를 열고 루터를 출교시켰다.

  1521년 3월에 웜스(Wörms)성에서 개회되는 왕정의회와 찰스 5세(Charles V) 앞에 출두하도록 소환명령을 받았다. 그리하여 루터는 웜스로 가고 오는 신변의 안전을 보장받고 떠났다. 웜스로 가는 도중 수많은 사람들로부터 대환영을 받았으며 황제의 행차처럼 기세등등하게 입성하였다.

- 1521년 4월 17일에 황제와 왕정의회에 출두하였다.

2가지 질문을 받았다:

① "25권의 저서를 본인의 것으로 인정하는가"라는 질문에, 본인의 저서라고 대답하고

② "그것을 취소하겠는가"라는 질문에는 다음날까지 여유를 달라 하고 취소하지 않았다. "그 다음날 나는 취소할 수 없다. 그 이유는

첫째는 단순한 진리 소개의 책들이니 없이할 필요가 없으며, 둘째는 교황권의 부패와 권력 남용은 물론 독일 국가의 재정을 도둑질하는 것

을 지적한 책이니 포기할 수 없고, 셋째는 교황주의자들 곧 나의 적대자들의 과오를 지적하는 책으로서 결코 없이할 수 없다고 하였다. 당시 교황은 영적 계급의 우월함을 주장하며 세속정부 위에 군림한 교황청은 성 베드로 성당 중축 공사 빚을 가난한 교인들에게 면죄부로 팔았다. 나는 이 자리에 서 있다. 하나님이여! 나를 도와주소서. 아멘" 했다.

황제는 칙령을 발표하고 루터의 저서를 읽거나 배부하는 것을 금하고, 나라의 죄인으로 정죄하고, 루터를 돕는 자는 누구든지 생명과 재산을 압수하겠다고 했다. 그러나 루터는 세상의 군왕과 세속화된 교회의 세력 앞에 굴복하지 않았다.

- 황제는 1521.4.17. 루터의 안전통행증을 받고, 그 시(市)를 떠날 것을 허락받고 4월 26일 웜스를 떠나 비텐버그로 가는 도중 정체를 알 수 없는 기마병에 납치되어 비밀리에 왈트베르그 성(Wartburg Castle)으로 이송되었다. 이것은 색소니의 후레드릭(Frederick of Saxony) 공의 계획이었다. 루터는 그곳에서 무사처럼 변장하고 신약을 독일어로 번역하였다. 루터의 독일어 성경 번역은 영어의 K.J.V.에 버금가는 번역이다. 왈트베르그 성은 루터의 피난처요, 하나님의 귀한 사역을 이룬 곳이었다.

  8개월 후 1522년 3월에 비텐베르크으로 돌아온 루터는 미사 형태의 예배에서 탈피하고, 설교, 성찬 그리고 회중 찬송을 강조하였다.

- 루터는 인문주의학자 에라스무스(Erasmus)와의 논쟁에서 구원은 전적으로 하나님의 주권에 달려 있다고 주장하였다. 에라스무스는 인간의 자유의지를 강조하고, 『자유의지의』(A Diatribe on free Will, 1524)를 썼고, 이에 대응하여 루터는 『의지의 노예』(Bondage of the Will, 1525)를 썼다.

  루터는 어거스틴의 입장을 취하여 사람의 올바른 행위와 구원에 관한 한 인간의 의지는 아무 능력도 가지고 있지 않고, 전적으로 하나님의 손에 달려 있다고 주장하였다.

- 루터는 성찬에 관하여는 "이것이 내 몸이라"(This is my body)는 말씀

중에 is(…이다)라는 말씀을 강조하여 공재설을 주장한 반면에 츠빙글리는 기념설을 주장하였다.

1530년에 루터는 멜랑톤이 초안한 아우그스부르크 신앙고백서(Augsburg Confession)를 승인하였다.

1537년에 루터는 많은 루터교 신학자들이 서명한 교리 성명서(Schmalkald Articles)를 썼다. 그의 마지막 팜플렛은 "마귀에 의하여 제정된 로마 교황권에 반대하여!"(Against the Roman Papacy, instituted by the Devil)이다.

- **이신칭의(Justification by Faith)**

마틴 루터는 "사람이 어떻게 하나님 앞에서 의인이 될 수 있을까" 하고 고민번뇌도 많았고, 인간의 행위로 의인이 되려고 수도원에서의 고행도, 생활에서 노력도 많이 했다. 그러나 노력하면 할수록 하나님 앞에서 점점 더 부족과 무능을 깨닫게 되고 인간의 노력과 행위로는 의인이 될 수 없다는 고민에 빠지게 되었다. 마침내 루터는 로마서 1:17과 씨름하다가 복음의 진수를 발견하였다. 그것은 곧, 의인은 믿음으로 살리라는 말씀이다. 이것이 복음이요, 복음은 기쁜 소식이다.

또한 시편 71편을 강의하다가 이신칭의의 진리를 깨달았다. 사람은 율법이 필요하다. 율법은 사람의 죄와 무능을 깨닫게 하고 회개의 필요성을 깨닫게 한다. 그런데 율법이 요구하는 것은 우리가 행할 수 없으니 사람 편에서는 절망이다.

로마서 1:17은 율법이 요구하는 것을 하나님이 해결하여 주신다고 계시하신다. 즉, 우리의 의는 예수 그리스도이시다. 예수 그리스도의 의를 하나님이 주신다고 깨달았다. 그러면 우리가 하나님의 의를 어떻게 받을 수 있는가? 믿음으로 그리스도의 온전한 의를 받는다. 뿐만 아니라 구원도 믿음으로 받는다(갈 3:22, 27; 2:16).

칭의와 성화는 엄격히 구별하여야 한다. 칭의는 그리스도의 의를 우리가 덧입는 것이요, 성화는 성령님의 능력을 힘입어 온전한 거룩을 향하여 나아가는 의로운 행위이다.

이신칭의의 교리는 성경 전체를 바로 깨닫는 열쇠요, 원리이다. 기독교는 은혜의 종교이지 행위의 종교는 아니다. 이 세상 모든 이방 종교는 행위의 종교요, 인본주의 사상에 근거한 종교이다.

마틴 루터는 광부의 아들로 태어나 이신칭의의 보화를 성경의 광맥에서 발굴하였다.

- 1525년 6월 13일(41세) 루터는 카타리나 본 보라(Katharina Von Bora)라는 수녀와 결혼하였다. 그녀는 수녀원에서 도피하여 루터의 보호를 받았다. 그녀와 결혼을 약속하였던 남학생이 변심한 후, 루터는 그의 친구를 중매하였으나 보라가 거절하고, 후에 루터와 결혼하게 되었다. 루터는 3남 3녀를 두었다.
- 그는 매일 3시간 이상 기도하였다. 기도의 사람이었다.

루터는 청소년 때부터 성경을 많이 읽고 암송하였다. 그러므로 성경에 어떤 내용이 어디에 있는지 곧 찾아낼 수 있었다.

- 신약전서의 독일어 번역판은 1521년 11월 또는 12월에 착수하여 그 다음해 3월에 원고를 끝냈으며, 1534년까지 16회 수정판이 나왔다. 또한 구약전서 전체를 독일어로 번역하여 1534년 출판하였다. 루터의 성경 번역은 하나님의 말씀 보급과 독일의 국어(國語) 결정에 지대한 공을 세웠다.
- 루터는 조직신학 교재는 쓰지 않았으나 갈라디아서 주석, 시편 주석, 교리문답(1529)과 여러 논쟁의 쟁점이 되는 문제들을 썼다.

그는 시도 많이 썼다. 37편의 시는 찬송가로! 그중에서도 "내 주는 강한 성이요"(Our God is a Mighty Fortress)는 가장 유명하다.

식사 후에는 자녀들, 친구들과 함께 노래 부르고, 피리를 불고, 이야기하고 그림도 좋아하였다. 이솝의 이야기도 번역하였다.

- 루터는 가끔 학생들을 집으로 초대하여 친교를 나누었다. 그는 나그네 대접을 잘했다. 후에 학생들은 루터 교수와 가진 여러 이슈들을 모아『루터의 식탁 대화』(Luther's Table Talk)라는 책을 출판하였다.
- 루터는 그가 태어난 고향 아이스레벤(Eisleben)에서 그의 나이 63

세로 세상을 떠났다(1546. 2. 18.). 그는 하나님의 종으로 일평생 기도와 성경 묵상, 저서 집필, 설교와 강의, 그리고 불신앙을 반대하며 진리 수호를 위하여 헌신하였다.

그의 말기 약 15년간은 여러 가지 병들로 인하여 몸이 쇠약해짐에도 불구하고 매우 활동적이며 생산적인 생활을 했다.

10. 칼 맥킨타이어(Carl McIntire, 1906. 5. 17-2002. 3. 19.〈향년 95세 소천〉)

세계적 근본주의 지도자. 세계적 반공주의자. 성경적 성별주의자.

• 칼 맥킨타이어는 미시간 주의 웁실란티(Ypsilanti)에서 당시 (북)장로교 목사인 찰스 커티스 맥킨타이어(Charles Curtis McIntire)의 4형제 중 맏이로 태어났다. 맥킨타이어는 매우 경건한 교역자의 가정에서 태어났다. 그의 아버지는 옛 프린스턴신학교를 졸업한 근본주의 목사요, 유타주 쏠트레이크(Salt Lake)에서 목회하였으나, 정신병원에 입원하였고, 어머니는 홀로 듀란트(Durant)에서 자식들을 키웠다. 그의 어머니는 잠언서를 완전히 암송한 경건한 여성도로서 맥킨타이어를 매우 엄하게 그리고 경건하게 키웠다. 어려서부터 웨스트민스터 신앙고백서, 소요리문답을 암송하였다. 그는 어린 시절에 오클라호마 주 듀란트로 이사가 그곳에서 소년 시절을 보내며 성장하였다.

• 맥킨타이어는 듀란트 고등학교를 졸업하고, 남동오클라호마주립대학(Southeastern Oklahoma State University)에 입학하였고, 졸업반에서는 총학생회장직을 맡았다. 학창시절에는 오클라호마 주 카도카운티(Caddo County)에서 청소 일을 하였고, 농가를 가가호호 방문하면서 지도(maps)를 팔았다.

1931년 5월 대학에서 같이 공부하던 페어리 데이비스(Fairy Eunice Davis)와 결혼하였다. 그는 신학교를 졸업할 때까지는 고등학교 영어 교사였다.

슬하에 세 아들을 두었고, 1992년 사모가 소천한 후 앨리스 고프(Alice Goff, 여러 해 동안 사무실 비서)와 재혼하였다.

1) 칼 맥킨타이어와 프린스턴신학교, 웨스터민스터신학교

맥킨타이어는 1927년 미조리 주 파크빌(Parkville)에 있는 파크대학(Park College)을 졸업(B.A.)하고, 1928년 그의 나이 22세 때 프린스턴(Princeton)신학교에 입학하여 메이첸 박사의 수제자가 되었다. 1920년대는 (북)장로교 교단과 신학교가 자유주의와 근본주의 사이의 신앙적, 신학적 논쟁들로 온통 영적 전쟁이 절정에 이르렀을 때였다. 그는 학생으로서 즉시 현대주의자들과 근본주의자들의 신앙적, 영적 전쟁에 직접 개입하기 시작하였다.

그러나 미국(북)장로교의 자유주의자들과 정치세력들이 야합하여 프린스턴신학교 실행 이사회를 재구성하고 자유주의 교수들이 득세하게 됨에 따라 메이첸과 윌슨(Robert Dick Wilson), 알리스(Oswald T. Allis), 반 틸(Cornelius Van Til) 교수 등이 주축이 되어 옛 프린스턴신학교를 떠나 필라델피아에 웨스트민스터(Westminster)신학교를 설립하게 되었다. 그때에 맥킨타이어는 보수근본주의 신약학자 메이첸 박사의 든든한 지원자가 되었다. 그리하여 웨스트민스터신학교는 근본주의 교수들을 따라 프린스턴을 떠난 약 50명의 학생으로 시작하였다. 이 학생들 중에는 후에 근본주의 운동에 세계적 지도자가 된 칼 맥킨타이어 박사와 신복음주의의 원로인 해롤드 오켄가(Harold Ockenga)도 있었다. 맥킨타이어는 1931년 그의 나이 25세 때 웨스트민스터신학교를 졸업(Th.B.)하였다.

2) 칼 맥킨타이어와 미국(북)장로교

칼 맥킨타이어 (북)장로교로부터 파면당함.

칼 맥킨타이어는 프린스턴신학교에 입학한 후 곧이어 1931년 뉴저지 주 아틀란틱 시 첼시아장로교(Chelsea Presbyterian Church)에서 사역하기 시작하였으며, 1933년 10월 그의 나이 27세 때부터는 뉴저지 주에서 가장 큰 콜링스우드(Collingswood) 장로교회에서 시무하기 시작하였다(1,600명의 신도들). 그때 그는 메이첸이 설립한 독립장로교 해외선교부(I.P.M.)에 적극 참여하였으며, 맥킨타이어를 반대하는 노회원들은 1935-1936년 메이첸, 맥킨타이어, 그외 7인을 노회에 6가지 죄명을 들어 탄핵할 것을 노회에 상소하였다.

6항목의 상소 내용들
① 장로교의 권징과 정치에 불복, 무시, 도전하다.
② 교회의 평화를 소란케 한 죄
③ 교회 내의 형제들을 반역한 죄
④ 복음의 사역자로서 합당치 않음
⑤ 교회의 헌법적 권위를 반대하여 반역을 도모함
⑥ 안수서약 위반

총회는 위의 6항목의 상소들 중 ㉮, ㉯, ㉶ 항목을 적용시켜 1935년 그의 나이 29세 때에 목사직에서 파면시켰다. 그리고 그 결정을 1936년 6월 1일 공포하였다(1936년 총회록, pp.92-93). 이는 마치 마틴 루터(Martin Luther)가 로마 천주교와의 위대한 성전(Holy War)에서 파면당한 것과 같다(1936년 총회록, pp.92-93).

맥킨타이어와 그가 시무하는 콜링스우드장로교회는 1936년 6월 15일 총회의 불법 판결을 거부하였다. 그리고 성경장로교(B.P.C.)를 설립하였다.

3) 칼 맥킨타이어와 콜링스우드 성경장로교회

맥킨타이어는 27세 때부터 담임 목사로 시무하기 시작하였다.

그러나 1938년 3월에 세상 법정에서는 총회 탈퇴를 반대한 8명에게 그 큰 돌로 지은 교회를 넘겨주었다. 개(個)교회 재산이 교단 재단 법인에 등록되어 있기 때문이다. 1938년 마지막 주일에 성별된 성도들은 나와서 텐트(tent)를 치고 예배드리기 시작하였다. 새 교회는 콜링스우드성경장로교회(Collingswood Bible Presbyterian Church)로서 반세기 동안 전 세계 수

많은 교단들, 교회들 선교부들을 자유주의 배교와 불신앙으로부터 보호하여 왔다. 그 교회의 헌금의 절반은 전 세계를 향한 선교, 구제 등으로 사용하였다.

4) 칼 맥킨타이어와 성경장로교(B.P.C.)

메이첸과 맥킨타이어는 (북)장로교에서 탈퇴한 후 1936년 그의 나이 30세 때에 아메리카장로교(P.C.A.=Presbyterian Church of America)를 설립하였다. 메이첸은 1937년 1월 1일 갑자기 폐렴으로 세상을 떠났다.

배교와 불신앙을 반대하고 나와서 따로 조직된 교단 내에는 두 가지 신앙적 흐름이 있었다. 그 한 부류는 주초문제에 관용하며, 무천년설을 주장하며, 독립장로교 해외선교부를 총회가 관할하기를 주장한 사람들과 또 다른 한 부류는 주초문제를 위시하여 악은 모양이라도 버리고 경건 생활에 힘쓸 것과 전천년설을 주장하며, 총회가 선교부를 관할하는 것을 반대하였다. 1937년 총회에서는 칼 맥킨타이어를 중심으로 한 성별주의자들이 패하자 새로운 교단 성경장로교를 창립하게 되었다.

제1차 창립 총회가 1938년 그의 나이 32세 때에 칼 맥킨타이어 목사가 시무하는 뉴저지 주 콜링스우드에서 개최되었다. 제1차 총회(대회, Synod라 칭함)는 미국(북)장로교 총회에서 결의한 사항들(메이첸과 맥킨타이어 파면, 해외선교부 불인정…)은 모두 무효라고 선언했다. 새로운 교단은 우리 주님이 영광 중에 나타나실 때까지 지속될 것이며, 웨스트민스터 신앙고백서를 신앙고백으로 받되 천년설과 관계된 제32장, 33장은 개정하여 채용하기로 결의하였다. 독립 해외선교부와 훼이스(Faith)신학교를 인준하였다.

- 새 교단을 창립하는 목적은
  ① 성도의 진정한 교제를 위하여
  ② 우리 주 예수 그리스도의 증거를 위하여
  ③ 미국(북)장로교의 배교 때문에
  ④ 미국(북)장로교가 역사적 기독교 신앙에서 떠났기 때문이다.

총회(대회)는 다음과 같은 사항들을 채택한다.
① 신·구약 성경을 신봉함을 선언
② 웨스트민스터 신앙고백서와 요리문답들을 재확인
③ 성경의 전천년 교훈이 모호한 곳은 수정(정정)하기로 제안하다.
④ 장로교 정치를 재확인하다.

5) 칼 맥킨타이어와 훼이스신학교(Faith Theological Seminary)

메이첸 박사가 별세하고, 신앙과 행위 문제로 성별한 맥킨타이어는 맥크레이(Alan A. MacRae, 고고학의 제1인자, A.B. A.m. Th.B. Ph.D.), 버즈웰(Buswell, 조직신학의 제1인자), 브럼버(Roy T. Brumbaugh, 타코마 제1성경장로교 목사, 독립장로교 해외선교부 및 훼이스신학교 창립 멤버) 등과 더불어 1937년 9월 그의 나이 32세 때 22명의 학생으로 세계적 보수신학의 전당 훼이스신학교를 개교했다. 훼이스신학교는 지금까지도 명맥을 이어가고 있는 실정이다.

- 신학교의 이념과 노선은
  ① 독립적
  ② 전천년
  ③ 성별된 생활
  ④ 웨스트민스터 신앙고백서 등이다.
- 여름성경학교를 1주일이 아니라 1개월 계속 강조
- 1년에 성경 1독 강조
- 사도신경, 니케아 신조, 칼빈의 기독교강요, 웨스트민스터 신앙고백서와 대소요리문답을 신앙의 표준으로 성별을 강조,

고린도후서 6:17, "그러므로 너희는 그들 중에서 나와서 따로 있고 부정한 것을 만지지 말라 내가 너희를 영접하여"

WCC, NAE…반대, WCC 총회 때마다.

6) 칼 맥킨타이어와 독립장로교 해외선교부(I.P.M.)

1934년 메이첸 박사가 중심이 되어 독립장로교 해외선교부(I.p.m.C Independent Board for Presbytevian Foreign Mission)를 조직할 때 메이첸의 초청으로 적극 가담하였으며, 메이첸 박사가 별세한 후 창립멤버 중의 한 사람인 칼 맥킨타이어 박사가 계승하여 전 세계에 선교 활동을 해 오고 있다. 1933년에 창설된 이후 동선교부 선교사들은 세계 만방에 파송되어 선교, 봉사, 구제에 많은 업적을 쌓아 왔다.

특히 한국에는 동 선교부에서 파송받은 홀드크로프트(J. Gordon Holdcroft, 1903-1905년 한국), 마두원 선교사 부부(Dr. & Mrs. Malsbery), 후렌 선교사 부부(Dr. & Mrs. Flenn), 라보도 선교사 부부(Dr. & Mrs. R. S. Rapp), 고든 선교사 부부(Dr. & Mrs. Gordon), 그리고 한국계 미국 시민인 조영엽 선교사(Dr. Youngyup Cho) 등이 교육, 전도, 구제 등 다방면의 선교 활동을 해 왔다. 특히 홀드크로프트 선교사의 주일학교 공과지, 마두원 선교사의 강원도 지방선교(성경학교, 제이드 병원, 개척 교회들), 라보도 선교사의 신학교육, 조영엽 선교사의 보수 근본주의 신앙을 위한 변호는 열매가 컸다.

7) 칼 맥킨타이어와 크리스천 비콘지(Christian Beacon)

칼 맥킨타이어는 1936년 그의 나이 30세 때부터 콜링스우드에서 「크리스천 비콘」지(주간; weekly)를 50년 이상 발행해 왔다. 이 기관지는 그가 창설한 아메리카기독교연합회(A.C.C.C.)와 국제기독교연합회(I.C.C.C.)의 대변지로서 전 세계 자유주의 교회들의 연합단체인 세계기독교연합회의 기관지(W.C.C.'s E.P.S.와 Ecumenical Review), 미국의 자유주의 교회들의 연합단체인 미국기독교연합회(N.C.C.C.'s Chronicles), 신복음주의의 대변지 *Christianity Today* 등을 대항하여 40년 이상 역사적 기독교 신앙을 변호, 수호해 왔다.

8) 칼 맥킨타이어와 20세기 종교개혁의 시간(20 Century Reformation Hour)

칼 맥킨타이어는 1955년 그의 나이 51세 때부터 "20세기 종교개혁의 시간"(20th Century Reformation Hour)을 매일 아침 반 시간씩 600개 이상의 라디오 방송국 망을 통하여 40년 가까이 미국 전역으로 방송해 왔다. 그리고 단파를 이용하여 전 세계에 방송해 왔다. 그는 전 세계 어느 나라를 가든지 방송 시간이 되면 심지어는 국제 전화선을 연결하여서라도 방송을 쉬지 아니하였다.

9) 칼 맥킨타이어와 아메리카기독교연합회(American Council of Christian Churches)

칼 맥킨타이어는 미국 전역에 편만해 있는 기독교의 근본교리들을 신봉하는 교회(교파)들로 1941년 9월 17일 그의 나이 35세 때 아메리카기독교연합회(A.C.C.C.)를 조직하였다. A.C.C.C.는 미국이 자유주의 교회들의 연합체인 미국연방교회연합회(Federal Council of Churches, 1908년)와 자유주의 교회들과 타협하는 신복음주의 단체인 전국복음주의협의회(National Association of Evangelicals)에 반대하여 배교와 불신앙으로부터 교회의 순수성과 역사적 기독교 신앙을 수호하고자 하는 근본주의 교회들의 연합체이다.

※ F.C.C.는 1950년 11. 28.12. 1.부터 명칭을 N.C.C.C.로 변경하였다.

10) 칼 맥킨타이어와 국제기독교연합회(I.C.C.C.=International Council of Christian Churches)

칼 맥킨타이어는 그의 나이 42세 때 네덜란드의 암스테르담(1948년 8월 11일)에서 세계교회협의회(W.C.C.)를 반대하여 I.C.C.C.를 창설하였다. 이는 전투적 입장을 취하는 전 세계 보수교회(교파)들의 연합단체이다.

I.C.C.C.가 처음 탄생된 곳은 영국 개혁교회(English Reformed Church)였다. 원래 이 교회는 1419년 10월 19일 천주교 성당으로 헌당 되었던 교회였다. 그런데 이 교회당은 영국의 청교도들이 스크루비(Scrooby)를 떠

나 네덜란드로 건너와 이 교회를 매입하고 개신교 예배에 맞도록 내부구조를 개조하고 1607-1619년에 예배드린 교회당이다.

I.C.C.C. 제1차 창립총회는 "성경의 그리스도"(The Christ of the Scriptures)라는 표어 아래 26개국의 39개 교단 150명의 대표들이 모여 20세기 종교개혁의 횃불을 밝혔다. 대표 총대들 이외에도 7개 교파에서 온 선교단체 대표들, 6개 기독교 교육기관들 그리고 많은 회중들이 참석하였다.

그 후 I.C.C.C.는 4-5년에 한 번씩 세계대회를 개최하고 100여 나라의 500여 교단들이 가입되어 있다. 1963년에는 미국 뉴저지 주 케이프메이(Cape May) 해변에 위치한 큰 애드미럴호텔(Admiral Hotel)을 구입하여 성경집회, 세계대회 등을 개최하는 기독교 수양관으로 사용해 왔으며 그곳에 쉘턴대학(Shelton College)을 세웠다. 또한 1971년에는 플로리다 주 케이프캐나베랄(Cape Canaverrel)의 힐튼호텔(HiltonHotel)을 구입하여 역시 성경집회, 세계대회 등을 여는 기독교 수양관으로 사용해 왔다.

11) 칼 맥킨타이어와 아메리카기독교연합회(A.C.C.C.)

맥킨타이어는 1952년 미국 자유주의 교회들의 연합단체인 N.C.C.C. in USA가 개정 표준성경(Revised Standard Version=R.S.V.)을 출판하였을 때 "성경으로 돌아가자!"(Back to the Bible)는 기치를 내걸고 전국적으로 대집회들을 열었다. 아메리카기독교연합회는 미국의 자유주의 교회들의 연합단체이며, R.S.V. 성경은 그들의 판권 소유로 미국뿐 아니라 전 세계의 자유주의 교회들이 경전으로 사용하고 있다.

12) 칼 맥킨타이어와 한국전쟁, 월남전쟁

맥킨타이어는 세계적 반공주의자(Anti-Communist)로서 세계평화에 큰 기여를 해 왔다. 그는 1950년대 미국 국가안보위원회(National Security Council)의 일원이었으며, 1950년 한국전쟁 당시 미군과 유엔군을 한국전에 파병하도록 미국 정부와 국민에게 호소하기도 했다. 그는 또한 월

남전 당시에는 미국의 수도 워싱턴 D.C.에서 "승리를 위한 행진"(March for Victory)을 했으며(40만 명 이상이 참여), 한국의 이승만 대통령과 대만의 장개석 총통과는 친밀한 사이였다. 그러므로 장개석 총통 장례식에는 직접 참석하였다.

"자유는 각 사람의 비지네스이다. 당신의 비지네스, 나의 비지네스, 교회의 비지네스이다. 자신의 자유를 수호하기 위하여 자신의 자유를 사용하지 않는 사람은 자기의 자유를 보존하지 못한다."

"Freedom is everybody"s business, your business, my business, the Churche"s business, and Who will not use his freedom to defend his freedom, does not deserve his freedom."

13) 칼 맥킨타이어와 한국교회

1959년 9월 총회에서 보수주의 교회들(합동측)과 자유주의 교회들(통합측)이 비성경적 연합운동(Unbiblical Ecumenical Movement) 문제로 분열된 후 1960년부터 한국을 방문하고 한국의 교회들을 영적, 신앙적 그리고 경제적 다방면으로 지원해 왔다. 합동측, 대신측, 호헌측, 성결교, 예수교 감리회, 침례교 등 여러 교파들과 합동측 총회신학교(현 총신대학교), 대한신학교, 성경장로교신학교, 성경신학원 등에 재정을 지원하였으며, 전국 농어촌 미자립 교회들, 고아원들, 병원들, 군목들에게 원조와 보조비를 다년간 지원해 왔다.

특히 장로교 보수진영(합동측)이 통합측과 분열된 후 신학교 교사가 없을 때 신학교육 시설자금으로 당시 10만 달러의 거액을 지원하였으며(그 자금으로 용산역 근처의 빌딩을 구입하고 신학교로 사용하다가 현 사당동으로 이전), 현 대한신학교 건물(서울역 뒤)도 구입하도록 지원하였다.

칼 맥킨타이어는 2002. 4. 19. 향년 95세로 소천하여 미국 동부 뉴저지주 캄덴 할리아공동묘지(Harligh Cemetery, Camden, N.J.)에 안장되었다.

11. 존 머레이(John Murray, 1898-1974년)

미국 장로교 개혁주의 신학자. 웨스트민스터신학교 조직신학 교수.

- 존 머레이는 영국 스코틀랜드의 서덜랜드(Southerland)에서 태어나 엄격한 자유장로교(Free Presbyterian Church) 가정에서 성장하였다. 그는 어렸을 때 웨스트민스터 신앙고백서 소요리문답을 배웠고, 글라스고대학교(Univ. of Glasgow)를 졸업한 후(1919-1923년, M.A.), 미국의 프린스턴(Princeton)신학교를 졸업하였다(Th.M., 1927년). 다시 영국으로 돌아가 에딘버러(Edinburgh)에서 계속 공부하던 중 당시 프린스턴 신학교 조직신학 교수였던 핫지(Casper Wistar Hodge)로부터 초청을 받아 1년간(1929-1930년) 조교수로 가르쳤다. 그는 프린스턴신학교 재학 시절 워필드와 게할더스 보스의 영향을 많이 받았다.

- 머레이는 프린스턴신학교가 자유주의로 넘어가자 스승인 메이첸, 앨리스, 윌슨 교수 등을 따라 반틸과 함께 웨스트민스터신학교를 설립할 때 합류하였고, 1930년부터 1966년 은퇴할 때까지 핫지(C. Hodge)와 워필드(Warfield)의 신학적 전통을 이었다. 은퇴 후에는 세상 떠날 때까지 영국 전역에서 설교와 강의를 했다. 메이첸 박사가 소천한 후(1937. 1. 1.) 머레이 박사는 웨스트민스터신학교의 상징적 인물이 되었다. 그는 그가 속한 미국 정통장로교(O.P.C.)에서 1961년 총회장을 역임한 보수 신학자, 설교자였다. 그는 20세기 중엽 가장 영향력이 있는 개혁주의 신학자들 중 한 사람이었다(I. H. Murray, "The life of John Murray" in *Collected Writings of John Murray*, Vol. 3. 1976).

저서들: 『구속론』(*Redemption, Accomplished and Applied*, 1955), 『로마서』(*The Epistle to the Romans*, 2권, 1959, 1965), 『존 머레이의 선집』(*Collected Writing's of John Murray*, Vol. Ⅰ, Ⅱ; 조직신학 Ⅰ, Ⅱ)

12. 메이첸(J. Gresham Machen, 1881-1937년)

미국 장로교 근본주의 신학자. 변증가. 교육가. 옛 프린스턴신학교 신약학 교수. 웨스트민스터신학교 설립자 및 초대 교장. 미국독립장로회 해외선교부 설립 및 초대 회장.

- 메이첸은 미국 메릴랜드 주 발티모어(Baltimore)에서 부유한 변호사의 3형제 중 2남으로 태어났다. 그의 어머니도 남부 조지아(Georgia) 주의 저명한 가문의 딸이었다. 메이첸은 그의 생애에 부모의 영향을 크게 받았다.
- 메이첸은 사립학교에서 교육을 받은 후, 존스홉킨스대학교(Johns Hopkins Univ.)를 졸업하고(고전문학 전공, 1901년) 난 후에도 1년간 더 유하면서 당시 미국의 저명한 고전문학자 길더슬리브(Basil L. Gildersleeve)의 지도를 받으면서 대학원 과정을 밟았다.

그는 그 다음 해(1902년)에 프린스턴신학교(Princeton Theo. Sem.)에 입학하여 신학사(B.D.) 과정을 마치는 동안(1905년) 한편 프린스턴대학교에서 철학석사(M.Ph.) 학위를 취득하였다. 그는 프린스턴신학교 재학 시절, 특히 워필드(B. B. Warfield)교수와 패튼(Francis Patton)교수로부터 칼빈주의 보수신앙에 대한 많은 영향을 받았다. 그는 또 헬라 문학에도 관심이 많았으므로 졸업반 시절에는 신약학 교수 암스트롱(William Park Amstrong)의 신약(선택과목)을 선택하였다. 메이첸의 재능과 실력을 인정한 암스트롱 교수는 메이첸에게 독일로 유학을 다녀올 것을 권유하였고 메이첸은 1905년 가을 신학을 더 연구하기 위하여 독일로 떠났다.

- 메이첸은 마르부르크대학교(Marburg Univ.)에서 바이스(Johannes Weiss), 쥘리허(Adolf Jülicher), 헤르만(Wilhelm Hermann) 교수들의 자유주의 신학에 잠간 매료되었고, 괴팅겐(Göttingen)대학에서는 부셋(W. Bousset) 같은 자유주의자들 밑에서 공부하였다. 그러나 독일에서 받은 자유주의 신앙사조를 떨쳐버리기 위하여는 8년이란 세월이 걸렸

다. 점차 종교적 자유주의와 정통 기독교와는 거리가 먼 것을 확인하게 되었고, 종교적 자유주의에 반대하여 근본주의에 굳게 설 것을 결심하게 되었다.
- 모교인 프린스턴에 돌아온 메이첸은 1906-1914년에 신약학 강사로 강의하였다. 그는 자신이 맡은 일에 전적으로 헌신하여 탁월한 신학자, 교수, 설교자로 점점 각광을 받게 되었다. 그는 신학교 강사로 있으면서도 안수는 1914년에 가서야 받았다.

  그때에는 미국의 많은 교회들(교파들)이 종교적 자유주의자들과 역사적 기독교 신앙을 수호하는 보수주의자들과의 사이에 영적, 신앙적, 신학적 논쟁이 심한 때였다. 물론 장로교와 장로교의 대표적 신학교였던 프린스턴도 예외는 아니었다.
- 1914년 스티븐슨(J. Ross Stevenson)이 신학교 교장으로 취임한 이후부터는 점점 자유주의자들이 득세하게 되었다. 장로교 내의 자유주의자들은 세월이 갈수록 점점 득세하여 드디어는 기독교의 근본교리들도 담대히 부인하는 지경에까지 이르렀다. 그러므로 총회는 1910, 1916, 1923년 총회시에 기독교의 근본교리들을 재확인하였다. 그러나 1,274명의 자유주의자들은 1924년 기독교의 근본교리들은 하나의 학설(theory)이요, 교리(doctrine)가 아니라고 주장하면서 소위 어번확약서(Auburn Affirmation)를 발표하게 되었다. 이러한 불신앙과 배교가 활개를 칠 때 메이첸은 『기독교와 자유주의』(*Christianity and Liberalism*, 1923)라는 책을 썼고, 기독교의 정통신앙을 변호하였다. 그는 종교적 자유주의와 정통 기독교는 전적으로 다른 종교이며, 자유주의는 기독교가 아니라고 단정하였다. 1926년 신학교 이사회에서 메이첸을 변증학 교수로 청원하였으나, 스티븐슨(Stevenson) 교장이 이끄는 재단 이사회에서 반대하였다. 드디어 이사회는 폐지되고 재단 이사회만이 학교를 완전히 지배하게 되었다.
- 신앙적, 신학적 논쟁들은 교단과 신학교들에서 계속 심화되면서 대세는 점점 자유주의자들에게로 유리하게 기울어졌다. 1929년 총회는

신학교를 보다 더 포괄적 신학체제로 재구성하도록 결의하였고, 이에 반대하는 메이첸, 앨리스, 윌슨, 반틸, 머레이 등 보수주의 핵심 교수들은 6월 프린스턴신학교를 떠나 동년 가을 웨스트민스터 신앙고백서와 옛 프린스턴신학교의 정신을 계승하여, 필라델피아에 웨스트민스터신학교를 설립하게 되었다.

- 메이첸은 새로 설립한 학교의 초대 교장과 신약학 교수로 그리고 교단과 선교부의 일에도 헌신하였다. 교단의 많은 교회들과 신학교들도 자유주의화되니 해외에 나가 있는 선교사들 중에도 다수가 자유주의 노선에 가담하게 되었다.
- 메이첸과 보수주의 목사들은 1933년 6월 27일 여러 나라에 파송되어 바른 복음을 전하는 보수주의 선교사들을 위하여 "독립상로회 해외선교부"(Independent Board for Presbyterian Foreign Missions)를 조직하고 초대 회장에 메이첸을 추대하였다. 반면에 그 이듬해인 1934년 총회는 새로 조직된 선교부를 인정하지 않고, 1935년에는 메이첸을 면직하였다. 메이첸과 그의 수제자 칼 맥킨타이어를 위시한 보수주의자들은 1936년에 새로운 교단(미국 장로교, Presbyterian Church of America - 후에 정통장로교〈O.P.C〉로 개칭)을 창립하고 초대 회장에 메이첸을 추대하였다. 메이첸은 새 교단을 형성하기 위하여 노스다코다 주 비스마르크(Bismark, N.D.)로 가는 도중, 1937년 1월 1일 폐렴으로 소천하였다.
- 메이첸은 역사적 기독교 신앙을 변호하고자 그의 생애를 불태웠다. 그는 그리스도에 대한 헌신과 깊은 열망 때문에 양심상 교회 내의 신앙, 교리, 생활 문제 등에 있어서 방관하거나 타협하거나 양보가 있을 수 없었다. 그는 교회의 생명과 순수성을 보존하기 위하여 온 심혈을 기울였다. 그는 결단코 진리를 위하여 우유부단함이나 약함을 허용치 아니하였다. 웨스트민스터신학교에서 메이첸의 뒤를 이어 신약학을 교수한 스톤하우스(Ned B. Stonehouse)는 "만일 이제까지 고결하고 관대하고 온화하며 상냥하고 인정이 많은 사람이 있다면 그 사람은

바로 메이첸이었다"[1]라고 했다. 메이첸이야말로 인간의 양면을 모두 겸비한 하나님의 사람이었다.

저서들: 『초보자들을 위한 신약 헬라어』(N.T. Greek for Beginners), 『바울 종교의 기원』(The Origin of Paul's Religion, 1921), 『기독교와 자유주의』(Christianity and Liberalism, 1923), 『신앙이란 무엇인가?』(What is faith?, 1925), 『그리스도의 동정녀 탄생』(The Virgin Birth of Christ, 1930), 『현대 세계에서의 기독교 신앙』(The Christian Faith in the Modern World: 세상 떠나기 전 방송설교 모음)

한국의 메이첸: 메이첸 박사님의 수제자이시요, 불초 저자의 스승이셨던 고 (故) 박형룡 박사님(프린스턴신학교 졸업, 1926년)은 한국의 메이첸이었다. 이 영적 흑암의 시대에 박형룡 박사님의 인격·신앙·사상·사명의식을 이어받은 제2, 제3의 박형룡이 나오기를 소망한다. 이 불초가 한국계 미국시민으로서 메이첸 박사님이 설립하고, 맥킨타이어 박사님이 계승한 독립장로교회의 선교부(I.P.M.) 선교사로 봉직하게 된 것은 하나님의 크신 은혜요 섭리였다고 생각한다.

13. 바빙크(Herman Bavinck, 1854-1921년)

네덜란드 개혁주의 신학자.

바빙크는 네덜란드 드렌테(Drenthe) 루이 호그벤(Hogeveen)에서 1854년 12월 13일 태어났다.

Zwalle고등학교(the Gymnnasium)를 졸업했고, 네덜란드의 개혁 교단 신학교인 캄펜신학교(Kampen Theo. Sem.)와 레이덴대학교(Leiden Univ. Ph.D. 1880)를 나왔다.

- 졸업 후 후레인커(Franeker)에서 잠시 목회사역(1881-1882년)을 하고 1882년 1월 10일(29세)부터 1920년까지 모교인 캄펜신학교에서 교수

---

[1] Ned B. Stonehouse, J. Gresham Machen, *A Biographical Memoir* (Grand Rapids: Eerdmans, 1955), p. 327.

로 있었고, 1902년부터 1921년 생애를 마칠 때까지 암스테르담에 있는 자유대학교(Free Univ.)에서 아브라함 카이퍼의 후임으로 조직신학 교수로 있었다. 바빙크는 종교, 사회, 정치, 문화 등 사회 전반에 걸쳐서 큰 영향력을 발휘하였다. 특히 네덜란드개혁교(Refermed Church)와 미국의 개혁교(C.R.C.), 남아프리카 공화국의 개혁교 등에서는 그의 신학적 영향력이 매우 크다.

- 바빙크는 신학, 심리학, 교육학, 윤리학(가정, 여성, 전쟁) 분야의 여러 저서들을 출간하였으며, 왕립학술원의 일원으로, 네덜란드 정부의 상원(1911년)으로도 활약하였다.
- 한편 1908-1909년에는 프린스톤신학교에서 명 강의를 하였다.

저서들: 『개혁파 교리학』(*Gereformeerde Dogmatic*, 4권, 1895-1901)은 대표적 작품이다. 그중 제1권은 근본 변증학, 제2권은 신론이다. 『하나님의 큰일』(*Magnalia Dei*, 1907), 영문판 1951. 『우리의 이성적 신앙』(*Our Reasonable Faith*), 『계시의 신앙과 철학의 확실성』(*The Certainty of Faith and Philosophy of Revelation*, 1953) 등이다.

이 저서들 중 『개혁파 교리학』과 『하나님의 큰일』은 한국어로도 번역되었다.

14. 반틸(VanTil, Cornelius. 1895-1987년)

기독교 변증가. 옛 프린스턴신학교, 웨스트민스터신학교 변증학 교수.

반틸은 네덜란드의 그루테가스트(Grootegast)에서 태어나 기독교개혁교도인 그의 부모를 따라 1905년 미국으로 이민갔다.

- 반틸은 미국 미시간주 그랜드래피즈(Grand Rapids)에 있는 칼빈대학과 칼빈신학교를 졸업하고, 미국 프린스턴신학교와 프린스턴대학교에서 공부하고 1927년 기독교개혁교에서 안수를 받았다. 그리고 미시간에서 잠시 목회하고, 1929년 웨스트민스터신학교가 설립되기 전까지 프린스턴신학교에서 1년간 변증학을 강의하였다. 반틸은

1936년 미국정통장로교(O.P.C.)에 가입하고, 1975년 그의 나이 80세 은퇴시까지 교수직에 있었다.

- 반틸의 변증학의 대부(代父)는 존 칼빈과 직접적으로는 네덜란드 신학자 아브라함 카이퍼와 헤르만 바빙크 그리고 미국 프린스턴신학교의 탁월한 칼빈주의 신학자 찰스 핫지와 워필드이다.

그는 카이퍼와 바빙크의 저서들을 탐독한 후 기독교 변증학에 있어서 사람은 인간의 이성(reason)이나 또는 어떤 중립적 입장으로 출발할 것이 아니라, 하나님은 반드시 존재하시다는 것과 사람은 하나님께 책임이 있다는 것과 이 하나님에 관한 정확한 정보(information)는 영감된 성경뿐이라는 것을 전제하여야 한다는 것을 더욱 확신케 되었다. 이 대가정(presupposition)이 반틸의 변증학의 시작이요, 근간이다. 반틸은 "신학은 반드시 변증적 공격을 가져야 하며, 변증학은 반드시 신학을 해설하여야 한다"고 했다.

저서들:『신앙의 변호』(*The Defense of the Faith*, 1955, 1963),『기독교 신학』(*A Christian Theology of Knowledge*, 1969),『조직신학 서론』(*An Introduction to Systematic Theology*, 1974)등 20여 권의 저서와 많은 논문을 썼다.

15. 반하우스(Donald Grey Barnhouse, 1895-1960년)

미국 장로교 목사. 신복음주의 신학자. 성경 주석가. 기독지 편집인. 라디오 설교자.

- 반하우스는 캘리포니아주 왓슨빌(Watsonville)에서 태어나 17세에 로스앤젤레스성경학교(Biola)에 입학하여 부흥사 토레이(R. A. Torrey)로부터 세대론 신학을 배웠고(1913-1915년), 시카고대학교를 잠시 거쳐서 프린스턴신학교에 입학하였다가(1915년), 군 통신부대(Army Signal Corps)에 입대하기 위하여 학교를 떠났다(1917년). 그리고 미국

북장로교 뉴저지 주 몬마우스(Monmouth) 노회에서 목사 안수를 받고 선교사와 교사로서 프랑스와 벨기에에 가서 "벨기에 복음선교부"(Belgian Gospel Mission in Brussels, 1919-1921년)에서 봉사하였다. 동시에 프랑스 알프스(Alps)에 있는 두 개혁교회들에서도 목회하였다. 그는 1922년 여선교사 룻 티파니(Ruth Tiffany)와 결혼하고, 1923년에는 미국 달라스에 있는 복음주의신학교에서 명예신학박사(D.D.) 학위를 받았다. 1925년 미국으로 돌아와 필라델피아에 정착하고 그곳에서 펜실베이니아대학교(Univ. of Pennsylvania)대학원 과정을 밟았으며, 은혜장로교회(Grace Presbyterian Church)에서 목회했다. 한편 동부침례신학교를 졸업하였다(1926-1927년).

- 반하우스는 1927년 필라델피아제10교회에 부임하여 소천할 때까지 목회하면서 1928년부터는 라디오 방송을 시작하였으며, 1931년부터는 월간지 *Revelation*을 발간하기 시작하였다(1950년부터는 *Eternity*로 개칭). 그는 그의 생애 동안에 『로마서』외 10여 권의 책들을 썼으며 많은 테이프(audiotapes)를 녹음하였다.
- 반하우스는 당시 동료들이 북장로교가 자유주의화되므로 교단을 떠났으나 자신은 그대로 머물러 있으면서 근본주의자들을 자유주의자들에게 행한 것처럼 비판하였다. 그러므로 근본주의자들에 의하여 비난을 받고 자유주의자들로부터 멸시를 받았다. 그러므로 그는 신복음주의의 지도자들 중 한 사람이었다.

16. 버즈웰(James Oliver Buswell, 1895-1977년)

미국 장로교 근본주의 신학자. 교육가.

미국 위스콘신주 멜론(Mellon)에서 태어나 미네소타대학교(Univ. of Minnesota, A.B., 1917), 매코믹신학교(McCormick Sem., B.D., 1923), 시카고대학교(Univ. of Chicago, M.A., 1924), 뉴욕대학교(Univ. of New York, Ph.D., 1949)를 졸업했다. 그는 1918년 미국(북)장로교에서 안수받고 군목

으로 복무하고(1918-1919년), 밀워키(Milwaukee)장로교회(1919-1922년) 와 브룩클린(Brooklyn)에 있는 개혁교회(1922-1926년)에서 시무하였다.

- 버즈웰은 메이첸이 추진하는 독립장로교 해외선교부(I.P.M.= Independent Board for Presbyterian Foreign Mission) 설립에 적극 가담하였기 때문에 당시 미국(북)장로교에서는 버즈웰을 파면하였다. 이때에 칼 맥킨타이어도 자신이 속한 뉴저지 노회(New Jersey Presbytery)에서 파면되었다.
- 버즈웰은 일리노이 주 윗튼에 있는 윗튼대학(Wheaton College)의 학장으로 재직시(1926-1940년) 학교를 높은 수준의 학문 전당으로 그리고 근본주의 센터로 올려놓았다.

※ 미국에서의 근본주의는 한국에서의 보수주의이다.

- 버즈웰은 메이첸이 세상을 떠난 후(1937년 1월 1일) 칼 맥킨타이어가 성경장로교(B.P.C)를 창설할 때 깊이 참여하였고, 그 교단 신학교인 훼이스신학교(Faith Theo. Sem., 1940-1947년)와 쉘튼대학(Shelton College, 1941-1955년)에서 교수하였다. 물론 위의 두 학교는 근본주의(보수주의)의 세계적 지도자 칼 맥킨타이어 박사가 운영한 학교들이다.
- 1956년부터는 복음주의장로교(Evangelical Presbyterian Church-1937년 미국 정통장로교〈O.P.C.〉에서 탈퇴하여 새로 조직한 작은 교단 지도자들의 주축으로 설립한 커버넌트대학(1956-1964년)과 신학교(Covenant Theological Seminary)에서 조직신학을 교수하였다(Covenant Seminary Review, 2:1-12, 1976).
- 버즈웰은 11권의 저서와 많은 논문들을 썼는데 그의 대표적 저서는 『기독교 조직신학』(*A Systematic Theology of the Christian Religion*, 2 vols., 1962-1963)이며 그의 조직신학 저서는 신학계에서 큰 비중을 차지한다.

17. 벌코프 (Louis Berkhof, 1873-1957년)

미국 개혁주의 조직신학자.

네덜란드의 드렌테 지역 엠멘(Emmen, Drenthe)에서 1873년 10월 13일에 출생하였다. 벌코프의 아버지는 개혁교회의 한 분파인 경건주의 정통파(Seceder)에 속한 사람이었다. 1882년 벌코프의 나이 8세 때에 그의 가족은 미국 미시간 주 그랜드래피즈(Grand Rapids, MI.) 시(市)로 이민했다. 그는 일생을 그곳에서 보냈다.

- 벌코프는 청소년 시절 그랜드래피즈에서 조직된 개혁주의청년면려회 제1대 총무로 활약하였고, 19세 되는 9월에 기독교개혁(C.R.C) 대학(후에 칼빈대학)에 입학했다.

  그는 1900년 9월 16일 미시간주 알렌데일(Allendale)의 개혁교단에서 목사 안수를 받았다.

  1902-1904년 프린스턴신학교에서 석사과정을 마치고 신학사(B.D.) 학위를 취득했다.

  1904년 8월 그랜드래피즈 오크데일 파크 교회(Oakdale Park Ch.) 목사로 부임했다.

- 1906년에는 모교인 그랜드래피즈신학교(Grand Rapids Seminary -후에 Calvin신학교로 개칭)에 교수로 임명되어 1944년 은퇴할 때까지 38년 동안 교수로, 나중 13년은 교장으로 조직신학, 신약개론, 신구약사, 히브리어, 헬라어, 신구약 주해, 기독교 교육, 현대 신학사상, 기독교 교육, 전도, 선교 등 다양한 과목들을 강의하였다.

- 벌코프는 1944년 은퇴 후에도 계속 저서들을 출판하면서 특강, 특별 집회들을 인도하였다. 1920년대에는 세대론적 전천년설, 현대 고등비평, 자유주의를 비평하였다.

- 벌코프는 네덜란드의 헤르만 바빙크(Herman Bavinck)의 교의신학 (1906-1911년), 미국의 프린스턴신학교의 성경신학 교수였던 게할더스 보스(Gerhardus Vos, 1862-1949년)의 영향을 많이 받았다. 그는 주장

하기를 신학의 유일한 원천(source)은 성경뿐이요, 인간의 이성, 경험, 또는 교회의 전통 등은 결코 신학의 원천에 부가될 수 없다고 했다. 그의 신학의 순수성과 건전성을 여기서 엿볼 수 있다.
- 벌코프는 워필드, 핫지, 카이퍼, 바빙크 등의 별세 이후 개혁주의 신학자로서의 그의 명성은 더욱 두드러졌으며 그의 저서들은 여러 나라 언어들로 번역되어 개혁주의 신학 전수에 크게 공헌되고 있다. 그러나 벌코프는 개혁주의 신학의 대신학자이면서도 배교와 불신앙에 대한 전투적 입장을 취하지 않았으며 특히 종말론에 있어서는 무천년설을 주장하였다. 그러므로 우리나라의 보수신학의 대변자 고(故) 박형룡 박사는 그의 조직신학의 분류를 대부분 벌코프의 순서를 따랐으나 신학의 사상적 흐름은 찰스 핫지, 메이첸, 워필드 등의 노선을 밟았다. 그분의 문하생인 저자도 그러하다.
- 저서들: 『조직신학』(Systematic Theology, 1932, 1939), 『기독교 교리 요약사』(A Summary of Christian Doctrine, 1938), 『기독교 교리사』(The History of Christian Doctrines, 1949), 『성경해석의 원리』(Principles of Biblical Interpretation, 1950), 『자유주의의 양상』(1951), 『하나님의 왕국』(The Kingdom of God, 1951), 『그리스도의 재림』(The Second Coming of Christ, 1953)

18. 에밀 브루너(Emil Brunner, 1889-1966년)

칼 발트, 라인홀드 니버와 더불어 신정통주의의 3大 거두
- 출생: 스위스의 쥬리히 근처 Winterthur에서 1889년 12월 23일생
- 교육
  ① 1908년까지 스위스의 쥬리히의 고등학교(the Gymnasium)에서 공부하고
  ② 그후 스위스의 쥬리히대학교, 독일의 베를린대학교, 미국 뉴욕의 유니온신학교(Union Theo.Sem.)에서 공부

③ 1913년 스위스의 쥬리히대학교에서 신학박사(Th. D.) 학위 수여 받음
• 사상의 영향: 실존주의 철학자 쇠렌 키에르케고르(Søren Kierkegaard)의 영향을 받고 또 마르틴 부버(Martin Buber)의 실존주의에 감명을 받은 바 있다.

브루너(Brunner)의 초년에는 칼 바르트(Karl Barth)의 제일의 제자로서 추종(追從)하다가 1934년에는 칼 바르트의 자연계시 반대와 인간의 원죄타락 후 하나님 형상의 보존(保存)을 반대하여 칼 바르트와 결렬되었다. 브루너는 세계교회협의회(WCC) 제1차 총회 네덜란드의 암스텔담(Amsterdam, 1948) 에큐메니칼 총회를 위한 자료들을 준비제공 하였다.

• 목회: Obstaldem 산악 교구 목사(1916-1924)
• 교수생활
  ① 쥬리히(Zurich)대학교에서 20년간 신학교수 (1924~1953)
  ② 미국 프린스턴신학교에서 교수(1938~1939)
  ③ 일본 동경의 기독교대학교(Christian University)에서 기독교 철학 교수 (1953~1955)
• 저서들: 『교의학』(*Dogmatik*) 3권(1946-1960), 『신의명령』(*Divine Imperative*, 1932), 『반항의 인간』(*Man in Revolt*, 1936), 『신과 인의 충동』(*Divine-Human Encounter*, 1937), 『자연신학』(*Natural Theology*, 1934), 『계시와 이성』(*Revelation and Reason*, 1942), 『정의와 사회질서』(*Justice and the Social Order*, 1944), 『기독교와 문명』(*Christianty and Civilazation*, 1948, 1949)
• 중요신학사상
  ① 성경의외(聖經意外)에 타(他) 계시가 있다고 신봉
  ② 진리는 성경에서 찾는 것이 아니라 신적상대에서 찾는다(I-Thon Relation)
  ③ 원죄 부인
  ④ 선택설 부인

⑤ 시간과 공간의 역사적 사실 부인
⑥ 생활면을 강조한 윤리신학
⑦ 그의 저서 『교의학』(*Dogmatik*)은 페르디난드 에브넘(Ferdinand Ebnerm), 마르틴 부버(Martin Buber)의 영향받아
　Ⓐ 계시의 우선(Priority of Revelation)
　Ⓑ 변증법적 관계(Dialectical Relationship)
　Ⓒ 복음과 율법의 주제 (Gospel-Law Motif)
　Ⓓ 인간과 신과의 관계(Man-Divine Relation) 용어로서 신정통주의 신학의 연대(連帶)를 드러냈다.

19. 쉐드(William Greenough Thayer Shedd, 1820-1894년)

미국 칼빈주의 신학자. 교회사가.
　쉐드는 미국 북동부 메사추세츠 청교도 가문의 16대손으로, 버몬트(Vermont)대학교와 앤도버(Andover)신학교를 (B.D., 1843.) 졸업하였다. 그는 대학 학창시절 철학교수 제임스 마쉬(James Marsh)의 영향을 깊이 받았다. 그러므로 그는 유럽의 낭만주의(Romanticism)에 관심이 컸다.
● 쉐드는 앤도버신학교를 졸업한 후, 버몬트 주 브랜든(Brandon)에 있는 회중교회 목사로 잠시 시무하고(843-1845) 그 후 뉴욕 시 교회에서도 잠시 시무하였다. 그의 목회생활은 다 합하여 4년뿐이다. 그의 생애 대부분은 교수하는 일이었다: 7년간은 버몬트대학에서 영문학을(1845-1852.), 2년간은 어번(Auburn)신학교에서 수사학(sacred rhetoric)을(1852-1854.), 8년간은 앤도버신학교에서 교회사를 강의하였으며(1854-1862.), 1863년부터는 뉴욕에 있는 유니온(Union)신학교에서 28년간 계속 강의하였다. 특히 1874년부터는 헨리 보인튼 스미스(Henry Boynton Smith) 교수의 뒤를 이어 조직신학 교수로 봉직하였다. 그는 구파(Old School) 장로교도로서 웨스트민스터 표준문서의 개정을 반대하였다.

저서들:『기독교 교리사』(*A History of Christian Doctrine*, 1863), 『자연인에게 설교』(*Sermons to The Natural Man*, 1871.), 『교의신학 3권』(*Dogmatic Theology*, 3vol. 1888-1894), 『정통과 이단』(Orthodoxy and Heterodoxy, 1893.)

20. 스트롱(Augustus Hopkins Strong, 1836-1921년)

미국 북침례교 대표적 신학자. 신복음주의자.
뉴욕주 로체스터(Rochester) 시에서 부유한 신문사의 아들로 태어났다.
1857년 예일대학 졸업
1859년 로체스터신학교(Rochester Seminary) 졸업

- 스트롱은 매사추세츠 주 하버힐(Haverhill) 침례교와 오하이오 주 클리브랜드(Cleveland) 침례교에서 잠시 시무한 후 1872년에는 고향 로체스터로 돌아와 모교인 로체스터신학교에서 40년간 교장과 조직신학 교수로 보냈다. 이 기간 동안에 그는 미국 침례교해외선교부 회장(1892-1895년), 북미 침례교 총회장(1905-1910년)을 역임하였다. 그는 1885-1910년까지는 미국 북침례교에서 가장 영향력 있는 신학자들 중의 한 사람이었다. 그의 저서『조직신학』(*Systematic Theology*)은 1876년에 처음으로 출간된 이래 30회 이상 인쇄되었다. 그러나 그의 가장 창조적 작품은 1899년판 *Christ in Creation and Ethical Monism*이다.
- 스트롱은 보수주의와 자유주의의 신앙적, 신학적 논쟁이 절정에 이르렀을 때에도 신학적 논쟁을 피하였다. 그러므로 어떤 이들은 그를 자유주의자로 혼동하기도 했다. 따라서 그의 입장은 신복음주의적이다. 그는 유신진화론을 주장하였다.

21. 스펜스 (O. T. Spence, 1926. 6. 29.-2000. 7. 17.)

근본주의 신학자. 종교 음악가. 경건주의자.
- 스펜스 박사는 미국 워싱턴 D.C.(Washington, D.C.)에서 경건한 목사의 아들로 태어나 해군으로 군복무를 마치고, 피바디음대, 밥 존스대학교대학원, 임마누엘신학교, 조지워싱턴대학교, 옥스퍼드대학교 등에서 기독교 음악, 신학, 고고학, 원어(히브리어, 헬라어) 등을 전공하였다.
- 스펜스는 펜실베이니아 주, 워싱턴 D.C., 버지니아 주 등에서 12년간 목회하고, 두 개의 신학대학을 설립하고 최근(1999년)까지 구약, 신약, 헬라어, 히브리어, 교회 음악, 변증학, 신학 등을 강의해 왔다.
- 스펜스는 남아메리카, 멕시코, 북아일랜드, 한국, 싱가폴, 필리핀 등에서 강의, 세미나, 설교 등을 계속해 왔으며, 에딘버러, 스코틀랜드, 마닐라, 싱가폴, 미국의 밥존스대학교 등에서 개최된 근본주의세계대회(World Congress for Fundamentals)의 주요 연사로 연설하였다.
- 스펜스는 1975-1976년에는 미국 기독교계의 탁월한 인물상인 Who's Who in Religion상을 받았으며 현재까지 근본주의세계대회 국제위원, 파운데이션학교(Foundation Schools, 초등, 중등, 고등, 대학, 신학대학원)의 창설자, 교장, 파운데이션성경교회 목사, 라디오 방송 설교자로 봉직하면서 한 달에 100회 이상 강의, 설교 등을 강행해 왔다 (Foundation Bible College and Seminary, Dunn, N.C. 28334, U.S.A.). 그는 42권 이상의 저서들을 출간, 저술하였으며, 300곡 이상의 성곡들을 작곡하였다.
- 저서들: 『기독교 순수성을 위한 탐구』(The Quest for Christian Purity Flutauviel), 『은사주의』(Charismatism), 『하나님, 은혜, 그리고 은사들』(God, Grace, and Gifts), 『헬라어 신약 어휘 해설』(The Lexi-Chord of the Greek N.T.), 『성경적 성별』(Scriptural Separation), 『사탄: 은신처 또는 체계?』(Satan: Sanctuary or System?), 『파운데이션의 청교도관』(The Foundation

Pilgrim View), 『모세 5경 주석』(*The Pentateuch*) 등이 있다.
- 스펜스는 이 책의 저자인 본인의 저서에 추천서를 쓰셨고 한국에 약 15회 방문하여 강의, 설교 등을 통하여 많은 영적 각성을 불러일으켰다. 이 불초가 스펜스 박사님의 강의·설교·집회 등에 통역을 맡아 봉사한 것도 하나님의 크신 섭리라고 생각한다.

22. 어거스틴(Augustine of Hippo, A.D. 354. 11. 13-430. 8.28)

중세 초 라틴교부, 정통신학의 대부(大父), 위대한 저술가.

- 어거스틴은 A.D. 354. 11.13. 북아프리카의 북쪽(오늘날 알제리아) 해안가 한 작은 마을 누미디아의 타가스테(Tagaste of Numidia)에서 이교도의 하급관리인 파트리시우스(Patricius)와 경건한 그리스도인 모니카(Monica) 사이에서 태어났다. 아버지는 화를 잘 내고, 다른 여자와 간통도 하고, 종종 아내를 구타하기도 하였다. 그러나 모니카는 남편을 위하여 그리고 아들 어거스틴을 위하여 항상 기도하며 선행을 보였다.
- 어거스틴은 신앙이 독실한 어머니의 신앙적 교육을 받아 어렸을 때 예비신자(Catechuman)가 되었다. 그러나 그의 참회록에서 밝힌 바와 같이 어거스틴은 방탕한 생활, 종교적 철학적 번뇌 등으로 상당한 세월이 흘러서 387년 그의 나이 34세 부활절에야 비로소 밀라도의 감독 성 암브로스(St. Ambrose)로부터 세례를 받았다.
- 어거스틴은 마다우라(Madaura)에서 초등교육을 받은 후, 부모의 희생적 교육정신으로 373년 17세에 이르러는 칼타고(Carthage)로 가서 수사학 학교에서 공부하였다.

카르타고는 죄악의 도시로 어거스틴은 여러 해 동안 방황의 생활을 하게 되었다.

뿐만 아니라 마니교(Manicheism)에 빠져서 9년이란 세월을 보냈다. 마니티즘이란 216년 바벨론에서 태어난 마니(Mani)가 주장한 주의로 빛(선)과 어두움(악)이 공존하여 때로는 선이 이기고, 때로는 악이…이긴다는 영원적 이원론(eternal dualism)의 개념이다. 절대적인 선은 없고 선과 악이 대립한다는 것이다. 마니교에서는 금욕주의를 강조했다.
- 어거스틴은 그의 어머니와 함께 384년 밀란(Milan)으로 가서 감독 암브로스의 설교의 영향을 많이 받았다. 그리고 회심케 되었다.

  그는 밀란의 한 정원에서 집어 "읽어 보라"는 한 어린아이의 노래 소리를 듣고 로마서 13:13-14 "낮과 같이 단정히 행하고 방탕과 술 취하지 말며, 음란과 호색하지 말며 쟁투와 시기하지 말고 오직 주 예수 그리스도로 옷 입고 정욕을 위하여 육신의 일을 도모하지 말라"는 말씀을 보고 회개하기에 이르게 되었다.
- 어거스틴은 어머니가 세상을 떠난 이듬 해 388년 이탈리아를 떠나 히포로 돌아가서 열심히 수도생활을 하고, 히포의 주교(감독)가 되었으며(395)그 이후로 일평생 히포의 교회와 북아프리카의 교회들을 위하여 헌신 봉사하고, 난민들을 돌보아 열병으로 430년 8월 28일 세상을 떠나 영원한 안식처로 들어가셨다.
- 어거스틴은 교부시대 이레니우스, 터틀리안, 암브로스와 같은 초기 서방 신학자들의 신학사상을 계승하였으며, 중세교회와 개신교의 신학의 토대를 놓은 위대한 신학자이었다.

1) 어거스틴의 신학

(1) 신론(God)
- 하나님의 자존성 (C G= 하나님의 도성〈The City of God, XI.5〉)

  비물질적, 영적 (C G.].6.)

  영원 (Trinity: 3위 1체 XIV.25. 21)
- 불변성 (C G. XI. 10, Ⅶ. 1.)
- 단순성 (C G Ⅷ. 6, XII. 1.)
- 전지 (C G Ⅶ. 30.)
- 전능 (C G V, 10.)

(2) 창조론(Creation)
- 창조는 영원적이 아니다(Confessions: 참회록 XI. 13. 15.)
- 무에서 창조(C G, 12.1. Confessions= C. XII. 7. 7.)
- 창세기의 날들(days)은 아마도 장기간(C G XI. 6-8)
- 영혼: 각기 영혼은 출생시 창조된 것이 아니라 부모를 통하여 계승된다(On Immortality of Soul: 영혼의 불멸 33), 영혼의 기원에 대하여 유전설을 취하였다.

(3) 성경(Bible)
- 신적(The Enchiridion = E. 1. 4.)
- 무오하며(C G. XI. 6.)
- 성경만이 최고의 권위(C G. XI. 3.)
- 기독교 교리에 대하여(Christian Doctrine = C D. VII. 6. 8.)
- 원문에는 오류 없고, 사본에 오류(Letters. 82. 3)
- 외경 중 11권은 정경의 일부로 포함. 그 이유는 70인역에 포함되어 있으므로(C D.: On Christian Doctrine), 순교자들의 놀라운 기사들이 포함되어 있으므로(C G. XVII. 42)
- 성경은 신약사도들로 마감됨(C G. XXXIX. 38)

(4) 죄론(Sin)
- 인간의 자유의지에 기인. 자유의지는 악을 행할 능력(ability to do evil, (G. XII. 6.)을 허용
- 죄는 자발적(TR. XIV. 27.), 강제적이 아님
  자아 결정적 행동(Free Will= F W III. 17. 49)
- 2 영혼들에 대하여(On Two Souls=T S X, 12)
- 타락한 인간은 하나님의 은총이 없이는 선을 행할 능력을 상실(E. 106), 그럼에도 불구하고 하나님의 은총을 받아드릴 자유선택의 능력을 보존(L. 215, 4. GFW. 7.), 참된 자유는 죄를 범하는 것이 아니라 선을

행하는 능력이다(C G. XIV. 11.) - 구속함을 받은 자들만이 소유(E. 30),

(5) 인간론(Man)
- 사람은 죄 없는 무죄인으로 하나님이 직접 창조(On the Nature of God, 하나님의 성품에 관하여. 3.),
- 모든 인류는 아담으로부터(C G. XII. 21.),
- 아담이 범죄하므로 모든 사람이 죄 가운데 있게 됨(C G. XII. 21),
- 사람은 영혼과 육체로 구성(On the Morals of the Catholic Church = 가톨릭교회의 도덕성에서. M C C. 4. 6.),
- 하나님의 형상은 영혼에(C D. I. 22. 20.),
  타락은 비록 죄로 말미암아 부패되었지만이 형상을 지우지 못함(S L. 48), (Against the Epistle of Manichaeus)
- 마니교에 반대하여 (XXXIII. 6.),
- 인간생명은 잉태 시부터 시작(Letter= E. 85.),
- 사람의 영혼은 육체보다 높고 더 좋다(CG. XII. 1.),
  영혼은 육체에 영향을, 육체는 영혼에 영향을 줌(interpenetration)
- 모든 사람은 (의로운 자, 불의한 자) 육체적 부활이 있을 것(E. 84. 92.),
  의인은 천국에서 영생, 악인은 지옥에서 형벌

(6) 그리스도론(Christ)
- 그리스도는 완전한 사람(On Faith and the Creed= F C; 신앙과 신조에서 IV. 8),
- 죄 없으신 사람(E.24.),
- 그리스도의 인성은 처녀의 몸에 잉태시 부터(F C. IV. 8.),
- 동시에 본체는 영원부터 성부와 동일하심(T. I. 6. 9.),
- 그리스도는 1위(3위의 제2위)(E. 35.),
- 신성과 인성은 구별되며, 도성 인신이 신성이 된 것 아님(T. I. 7.14),

(7) 구원론(Salvation)
- 구원의 근원은 하나님의 영원적 작정에 있음(C G. XI. 21.),
- 불변하시며(C G. XXII. 2.),
- 예정은 사람의 자유선택에 의한 하나님의 전지와 일치(C G. V. 9),
- 선택자와 불택자 모두 예정(double-predestination)(SO IV.16),
- 구원은 오직 죄 없으신 예수 그리스도의 대리적 속죄의 죽음으로만(E. 33.),
- 믿음으로만 받음(E. 31.), 보편적 만인구원론을 반대(E. 99.),

(8) 윤리(Ethics)
- 사랑은 최상의 법(C G. XV. 16)
- 사랑으로 모든 덕을 정의(M C C. XII. 53)
- 하나님은 정당한 전쟁시에는 정당방위로 살인을 허용(C G. XIX. 7.),

2) 저서들
- 『행복한 삶』(*The Happy Life*, A. D. 386)
- 『영혼의 불멸에 대하여』(*On Immorality of the Soul*, 387)
- 『자유의지에 대하여』(*On Free Will* = F W 388-95)
- 『참회록』(*The Confessions* =T C. 397-401)
- 『마니교에 반대하며』(*Against the Manichean*, 398)
- 『3위 1체에 대하여』(*On the Trinity* = T. 400-416)
- 『공로와 면죄에 대하여』(*On the Merits and Remission Sins*=MRS, 415-12),
- 『그리스도의 은총과 원죄에 대하여』(*On the Grace of Christ and On Original Sin*, 418)
- 『은총과 자유의지에 대하여』(*On Grace and Free - Will* = G F W., 426)
- 『성도의 예정에 대하여』(*On Predestination of the Saints*, 428-29)
- 『하나님의 도성』(*The City of God* = C G. 413-26)
- 『재고록』(*Retractions*, 426-27)

후에는 옆에 2명의 속기사를 두고 자신의 말을 받아 기록하도록 했다. 300이상의 논제들을 저술하였다.

어거스틴은 신학과 철학 그리고 일반 학문을 같이 연구하는 중세 스콜라 학문과 교회와 신학의 토대를 놓은 위대한 신학자이었다.

23. 오리겐(Origen, A.D. 185-254년경)

- 오리겐은 A.D. 185년경 애굽의 알렉산드리아에서 기독교 가정의 7남매의 맏아들로 태어났다. 당시 알렉산드리아는 철학, 역사, 문학, 상업, 무역, 해상교통, 헬라 문명의 중심지였다.
- 오리겐은 알렉산드리아의 클레멘트(Clement, 약 A.D. 150-215년)으로부터 헬라 철학인 플라톤주의(Platonism)와 성경을 해석하기 위하여 히브리어를 공부하였다.
- 오리겐의 성경해석은 기독교 교리와 헬라 철학 등의 혼합으로 이루어진 상징적, 은유적 해석(Symbolical and Allegorical Interpretation)이다.
- 오리겐은 영혼의 선재, 만인구원설, 기독교 교리와 헬라 철학의 혼합주의 성경해석 등으로 아다나시우스, 제롬, 갑바도기아 신학자들, 안디옥 신학자들에 의하여 철학적, 비(非)성경적, 반(反)역사적, 독자적이라고 정죄를 받았다.
- 오랜 세월 후 3세기가 지나고 나서 제2차 콘스탄티노플공의회 (Constantinople Ⅱ, A.D. 553)에서 이단으로 정죄받았다. 오리겐의 은유적 해석은 무천년설자들의 해석의 기본이 되었다.

오리겐은 A.D. 220년에서 230년 사이 알렉산드리아에서

1) 제일 원리에 대하여(On First Principles)
하나님, 그리스도, 성령, 영혼, 천사들, 인간, 물질세계, 자유의지, 구원, 등을 체계적으로 기록한 첫 조직신학이었다.

2) 셀수스에 반대하여(Against Celsus)

셀수스는 이방 철학자로서 영혼의 선재와 만인구원설을 신봉하였다. 셀수스는 기독교인들은 비밀리에 모이고, 로마제국을 지지하지 않고, 예수를 하나님의 아들이라고 가르치고, 덮어놓고 믿기만 하라고 주장하기 때문에 기독교를 반대하였다. 따라서 오리겐은 셀수스의 기독교에 대한 비평에 반박하는 글을 썼다.

3) 헥사플라(Hexapla)

구약 히브리어 성경을 70인역(헬라어로 번역한 구약성경)과 대조하여 글을 썼다. 이 저서는 초대교회 성경연구에 크게 이바지하였다.

- 오리겐은 알렉산드리아 감독 데메트리우스(Demetrius)의 시기와 적개심 때문에 팔레스타인의 가이사랴로 떠나게 되었으며, 팔레스타인 방문시 가이사랴 감독으로부터 성직 안수를 받았다. 이에 격분한 알렉산드리아 감독은 오리겐은 교회법상 불법안수를 받았다고 공격하였다. 오리겐은 남은 여생을 가이사랴에서 살면서 여행도 많이 하였다.
- 오리겐은 A.D. 254년 데키우스(Decius) 황제의 핍박으로 심한 상처를 입고 세상을 떠났다.

24. 제임스 오르(James Orr, 1844-1913년) [2]

스코틀랜드 칼빈주의 신학자, 기독교 변증가
- 오르(Orr)는 대부분 글라스고대학교(Glasgow University)에서 공부하면서 기독교 철학과 신학에 두각을 나타내기 시작하였다. 그는 17년 동안 목회 사역 후에 『하나님과 세계에 대한 그리스도인의 관점』(*The*

---

[2] Sinclair B. Ferguson, Wright David, J. I. Packer, *New Dictionary of Theology* (Downers Grove, IL: IVP. 1988), pp. 482-483.

Christian View of God and the World, 1893)이라는 저서를 출판하였다.
- 오르는 당시 스코틀랜드연합자유교회(United Free Church of Scotland)의 연합장로교회(United Presbyterian Church)의 지도적 칼빈주의 보수 신학자였다.

 오르는 신학적, 신앙적 다방면의 도전에 직면했을 때 역사적 기독교 정통보수 신앙을 지키기 위하여 강의, 설교, 저술 활동에 총력을 기울였다.
- 1897년 알버트 릿출(Albrecht Ritschl)의 자유주의 신학을 비평하여 『릿츨 신학과 복음주의의 신앙』(*The Ritschlian Theology and the Evangelical Faith*)을 저술하였으며, 이 저서에서 릿츨 신학은 정통 기독교에 정면 위반된다는 것을 비평하였으며,
- 1905년 줄리어스 웰하우젠(Julius Wellhausen)의 모세오경 비평에 대하여 『구약의 문제에서』(*In the problem of the O.T.*)를 저술하여 웰하우젠의 모세오경 비평을 반박하였으며,
- 1905년 찰스 다윈(Charles Darwin)의 진화론을 반대하여 『사람 안에 있는 하나님의 형상에서』(*In God's Image in Man*) 사람의 기원에 대한 기독교 교리를 변증하였다.
- 1907년 『예수 그리스도의 처녀 탄생』(*The Virgin Birth of Jesus Christ*)을 저술하여 성령님의 잉태와 처녀 탄생에 대하여 변호하였다.
- 1910년 아돌프 하르낙(Adolf Harnack)의 신(新)신학을 비평하여 『계시와 영감』(*Revelation and Inspiration*)을 저술하여 축자영감(Plenary Inspiration)을 변호하였다.
- 1910-1915년 12권의 『근본주의자들』(*The Fundamentals*)에도 크게 공헌하였다.

오르는 1915년 『국제표준성경백과사전』(*ISBE= The International Standard Bible Encyclopedia*)의 편집인으로 위대한 공적을 남겼다.

25. 요세푸스(Josephus Falvius, A.D. 37-97년)

유대인 군장교, 사학가(역사가).

요세푸스의 생애

- 요세푸스는 A.D. 37년 예루살렘에서 여호야립(Jehoiarib, 대상 24:7)의 계보를 따라 유명한 제사장 맛디나의 아들로 태어났으며 2세기 초에 별세하였다.
- 요세푸스는 일찍이 교육을 많이 받았다. 그는 유대인의 율법과 헬라 문학에 지식이 깊었다. 그는 당시 유대교의 세 주류파들인 사두개파, 바리새파, 에세네파의 가르침에 대하여 연구하였으며, 18세 때에 바리새파에 합류하였다.
- 요세푸스는 A.D. 64년 바리새파의 일부 유대 제사장들의 석방을 탄원하기 위하여 바리새파의 대사로서 로마를 방문하고 로마제국의 권력에 깊은 감명을 받고 예루살렘으로 돌아왔다.
- 유대인들은 로마를 반대하여 폭동(revolt)을 일으켰는데 당시 산헤드린공의회는 요세푸스를 갈릴리지역 군사령관으로 임명하였다. 그는 군을 잘 지휘하였으나 갈릴리요새 요타파타(Jotapata)에서 6주간 치열한 전투 끝에 베스파시안(Vespasian) 로마 장군의 포로가 되어 A.D. 64년 로마에 포로로 끌려갔다.
- 요세푸스는 베스파시안이 장차 황제가 될 것이라고 예언하였고, 베스파시안은 A.D. 69년에 황제가 되었다. 요세푸스는 석방되고 베스파시안이 성(姓)인 훌라비우스(Flavius)를 따라 요세푸스 훌라비우스로 개명하였다.
- 요세푸스는 A.D. 70년 로마의 디도(Titus) 장군이 예루살렘을 침공할 때 통역관으로 입성하였으며 수차례에 걸쳐 유대인들이 항복할 것을 권유하였다.
- 요세푸스는 예루살렘 멸망한 후 다시 로마로 가서 로마 시민권을 취득하였고, 보상도 받고 죽을 때까지 로마에서 살면서 자유로이 여러

권의 역사서들을 집필하였다.

요세푸스는 동족 유대인들에게 반역자라는 씻을 수 없는 죄를 씻으려고 노력도 많이 하였다.

요세푸스의 저서들

• 『유대전쟁사』(The Jewish War, A.D. 77-78년, 7권)

이 책은 유대인의 전쟁사(The history of Jewish War)로서 B.C. 168년 안디오커스 에피파네스의 침공 때부터 A.D. 66년 로마제국이 침공하여 예루살렘성 멸망 후까지의 역사적 개요이다.

• 『유대고대사』(The Jewish Antiquites, A.D. 93년, 20권)

이 책은 유대인의 역사를 처음부터 A.D. 66년까지 기술하였다.

• 『아비온 반박』(Against Apion, Book 1.2.2권)

이 책은 알렉산드리아의 교사 아비온의 반(反)유대(Anti-Semitic)에 대한 글을 반박하고 유대인과 율법을 변호하였다.

• 『자서전』(Life)

이 책은 요세푸스가 갈릴리 지역 군사령관으로서 당시의 활동들을 기술한 자서전이다.

이 저서들은 1세기 예루살렘 성전, 당시 유대교 종파들, 창조로부터 마사다와 그곳에서 일어난 대량학살 등 당시 정치·종교·인물·역사·문화 등 여러 배경을 기술한 것들로 역사적 연구에 최고의 가치가 있다. 이 저서들은 구약과 신약 사이 중간사와 신약사를 연구하는 데 절대 필요한 문헌들이다.

26. 워필드(Benjamin Breckenridge Warfield, 1851-1921년)

미국의 칼빈주의 신학자. 기독교 변증학자.

워필드는 미국 켄터키 주 렉싱톤(Lexington) 근교에서 태어났으며, 뉴저지대학(New Jersey College—후에 프린스턴대학교로 개칭)을 최우등생으로 졸업하고(1871년), 프린스턴신학교에서 찰스 핫지의 문하생으로 졸업(1876년)하였다. 곧이어 유럽을 여행하며 라이프치히대학교에서 공부하고(1876-1877년) 귀국하여, 발티모어(Baltimore)제일장로교회에서 시무(1877-1878년)하고, 1878년부터는 펜실베이니아 주 알레게이니(Allegheny, 피츠버그 근교)에 있는 서부신학교(Western Seminary)에서 강사로 신약 헬라어와 문학을 가르치기 시작하였고, 그 다음 해인 1879년에는 정교수로 승진하였다.

- 1887년 A. A. 핫지(A. A. Hodge)가 세상을 떠난 후 워필드는 프린스턴신학교의 초청을 받고 세상 떠날 때까지 변증학 교수로서 6,000명 이상의 학생들에게 수준 높은 칼빈주의 정통신학을 교수하였다.
- 워필드는 20년 이상(1890-1903년) 프린스턴신학교 기관지인 The *Princeton Review*의 편집인으로 재직하면서 10권 이상 분량의 논문들을 정기간행물, 신문, 잡지, 사전 등에 기고하였다. 그는 물밀듯 밀어닥치는 자유주의자들의 신신학에 대항하여 경건하게 살면서 개혁주의 신학을 변호하였다.
- 워필드는 기독교의 정통교리들에 의심(doubt)을 품거나 부인(denial)하거나 재해석(reinterpretation)하는 종교적 자유주의자들의 불신앙을 폭로, 책망하였다.

    워필드는 모든 지식은 주관적, 상대적이므로 결코 객관성이 없다고 주장하는 주관주의(Subjectivism)를 반대하고 하나님과 성경의 절대성을 변증하였다.
- 워필드는 성경의 영감과 무오성을 변호하였다. 브릭스(A. A. Briggs)와 스미스(Henry P. Smith) 같은 자유주의자들을 반대하여 성경의 영감, 무오, 원죄, 예정, 제한적 속죄 등 기독교의 핵심 교리들을 변호하였다. 브릭스는 뉴욕의 유니온(Union)신학교 구약학(히브리어) 교수로서 성경의 영감과 무오를 부인하여 당시 북장로교 총회는 그를 목사직에서 파면하였으나(1893년) 신학교에서는 그를 계속 교수하게 했다. 스미스는 뉴욕의 유니온신학교 교수로서(1913-1925년) 성경의 무오성과 모세 5경의 저작권을 부인하면서 동료 교수 브릭스를 변호

함으로써(1891년) 당시 북장로교 신시내티노회(Cincinnati Presbytery)에서는 그를 목사직에서 파면하고(1892년), 1894년 총회에서는 그를 유죄 판결하였다.
- 워필드는 기독교의 독특성을 파괴하는 불신앙과 회의주의(Skepticism)를 반대하고 엄격한 칼빈주의 신학의 입장에서 성경적 세계관을 변증적 방법으로 변호하였다. 그는 어거스틴의 신앙고백을 신앙 양심의 모델(model)로, 칼빈을 정통 보수 신학자로 존경하고, 웨스트민스터 신앙고백서를 전폭 신봉하였다.
- 워필드는 독일의 자유주의 신학자 슐라이어막허(F. Schleiermacher, 1768-1834년)의 경험론을 반대하고 하나님의 계시를 변호하였다.
- 워필드는 영국의 진화론자 다윈(C. Darwin, 1809-1882년)의 진화론을 반대하고 성경의 창조론을 변증하였다.
- 워필드는 독일의 튀빙겐 학파(Tübingen School)의 자유주의 불신앙을 공격하고 성경의 진리를 옹호하였다. 독일의 튀빙겐 학파 바우어(F. C. Baur, 1792-1860년)는 바울의 사도직과 바울의 에베소서, 빌립보서, 골로새서, 데살로니가전·후서, 디모데전·후서, 디도서, 빌레몬서 등의 저자임을 부인하였다. 바우어의 제자인 스트라우스(D. F. Strauss, 1808-1874년)는 하나님의 존재, 예수 그리스도의 이적을 부인하였다.
- 워필드는 독일의 교회사가인 하르낙(Adolf Harnack, 1851-1930년)의 기독교와 세상 문화의 동화를 반대하여 기독교의 순수성을 옹호하였다.
- 워필드는 부셋(Wilhelm Bousset)의 『종교란 무엇인가?』(*What is Religion?*, 1907)에서 주장한 비교 종교학을 반대하고, 기독교와 다른 종교들을 동일시할 수 없으며, 기독교는 인간의 상상물이 아니라고 변증하였다. 그는 웰하우젠(Julius Wellhausen, 1844-1918년, 독일 성경비평 신학자)이 성경의 영감과 모세오경의 저작권을 부인하는 것을 반대하였다.
- 워필드는 매킨토쉬(William Mackintosh)의 이적 부인, 제베르크(Reinhold Seeberg)의 성경의 권위 부인, 바이스(Johannes Weiss, 1863-

1914년)의 양식비평(Form Criticism)을 비판하였다.

저서들: 『계시와 영감』(*Revelation and Inspiration*, 1927), 『칼빈과 칼빈주의』(*Calvin and Calvinism*, 1931), 『완전론주의』(*Perfectionism*, 1931-1932), 『성경의 영감과 권위』(*The Inspiration and Authority of the Bible*, 1948)

27. 스테펜 차녹(Stephen Charnock, A.D. 1628-1680년) [3]

영국 청교도 신학자, 저술가, 설교자

영국 임마누엘대학(Immanuel College), 캠브리지대학(Cambrige College)을 졸업하고 옥스퍼드대학교(Oxford University)에 진학하였다.

1654년에는 크롬웰(Cromwell, Oliver)이 주도하는 새 대학의 사감(proctor)으로, 크롬웰 사후에는 런던으로 돌아가 학문 연구에 몰두하며 가끔 설교도 하였다.

1675년 이후로는 왓슨(Watson, Thomas) 목사와 함께 런던장로교회의 동사 목사로 시무하였다.

1680년 차녹의 사후 그의 추종자들 중 아담스(Adamas)와 빌(Veal)은 차녹의 글들을 몇 권의 저서들을 편찬하였다.

『신적 섭리에 대한 설교』(*A Discourse on Divine Providence*), 『십자가에 못박힌 그리스도에 대한 설교』(*A Discourse on Christ crucified*), 『하나님의 존재와 속성들에 관한 설교』(*A Discourse upon the Existence and Attributes of God*, 1682년) 등이다.

28. 카이퍼(Abraham Kuyper, A.D. 1837-1920년)

네덜란드 개혁주의 신학자, 정치인, 교수, 교육가, 저술가, 언론인.

---

3 J. D. Douglas, *Who's who in Christian History* (Wheaton: Tyndale, 1992), p. 155.

- 카이퍼는 1837년 네덜란드의 마아스루이스(Maassluis)에서 개혁교의 목사 아들로 태어났다.
- 1855-1862 레이덴(Leiden)대학교에 입학하여 1862년 신학박사 학위를 받았다. 대학교에 입학하여는 자유주의 신학과 그 당시 자유주의 신학자들의 견해들을 받아들였다. 그러나 그가 비스드(Beesd)에서 처음 목회하기 시작한 때로부터는 경건한 목회자들의 영향을 받아 네덜란드의 전통적인 칼빈주의 신앙과 신학으로 돌아서기 시작하였으며, 그후로 쥬리히, 암스텔담, 그리고 타지역에서도 성공적인 목회를 하게 되었다.
- 1870년대부터는 정치에 깊이 관계하기 시작하였고, 1874년 카이퍼는 새로 창당한 반(反)혁명당(Anti-Revolutionary Party)의 대표로 의회에 진출하였다. 정치활동의 시작이다. 이 정당은 네덜란드에서 처음 정당이었다.
- 1875-1915년까지 카이퍼는 국가와 교회에 새로운 칼빈주의 운동을 펴나갔다.
- 1886년에는 1618년 시작된 네덜란드개혁교회(Dutch Reformed Church-State Church, 국가교회)에서 나와서 네덜란드개혁교회(Reformed Churches in Netherlands)를 창립하고, 캄펜신학교(Kampen)를 교단 신학교로 하고, 1902년 자신과 밀접한 관계에 있는 헤르만 바빙크(H. Bavinck)를 조직신학 교수로 청빙하였다.

카이퍼는 두 신문사를 창간 운영하였다.
- 일간지 *De Standaard* - 정치사회

    주간지 *De Heraut(The Herald)* - 교회
- 1900년 반(反)혁명당에 출마하여 1901년부터 1905년까지 4년간 수상직을 수행했으며, 1908년 다시 네덜란드 의회에 진출하여 별세 전까지 정치활동을 계속하였다. 카이퍼는 전체독재주의의 위험성을 바로 인식한 자유민주주의 찬동자이었다.
- 카이퍼는 신학·철학·정치학 그리고 사회의 현안들에 대하여 신문

지상에 많은 글들을 게재하였으며, 다수의 대회 연설과 설교를 하였으며, 1898년 신학백과사전, 1899년 칼빈주의, 1900년 성령의 역사 등을 편집·저술하였다.
- 카이퍼는 네덜란드에서 미국으로 이민 온 북미의 개혁교회(C.R.C. = Christian Reformed Church)를 성장·발전시키는 일에 크게 공헌하였다. 그러나 지금 미국의 개혁교회는 깊이 타락되었다.

29. 존 칼빈(John Calvin, 1509-1564년)

종교개혁자. 위대한 정통 신학자. 정치가.

존 칼빈은 프랑스 파리에서 동북쪽으로 약 58마일 떨어진 피카디 성 노욘(Noyon, Picady)에서 1509년 7월 10일 5남매 중 둘째로 태어났다. 당시 노욘은 북유럽의 로마 천주교의 중심지였다. 칼빈의 아버지 제랄드 칼빈(Gerard Calvin)은 조직적이고 독립성이 강한 사람으로 감독의 비서 및 법률가였고, 어머니 제니 칼빈(Jeanne Calvin)은 신앙심이 깊은 경건한, 존경받는 부인이었다.

- 칼빈은 한 번 본 것은 잊지 않고, 한 번 배운 것은 거의 기억하는 천재적 재질과 종교적 경건심을 지닌 것은 선천적으로 받은 은사에 근거한 자신의 헌신이었다. 그가 어렸을 때에는 그 성(城)의 귀족인 맘모르 가정의 아이들과 함께 교육을 받았다.
- 1521년 5월 19일, 그의 나이 12세 때 칼빈은 벌써 일종의 장학생으로 노욘의 사제직을 위한 수업을 받을 수 있는 자격을 얻었다.

1523년 8월, 그의 나이 14세 때에 그의 아버지는 칼빈을 장차 성직자가 되게 할 목적으로 파리에 있는 드라·마르쥬 고등학교에 입학시켰다. 같은 해에 몬테규(Montaigu)고등학교로 전학시켰다. 그는 이 학교에서 개혁주의의 선구자인 레 페레스의 영향을 많이 받았다. 또, 개혁주의 사상가 콜듀라는 교수는 칼빈을 진심으로 지도하였다. 그곳에서 칼빈은 개혁운동을 일생 같이한 파렐(William Farel)을 만났다.

- 그러므로 칼빈은 후에 데살로니가전서 주석을 스승 콜듀에게 드리는 것으로 했다. 그는 그의 글에서 "제가 선생님의 문하에서 배우게 된 것은 후에 하나님의 교회에 매우 유효하게 봉사하기 위한 가장 훌륭한 준비였습니다"라고 했다.
- 칼빈은 1527년 말, 또는 1528년 초에 몬테규고교를 졸업하고, 1528년 2월 그의 나이 19세 때 그의 아버지는 칼빈에게 법학을 공부하게 했다. 그리하여 올리안스(Orleans)대학에 입학하였고, 그 다음 해(1529년)는 불제(Bourges)대학으로 전학하였다. 이 학교에서는 헬라어 교수이며, 복음주의자 오르만 교수에게 지도를 받아 고전문학과 성경 연구에 진력하였다. 그 결과, 건강이 쇠약해졌다. 그는 교수가 결강시에는 대신 강의하는 위치에 있었다. 칼빈은 위의 두 대학에서 많은 것을 배웠다. 칼빈이 루터보다 조직적이고, 체계적이고, 신학적으로 개혁을 할 수 있었던 것이 이해가 간다.
- 칼빈은 1531년 5월 26일(22세 때) 그의 아버지가 별세한 후, 문학을 공부하기 위하여 파리대학에 입학하였고, 그 다음 해인 1532년 4월에는 『세네카(Seneca)의 관용론 주석』(Commentary on Seneca's De Clementia)을 출판하여 그의 학적 재질을 인정받았다.
- 후에 칼빈은 "나의 아버지는 내가 법률 공부하는 것이 점차 부유하게 한다는 것을 알았다. …그리하여 법률을 배우기 위하여 철학 연구에서 물러서게 한 것이다. 나는 아버지의 뜻을 순종하기 위하여 나 스스로를 굽혀 법률 연구에 충성했다. 그러나 당시 하나님은 신비한 섭리에 의하여 나의 방향을 다른 길로 전환시켰다. 내가 아직 교황의 교훈과 미신에 고착되어 깊은 흙구덩이에서 헤매어 나오지 못할 때 하나님은 급격한 회심으로 나의 연령에 비해서 완고한 나의 마음을 교도하기에 족하도록 만드셨다"라고 고백하였다.
- 이처럼 하나님은 칼빈을 라틴어, 헬라어, 히브리어, 문학, 법학, 신학 등을 광범위하게 공부할 수 있도록 인도하셨다. 아버지는 칼빈이 법률가가 되기를 소원했고, 칼빈 자신은 문학가가 되기를 소원하였으나

하나님은 그를 이런저런 과정을 통하여 위대한 종교개혁가로, 정통 신학자로 만드셨다.
- 칼빈은 1534년 4월 최초로 신학 서적을 펴냈다. 당시 죽은 영혼은 부활시까지 잠잔다는 재세례파의 혼수설을 반박하는 영혼 혼수설을 발표하였다.
- 칼빈은 1534년 5월 4일, 노욘으로 돌아가 로마 천주교와 결별하고, 그 해 가을에 파리로 가서 10월 17일 미사는 그리스도의 속죄 사역을 부인하는 것이요, 교황은 적그리스도라고 주장하였다.
- 칼빈은 1535년 1월, 스위스의 바젤(Basel)로 갔다. 거기서 경건한 호구라인 부인 댁에 유숙하게 되었고, 거기서 『기독교 강요』(Institutes of the Christian Religion)를 1536년 3월, 그의 나이 27세 때 라틴어로 출판하였다. 그는 하룻밤 사이에 유명해졌다. 로마 천주교에서는 칼빈의 『기독교 강요』를 "이단자의 코란"이라고까지 불렀다.
- 그 후 칼빈은 1536년 7월 하순경 프랑스로 돌아가는 길에 알프스 산 동쪽 끝에 위치한 스위스의 제네바를 통과차 1박 하려다 거기서 이미 개혁운동을 하던 대학 동창 파렐(William Farel)을 만났고, 그의 강한 권유로 그곳에 머무르게 되었다.
- 파렐은 칼빈에게 말하기를 "그대가 만일 하나님의 일보다 고요한 생활로 독서나 즐기는 일을 한다면 하나님은 반드시 그대를 저주하리라"고 했다. 그러므로 칼빈은 후에 그의 시편 주석 서문에서 파렐이 자신에게 한 말을 기록했다. 칼빈은 또 "만일 내가 선택의 자유가 있었다면 나는 결코 제네바에 가지 않았을 것이다. 그러나 나는 나 자신의 주인이 아니라고 생각하고 있기에 나는 나의 마음을 오로지 하나님께 제물로 바친다"고 했다.
- 칼빈의 『기독교 강요』는 개혁주의 신학의 탄생을 가져왔고 기독교 역사의 방향을 달리한 몇 권의 책들 중 하나이다. 그의 신구약 주석(전권)은 시대를 초월하여 성경해석의 시금석이 되었다.
- 첫 번째 제네바 사역(1536-1538년): 칼빈은 1536년 10월부터 제네바대

학교에서 교수로 바울 서신을 강의하기 시작하였다. 1537년 1월 16일에는 60명으로 구성된 의회를 조직하고 "제네바 교회와 예배의 조직에 관한 칙령"을 제정하였는데 이것이 교회의 헌법이 되었다. 회중이 시편을 찬송으로 부르고, 성만찬을 1개월에 한 번씩 거행하고, 교회의 순수성을 보존하기 위하여 권징 치리, 장로 면직을 시행하였다. 그때 많은 사람들이 칼빈을 반대하였다.

제네바 시의회에서 추방 명령: 1538년 4월 13일 제네바 시의회에서는 칼빈, 파렐, 콜라우드(Calvin, Farel, Coraud)에게 3일 이내에 제네바를 떠나라는 추방령을 내렸다.

그러므로 칼빈은 바젤로 피신하고, 파렐은 뉴샤텔(Neuchatel)로 가서 목회하고, 콜라우드는 곧 세상을 떠났다.

칼빈은 1538년 8월부터 3년간 독일 남서쪽 스트라스부르크(Strassburg)에서, 프랑스에서 피난 온 사람들을 위하여 목회하면서 동시에 신학교수로 신학생들에게 교수하였다. 이 기간에 로마서 주석을 저술하고(1539년), 목회 상담, 권징, 성찬식(1개월에 한 번씩), 회중 찬송, 심방, 예배 순서(기원, 신앙고백, 선언, 찬송, 기도, 감사, 설교, 사도신경 암송, 축도 등) 등을 시행하였다.

1540년 9월에는 재세례파에서 개종한 과부 이델레뜨 드 뷔러(Idelette de Bure)와 결혼하여 8년간 행복한 생활을 했다. 그러나 아내는 1549년 세상을 떠났다.

한편 칼빈을 추방한 후의 제네바는 더욱 타락하므로 제네바 시의회는 1540년 9월 20일 칼빈을 다시 초청하기로 제의하고 같은 해 10월 19-20일에는 200명의 시의원들이 인준하였다. 그리하여 스트라스부르크에서 목회와 신학교수 저술 활동을 잘하던 칼빈은 국가와 교회를 개혁할 의지로 1541년 9월 13일 제네바로 다시 돌아가게 되었다. 사실상 칼빈 자신은 제네바를 "이 세상에서 제일 무서운 곳"이라고 하면서 제네바에 흥미가 없었다.

- 두 번째 제네바 사역(1541-1564년): 칼빈은 국가와 교회를 개혁하기 위

한 의지를 가지고 돌아왔다; 우상 숭배, 도박, 연극, 하나님의 성호 모독, 종교 방해 등을 엄격히 규제하고, 예배시 조용할 것, 정직, 결혼, 사유 재산 보호 등을 골자로 시(市) 법 개정안을 시의회에 제출하고 시의회는 그것을 승인하였다. 칼빈은 제네바 시민들이 교회의 도덕 규범을 지키도록 하는 데 노력하였다.

1541년 11월 20일, 일반 총회에서

목사들은 설교, 성례, 목사 후보생 시험, 치리(장로와 함께),

교사들은 말씀으로 교훈, 신학, 문학 강의,

장로들은 교회의 교리와 헌법을 감독하고, 교회를 다스림,

집사들은 헌금 관리, 구제, 성찬시와 세례 거행시 보조, 병자 문안, 장례식 등을 돕도록 가결하였다.

- 투쟁기간(1541-1555년): 14년간 논쟁과 풍랑이 심하였다. 정치계에서 반발하고, 신학계에서 생활의 엄격한 규제를 반대하고, 제네바 귀족들이 반대하고 사람들은 개인의 자유와 육신의 쾌락을 원하였다.

  1553년에는 칼빈과 삼위일체 교리를 반대하는 미가엘 설베터스(Michael Servetus)를 체포하여 화형에 처하였다. 그들은 이단을 용납하지 않았다.

- 승리의 기간(1555-1564년): 칼빈의 제네바 생활은 더욱 보람되었다. 칼빈은 제네바 시를 유럽에서의 하나님의 도성으로 만들려고 힘썼다. 회심케 하거나 또는 처형하고, 영적 자유를 보장하며, 장로들을 시의회에 진출시키고, 종교 자유 피난민 5,017명을 1549년부터 1559년까지 제네바 시에 거주토록 하고, 그들 중 다수는 시민권을 획득케 하고, 1558년에는 그들을 공무원으로 채용케 했다.

- 1559년 3월 5일에는 제네바에 신학교(Academy of Geneva)를 162명의 학생들과 함께 개교하였다. 그때 베자(Beza)는 헬라어 학자로 강의하였다. 1565년에는 1,600명의 학생들이 유럽 중서부, 특히 프랑스에서 몰려들었다. 존 낙스(John Knox)는 말하기를, "사도시대 이후 이 지상(地上)에서 가장 완전한 기독교 학교이다"라고 격찬하였다. 이 학교에

서 수많은 사람들이 칼빈의 교육을 받고 유럽 대륙과 영국 등지로 가서 종교개혁을 했다.
- 칼빈은 하나님의 절대주권과 이중 예정(선택과 유기)을 믿었다.
- 칼빈은 교회가 국가로부터 어떠한 제재도 받지 않아야 한다고 주장하였다.
- 칼빈은 로마 천주교의 7세례를 반대하고 세례와 성찬만을 성례로 간주하였다.

칼빈은 1564년 5월 27일, 하나님의 부르심을 받아 소천하였다.

30. A. A. 핫지(Archibald Alexander Hodge, 1823-1886년)

찰스 핫지의 맏아들, 부친신학 계승자, 신학자, 프린스턴신학교 조직신학 교수.

1841년 뉴저지대학(New Jersey College → Princeton University의 전신)졸업.
1846년 프린스턴신학교(Princeton Theological Seminary)졸업.
1847년 목사 안수
　　　　장로교 선교사 - 온 가족과 함께 인도의 알라하바드(Allahabad)에서 3년 → 건강 때문에 귀국.
1851-1862년 메릴랜드 주(M.D.), 버지니아 주(VA.), 펜실베니아 주(PA.)에서 장로교 목사로 시무.
1864년 웨스턴신학교(Western Seminary, Allegheny, Pa.) 조직신학 교수
1877년 프린스턴신학교 교수
1878년 C. 핫지(부친) 소천 후 조직신학, 주경신학, 교무부장
저서들: 『찰스 핫지의 생애』(The Gift of Charles Hodge, 1880), 『신학개론』(Outlines of Theology, 초판 1860, 개정판 1879).

A. A. 핫지는 교회와 국가(Church and State)의 분리를, 칼빈주의의 재부활을 주장한 보수 신학자로 그의 종말론은 후천년설 입장이었다.

31. 찰스 핫지(Charles Hodge, 1797-1878년)

개혁주의 신학자. 옛 프린스턴신학교 조직신학 교수.

- 찰스 핫지는 미국 펜실베이니아 주 필라델피아(Philadelphia)에서 태어났다. 그는 뉴저지대학(New Jersey College-후에 프린스턴대학교로 개칭)에서 공부하였으며(1815년) 그곳에서 부흥사경회 기간 동안에 회심하게 되었다. 1819년에는 프린스턴신학교(Princeton Seminary)를 졸업하였다.
- 찰스 핫지는 프린스턴신학교가 설립된 지 10년 후 그리고 자신이 졸업한 지 3년 후 1822년부터 1826년까지 성경 문학을 강의한 후 현대 신학 사조의 부족한 지식을 더 얻기 위하여 독일로 유학을 갔다. 그는 독일에 2년 유학하는 동안(1826-1828년) 할레(Halle)에 있는 독일의 경건주의(Pietism, 독일 루터파의 일부), 칸트(Immanuel Kant) 이후의 철학, 슐라이어마허(Fredrich Schleiermacher)의 사색적, 경험적 신학, 그리고 동유럽 나라들의 부흥에 대하여 관찰하고 귀국하여 1878년 세상 떠날 때 가까이까지 프린스턴에서 지식적으로, 도덕적으로 정통신학과 경건생활을 강조하며 교수하였다.
- 핫지의 지도하에 「프린스턴지」(*Princeton Review*)를 발행하기 시작하였는데 이 학교 기관지는 구파(Old School)의 칼빈주의를 변호하고 보수 신앙을 수호하는 일에 크게 공헌하였다. 좀더 구체적으로 말하면 그는 독일에서 시작된 성경비평(biblical criticism)에 도전하여 성경의 축자영감(verbal and plenary inspiration)을 주장하였으며, 인간의 전적 부패와 무능을 부인하고 인간의 능력으로 구원 얻을 수 있다고 주장하면서 알미니안주의(Arminianism)를 회복시키려는 회중교회의 신학자 테일러(Nathaniel William Taylor)의 New Heaven Theology(일명 신천신학)에 도전하여 범죄한 이후의 사람은 영적으로는 전적으로 부패되고 무능하므로 인간의 자력(自力)으로는 구원이 불가능하고 오로지 예수 그리스도의 대리적 속죄의 공로를 믿음으로만 구원을 받을 수

있다는 이신득구(Salvation by Faith in Jesus Christ)의 교리를 변호할 뿐만 아니라, 당시 유명한 부흥사 찰스 피니(Charles Finney)의 주장, 즉 사람 자신이 회개할 능력이 있으며, 회심으로 사회를 개혁하고, 하나님의 지상왕국을 건설할 수 있다는 알미니안주의적 인본주의를 반대하고 칼빈주의 신학을 변호하였다. 그는 장로교 교단 내에 흐르는 두 신학사조들 중에서 보수주의 신앙을 가진 구파(Old School)를 전적으로 지지하였다.

저서들:『로마서 주석』(1835)-1880년 19판,『생명의 길』(1841-미국 주일학교를 위한 평신도 신학),『에베소서 주석』(1856),『고린도전서』(1857),『고린도후서』(1859),『조직신학 3권』(1871-1873),『다윈주의(Darwinism)는 무엇인가?』(1873),『교회정치 논의』(1878)

특히 그의 저서들 중 3권으로 된『조직신학』은 그가 1860년대 초부터 20년 이상 강의한 노트들(notes)을 집대성한 대작이다.

• 19세기 유럽과 미국 대륙의 프로테스탄트(개신교)의 칼빈주의적 정통신학의 주류(main stream)는 프린스턴신학교였으며, 프린스턴신학교하면 찰스 핫지(Charles Hodge) 박사였다. 그는 존 칼빈 이후로 네덜란드의 바빙크, 미국의 워필드, 댑니, 메이첸 등과 더불어 가장 위대한 보수 신학자들 중의 제일인이었다. 그가 당대와 후세에 미치는 신앙적, 신학적 영향이란 매우 지대하다. 그는 3,000명 이상을 목회자로 배출한 위대한 보수 신학자였다. 그러기에 1872년 그의 신학교 교수직 50주년 기념일에는 그를 존경하여 상점들도 문을 닫았다(David F. Wells, *Reformed Theology in America*, pp.39-64, Mark A. Noll, *The Princeton Theology*, pp.107-185, Daniel G. Reid, *Dictionary of Christianity in America*, pp.537-538, J. D. Douglas, *Who's who in Christian History*, p.323).

32. 안토니 후크마(Anthony A. Hoekema, 1913-1988년)

미국 개혁주의 신학자. 조직신학 교수(벌코프 후임으로 칼빈신학교 교수). 1913년 네덜란드에서 출생하여 1923년 부모님을 따라 미국으로 이민했다.

학력: 칼빈대학교(B.A.), 칼빈신학교(Th.B.), 미시간대학교(M.A.), 프린스턴신학교(Ph.D., 1953), 논문(헤르만 바빙크의 언약의 교리).

그는 1955-1978년까지 23년간 칼빈신학교 조직신학 교수로, 은퇴 후에도 계속 저술 활동을 했다.

저서들: 『4대 이단들』(The Four Major Cults), 『방언이란 무엇인가?』(What about the Tongues-Movement?), 『성령세례』(Baptism of the Holy Spirit), 『조직신학 3권』(Systematic Theology, 3volumes)이 있다.

Created in God's Image, Eerdmans, 1986.

Saved by Grace, Grand Rapids: Eerdmans, 1984.

The Bible and the Future, Grand Rapids: Eerdmans, 1994.

참고문헌
(The Bibliography)

성경(Bible)
성경전서(개역 한글판).
Kehlenberger, Jonh R. *Interlinear O. T.*
Brenton, S. L. *The Septuagint: Greek and English.*
Spiros Zodhiates. *Hebrew-Greek Study Bible.*
Alford, Henry. *The Greek Testament.* 4 vols.
Marshall, Alfred. *Greek New Testament.*
_____. *Parallel N.T. in Greek.*
Nestle-Aland. *Greek-English New Testament.*
New King James Version.
New American Standard Bible.
New International Version.
New Revised Standard Version(미국 자유주의 교회들의 연합단체인 미국교회협의회〈NCCC〉의 판권소유)
The Catholic Answer Bible.

히브리어·헬라어 원문 사전(Hebrew—Greek Lexicons)
Abbott-Smith, *A Manual Greek Lexicon of the N. T.* 3rd., Edinburgh: T&T Clark 1994.
Amstrong, *Readers Hebrew-English Lexicons of the Old Testament.* 4 vols.
Alford, H. *The Greek Testament* Ⅲ. 5thed., Cambridge, 1871.
Brooks, James A. *Syntax of New Testament Greek.* University Press. 1979.
Brown-Driver-Briggs, *Hebrew-English Lexicon of the Old Testament.*
Bauer-Arndt-Gingrich, *Greek-English Lexicon.*
Bullinger, *Critical Lexicon and Concordance to English and Greek New Testament.*
Davidson, Benjamin, *The Analytical Hebrew and Chaldee Lexicon.*
Kubo. *Readers Greek-English Lexicon of the New Testament.*

Liddell & Scott, *A Greek-English Lexicon*. 9th ed.

Moulton, *Analytical Greek Lexicon Revised*.

Pershbacher, *The New Analytical Greek Lexicon*.

Thayer, J. H. *Greek-English Lexicon of the N. T.* Grand Rapids: Baker Academic. 1977.

Tregles, S. P. *Gesenius Hebrew and Chaldee Lexicon*.

William and Gingrich, F. Wilbur Arndt. *A Greek-English Lexicon of the New Testament and Other Early Christian Literature*. Chicago: University of Chicago 1971.

성구 색인(Bible Concordance)

Edwin Hatch and Herry A. Redpath. *A Concordance to the Septuagint and the Other Greek Versions of the Old Testament*.

Eliezer Katz. (ed.). *Topical Concordance of the O. T.*

Kohlenberger, John and Edward Goodrick. *The NIV Exhaustive Concord-ance*. Grand Rapids: Zondervan, 1990.

Metzger, Bruce M. (ed.). *The NRSV Exhaustive Concordance* (unabrid-ged). Nelson. 1991. pp 1696.

Moulton & Geden. *A Concordance to the Greek N. T.* 5th edit.

Smiths J. B. *Greek-English Concordance to the N. T.*

Strong, James. *The New Strongs Exhaustive Concordance*. Thomas Nelson. 1990

Thomas, Robert L. (Gen. Ed.). *NAS Exhaustive Concordance*. Holman. 1981.

Young, Robert. *Youngs Analytical Concordance(revised)*. Nelson. 1982.

Whitaker, Richard E. *RSV Analytical Concordance*. Grand Rapids: Eerdmans. 1988.

Winter, Ralph. *Word Study New Testament and Concordance*. 2 volumes, Wheaton: Tyndale, 1978.

Wigram, George V. *New Englishmans Greek Concordance*. New York: Hendrickson Pub. 1986

성경 사전(Bible Dictionaries)

Harrison, E. F. (ed.). *Bakers Dictionary of Theology*. Grand Rapids: Baker. 1960.

Brown Colin (ed.). *New International Dictionary of New Testament Theology*. 4 volumes. Grand Rapids: Zondervan. 1986.

Buttrick, G. *Interpreters Dictionary of the Bible*. 5 volumes. Nashville: Abingdon, 1962.

Butler, Trent C.(Gen. Ed.). *Holman Bible Dictionary*. Holman. 1991.

Cross F. L. and Livingston, E. A. *Oxford Dictionary of the Christian Church*. 2nd Edition.

Douglas, J. D.(ed.). *New Bible*. Wheaton: Tyndale. 1984.

Elwell, Walter(ed.). *Evangelical Dictionary of Theology*. Grand Rapids: Baker. 1984.

Freedman, David Noel (ed.). *Anchor Bible Dictionary*. 6 vol.

Ferguson, Sinclair B. David Wright and Packer, J. I. *New Dictionary of Theology*. Downers Grove, IL: IVP. 1988.

Gehman, Henry. *The New Westminster Dictionary of the Bible*. Westminster. 1970.

Gentz, William H.(ed.). *The Dictionary of Bible and Religion*. Nashville: Abingdon. 1986.

Kittel, Gerhard (edited by G. W. Bromiley) *Theological Dictionary of the New Testament*. 6 vol.

Hastings, James. *Hastings Dictionary of the Bible*. 5 volumes. New York: Hendrickson. 1898.

Harrison, R. K. editor, *New Ungers Bible Dictionary*.

Hendricken, Wm. *1 & 2 Timothy & Titus*.

Huey, F. B. JR. and Corley, Bruce. *A Students Dictionary for Biblical Studies*. Zondervan Publishing House. 1983.

Kelly, J.N.D. *The Oxford Dictionary of Popes*.

Lockyer, Hebert(ed.). *Nelsons Illustrated Bible Dictionary*. Nelson. 1986.

Reid, Daniel G. *Dictionary of Christianity in America*.

Richardson, Alan. *Westminster Dictionary of Christian Theology*. Westminster. 1983.

Shepherd, M. H. *The Interpreters Dictionary of the Bible*.

Vine, W. E. *An expository Dictionary of the Old and New Testament Words*.

Websters New World Dictionary.

WCC, *Dictionary of The Ecumenical Movement*, Geneva, WCC. 2002.

Zodhiates, Spiros. *The Complete Word Study Dictionary New Testament*.

성경 어휘 연구(Biblical Word Studies)

Harris, R. Laird. *Theological Wordbook of the O. T.* vol. 2. Chicago: Moody Press. 1988.

Earle, Ralph. *Word Meanings in the N. T*. Grand Rapids: Baker, 1988.

Richardson, Alan. *A Theological Wordbook of the Bible*. Macmillan. 1950.

Robertson, A. T. *A New Short Grammar of the Greek Testament*.

_____. *A Grammar of the Greek N. T*. in the Light of Historical Research.

Vincent, Martin R. *Word Studies in the N. T*. Grand Rapids: Eerdmans. 1975.

Vines Expository Dictionary of the Biblical Words. Nelson, 1977.

Wuests Word Studies in the Greek New Testament, 3 volumes.

Zodgiates, Spiros. *Complete Word Study New Testament with Parallel Greek Text.*

성경 백과사전(Bible Encyclopedia)

Watter A. Elwell, *The Baker Encyclopedia of the Bible.*

Warfield, Benjamin B. *International Standard Bible Encyclopedia.*

Bromiley, Geoffirey W.(ed.). *The International Standard Bible Encyclo-pedia.* Grand Rapids: Eerdmans. 1988.

Douglas, J. D. E*ncyclopedia of Religious Knowledge.* Grand Rapids: Baker, 1991.

Orr, James. *The International Standard Bible Encyclopedia.* 4 volumes. Grand Rapids: Eerdmans. 1943.

Tenncy, Merrill(ed.). *Zondervan Pictorial Bible Encyclopedia.* 5 volumes. Gand Rapids: Zondervan. 1976.

신학 서적(Theological Books)

박형룡, 『박형룡박사 저작전집』. 서울: 한국기독교교육연구원. 1978.

조영엽, 『신론』(개정5판), 서울: CLC, 2012.

_____.『기독론』(개정5판), 서울: CLC, 2012.

_____.『구원론』(개정3판), 서울: CLC, 2012.

_____.『교회론』(개정증보5판), 서울: CLC, 2012.

_____.『성령론』, 서울: CLC, 2013.

_____.『종말-내세론』(개정증보판), 서울: CLC, 2013.

_____.『인죄론』(개정증보3판), 서울: CLC, 2014.

Bancroft, Emery H. *Christian Theology.* Gand Rapids: Zondervan. 1949.

_____. *Elemental Theology.* Gand Rapids: Zondervan. 1977.

C. K. Barrett, *The Gospel according to St. John.* London: Spck Publishing. *1988.*

Barclay, William. *The Letters to Timothy,* Philadelphia: Westminster Press. 1975.

Barnes, Albert. *Barnes' Notes on the New Testament.* Grand Rapids: Kregel. 1962.

Bailey, Kenneth E. *Cultural Studies in I Corinthians,* Downers Grove, IL: IVP. 2011.

Barinck, Herman. *Reformed Dogmatics,* Grand Rapids: Baker Academic,

        Vol. I. *Prolegomena,* 2009.

        Vol. II. *God and Creation,* 2009.

        Vol. III. *Sin and Salvation in Christ,* 2009.

        Vol. IV. *Holy Sprit, Church, and New Creation,* 2008.

Barrett, C. K. *The Pastoral Epistles*, Oxford: Clarendon Press. 1963.
Baxter, J. Sidlow, *A New Call to Holiness*. Gand Rapids: Zondervan. 1973.
Beasley – Murray, *Jesus and The Last Days*, New York: Hendrickson, 1993.
Belgic Confession. Faith Alive Christian Resources, 1998.
Berkhof, Louis. *Systematic Theology*. Grand Rapids: Eerdmans. 1939.
_____. *History of Christian Doctrine*. Grand Rapids: Baker. 1937.
_____. *Summary of Christian Doctrine,* Grand Rapids: Eerdmans. 1983.
Berkouwer, Gerrit Cornerlis. *Studies in Dogmatics*. Grand Rapids: Eerdmans. 1952. 14 vols.
_____. *The Conflict with Rome*. New Jersey: Presbyterian and Reformed Pub. 1958.
Bernard, J. H. *The Pastoral Epistles*, Grand Rapids: Baker. 1980.
Blake, Everett C. *Biblical Site in Turkey*. Redhouse, Istambul. 1990.
Boettner, Loraine. *Studies in Theology*, Presbyterian & Reformed. 1947.
_____. *Immortality*.
Brown. William Adams. *Christian Theology in Outline*. New York: Charles Scribners Sons. 1907.
Bruce, F. F. *The Time is Fulfilled*. Exeter: Paternoster Press. 1978.
_____. *The Letters of Paul*, Grand Rapids: Eerdmans. 1965.
Burtner, Robert W. and Robert E. Chiles. *John Wesleys Theology: A Collection from His Works*. Nashville: Abingdon. 1954.
Buswell. James Oliver. *A Systematic theology of the Christian Religion*. Grand Rapids: Zondervan. 1978.
Calvin, John. *Institutes of the Christian Religion*. 2 volumes edited by John T. Mcneill: Westminster. 1960.
Calvin's Commentaries. *The Second Epistle of Paul to Timothy*, Grand Rapids, 1964.
Cambron, Mark G. *Bible Doctrines: Beliefs that Matter*. Grand Rapids: Zondervan. 1977.
Canon of Dort.
Catechism of the Catholic Church. Vatican. 1997.
Chafer, Lewis Sperry. *Systematic Theology*. 8 vols. Dallas: Dallas Seminary Press. 1948.
_____. *Major Bible Themes*, Gand Rapids: Zondervan. 1974.
Clouse, Robert G. edited, *The Meaning Millenium 4 views*. Downers Grove, IL: IVP. 1973.
_____. *The Rapture*. Academic Book. 1984.
Cohen, Arthur A. and Marvin Harlverson. *A Handbook of Christian Theology.* Nashville: Abingdon. 1958.

Coleman. *Ancient Christianity Exemplified.*
Cox, William E. *Amillennialism Today.* Philadelphia: P&R. 1966.
Dabney, Charles. *Lectures in Systematic Theology.* Gand Rapids: Zondervan. 1972.
Dabney, Robert Lewis. *Systematic Theology.* London: Banner of Truth. 1878.
Douglas, J. D. *Who's Who in Christian History.* Wheaton: Tyndale House. 1992.
Dowley, Tim. *The History of Christianity.* Sydney: A Lion Book, 1990.
Earl, R. *I Timothy,* EBC XI. 339-90.
Eerdmans Handbook to Christianity in America.
Erickson, Millard J. *Christian Theology.* Grand Rapids, Baker Books. 1985.
Evans, Williams. *The Great Doctrines of the Bible.* Chicago: Moody Press. 1974.
_____. *The Great Doctrines of Faith.* Chicago: Moody Press. 1974.
Fee, G. D. *1.2.Timothy*, Sanfrancisco: GNC. 1984.
Finney, Charles. *Finneys Systematic Theology.* Mineapolis: Bethany House. 1976.
Fitzwater, P. B. *Christian Theology.* Grand Rapids: Eerdmans. 1948.
Geisler, Norman, *Systematic Theology*, Mineapolis: Bethany House,

   Vol. I. *Bible*, 2002.

   Vol. II. *God.* Creation, 2003.

   Vol. III. *Sin.* Salvation, 2004.

   Vol. IV. *Church.* Last Things, 2005.

George, *Timothy. Theology of the Reformers.* Nashville: Broadman. 1988.
George, Twigg-Porter, *What About Those Councils?*, Queenship Publishing. 1997.
Gower, Ralph. *The New Manners and Customers of Bible Times.* Chicago: Moody Press. 1993.
Gromacki, K. G. *An Exposition of I Timothy*, Grand Rapids, Baker Books. 1982.
Gulston, Charles. *Jerusalem.* Grand Rapids: Zondervan. 1978.
Hagin, *Word of Faith.*
Heidelberg Confession.
Henry, Carl F. H. ed. *Basic Christian Doctrines.* Grand Rapids, Baker Books. 1979.
Hodge, Archibald Alexander. *Outlines of Theology*, Grand Rapids: Eerdmans. 1957.
Hodge, Charles. *Systematic Theology*, 3 volumes. Grand Rapids: Eerdmans. 1872.
Hoekema. Anthony. A. *Reformed Dogmatics.* Reformed Free Publishing Association. 1966.
_____. *Created in God's Image*, Grand Rapids: Eerdmans, 1994,
_____. *Saved by Grace.* Grand Rapids: Eerdmans. 1984.
_____. *The Bible and the Future*, Grand Rapids: Eerdmans, 1994.

Horton, Michael, *Pilgrim Theology*, Grand Rapids: Zondervan, 2011.
Jacquet, Constant H. Jr. NCCC in USA yearbook. 2002.
Kelly, J. N. D. *The Oxford Dictionary of Popes*. Oxford University Press. 1987.
Ladd, George. *A Theology of the New Testament*, Grand Rapids: Eerdmans. 1974.
_____. *The Gospel of the Kingdom*, Grand Rapids: Eerdmans. 1987.
_____. *The Last Things*. Grand Rapids: Eerdmans. 1982.
Lamsa, George M. *Idioms in the Bible Explained*. Harper & Row. 1985.
_____. *The Bible and The Future*.
Lenski, R. C. H. *New Testament Commentaries*. 12 vol. Augsburg. 1961.
Lohse, Bernhard. *A Short History of Christian Doctrine*, Fortress, 1978.
Luthers Works.
McKim, Donald(ed.). *Major Themes in the Reformed Tradition*. Grand Rapids: Eerdmans. 1992.
McRay, John. *Paul His Life and Teaching*, Grand Rapids: Baker. 2004.
Miley, John. *Systematic Theology*. 2 volumes. New York: Hendrickson. 1893.
Morris, Leon. *The Gospel according to John*. Grand Rapids: Eerdmans. 1971.
Mueller, J. T. *Christian Dogmatics*. Concordia. 1934.
Murray, John. *Collected Writings of John Murray*. vol. 2. Nashville: Abingdon. 1992.
_____. *Redemption*.
_____. *The Epistle to the Romans*.
Pache, Ren. *The Return of Jesus Christ*. Chicago: Moody Press. 1975.
Pink, Arthur W. *The Antichrist*. Grand Rapids: Kregel. 1988.
Pannenberg, Wolfhart. *Systematic Theology*. Volume 1. Grand Rapids: Eerdmans. 1991.
Plummer, A. *The Pastoral Epistles*, Grand Rapids, 1943.
Pool, Matthew. *Commentaries* 3 vols. New York: Hendrickson, 2000.
Reymond, Robert L. *A New Systematic Theology*, Nelson. 1983.
Ridderbos, Herman. *Paul An Outline of His Theology*. Trans. John R. De Witt. Eerdmans. 1975(orig pub. 1966).
_____. *The Coming of the Kingdom*. Kampen, Trans. 1987.
Robertson, A. T. *A Grammar of the Greek New Testament in Light of Historical Research*.
Robinson, William. *The Biblical Doctrine of the Church*.
Rohls, Jan. *Reformed Confessions*. English translation, John Knox Press. 1998.
Ryrie, Charles Caldwell. *Biblical Theology of the New Testament*. Chicago: Moody Press. 1959.

_____. *Survey of Bible Doctrine*. Chicago: Moody. 1972.

_____. *Basic Theology*. Victor Book. 1987.

Spence O. Tallmage, *The Quest for Christian Purity*. Old Paths Tract Society. 1988.

_____. *Satan: Sanctuary or System*. Foundations. 1989.

_____. *Pentecostalism: Purity or Peril?*

Shedd, William. *Dogmatic Theology*. 3 vols. 1888-94. Grand Rapids: Zondervan.

Steele, David H. *Five Points of Calvinism*. Presbyterian & Reformed. 1963.

Stott, John R. *Galatians*.

_____. *The Cross of Christ*.

Strong, Augustus Hopkins. *Systematic Theology*. Judson Press. 1979.

Thiessen, Henry. *Lectures in Systematic Theology*. Grand Rapids: Eerdmans. 1988.

Torrance, T. F. *The Israel of God*.

Trench, R. C. *Synonyms of the New Testament*.

Towns, Elmer L. *What The Faith is All About*. Wheaton: Tyndale House. 1983.

Van Til, Cornelius. *Christianity and Barthianism*. Presbyterian & Reformed. 1962.

_____. *Defense of the Faith*. Presbyterian & Reformed, 1967.

Vine, W. E. *The Epistles to Timothy*, London, 1965.

Wall, Robert W. *Revelation*, NIBC, New York: Hendrickson. 1991.

Walvoord, John F. *The Millennial Kingdom*. Grand Rapids: Zondervan. 1989.

_____. *The Church in Prophecy*. 1990.

Wanamaker, Charles A. *The Epistles to The Thessalonians*, Grand Rapids: Eerdmans, 1998.

Warfield, Benjamin. *Biblical & Theological Studies*. Presbyterian & Reformed. 1968.

Westminster Confession of Faith.

Wiley, H. Orton. *Christian Theology*. 3 volumes. Beacon Hill.

Williams, Rodman. *Renewal Theology*. volume 2. Grand Rapids: Zondervan. 1990.

Williamson, G. L. *Westminster Confession of Faith: A Study Guide*. Presbyterian & Reformed. 1964.

_____. *Shorter Catechism: A Study Manual* 2 vols. Presbyterian & Reformed. 1970.

Wise, Robert. *The Fall of Jerusalem*. Nelson. 1994.

Wood, Leon. *A Survey of Israels History*. Grand Rapids: Zondervan. 1979.

Zuck, Roy B. *A Biblical Theology of the N. T.* Chicago: Moody. 1993.

색인
(Index)

■ 성구색인(Scripture Verses)

민수기 6:24-26 / 40
에스겔 36:26-27 / 106
다니엘서 7:4-7 / 304
마태복음 19:28 / 285
　　　　　20:28 / 143
　　　　　24:31 / 164, 283
　　　　　26:28 / 146, 177
마가복음 10:45 / 143
　　　　　13:26-27 / 283
요한복음 2:19-21 / 148, 156
　　　　　6:39-40 / 89
　　　　　10:17-18 / 149
　　　　　10:28-29 / 91
　　　　　11:25 / 29, 36, 146, 149
　　　　　14:6 / 149, 162
　　　　　14:16 / 106, 114
사도행전 2:24 / 148
　　　　　4:12 / 72, 161
　　　　　13:50 / 241
　　　　　14:9 / 48
　　　　　19:2 / 110
　　　　　20:36-38 / 55
로마서 5:8 / 144
　　　　8:1-2 / 329
　　　　8:9 / 106, 114
　　　　8:19-22 / 303, 306
　　　　8:32 / 144
고린도전서 1:8 / 93
　　　　　　6:19 / 108, 113
　　　　　　11:24-26 / 177
　　　　　　15:3 / 144
　　　　　　15:20 / 146, 150
고린도후서 5:10 / 286, 290, 330
　　　　　　5:15 / 144
　　　　　　5:21 / 145
갈라디아서 3:13 / 145
　　　　　　6:1 / 216, 278
　　　　　　6:14 / 65
에베소서 4:30 / 93, 203
빌립보서 1:6 / 93
　　　　　3:5 / 33
데살로니가후서 3:15 / 278
디모데전서 5:20 / 276
디모데후서 3:16 / 256, 257, 259, 265
베드로전서 1:5 / 95
　　　　　　5:10 / 97
베드로후서 1:20-21 / 261
요한일서 5:18 / 95
요한계시록 7:9-10 / 310
　　　　　　20:4 / 170, 180, 182
　　　　　　20:12 / 286

■ 원어색인(히, 헬 Lexicon)

게올고스(γεωργός) / 139
델레마(θέλημα) / 29
두나미스(δύναμις) / 61
만다노(μανθάνω) / 254
메네(μένε) / 255
바실레이아(βασιλεία) / 293, 294
브레포스(βρέφος) / 251
샬롬(שׁלוֹם) / 26, 214
아가페(ἀγάπη) / 61, 238

아멘(ἀμήν) / 372
아포스톨로스(ἀπόστολος) / 22, 44, 76
아폴로기아(ἀπολογία) / 360, 361
알라(ἀλλά) / 60, 61
에이(εἰ) / 172
에이레네(εἰρήνη) / 26, 308
에피파네이아(ἐπιφάνεια) / 74
엔두나무(ἐνδυναμοῦ) / 126, 127
엘레오스(ἔλεος) / 24, 124
엘렝코(ἐλέγχω) / 266, 277
오이다(οἶδα) / 78
오이케오(οἰκέω) / 114
오이코스(οἶκος) / 124
우(οὐ) / 60
카리스(Χάρις) / 23, 41, 224
카테레오(κατερέω) / 82
케룩스(κῆρυξ) / 76
티데미(τίθημι) / 77, 215, 237
포보스(φόβος) / 61
퓨게(φεῦγε) / 210, 211
프레스뷰테리온(πρεσβυτέριον) / 58
플레로오(πληρωθῶ) / 54
할루시스(ἅλυσις) / 120
할파조(ἁρπάζω) / 92

■중요단어(Important Words)

가죽 종이 / 343, 344
간구 / 39
감독 / 41, 43
겉옷 / 343
관제 / 319
교사 /46
구리장색 / 365, 366
구속 / 26
구원 / 33, 71, 72, 73, 74, 81, 82, 90, 96, 161, 164
군사 / 9, 131, 132
권면 / 392
그릇들 / 208
근신 / 62, 316
긍휼 / 23, 24, 25, 26, 39, 124
농부 / 139

능력 / 36, 61, 92
돌트신조 / 83
뜻 / 28, 29
만인구원설 / 427, 428
미쉬나 / 251
민중신학 / 188
반포자 / 76
변호 / 360
보혜사 / 106, 114
복음의 전수 / 126
사도 / 44, 45, 46, 47, 48, 49
사랑 / 61, 214
사슬 / 120
삼위일체 / 440
상급의 종류 / 334
선재 / 427
선택 / 160, 161, 162, 164
성경 / 147, 148, 150, 181, 252, 253, 256, 257, 258, 259, 265, 266, 268
성도의 보존 / 80, 81, 82, 83, 88, 89, 99, 204
성령 / 396
성전 / 400
성찬 / 395
세대론자들의 왕국관 / 174
세례 / 440
송영 / 370, 372
수사학적 질문 / 112
안수 / 58
어리석은 여자들 / 230, 231, 232
영감 / 256, 257, 259, 261, 263
형원 / 423
왕국 / 186, 275, 293, 294, 295, 296
운동선수 / 136, 137, 267
웨스트민스터 신앙고백서 / 88, 89, 262, 263, 389, 398, 401, 407, 433
장로회 / 57, 58
전도인 / 316
좋은 군사 / 131, 132, 133, 134
증거 / 63
진화론 / 188, 189
질그릇 / 207

참수 / 373, 376
축도 / 38, 39, 41, 42, 43, 439
축자 영감 / 263, 442
충성 / 437
칭의 / 396
하나님의 아들 / 428
항의파 / 99, 100
해방신학 / 188, 385

■ 인명색인(Name)

A. A. 핫지 / 432, 441
가룟 유다 / 45
게할더스 보스 / 416
그레스게 / 339, 348
네로 / 371, 375, 376
누가 / 48, 269, 350
댑니 / 25, 388, 390
데마 / 339, 346, 347, 348
두기고 / 351, 352
디도 / 349
디모데 / 22, 23, 39, 54, 55, 58
디이센 / 176, 390
로이스 / 55, 249
렌스키 / 277
루디아 / 386
루터 / 262, 391, 393, 394, 395, 397
마가 / 284, 339, 340, 341, 342
머레이 / 407
메이첸 / 408
바빙크 / 12, 164, 411, 413, 417
바울 / 21, 22, 23, 28, 29, 30, 33, 34, 38, 42, 45, 46, 47, 48, 49, 51, 63, 64, 76, 77, 78
박윤선 /9, 182, 190
박형룡 / 12, 99, 183, 190, 380
반틸 / 412
버즈웰 / 414
벌코프 / 416, 417
뵈트너 / 12, 101, 383
빈센트 / 277
쉐드 / 389, 419
슐라이어마허 / 442

스트롱 / 420
아봇-스미스 / 23
안네 / 233, 235
암브레 / 233, 235
알미니우스 / 99
어거스틴 / 395, 422
얼 랄프 / 391
오리겐 / 427
에라스도 / 353
에스겔 / 106
오네시보로 / 65, 119, 120, 121, 122, 123, 373, 374
요세푸스 / 430
워필드 / 389, 408, 413, 417, 431
유니게 / 55, 248
유세비우스 / 23, 342, 350
제임스 오르 / 428
찰스 핫지 / 264, 413, 431, 442, 443
칼 마르크스 / 384
칼빈 / 12, 40, 48, 263, 413, 436
테일러 / 442
하르낙 / 433
헨드릭슨 / 183
호크마 / 12, 88, 180, 182
후메네오 / 198, 339

■ 지명색인(Place)

갈라디아 / 240, 242, 349
고린도 / 353
달마디아 / 349
데살로니가 / 347
드로아 / 343
로마 / 121, 136, 304, 349
루스드라 / 242
밀레도 / 354
비시디아 안디옥 / 240, 241
아시아 / 116, 117, 353
에베소 / 23, 120
이고니온 / 241

디모데후서 A Commentary on 2 Timothy

2005년 5월 10일 초판 발행, 성광문화사
2014년 12월 25일 개정증보판 발행

저 자 | 조 영 엽

편 집 | 박상민, 윤지현
디자인 | 박희경, 손사라
펴낸곳 | 사)기독교문서선교회
등 록 | 제16-25호(1980. 1. 18)
주 소 | 서울시 서초구 방배로 68
전 화 | 02) 586-8761~3(본사) 031) 942-8761(영업부)
팩 스 | 02) 523-0131(본사) 031) 942-8763(영업부)
홈페이지 | www.clcbook.com
이메일 | clckor@gmail.com
온라인 | 기업은행 073-000308-04-020, 국민은행 043-01-0379-646
　　　　예금주: 사)기독교문서선교회

ISBN 978-89-341-1417-8 (94230)
　　　978-89-341-1140-5 (세트)

* 낙장·파본은 교환해 드립니다.

이 도서의 국립중앙도서관 출판시 도서목록(CIP)은
서지정보유통지원시스템 홈페이지(http://seoji.nl.go.kr)와
국가자료공동목록시스템(http://www.nl.go.kr/kolisnet)에서
이용하실 수 있습니다.
(CIP제어번호: CIP2014033966)

조영엽 박사 저서

"A Critique of the World Council of Churches"
(박사학위 논문), 1982. 5. 15. 339면

1. 신론(개정5판), 기독교문서선교회, 2012. 5. 416면
2. 기독론(개정5판), 기독교문서선교회, 2012. 3. 648면
3. 구원론(개정3판), 기독교문서선교회, 2012. 10. 392면
4. 교회론(개정증보4판), 기독교문서선교회, 2012. 9. 808면
5. 성령론, 기독교문서선교회, 2013. 6. 384면
6. 종말–내세론(개정증보판), 기독교문서선교회, 2013. 10. 5. 400면
7. 인죄론, 기독교문서선교회, 2014. 2. 14. 392면
8. 사도신경 변호, 큰샘출판사, 2004. 5. 648면
9. 가톨릭교회교리서 비평, 기독교문서선교회, 2010. 3. 304면
10. W.C.C.의 정체(개정3판), 도서출판 언약, 2013. 4. 480면
11. 사도 바울의 생애와 선교, 기독교문서선교회, 2011. 3. 416면
12. 디모데전·후서 주석, 성광문화사, 2005. 5. 720면
13. 열린예배와 현대복음송(개정3판), 기독신보사, 2007. 3. 216면
14. 찬송가 對 현대복음송(개정3판), 기독신보사, 2007. 3. 304면
15. 목직이 이끄는 삶(PDL)–교회를 타락시키는 베스트셀러, 성광문화사 제 2판, 2008. 5. 368면
16. 해방신학 분석 평가 및 비판, 국군정신전력학교, 1988. 10
17. 민중신학 분석 평가 및 비판, 국군정신전력학교, 1988. 10
18. 사도신경변호, 중화인민공화국 양회, 2008. 11
19. 신론·인죄론, 중화인민공화국 양회, 2008. 11